경찰헌법 수험서 시리즈3

KB217550

순경공채·경위공채 대비

10
회분

경찰헌법 모의고사

이 주 송 지음

ㅣ ㅣㅣㅣㅣㅣ
모의고사

PUBLIUS
PUBLISHING
VERITAS VINCIT

머리말

1,2,3회는 2021,2020,2019년 경찰승진 기출문제를 분석했습니다.
4,5회는 2021 5급공채시험과 2021 입법고시를 변형했습니다.
6회부터 10회는 변호사시험과 법원행시 법원직 문제를 변형했습니다.

전체적인 난이도는 크게 3부분으로 나누어서 中(1~3회), 中(4~5회), 上(6~10회)으로 구성하였습니다.

경찰헌법 시험에도 출제가 유력한 전범위문제들로 구성하였으니, 기본서를 다 공부하시고 문제를 푸신다면 좋은 결과를 얻으실 것이라고 믿어 의심치 않습니다.

수험생 여러분들께서 경찰 공무원의 꿈을 이룰 수 있기를 기원합니다.

2022년 4월 1일

이 주 송 배상

차 례

순경공채·경위공채 대비
경찰헌법 모의고사

01

경찰헌법
모의고사
1회

01 경찰헌법 모의고사 1회

01

헌법상 직업공무원제도에 관한 설명으로 옳지 않은 것은? (다툼이 있는 경우 판례에 의함)

① 국민이 공무원으로 임용된 경우에 있어서 그가 정년까지 근무할 수 있는 권리는 헌법의 공무원신분보장 규정에 의하여 보호되는 기득권으로서 그 침해 내지 제한은 신뢰보호의 원칙에 위배되지 않는 범위 내에서만 가능하다.

② 직업공무원제도에서의 공무원이란 국가 또는 공공단체와 근로관계를 맺고 이른바 공법상 특별권력관계 내지 특별행정법관계 아래 공무를 담당하는 것을 직업으로 하는 협의의 공무원은 물론 정치적 공무원을 포함한다.

③ 공무원은 공인으로서의 지위와 사인으로서의 지위, 국민전체에 대한 봉사자로서의 지위와 기본권을 향유하는 기본권주체로서의 지위라는 이중적 지위를 가지므로, 공무원의 신분과 지위의 특수성에 비추어 일반 국민에 비해 보다 넓고 강한 기본권제한이 가능하다.

④ 공무원의 보수청구권은 법률 및 법률의 위임을 받은 하위법령에서 보수의 구체적 수준이 형성되면 재산권적 성격이 인정되는 공법상 권리가 되나, 그 보수청구권의 구체적 내용을 형성함에 있어서는 입법자에게 폭 넓은 재량이 허용된다.

02

교육 관련 기본권에 관한 설명으로 옳지 않은 것은? (다툼이 있는 경우 판례에 의함)

① 중학교에 상응하는 교육과정인 3년제 고등공민학교 졸업자에 대하여 중학교 학력을 인정하지 않는 것은 평등원칙에 위반된다.

② 국립교육대학교의 2017학년도 신입생 수시모집 입시요강'이 검정고시로 고등학교 졸업학력을 취득한 사람들의 수시모집 지원을 제한하는 것은 교육을 받을 권리를 침해한다.

③ 의무취학시기를 만 6세가 된 다음날 이후의 학년 초로 규정하고 있던 구「교육법」조항에 따라, 만 6세가 되기 전에 앞당겨서 입학을 허용하지 않는 것은 능력에 따라 균등하게 교육을 받을 권리를 침해하지 않는다.

④ 수업료나 입학금의 면제, 학교와 교사 등 인적·물적 기반 및 그 기반을 유지하기 위한 인건비와 시설유지비, 신규시설투자비 등의 재원마련 및 의무교육의 실질적인 균등보장을 위해 필수불가결한 비용은 의무교육 무상의 범위에 포함된다.

03

다음 중 일반적 인격권에 관한 설명 중 옳지 않은 것은? (다툼이 있는 경우 판례에 의함)

① 장래 가족의 구성원이 될 태아의 성별 정보에 대한 접근을 국가로부터 방해받지 않을 부모의 권리는 일반적 인격권에 의하여 보호된다.

② 「일제강점하 반민족행위 진상규명에 관한 특별법」에 근거하여 친일반민족행위 조사대상자 선정 및 친일반민족행위 결정이 이루어진 경우, 당시 조사대상자가 이미 사망하였더라도 그 유족의 인격권의 제한이 인정된다.

③ 공개수배의 필요성이나 공공성을 지닌 사안이 아닌 경우, 피의자가 경찰서에 수갑을 차고 얼굴을 드러낸 상태에서 조사받는 과정을 기자들로 하여금 촬영하도록 허용하는 것은 인격권 침해에 해당된다.

④ 변호사 정보 제공 웹사이트 운영자가 변호사들의 개인신상정보를 기반으로 변호사들의 '인맥지수'를 산출하여 공개하는 것은 해당 변호사들의 개인정보에 관한 인격권 침해에 해당되지 않는다.

04

평등에 관한 설명 중 옳은 것을 모두 고른 것은? (다툼이 있는 경우 판례에 의함)

ㄱ. 대한민국 국민인 남자에 한하여 병역의무를 부과한 것은 헌법이 특별히 양성평등을 요구하는 경우에 해당하지 않지만 관련 기본권에 중대한 제한을 초래하는 경우에 해당하므로 그 평등권 침해 여부는 엄격한 비례심사 원칙에 의하여 판단한다.

ㄴ. 주민투표권은 헌법상의 열거되지 아니한 권리 등 그 명칭의 여하를 불문하고 헌법상의 기본권성이 부정되지만, 비교집단 상호간에 차별이 존재할 경우에는 헌법상 평등권 침해 여부에 대한 심사가 가능하다.

ㄷ. 선발예정인원이 3명 이하인 채용시험의 경우 「국가유공자 등 예우 및 지원에 관한 법률」상 가점을 받을 수 없도록 한 것은 국가유공자 자녀의 평등권을 침해한다.

ㄹ. 경찰공무원과 일반직공무원은 업무의 성격·위험성 및 직무의 곤란성 정도가 유사하지 않으므로, 경찰공무원과 일반직공무원을 보수 책정에 있어서 의미 있는 비교집단으로 보기 어렵다.

ㅁ. 퇴직 이후에 폐질상태가 확정되었을 때 일반 공무원에게는 장해급여수급권이 인정되지만 군인에게는 상이연금수급권이 인정되지 않는 경우, 이에 대한 평등심사에 있어서 퇴직 이후에 폐질상태가 확정된 자 중 「군인연금법」의 적용을 받는 군인과 「공무원연금법」의 적용을 받는 공무원은 비교집단이 될 수 있다.

① ㄱ, ㄷ   ② ㄴ, ㄹ

③ ㄱ, ㄴ, ㅁ   ④ ㄴ, ㄹ, ㅁ

05

신체의 자유 또는 적법절차 원칙에 관한 설명 중 옳은 것을 모두 고른 것은? (다툼이 있는 경우 판례에 의함)

ㄱ. 대통령에 대한 국회의 탄핵소추절차에는 적법절차 원칙을 직접 적용할 수 없다.

ㄴ. 금치처분을 받은 수용자에게 원칙적으로 실외운동을 정지시키는 것은 수용시설 내의 안전과 질서유지를 위하여 필요한 최소한의 조치로서 해당 수용자의 신체의 자유를 침해하지 않는다.

ㄷ. 적법절차 원칙은 형사절차상 제한된 범위 내에서만 적용되는 것이 아니라 국가작용으로서 기본권 제한과 관련되든 아니든 모든 입법작용 및 행정작용에도 광범하게 적용된다.

ㄹ. 강제퇴거명령을 받은 사람을 즉시 대한민국 밖으로 송환할 수 없는 경우에 송환할 수 있을 때까지 보호시설에 보호할 수 있도록 한 것은 퇴거명령을 받은 사람의 신체의 자유를 침해하지 않는다.

ㅁ. 강제추행죄에 대하여 형의 선고를 받고 확정된 사람으로부터 디엔에이감식시료를 채취할 수 있도록 하는 것은 해당 채취대상자의 신체의 자유를 침해한다.

① ㄱ, ㄴ, ㄷ   ② ㄱ, ㄷ, ㄹ
③ ㄴ, ㄷ, ㄹ   ④ ㄴ, ㄹ, ㅁ

06

현행 헌법상 헌법개정에 대한 설명으로 가장 적절한 것은?

① 제안된 헌법개정안은 대통령이 30일 이상의 기간 이를 공고하여야 한다.

② 국회는 헌법개정안이 공고된 날로부터 60일 이내에 의결하여야 하며, 국회의 의결은 재적의원 3분의 2 이상의 찬성을 얻어야 한다.

③ 헌법개정안은 국회가 의결한 후 20일 이내에 국민투표에 붙여 국회의원 선거권자 과반수의 투표와 투표자 과반수의 찬성을 얻어야 한다.

④ 대통령의 임기연장 또는 중임변경을 위한 헌법개정은 그 헌법개정 제안 당시의 대통령에 대하여도 효력이 있다.

07

우리나라 헌정사에 대한 설명으로 가장 적절하지 않은 것은?

① 제헌헌법(1948년)에서는 영리를 목적으로 하는 사기업 근로자의 이익분배균점권, 생활무능력자의 보호를 명시하였다.

② 제2차 개정헌법(1954년)에서는 주권의 제약 또는 영토의 변경을 가져올 국가안위에 관한 중대사항은 국회의 가결을 거친 후 국민투표에 붙여 결정하도록 하였다.

③ 제7차 개정헌법(1972년)에서는 대통령에게 국회의원 정수의 2분의 1의 추천권을 부여하였다.

④ 제8차 개정헌법(1980년)에서는 깨끗한 환경에서 생활할 권리인 환경권을 처음으로 규정하였다.

08

「국적법」상 국적에 대한 설명으로 가장 적절한 것은?

① 대한민국에서 발견된 기아는 대한민국에서 출생한 것으로 간주한다.

② 대한민국 국민으로서 자진하여 외국 국적을 취득한 자는 그 외국 국적을 취득한 때부터 6개월 후에 대한민국 국적을 상실한다.

③ 대한민국의 국민만이 누릴 수 있는 권리 중 대한민국의 국민이었을 때 취득한 것으로서 양도할 수 있는 것은 그 권리와 관련된 법령에서 따로 정한 바가 없으면 2년 내에 대한민국의 국민에게 양도하여야 한다.

④ 대한민국 국적을 취득한 외국인으로서 외국 국적을 가지고 있는 자는 대한민국 국적을 취득한 날부터 1년 내에 그 외국 국적을 포기하여야 한다.

09

헌법 전문(前文)에 대한 설명으로 가장 적절하지 않은 것은? (다툼이 있는 경우 판례에 의함)

① 현행 헌법 전문은 "1945년 7월 12일에 제정되고 9차에 걸쳐 개정된 헌법을 이제 국회의 의결을 거쳐 국민투표에 의하여 개정한다."고 규정하고 있다.

② 헌법 전문에 규정된 3·1정신은 우리나라 헌법의 연혁적·이념적 기초로서 헌법이나 법률해석에서의 기준으로 작용한다고 할 수 있지만, 그에 기하여 곧바로 국민의 개별적 기본권성을 도출해낼 수는 없다고 할 것이므로, 헌법소원의 대상인 헌법상 보장된 기본권에 해당하지 아니한다.

③ 헌법 전문은 1962년 제5차 개정헌법에서 처음으로 개정되었다.

④ 현행 헌법 전문에는 '조국의 민주개혁', '국민생활의 균등한 향상', '세계평화와 인류공영에 이바지함' 등이 규정되어 있다.

10

헌법상 신뢰보호원칙에 대한 설명으로 가장 적절하지 않은 것은? (다툼이 있는 경우 판례에 의함)

① 신뢰보호원칙은 헌법상 법치국가원리로부터 도출되는 것으로, 법률이 개정되는 경우 구법질서에 대한 당사자의 신뢰가 합리적이고도 정당하며 법률의 제정이나 개정으로 야기되는 당사자의 손해가 극심하여 새로운 입법으로 달성하고자 하는 공익적 목적이 그러한 당사자의 신뢰의 파괴를 정당화할 수 없다면, 그러한 새로운 입법은 신뢰보호원칙상 허용될 수 없다.

② 법적 안정성의 객관적 요소로서 신뢰보호원칙은 한번 제정된 법규범은 원칙적으로 존속력을 갖고 자신의 행위기준으로 작용하리라는 헌법상 원칙이다.

③ 신뢰보호원칙의 위반 여부는 한편으로는 침해되는 이익의 보호가치, 침해의 정도, 신뢰의 손상 정도, 신뢰침해의 방법 등과 또 다른 한편으로는 새로운 입법을 통하여 실현하고자 하는 공익적 목적 등을 종합적으로 형량하여야 한다.

④ 법률에 따른 개인의 행위가 단지 법률이 반사적으로 부여하는 기회의 활용을 넘어서 국가에 의하여 일정 방향으로 유인된 것이라면 특별히 보호가치가 있는 신뢰이익이 인정될 수 있고, 이러한 경우 원칙적으로 개인의 신뢰보호가 국가의 법률개정이익에 우선된다고 볼 여지가 있다.

11

명확성원칙에 대한 설명으로 가장 적절하지 않은 것은? (다툼이 있는 경우 판례에 의함)

① 취소소송 등의 제기시 '회복하기 어려운 손해'를 집행정지의 요건으로 규정한 「행정소송법」 조항은 명확성원칙에 위배되지 않는다.

② 어린이집이 시·도지사가 정한 수납한도액을 초과하여 보호자로부터 필요경비를 수납한 것에 대해 해당 시·도지사가 「영유아보육법」에 근거하여 발할 수 있도록 한 '시정 또는 변경' 명령은 명확성원칙에 위배되지 않는다.

③ 전문과목을 표시한 치과의원은 그 표시한 '전문과목'에 해당하는 환자만을 진료하여야 한다고 규정한 「의료법」 조항은 명확성원칙에 위배되지 않는다.

④ '공중도덕상 유해한 업무'에 취업시킬 목적으로 근로자를 파견한 사람을 형사처벌하도록 한 구 「파견근로자보호 등에 관한 법률」 조항은 명확성원칙에 위배되지 않는다.

12

조약 및 국제법규에 대한 설명으로 가장 적절하지 않은 것은? (다툼이 있는 경우 판례에 의함)

① 대한민국과 아메리카합중국 간의 상호방위조약 제4조에 의한 시설과 구역 및 대한민국에서의 합중국군대의 지위에 관한 협정은 국회의 관여없이 체결되는 행정협정이므로 국회의 동의를 요하지 않는다.

② 국회는 상호원조 또는 안전보장에 관한 조약, 중요한 국제조직에 관한 조약, 우호통상항해조약, 주권의 제약에 관한 조약, 강화조약, 국가나 국민에게 중대한 재정적 부담을 지우는 조약 또는 입법사항에 관한 조약의 체결·비준에 대한 동의권을 가진다.

③ 국제노동기구의 제87호 협약(결사의 자유 및 단결권 보장에 관한 협약), 제98호 협약(단결권 및 단체교섭권에 대한 원칙의 적용에 관한 협약), 제151호 협약(공공부문에서의 단결권 보호 및 고용조건의 결정을 위한 절차에 관한 협약)은 헌법 제6조 제1항에서 말하는 일반적으로 승인된 국제법규로서 헌법적 효력을 갖는 것이 아니다.

④ 우루과이라운드의 협상결과 체결된 마라케쉬협정은 적법하게 체결되어 공포된 조약이다.

13

정당제도에 대한 설명으로 가장 적절한 것은? (다툼이 있는 경우 판례에 의함)

① 정당설립의 자유는 등록된 정당에게만 인정되는 기본권이므로, 등록이 취소되어 권리능력 없는 사단인 정당에게는 인정되지 않는다.

② 정당이 비례대표국회의원선거 및 비례대표지방의회의원선거에 후보자를 추천하는 때에는 그 후보자 중 100분의 30 이상을 여성으로 추천하되, 그 후보자명부의 순위의 매 홀수에는 여성을 추천하여야 한다.

③ 정당이 그 소속 국회의원을 제명하기 위해서는 당헌이 정하는 절차를 거치는 외에 그 소속 국회의원 전원의 2분의 1 이상의 찬성이 있어야 한다.

④ 임기만료에 의한 국회의원선거에 참여하여 의석을 얻지 못하고 유효투표총수의 100분의 2 이상을 득표하지 못한 정당에 대해 등록취소하도록 한 「정당법」 조항은 헌법에 위반되지 않는다.

14

선거제도에 대한 설명으로 가장 적절하지 않은 것은? (다툼이 있는 경우 판례에 의함)

① 지역구국회의원 예비후보자에게 지역구국회의원이 납부할 기탁금의 100분의 20에 해당하는 금액을 기탁금으로 납부하도록 정한 「공직선거법」 조항은 공무담임권을 침해하지 않는다.

② 소선거구 다수대표제를 규정하여 다수의 사표가 발생한다 하더라도 그 이유만으로 헌법상 요구된 선거의 대표성의 본질을 침해한다고 할 수 없다.

③ 헌법재판소는 시·도의회의원 지역선거구 획정과 관련하여 헌법이 허용하는 인구편차의 기준을 인구편차 상하 50%(인구비례 3:1)로 변경하였다.

④ 국회의원선거에 있어서 선거의 효력에 관하여 이의가 있는 선거인·정당(후보자를 추천한 정당에 한한다) 또는 후보자는 선거일로부터 45일 이내에 헌법재판소에 소를 제기할 수 있다.

15

헌법재판소가 기본권 주체성을 인정한 경우만 묶은 것으로 가장 적절한 것은? (다툼이 있는 경우 판례에 의함)

㉠ 착상 전 초기배아	㉡ 불법체류 중인 외국인
㉢ 지방자치단체	㉣ 축협중앙회

① ㉠㉡
② ㉡㉢
③ ㉡㉣
④ ㉢㉣

16

국가인권위원회에 대한 설명으로 가장 적절하지 않은 것은? (다툼이 있는 경우 판례에 의함)

① 국가인권위원회는 헌법에 의하여 설치되고 헌법과 법률에 의하여 독자적인 권한을 부여받은 국가기관이라 할 수 없으므로 권한쟁의심판의 당사자능력이 인정되지 않는다.

② 진정에 대한 국가인권위원회의 기각결정은 항고소송의 대상이 되는 행정처분에 해당하지 않으므로 「헌법재판소법」 제68조 제1항에 의한 헌법소원의 대상이 된다.

③ 국가인권위원회는 피해자의 명시한 의사에 반하여 피해자를 위한 법률구조 요청을 할 수 없다.

④ 국가인권위원회의 진정에 대한 조사·조정 및 심의는 비공개로 한다. 다만, 국가인권위원회의 의결이 있을 때에는 공개할 수 있다.

17

일반적 인격권에 대한 설명으로 가장 적절하지 않은 것은? (다툼이 있는 경우 판례에 의함)

① 중혼을 혼인취소의 사유로 정하면서 그 취소청구권의 제척기간 또는 소멸사유를 규정하지 않은 「민법」 조항은 후혼배우자의 인격권을 침해한다.

② 성명(姓名)은 개인의 정체성과 개별성을 나타내는 인격의 상징으로서 개인이 사회 속에서 자신의 생활영역을 형성하고 발현하는 기초가 되는 것이므로 자유로운 성(姓)의 사용은 헌법상 인격권으로부터 보호된다.

③ 민사재판의 당사자로 출석하는 수형자에 대하여 사복착용을 허용하지 않는 「형의 집행 및 수용자의 처우에 관한 법률」 조항은 인격권을 침해하지 않는다.

④ 상체승의 포승과 수갑을 채우고 별도의 포승으로 다른 수용자와 연승한 행위는 인격권을 침해하지 않는다.

18

평등권 또는 평등원칙에 대한 설명으로 가장 적절하지 않은 것은? (다툼이 있는 경우 판례에 의함)

① 보훈보상대상자의 부모에 대한 유족보상금 지급 시, 수급권자를 부모 1인에 한정하고 나이가 많은 자를 우선하도록 규정한 「보훈보상대상자 지원에 관한 법률」 조항은 부모 중 나이가 많은 자와 그렇지 않은 자를 합리적 이유 없이 차별하여 나이가 적은 부모의 평등권을 침해한다.

② 대한민국 국적을 가지고 있는 영유아 중에서 재외국민인 영유아를 보육료·양육수당의 지원대상에서 제외되도록 한 보건복지부지침은 국내에 거주하면서 재외국민인 영유아를 양육하는 부모를 차별하는 것으로서 평등권을 침해한다.

③ 사립학교 관계자와 언론인 못지않게 공공성이 큰 민간분야 종사자에 대하여 「부정청탁 및 금품등 수수의 금지에 관한 법률」이 적용되지 않는 것은 언론인과 사립학교 관계자의 평등권을 침해한다.

④ 「산업재해보상보험법」이 근로자가 사업주의 지배관리 아래 출퇴근하던 중 발생한 사고로 부상 등이 발생한 경우에만 업무상 재해로 인정하고, 도보나 자기 소유 교통수단 또는 대중교통수단 등을 이용하여 출퇴근하는 경우를 업무상 재해로 인정하지 않는 것은 평등원칙에 위배된다.

19

신체의 자유에 대한 설명으로 가장 적절하지 않은 것은? (다툼이 있는 경우 판례에 의함)

① 체포·구속·압수 또는 수색을 할 때에는 적법한 절차에 따라 검사의 신청에 의하여 법관이 발부한 영장을 제시하여야 한다. 다만, 현행범인인 경우와 장기 3년 이상의 형에 해당하는 죄를 범하고 도피 또는 증거인멸의 염려가 없을 때에는 사후에 영장을 청구할 수 있다.

② 외국에서 형의 전부 또는 일부의 집행을 받은 자에 대하여 형을 감경 또는 면제할 수 있도록 규정한 「형법」 조항은 신체의 자유를 침해한다.

③ 상소제기 후의 미결구금일수 산입을 규정하면서 상소제기 후 상소취하시까지의 구금일수 통산에 관하여는 규정하지 아니함으로써 이를 본형 산입의 대상에서 제외되도록 한 「형사소송법」 조항은 신체의 자유를 지나치게 제한하는 것으로서 헌법에 위반된다.

④ 변호인이 피의자신문에 자유롭게 참여할 수 있는 권리는 피의자가 가지는 변호인의 조력을 받을 권리를 실현하는 수단이므로 헌법상 기본권인 변호인의 변호권으로서 보호되어야 한다.

20

직업의 자유에 대한 설명으로 가장 적절하지 않은 것을 모두 고른 것은? (다툼이 있는 경우 판례에 의함)

㉠ 운전면허를 받은 사람이 자동차등을 이용하여 살인 또는 강간 등 범죄행위를 한 때 필요적으로 운전면허를 취소하도록 규정한 구 「도로교통법」 조항은 직업의 자유를 침해한다.

㉡ 청원경찰이 금고 이상의 형의 선고유예를 받은 경우 당연 퇴직되도록 규정한 「청원경찰법」 조항은 청원경찰의 직업의 자유를 침해하지 않는다.

㉢ 제조업의 직접생산공정업무를 근로자파견의 대상 업무에서 제외하는 「파견근로자보호 등에 관한 법률」 조항은 사용사업주의 직업수행의 자유를 침해한다.

㉣ 성인대상 성범죄로 형을 선고받아 확정된 자에게 그 형의 집행을 종료한 날부터 10년 동안 의료기관을 개설하거나 의료기관에 취업할 수 없도록 한 「아동·청소년의 성보호에 관한 법률」 조항은 직업선택의 자유를 침해한다.

---

① ㉠㉡　　　　　② ㉠㉣

③ ㉡㉢　　　　　④ ㉢㉣

순경공채 · 경위공채 대비
경찰헌법 모의고사

02

경찰헌법
모의고사
2회

02 경찰헌법 모의고사 2회

01

주거의 자유에 대한 설명으로 가장 적절하지 않은 것은? (다툼이 있는 경우 판례에 의함)

① 헌법 제16조가 영장주의에 대한 예외를 마련하고 있지 않으므로 주거에 대한 압수나 수색에 있어서 영장주의의 예외를 인정할 수 없다.

② 헌법 제16조가 보장하는 주거의 자유는 개방되지 않은 사적 공간인 주거를 공권력이나 제3자에 의해 침해당하지 않도록 함으로써 국민의 사생활영역을 보호하기 위한 권리이다.

③ 주거용 건축물의 사용·수익관계를 정하고 있는 「도시 및 주거환경정비법」 조항은 헌법 제16조에 의해 보호되는 주거의 자유를 제한하지 않는다.

④ 점유할 권리없는 자의 점유라고 하더라도 그 주거의 평온은 보호되어야 할 것이므로, 권리자가 그 권리를 실행함에 있어 법에 정하여진 절차에 의하지 아니하고 그 건조물 등에 침입한 경우에 주거침입죄가 성립한다.

02

사생활의 비밀과 자유 또는 개인정보자기결정권에 대한 설명으로 가장 적절하지 않은 것은? (다툼이 있는 경우 판례에 의함)

① 징벌혐의의 조사를 받고 있는 수용자가 변호인 아닌 자와 접견할 당시 교도관이 참여하여 대화내용을 기록하게 한 행위는 수용자의 사생활의 비밀과 자유를 침해한다.

② 교도소장이 교도소 수용자가 없는 상태에서 실시한 거실 및 작업장 검사행위는 수용자의 사생활의 비밀과 자유를 침해하지 않는다.

③ 형제자매에게 가족관계등록부 등의 기록사항에 관한 증명서 교부청구권을 부여하는 「가족관계의 등록 등에 관한 법률」 조항은 개인정보자기결정권을 침해한다.

④ 통계청장이 인구주택총조사의 방문 면접조사를 실시하면서, 담당 조사원을 통해 청구인에게 인구주택총조사 조사표의 조사항목들에 응답할 것을 요구한 행위는 개인정보자기결정권을 침해하지 않는다.

03

통신의 자유에 대한 설명으로 가장 적절하지 않은 것은? (다툼이 있는 경우 판례에 의함)

① 육군 신병훈련소에서 교육훈련을 받는 동안 전화사용을 통제하는 육군 신병교육 지침서 규정은 신병교육훈련생들의 통신의 자유를 침해하지 않는다.

② 통신의 자유란 통신수단을 자유로이 이용하여 의사소통할 권리이고, 이러한 '통신수단의 자유로운 이용'에는 자신의 인적사항을 누구에게도 밝히지 않는 상태로 통신수단을 이용할 자유, 즉 통신수단의 익명성 보장도 포함된다.

③ 수용자가 국가기관에 서신을 발송할 경우에 교도소장의 허가를 받도록 하는 것은 통신비밀의 자유를 침해하지 않는다.

④ 검사, 사법경찰관 또는 정보수사기관의 장은 중대한 범죄의 계획이나 실행 등 긴박한 상황에 있는 경우 반드시 법원의 사전허가를 받아 통신제한조치를 하여야 한다.

04

헌법재판소가 헌법상 재산권으로 인정한 경우로 가장 적절한 것은? (다툼이 있는 경우 판례에 의함)

① 학교안전공제회가 관리·운용하는 학교안전공제 및 사고예방 기금

② 「사립학교교직원 연금법」상의 퇴직수당을 받을 권리

③ 약사의 한약조제권

④ 의료급여수급권

05

양심의 자유에 대한 설명으로 가장 적절하지 않은 것은? (다툼이 있는 경우 판례에 의함)

① 양심적 병역거부자에 대한 관용은 결코 병역의무의 면제와 특혜의 부여에 대한 관용이 아니며, 대체복무제는 병역의무의 일환으로 도입되는 것이므로 현역복무와의 형평을 고려하여 최대한 등가성을 가지도록 설계되어야 한다.

② 양심상의 결정이 법질서나 사회규범·도덕률과 일치하는지 여부는 양심의 존재를 판단하는 기준이 된다.

③ 양심적 결정을 외부로 표현하고 실현할 수 있는 권리인 양심실현의 자유는 법률에 의해 제한될 수 있는 상대적 자유다.

④ 양심적 병역거부의 바탕이 되는 양심상의 결정은 종교적 동기뿐만 아니라 윤리적·철학적 또는 이와 유사한 동기로부터라도 형성될 수 있는 것이므로 양심적 병역거부자의 기본권 침해 여부는 양심의 자유를 중심으로 판단한다.

06

종교의 자유에 대한 설명으로 가장 적절하지 않은 것은? (다툼이 있는 경우 판례에 의함)

① 헌법 제20조 제2항이 국교금지와 정교분리원칙을 규정하고 있기 때문에, 종교시설의 건축행위에만 기반시설부담금을 면제한다면 국가가 종교를 지원하여 종교를 승인하거나 우대하는 것으로 비칠 소지가 있다.

② 전통사찰에 대하여 채무명의를 가진 일반채권자가 전통사찰 소유의 전법(傳法)용 경내지의 건조물 등에 대하여 압류하는 것을 금지하는 「전통사찰의 보존 및 지원에 관한 법률」 조항은 '전통사찰의 일반채권자'의 재산권을 제한하지만, 종교의 자유의 내용 중 어떠한 것도 제한되지 않는다.

③ 종교전파의 자유는 국민에게 그가 선택한 임의의 장소에서 자유롭게 행사할 수 있는 권리까지 보장한다고 할 수 없다.

④ 구치소장이 수용자 중 미결수용자에 대하여 일률적으로 종교행사 등에의 참석을 불허한 것은 교정시설의 여건 및 수용관리의 적정성을 기하기 위한 것으로서 목적이 정당하고, 일부 수용자에 대한 최소한의 제한에 해당하므로 종교의 자유를 침해한 것으로 볼 수 없다.

07

표현의 자유 및 언론·출판의 자유에 대한 설명으로 가장 적절하지 않은 것은? (다툼이 있는 경우 판례에 의함)

① 사전심의를 받지 않은 건강기능식품의 기능성 광고를 금지하고 이를 위반할 경우 형사처벌하도록 한 구 「건강기능식품에 관한 법률」 조항은 사전검열에 해당하므로 헌법에 위반된다.

② 공포심이나 불안감을 유발하는 문언을 반복적으로 상대방에게 도달하게 한 자를 형사처벌하도록 한 「정보통신망 이용촉진 및 정보보호 등에 관한 법률」 조항은 표현의 자유를 침해하지 않는다.

③ 인터넷언론사에 대하여 선거일 전 90일부터 선거일까지 후보자 명의의 칼럼이나 저술을 게재하는 보도를 제한하는 구 「인터넷선거보도 심의기준 등에 관한 규정」 조항은 과잉금지원칙에 반하여 표현의 자유를 침해하지 않는다.

④ 지역농협 이사 선거의 경우 전화(문자메시지를 포함한다)·컴퓨터통신(전자우편을 포함한다)을 이용한 지지·호소의 선거운동방법을 금지하고, 이를 위반한 자를 형사처벌하도록 한 구 「농업협동조합법」 조항은 표현의 자유를 침해한다.

08

집회의 자유에 대한 설명으로 가장 적절하지 않은 것은? (다툼이 있는 경우 판례에 의함)

① 헌법상 집회에서 공동의 목적은 내적인 유대관계로 족하다.

② 집회의 자유에는 집회의 장소를 스스로 결정할 장소선택의 자유가 포함된다.

③ 우리 헌법상 집회의 자유에 의해 보호되는 것은 오로지 평화적 또는 비폭력적 집회에 한정된다.

④ 헌법에서 금지하고 있는 집회에 대한 허가는 입법권이 주체가 되어 집회의 내용·시간·장소 등을 사전심사하여 일반적인 집회금지를 특정한 경우에 해제함으로써 집회를 할 수 있게 하는 제도를 의미한다.

09

직업의 자유에 대한 설명으로 가장 적절하지 않은 것은? (다툼이 있는 경우 판례에 의함)

① 직업의 자유에는 해당 직업에 대한 합당한 보수를 받을 권리까지 포함되어 있다고 보기 어려우므로 자신이 원하는 수준보다 적은 보수를 법령에서 규정하고 있다고 하여 직업선택이나 직업수행의 자유가 침해된다고 할 수 없다.

② 국가정책에 따라 정부의 허가를 받은 외국인은 정부가 허가한 범위 내에서 소득활동을 할 수 있는 것이므로, 외국인이 국내에서 누리는 직업의 자유는 헌법에 의해서 부여된 기본권이 아닌 법률에 따른 정부의 허가에 의해 비로소 발생하는 권리이다.

③ 직업선택의 자유에는 자신이 원하는 직업 내지 직종에 종사하는데 필요한 전문지식을 습득하기 위한 직업교육장을 임의로 선택할 수 있는 '직업교육장 선택의 자유'도 포함된다.

④ 직장 선택의 자유는 인간의 존엄과 가치 및 행복추구권과도 밀접한 관련을 가지는 만큼 단순히 국민의 권리가 아닌 인간의 권리이기 때문에, 외국인도 국내에서 제한 없이 직장 선택의 자유를 향유할 수 있다고 보아야 한다.

10

헌법해석 및 합헌적 법률해석에 관한 설명 중 가장 적절한 것은? (다툼이 있는 경우 판례에 의함)

① 입법권자가 그 법률의 제정으로써 추구하고자 하는 입법자의 명백한 의지와 입법의 목적을 헛되게 하는 내용으로 법률조항을 해석할 수 없다는 '법 목적에 따른 한계'는 사법적 헌법해석기관에 의한 최종적 헌법해석권을 형해화할 수 있으므로 인정될 수 없다.

② 합헌적 법률해석은 헌법재판소가 헌법과 법률을 해석·적용함에 있어서 입법자의 입법취지대로 해석하여야 한다는 것으로 민주주의와 권력분립원칙의 관점에서 입법자의 입법권에 대한 존중과 규범유지의 원칙에 의하여 정당화된다.

③ 헌법의 기본원리는 헌법의 이념적 기초인 동시에 헌법을 지배하는 지도원리로서 입법이나 정책결정의 방향을 제시하며, 구체적 기본권을 도출하는 근거가 되고 기본권의 해석 및 기본권제한입법의 합헌성 심사에 있어 해석기준의 하나로 작용한다.

④ 헌법해석상 특정인에게 구체적인 기본권이 생겨 이를 보장하기 위한 국가의 행위의무 내지 보호의무가 발생하였음이 명백함에도 불구하고 입법자가 아무런 입법조치를 취하지 아니한 경우에는 입법자에게 입법의무가 인정된다.

11

헌법개정을 하지 않고서도 채택할 수 있는 것은?

① 대통령의 피선거연령을 만 35세로 낮추는 것
② 법률의 위헌심사에 있어서 추상적 규범통제를 인정하는 것
③ 법원의 재판을 헌법소원심판의 대상으로 하는 것
④ 지방자치단체 의회를 폐지하는 것

12

우리나라 헌법사에 관한 설명 중 가장 적절한 것은?

① 1954년 개정헌법(제2차 개헌)은 같은 헌법 공포 당시의 대통령에 한하여 중임제한을 철폐하고, 대통령의 궐위시에는 국무총리가 그 지위를 계승하도록 하였다.
② 1962년 개정헌법(제5차 개헌)은 국무총리·국무위원에 대한 국회의 해임건의가 있을 때에는 대통령은 특별한 사유가 없는 한 이에 응하도록 규정하였다.
③ 1980년 개정헌법(제8차 개헌)은 임기 7년의 대통령을 국회에서 무기명투표로 선거하도록 하고 위헌법률심판과 탄핵심판을 담당하는 헌법위원회를 규정하였다.
④ 1987년 개정헌법(제9차 개헌)은 현대적 인권인 환경권을 최초로 규정하였다.

13

국적에 관한 설명 중 가장 적절하지 않은 것은? (다툼이 있는 경우 판례에 의함)

① 출생 당시 모가 자녀에게 외국 국적을 취득하게 할 목적으로 외국에서 체류 중이었던 사실이 인정되는 자는 대한민국에서 외국 국적을 행사하지 않겠다는 서약을 한 후 대한민국 국적을 선택한다는 뜻을 신고할 수 있다.
② 복수국적자가 「국적법」에서 정한 기간 내에 국적을 선택하지 아니한 경우에 법무부장관은 1년 내에 하나의 국적을 선택할 것을 명하여야 한다.
③ 1948년 정부수립이전이주동포를 「재외동포의 출입국과 법적 지위에 관한 법률」의 적용대상에서 제외하는 것은 헌법 제11조의 평등원칙에 위배된다.
④ 1978.6.14.부터 1998.6.13.사이에 태어난 모계출생자가 대한민국 국적을 취득할 수 있는 특례를 두면서 2004.12.31.까지 국적취득신고를 한 경우에만 대한민국 국적을 취득하도록 한 것은, 특례의 적용을 받는 모계출생자가 그 권리를 조속히 행사하도록 하여 위 모계출생자가 권리를 남용할 가능성을 억제하기 위한 것으로 합리적 이유 있는 차별이다.

14

신뢰보호의 원칙 및 소급입법금지원칙에 관한 설명 중 가장 적절한 것은? (다툼이 있는 경우 판례에 의함)

① 신법이 피적용자에게 유리한 경우에는 시혜적인 소급입법을 하여야 하므로, 순직공무원의 적용범위를 확대한 개정 「공무원연금법」을 소급하여 적용하지 아니하도록 한 개정 법률 부칙은 평등의 원칙에 위배된다.

② 부당환급받은 세액을 징수하는 근거규정인 개정조항을 개정된 법 시행 후 최초로 환급세액을 징수하는 분부터 적용하도록 규정한 「법인세법」 부칙 조항은 이미 완성된 사실·법률관계를 규율하는 진정소급입법에 해당하나, 이를 허용하지 아니하면 위 개정조항과 같이 법인세 부과처분을 통하여 효율적으로 환수하지 못하고 부당이득 반환 등 복잡한 절차를 거칠 수 밖에 없어 중대한 공익상 필요에 의하여 예외적으로 허용된다.

③ 「군인연금법」상 퇴역연금 수급권자가 「사립학교교직원 연금법」 제3조의 학교기관으로부터 보수 기타 급여를 지급받는 경우에는 대통령령이 정하는 바에 따라 퇴역연금의 전부 또는 일부의 지급을 정지할 수 있도록 하는 것은 신뢰보호원칙에 위반되지 않는다.

④ 1953년부터 시행된 "교사의 신규채용에 있어서는 국립 또는 공립 교육대학·사범대학의 졸업자를 우선하여 채용하여야 한다."라는 「교육공무원법」 조항에 대한 헌법재판소의 위헌결정에도 불구하고 헌법재판소의 위헌결정 당시의 국·공립 사범대학 등의 재학생과 졸업자의 신뢰는 보호되어야 하므로, 입법자가 위헌법률에 기초한 이들의 신뢰이익을 보호하기 위한 법률을 제정하지 않은 부작위는 헌법에 위배된다.

15

헌법상 경제질서에 관한 설명 중 가장 적절하지 않은 것은? (다툼이 있는 경우 판례에 의함)

① 수력(水力)은 법률이 정하는 바에 의하여 일정한 기간 그 이용을 특허할 수 있다.

② 특정한 사회·경제적 또는 정치적 대의나 가치를 주장·옹호하거나 이를 진작시키기 위한 수단으로 선택한 소비자불매운동은 헌법상 보호를 받을 수 없다.

③ 구 「특정범죄 가중처벌 등에 관한 법률」에서 관세포탈 등의 예비범에 대하여 본죄에 준하여 가중처벌하도록 한 규정의 입법목적은 헌법 제119조 제2항(경제의 규제·조정), 제125조(무역의 규제·조정)의 정신에 부합한다.

④ 불매운동의 목표로서의 '소비자의 권익'이란 원칙적으로 사업자가 제공하는 물품이나 용역의 소비생활과 관련된 것으로서 상품의 질이나 가격, 유통구조, 안정성 등 시장적 이익에 국한된다.

16

선거권에 관한 설명 중 가장 적절하지 않은 것은? (다툼이 있는 경우 판례에 의함)

① 주민등록과 국내거소신고를 기준으로 지역구 국회의원 선거권을 인정하는 것은 해당 국민의 지역적 관련성을 확인하는 합리적인 방법으로, 주민등록이 되어 있지 않고 국내 거소신고도 하지 않은 재외국민의 임기만료 지역구 국회의원 선거권을 인정하지 않은 것은 선거권을 침해한다고 볼 수 없다.

② 지역농협은 사법인에서 볼 수 없는 공법인적 특성을 많이 가지고 있으므로, 지역농협의 조합장선거에서 조합장을 선출하거나 조합장으

로 선출될 권리, 조합장선거에서 선거운동을
하는 것도 헌법에 의하여 보호되는 선거권의
범위에 포함된다.
③ 선거일 현재 선거범으로서 100만원 이상의 벌
금형의 선고를 받고 그 형이 확정된 후 5년
또는 형의 집행유예의 선고를 받고 그 형이 확
정된 후 10년을 경과하지 아니한 사람은 선거
권이 없다.
④ 지역구 국회의원 선거에서 예비후보자의 기탁
금 액수를 해당 선거의 후보자등록시 납부해
야 하는 기탁금의 100분의 20으로 설정한 것
은 입법재량의 범위를 벗어난 것으로 볼 수 없다.

17

기본권주체에 관한 설명 중 가장 적절하지 않은
것은? (다툼이 있는 경우 판례에 의함)

① 법인도 법인의 목적과 사회적 기능에 비추어
볼 때 그 성질에 반하지 않는 범위 내에서 인
격권의 내용인 사회적 신용이나 명예 등의 주
체가 될 수 있다.
② 기본권능력을 가진 사람은 모두 기본권 주체
가 되지만, 기본권 주체가 모두 기본권의 행사
능력을 가지는 것은 아니다.
③ 국가, 지방자치단체도 다른 공권력 주체와의
관계에서 지배복종관계가 성립되어 일반 사인
처럼 그 지배하에 있는 경우에는 기본권 주체
가 될 수 있다.
④ 출입국관리에 관한 사항 중 외국인의 입국에
관한 사항은 주권국가로서의 기능을 수행하는
데 필요한 것으로서 광범위한 정책재량의 영
역이므로, 국적에 따라 사증 발급 신청 시의
첨부서류에 관해 다르게 정하고 있는 조항이
평등권을 침해하는지 여부는 자의금지원칙 위
반 여부에 의하여 판단한다.

18

인간의 존엄과 가치 및 행복추구권에 관한 설명
중 가장 적절하지 않은 것은? (다툼이 있는 경우
판례에 의함)

① 공인이 아니며 보험사기를 이유로 체포된 피
의자가 경찰서 내에서 수갑을 차고 얼굴을 드
러낸 상태에서 조사받는 과정을 기자들로 하
여금 촬영하도록 허용하는 행위는 기본권 제
한의 목적의 정당성이 인정되지 아니한다.
② 고졸검정고시 또는 고입검정고시에 합격했던
자가 해당 검정고시에 다시 응시할 수 없게 됨
으로써 제한되는 주된 기본권은 자유로운 인
격발현권인데, 이러한 응시자격 제한은 검정
고시제도 도입 이후 허용되어 온 합격자의 재
응시를 경과조치 등 없이 무조건적으로 금지
하는 것이어서 과잉금지원칙에 위배된다.
③ 자기낙태죄 조항은 「모자보건법」에서 정한 사
유에 해당하지 않는다면 결정가능기간 중에 다
양하고 광범위한 사회적·경제적 사유를 이유
로 낙태갈등 상황을 겪고 있는 경우까지도 예
외 없이 전면적·일률적으로 임신의 유지 및 출
산을 강제하고 이를 위반한 경우 형사처벌하고
있으므로 임신한 여성의 자기결정권을 제한하
고 있어 침해의 최소성을 갖추지 못하였다.
④ 초등학교 정규교과에서 영어를 배제하거나 영
어교육 시수를 제한하는 것은 학생들의 인격
의 자유로운 발현권을 제한하나, 이는 균형적
인 교육을 통해 초등학생의 전인적 성장을 도
모하고 영어과목에 대한 지나친 사교육의 폐
단을 막기 위한 것으로 학생들의 기본권을 침
해하지 않는다.

19

평등권(평등원칙)에 관한 설명 중 가장 적절한 것은? (다툼이 있는 경우 판례에 의함)

① 자기 또는 배우자의 직계존속을 고소하지 못하도록 규정한 「형사소송법」 조항은 친고죄의 경우든 비친고죄의 경우든 헌법상 보장된 재판절차진술권의 행사에 중대한 제한을 초래한다고 보기는 어려우므로, 완화된 자의심사에 따라 차별에 합리적 이유가 있는지를 따져보는 것으로 족하다.

② 선거로 취임하는 공무원인 지방자치단체장을 「공무원연금법」의 적용대상에서 제외하는 법률 조항은, 지방자치단체장도 국민 전체에 대한 봉사자로서 「공무원법」상 각종 의무를 부담하고 영리업무 및 겸직 금지 등 기본권 제한이 수반된다는 점에서 경력직공무원 또는 다른 특수경력직공무원등과 차이가 없는데도 「공무원연금법」의 적용에 있어 지방자치단체장을 다른 공무원에 비하여 합리적 이유 없이 차별하는 것으로, 지방자치단체장들의 평등권을 침해한다.

③ 제대군인이 공무원채용시험 등에 응시한 때에 과목별 득점에 과목별 만점의 5퍼센트 또는 3퍼센트를 가산하는 것에 대하여 완화된 심사기준인 자의금지원칙을 적용하고 있다.

④ 보건복지부장관이 최저생계비를 고시함에 있어 장애로 인한 추가지출비용을 반영한 별도의 최저생계비를 결정하지 않은 채 가구별 인원수만을 기준으로 최저생계비를 결정한 고시는 엄격한 기준인 비례성원칙에 따른 심사를 함이 타당하다.

20

신체의 자유에 관한 설명 중 가장 적절하지 않은 것은? (다툼이 있는 경우 판례에 의함)

① 누구든지 체포 또는 구속의 이유와 변호인의 조력을 받을 권리가 있음을 고지받지 아니하고는 체포 또는 구속을 당하지 아니한다. 체포 또는 구속을 당한 자의 가족 등 법률이 정하는 자에게는 그 이유와 일시·장소가 지체없이 통지되어야 한다.

② 법무부장관이 형사사건으로 공소가 제기된 변호사에 대하여 판결이 확정될 때까지 업무정지를 명하도록 한 구 「변호사법」 제15조는 무죄추정의 원칙에 위배되지 않는다.

③ 성폭력범죄를 저지른 성도착증 환자로서 재범의 위험성이 인정되는 19세 이상의 사람에 대해 법원이 15년의 범위에서 치료명령을 선고할 수 있도록 한 법률규정은, 장기형이 선고되는 경우 치료명령의 선고시점과 집행시점 사이에 상당한 시간적 간극이 있어 집행시점에 발생할 수 있는 불필요한 치료와 관련한 부분에 대해서는 침해의 최소성과 법익균형성이 인정되지 않기 때문에 피치료자의 신체의 자유를 침해한다.

④ 특별검사가 참고인에게 지정된 장소까지 동행할 것을 명령할 수 있게 하고 참고인이 정당한 이유 없이 위 동행명령을 거부한 경우 천만원 이하의 벌금형에 처하도록 규정한 동행명령조항은 영장주의 또는 과잉금지 원칙에 위배하여 참고인의 신체의 자유를 침해하는 것이다.

순경공채·경위공채 대비
경찰헌법 모의고사

03

경찰헌법
모의고사
3회

03 경찰헌법 모의고사 3회

01

다음 중 사생활의 비밀과 자유 또는 개인정보자기 결정권을 침해한 것은? (다툼이 있는 경우 판례에 의함)

① A시장이 B경찰서장의 사실조회 요청에 따라 B경찰서장에게 청구인들의 이름, 생년월일, 전화번호, 주소를 제공한 행위

② 공직선거의 후보자등록 신청을 함에 있어 형의 실효여부와 관계없이 일률적으로 금고 이상의 형의 범죄경력을 제출·공개하도록 한 규정

③ 국민건강보험공단이 2013.12.20. C경찰서장에게 체포영장이 발부된 피의자의 '2010. 12.18.부터 2013.12.18.'까지의 상병명, 요양기관명, 요양기관주소, 전화번호 등 요양급여내용을 제공한 행위

④ 통계청장이 인구주택총조사의 방문 면접조사를 실시하면서, 담당 조사원을 통해 청구인에게 인구주택총조사 조사표의 조사항목들에 응답할 것을 요구한 행위

02

양심의 자유에 관한 설명 중 가장 적절한 것은? (다툼이 있는 경우 판례에 의함)

① 양심의 자유에서 현실적으로 문제가 되는 것은 법질서와 도덕에 부합하는 사고를 가진 사회적 다수의 양심을 의미한다.

② '양심적' 병역거부는 실상 당사자의 '양심에 따른' 혹은 '양심을 이유로 한' 병역거부를 가리키는 것일 뿐만 아니라 병역거부가 '도덕적이고 정당하다'는 의미를 내포한다.

③ 전투경찰순경이 법률에 근거한 경찰공무원으로서 시위진압업무를 수행하는 것이 양심의 자유를 침해한다고 판시한 바 있다.

④ 양심적 병역거부의 바탕이 되는 양심상의 결정은 종교적 동기뿐만 아니라 윤리적·철학적 또는 이와 유사한 동기로부터도 형성될 수 있는 것이므로 양심적 병역거부자의 기본권 침해여부는 양심의 자유를 중심으로 판단한다.

03

언론·출판의 자유에 관한 설명으로 옳은 것을 모두 고른 것은? (다툼이 있는 경우 판례에 의함)

> ㉠ 인터넷 언론사에 대하여 선거운동기간 중 당해 인터넷홈페이지 게시판·대화방 등에 정당·후보자에 대한 지지·반대의 글을 게시할 수 있도록 하는 경우 실명을 확인받도록 하는 기술적 조치를 할 의무를 부과한 구 「공직선거법」은 표현의 자유를 침해하지 않는다.
>
> ㉡ 여론조사 실시행위에 대한 신고의무를 부과하고 있는 「공직선거법」 조항은 여론조사결과의 보도나 공표행위를 규제하는 것이 아니라 여론조사의 실시행위에 대한 신고의무를 부과하는 것으로, 허가받지 아니한 것의 발표를 금지하는 헌법 제21조 제2항의 사전검열과 관련이 있다고 볼 수 없으므로 검열금지원칙에 위반되지 아니한다.
>
> ㉢ 금치처분을 받은 미결수용자 할지라도 금치처분 기간 중 집필을 금지하면서 예외적인 경우에만 교도소장이 집필을 허가할 수 있도록 한 「형의 집행 및 수용자의 처우에 관한 법률」상 규정은 미결수용자의 표현의 자유를 침해한다.
>
> ㉣ 건강기능식품 기능성 광고 사전심의가 헌법이 금지하는 사전검열에 해당하려면 심사절차를 관철할 수 있는 강제수단이 존재할 것을 필요로 하는데, 영업허가취소와 같은 행정제재나 벌금형과 같은 형벌의 부과는 사전심의절차를 관철하기 위한 강제수단에 해당한다.

① ㉠㉡ ② ㉠㉣

③ ㉡㉢ ④ ㉡㉣

04

집회 및 결사의 자유에 관한 설명 중 가장 적절하지 않은 것은? (다툼이 있는 경우 판례에 의함)

① 집회의 자유에는 집회의 장소를 스스로 결정할 장소선택의 자유도 포함한다.

② 집회의 개념 요소인 공동의 목적은 '내적인 유대 관계'로 족하다.

③ 집회의 시간과 장소가 중복되는 2개 이상의 신고가 있을 경우 관할 경찰관서장은 먼저 신고된 집회가 다른 집회의 개최를 봉쇄하기 위한 가장집회신고에 해당하는지 여부에 관하여 판단할 권한이 없으므로 뒤에 신고된 집회에 대하여 집회 자체를 금지하는 통고를 하여야 한다.

④ 구 「주택건설촉진법」상의 주택조합은 주택이 없는 국민의 주거생활의 안정을 도모하고 모든 국민의 주거수준 향상을 기한다는 공공목적을 위하여 법이 구성원의 자격을 제한적으로 정해 놓은 특수조합이어서, 이는 헌법상 결사의 자유가 뜻하는 헌법상 보호법익의 대상이 되는 단체가 아니다.

05

**재산권에 관한 설명 중 가장 적절한 것은?
(다툼이 있는 경우 판례에 의함)**

① 물건에 대한 재산권 행사에 비하여 동물에 대한 재산권 행사는 사회적 연관성과 사회적 기능이 적다 할 것이므로 이를 제한하는 경우 입법재량의 범위를 좁게 인정함이 타당하다.

② 건설공사를 위하여 문화재발굴허가를 받아 매장문화재를 발굴하는 경우 그 발굴비용을 사업시행자로 하여금 부담하게 하는 것은 문화재 보존을 위해 사업시행자에게 일방적인 희생을 강요하는 것이므로 재산권을 침해한다.

③ 토지의 가격이 취득일 당시에 비하여 현저히 상승한 경우 환매금액에 대한 협의가 성립하지 아니한 때에는 사업시행자로 하여금 환매금액의 증액을 청구할 수 있도록 한 「공익사업을 위한 토지 등의 취득 및 보상에 관한 법률」 조항은 환매권자의 재산권을 침해하지 아니한다.

④ 「건축법」을 위반한 건축주 등이 건축 허가권자로부터 위반건축물의 철거 등 시정명령을 받고도 그 이행을 하지 않는 경우 「건축법」 위반자에 대하여 시정명령 이행시까지 반복적으로 이행강제금을 부과할 수 있도록 규정한 「건축법」 조항은 과잉금지의 원칙에 위배되어 「건축법」 위반자의 재산권을 침해한다.

06

직업의 자유에 관한 설명 중 가장 적절하지 않은 것은? (다툼이 있는 경우 판례에 의함)

① 유치원 주변 학교환경위생 정화구역에서 성관련 청소년유해물건을 제작·생산·유통하는 청소년 유해업소를 예외 없이 금지하는 구 「학교보

건법」 관련조항은 직업의 자유를 침해한 것이다.

② 연락운송 운임수입의 배분에 관한 협의가 성립되지 아니한 때에는 당사자의 신청을 받아 국토교통부장관이 결정한다는 「도시철도법」 규정은 도시철도운영자들의 「행정절차법」에 따른 의견제출이 가능하고 국토부장관의 전문성과 객관성도 인정되므로 운임수입 배분에 관한 별도의 위원회를 구성하지 않는다 하더라도 직업수행의 자유를 침해하지 않는다.

③ 개인이 다수의 직업을 선택하여 동시에 행사하는 겸직의 자유는 직업의 자유에 포함된다.

④ 청원경찰이 법원에서 금고 이상의 형의 선고유예를 받은 경우 당연퇴직하도록 규정한 조항은 청원경찰의 직업의 자유를 침해한다.

07

**공무담임권에 관한 설명 중 가장 적절한 것은?
(다툼이 있는 경우 판례에 의함)**

① 공무담임권은 공직취임의 기회균등을 요구하지만, 취임한 뒤 승진할 때에도 균등한 기회 제공을 요구하지는 않는다.

② 지방자치단체의 장이 금고 이상의 형을 선고받고 그 형이 확정되지 아니한 경우 부단체장이 그 권한을 대행하도록 규정한 「지방자치법」 조항은 지방자치단체장의 공무담임권을 침해한다.

③ 국방부 등의 보조기관에 근무할 수 있는 기회를 현역군인에게만 부여하고 군무원에게는 부여하지 않는 법률조항은 군무원의 공무담임권을 침해한다.

④ 공무원의 재임 기간 동안 충실한 공무 수행을 담보하기 위하여 공무원의 퇴직급여 및 공무상 재해보상을 보장할 것까지 공무담임권의 보호영역에 포함된다고 본다.

08

국민투표권에 관한 설명 중 가장 적절하지 않은 것은? (다툼이 있는 경우 판례에 의함)

① 국회의원선거권자인 재외선거인에게 국민투표권을 인정하지 않은 것은 국회의원선거권자의 헌법개정안 국민투표 참여를 전제하고 있는 헌법 제130조 제2항의 취지에 부합하지 않는다.

② 대법원은 국민투표에 관하여 「국민투표법」 또는 동법에 의하여 발하는 명령에 위반하는 사실이 있는 경우라도 국민투표의 결과에 영향을 미쳤다고 인정하는 때에 한하여 국민투표의 전부 또는 일부의 무효를 판결한다.

③ 「정당법」상의 당원의 자격이 없는 자는 국민투표에 관한 운동을 할 수 없다.

④ 대의기관의 선출주체가 곧 대의기관의 의사결정에 대한 승인주체가 되는 것이 원칙이나, 국민투표권자의 범위가 대통령선거권자, 국회의원선거권자와 반드시 일치할 필요는 없다.

09

재판청구권에 관한 설명 중 가장 적절하지 않은 것은? (다툼이 있는 경우 판례에 의함)

① 군사시설 중 전투용에 공하는 시설을 손괴한 일반 국민이 평시에 군사법원에서 재판을 받도록 하는 것은 법관에 의한 재판을 받을 권리를 침해하는 것이다.

② 취소소송의 제소기간을 처분 등이 있음을 안 때로부터 90일 이내로 규정한 것은 지나치게 짧은 기간이라고 보기 어렵고 행정법 관계의 조속한 안정을 위해 필요한 방법이므로 재판청구권을 침해하지 않는다.

③ 수형자가 국선대리인인 변호사를 접견하는데 교도소장이 그 접견내용을 녹음·기록하였다고 해도 재판을 받을 권리를 침해하는 것은 아니다.

④ 헌법과 법률이 정한 법관에 의한 재판을 받을 권리는 직업법관에 의한 재판을 주된 내용으로 하는 것이므로 국민참여재판을 받을 권리는 그 보호범위에 속하지 않는다.

10

범죄피해자구조청구권에 관한 설명 중 가장 적절한 것은? (다툼이 있는 경우 판례에 의함)

① 범죄피해자구조청구권은 생명, 신체에 대한 피해를 입은 경우에 적용되는 것은 물론이고 재산상 피해를 입은 경우에도 적용된다.

② 범죄행위 당시 구조피해자와 가해자 사이에 사실상의 혼인관계가 있는 경우에도 구조피해자에게 구조금을 지급한다.

③ 범죄피해구조금을 받을 권리는 그 구조결정이 해당 신청인에게 송달된 날부터 1년간 행사하지 아니하면 시효로 인하여 소멸된다.

④ 헌법재판소는 범죄피해자구조청구권의 대상이 되는 범죄피해에 해외에서 발생한 범죄피해의 경우를 포함하고 있지 아니한 것이 현저하게 불합리한 자의적인 차별이라고 볼 수 없어 평등원칙에 위배되지 아니한다고 결정하였다.

11

교육을 받을 권리에 관한 설명 중 가장 적절하지 않은 것은? (다툼이 있는 경우 판례에 의함)

① 대학수학능력시험을 한국교육방송공사(EBS) 수능교재 및 강의와 연계하여 출제하기로 한 '2018학년도 대학수학능력시험 시행기본계획'은 헌법 제31조 제1항의 능력에 따라 균등하게 교육을 받을 권리를 직접 제한한다고 보기는 어렵다.

② 학교용지부담금의 부과대상을 수분양자가 아닌 개발사업자로 정하고 있는 구 「학교용지 확보 등에 관한 특례법」 조항은 의무교육의 무상원칙에 위배된다.

③ '부모의 자녀에 대한 교육권'은 비록 헌법에 명문으로 규정되어 있지는 아니하지만, 이는 모든 인간이 국적과 관계없이 누리는 양도할 수 없는 불가침의 인권이다.

④ 초등학교 교육과정의 편제와 수업시간은 교육현장을 가장 잘 파악하고 교육과정에 대해 적절한 수요예측을 할 수 있는 해당 부처에서 정하도록 할 필요가 있으므로, 「초·중등교육법」 제23조 제2항이 교육과정의 기준과 내용에 관한 기본적인 사항을 교육부장관이 정하도록 위임한 것 자체가 교육제도 법정주의에 반한다고 보기 어렵다.

12

근로의 권리 및 근로3권에 관한 설명 중 가장 적절하지 않은 것은? (다툼이 있는 경우 판례에 의함)

① 근로자에게 보장된 단결권의 내용에는 단결할 자유뿐만 아니라 노동조합을 결성하지 아니할 자유나 노동조합에 가입을 강제당하지 아니할 자유, 그리고 가입한 노동조합을 탈퇴할 자유도 포함된다.

② 근로의 권리는 국민의 권리이므로 외국인은 그 주체가 될 수 없는 것이 원칙이나, 근로의 권리 중 일할 환경에 관한 권리에 대해서는 외국인의 기본권 주체성을 인정할 수 있다.

③ 근로의 권리는 사회적 기본권으로서, 국가에 대하여 직접 일자리를 청구하거나 일자리에 갈음하는 생계비의 지급청구권을 의미하는 것이 아니라, 고용증진을 위한 사회적·경제적 정책을 요구할 수 있는 권리에 그치는 것이다.

④ 교원노조를 설립하거나 가입하여 활동할 수 있는 자격을 초·중등교원으로 한정함으로써 교육공무원이 아닌 대학 교원에 대해서 근로기본권의 핵심인 단결권조차 전면적으로 부정한 법률조항은 그 입법목적의 정당성을 인정하기 어렵고, 수단의 적합성 역시 인정할 수 없다.

13

국민의 기본의무에 관한 설명 중 옳은 것을 모두 고른 것은? (다툼이 있는 경우 판례에 의함)

> ㉠ 조세의 부과·징수로 인해 납세의무자의 사유재 산에 관한 이용·수익·처분권이 중대한 제한을 받게 되는 경우에는 재산권의 침해가 될 수 있다.
>
> ㉡ 공무원 시험의 응시자격을 '군복무를 필한 자'라 고 하여 군복무 중에는 그 응시기회를 제한하는 것은 병역의무의 이행을 이유로 불이익을 주는 것이다.
>
> ㉢ 병역의무는 국민 전체의 인간으로서의 존엄과 가치를 보장하기 위한 것이므로, 양심적 병역거 부자의 양심의 자유가 국방의 의무보다 우월한 가치라고 할 수 없다.
>
> ㉣ 학교운영지원비를 학교회계 세입항목에 포함시 키도록 하는 것은 헌법 제31조 제3항에 규정되어 있는 의무교육의 무상원칙에 위반되지 않는다.

① ㉠㉡   ② ㉠㉢
③ ㉡㉣   ④ ㉢㉣

14

국적에 대한 설명으로 가장 적절하지 않은 것은? (다툼이 있는 경우 헌법재판소 판례에 의함)

① 대한민국에서 출생한 사람으로서 부 또는 모 가 대한민국에서 출생한 외국인은 대한민국에 3년 이상 계속하여 주소가 있는 경우 간이귀 화허가를 받을 수 있다.

② 대한민국에 특별한 공로가 있는 외국인은 대 한민국에 주소가 있는 경우 특별귀화허가를 받을 수 있다.

③ 외국인의 자(子)로서 대한민국의 「민법」상 미 성년인 사람은 부 또는 모가 귀화허가를 신청 할 때 함께 국적 취득을 신청할 수 있다.

④ 대한민국 국적을 상실한 자가 그 후 1년 내에 그 외국 국적을 포기하면 법무부장관의 허가 를 받아 대한민국 국적을 재취득할 수 있다.

15

신뢰보호원칙에 대한 설명으로 가장 적절하지 않은 것은?(다툼이 있는 경우 헌법재판소 판례에 의함)

① 입법자는 새로운 인식을 수용하고 변화한 현 실에 적절하게 대처해야 하기 때문에, 국민은 현재의 법적 상태가 항상 지속되리라는 것을 원칙적으로 신뢰할 수 없다.

② 개정된 법규·제도의 존속에 대한 개인의 신뢰 가 합리적이어서 권리로서 보호할 필요성이 인정되어야 그 신뢰가 헌법상 권리로서 보호 될 것이다.

③ 신뢰보호원칙의 위반 여부는 한편으로는 침해 받은 신뢰이익의 보호가치, 침해의 중한 정도, 신뢰침해의 방법 등과 다른 한편으로는 새 입 법을 통해 실현코자 하는 공익목적을 종합적 으로 비교형량하여 판단하여야 한다.

④ 법률에 따른 개인의 행위가 국가에 의하여 일 정 방향으로 유인된 것이라도 헌법상 보호가 치가 있는 신뢰이익으로 인정될 수 없다.

16

소급입법금지원칙에 대한 설명으로 옳지 않은 것은? (다툼이 있는 경우 헌법재판소 판례에 의함)

① 진정소급입법은 개인의 신뢰보호와 법적 안정성을 내용으로 하는 법치국가원리에 의하여 특단의 사정이 있어 예외적으로 허용되는 경우를 제외하고는 헌법적으로 허용되지 아니하는 것이 원칙이다.

② 진정소급입법이 허용되는 예외적인 경우로는 일반적으로, 국민이 소급입법을 예상할 수 있었거나, 법적 상태가 불확실하고 혼란스러웠거나 하여 보호할 만한 신뢰의 이익이 적은 경우와 소급입법에 의한 당사자의 손실이 없거나 아주 경미한 경우, 그리고 신뢰보호의 요청에 우선하는 심히 중대한 공익상의 사유가 소급입법을 정당화하는 경우를 들 수 있다.

③ 신법이 이미 종료된 사실관계나 법률관계에 적용되는 부진정소급입법에 있어서는 소급효를 요구하는 공익상의 사유와 신뢰보호 요청 사이의 교량과정에서 신뢰보호의 관점이 입법자의 형성권에 제한을 가하게 된다.

④ 신법이 피적용자에게 유리한 경우에는 이른바 시혜적인 소급입법이 가능하지만, 그러한 소급입법을 할 것인지의 여부는 그 일차적인 판단이 입법기관에 맡겨져 있다.

17

헌법상 명확성원칙에 대한 설명으로 가장 적절하지 않은 것은?(다툼이 있는 경우 헌법재판소 판례에 의함)

① 구 「개발제한구역의 지정 및 관리에 관한 특별조치법」 조항 중 허가를 받지 아니한 '토지의 형질변경' 부분은 개발제한구역 지정 당시의 토지의 형상을 사실상 변형시키고 또 그 원상회복을 어렵게 하는 행위를 의미하는 것이므로, 명확성원칙에 위배되지 않는다.

② 건설업자가 부정한 방법으로 건설업의 등록을 한 경우, 건설업 등록을 필요적으로 말소하도록 규정한 「건설산업기본법」 조항 중 '부정한 방법' 개념은 모호하여 법률해석을 통하여 구체화될 수 없으므로 명확성원칙에 위배된다.

③ '여러 사람의 눈에 뜨이는 곳에서 공공연하게 알몸을 지나치게 내놓거나 가려야 할 곳을 내놓아 다른 사람에게 부끄러운 느낌이나 불쾌감을 준 사람'을 처벌하는 「경범죄 처벌법」 조항은 그 의미를 알기 어렵고 그 의미를 확정하기도 곤란하므로 명확성원칙에 위배된다.

④ 품목허가를 받지 아니한 의료기기를 수리·판매·임대·수여 또는 사용의 목적으로 수입하는 것을 금지하는 구 「의료기기법」 조항은 수리·판매·임대·수여 또는 사용의 목적이 있는 경우에만 품목허가를 받지 않은 의료기기의 수입을 금지하는 것으로 일의적으로 해석되므로 명확성원칙에 위배되지 않는다.

18

정당에 대한 설명으로 가장 적절하지 않은 것은? (다툼이 있는 경우 헌법재판소 판례에 의함)

① 헌법 제8조 제1항이 명시하는 정당설립의 자유는 설립할 정당의 조직형태를 어떠한 내용으로 할 것인가에 관한 정당조직 선택의 자유 및 그와 같이 선택된 조직을 결성할 자유를 포괄하는 '정당조직의 자유'를 포함한다.

② 정당의 명칭은 그 정당의 정책과 정치적 신념을 나타내는 대표적인 표지에 해당하므로, 정당설립의 자유는 자신들이 원하는 명칭을 사용하여 정당을 설립하거나 정당활동을 할 자유도 포함한다.

③ 헌법 제8조 제2항에서 "정당은 그 목적·조직과 활동이 민주적이어야 하며, 국민의 정치적 의사형성에 참여하는데 필요한 조직을 가져야 한다."는 것은 정당조직의 자유를 직접적으로 규정한 것으로서, 정당의 자유의 헌법적 근거를 제공하는 근거규범으로서 기능한다.

④ 정당의 목적이나 활동이 민주적 기본질서에 위배될 때에는 정부는 헌법재판소에 그 해산을 제소할 수 있고, 정당은 헌법재판소의 심판에 의하여 해산된다.

19

선거제도에 대한 설명으로 가장 적절하지 않은 것은? (다툼이 있는 경우 헌법재판소 판례에 의함)

① 비례대표국회의원 당선인이 「공직선거법」 제264조(당선인의 선거범죄로 인한 당선무효)의 규정에 의하여 당선이 무효로 된 때 비례대표국회의원 후보자명부상의 차순위 후보자의 승계를 부인하는 것은 과잉금지원칙에 위배하여 청구인들의 공무담임권을 침해한다.

② 선거범으로서 100만원 이상의 벌금형의 선고를 받고 그 형이 확정된 후 5년을 경과하지 아니한 자 또는 형의 집행유예의 선고를 받고 그 형이 확정된 후 10년을 경과하지 아니한 자에게 선거권을 부여하지 않는 「공직선거법」 조항은 선거권을 침해하지 않는다.

③ 선거범죄로 당선이 무효로 된 자에게 이미 반환받은 기탁금과 보전받은 선거비용을 다시 반환하도록 한 구 「공직선거법」 조항은 공무담임권을 제한하지 않는다.

④ 지역구국회의원선거에 있어서 선거구선거관리위원회가 당해 국회의원지역구에서 유효투표의 다수를 얻은 자를 당선인으로 결정하도록 한 「공직선거법」 조항은 청구인의 선거권을 침해한다.

20

공무담임권에 대한 설명으로 가장 적절하지 않은 것은? (다툼이 있는 경우 헌법재판소 판례에 의함)

① 사립대학 교원이 국회의원으로 당선된 경우 임기개시일 전까지 그 직을 사직하도록 규정한 「국회법」 조항은 청구인의 공무담임권을 침해하지 않는다.

② 금고 이상의 형의 선고유예를 받고 그 기간 중에 있는 자를 임용결격사유로 삼고, 위 사유에 해당하는 자가 임용되더라도 이를 당연무효로 하는 구「국가공무원법」 조항은 공무담임권을 침해하지 않는다.

③ 국·공립학교 채용시험의 동점자처리에서 국가유공자 등 및 그 유족·가족에게 우선권을 주도록 하고 있는 「국가유공자 등 예우 및 지원에 관한 법률」 등의 해당 조항들은 일반 응시자들이 국·공립학교 채용시험의 동점자처리에서 심각한 불이익을 당하기 때문에 일반 응시자들의 공무담임권을 침해한다.

④ 지방자치단체의 장이 공소 제기된 후 구금상태에 있는 경우 부단체장이 그 권한을 대행하도록 규정한 「지방자치법」 조항은 지방자치단체의 장의 공무담임권을 침해하지 않는다.

순경공채 · 경위공채 대비
경찰헌법 모의고사

04

경찰헌법
모의고사
4회

04 경찰헌법 모의고사 4회

01

헌법전문(前文)에 대한 설명으로 옳지 않은 것은? (다툼이 있는 경우 판례에 의함)

① 우리 헌법은 전문에서 모든 사회적 폐습과 불의를 타파한다고 규정하고 있다.

② '헌법전문에 기재된 3.1정신'은 우리나라 헌법의 연혁적·이념적 기초로서 헌법이나 법률해석에서의 해석기준으로 작용한다고 할 수 있지만, 그에 기하여 곧바로 국민의 개별적 기본권성을 도출해낼 수는 없다.

③ 국가는 일제로부터 조국의 자주독립을 위하여 공헌한 독립유공자와 그 유족에 대하여 응분의 예우를 하여야 할 법률상의 의무를 지닐 뿐 헌법적 의무를 지닌다고 보기는 어렵다.

④ 일제강점기에 일본군위안부로 강제 동원되어 인간의 존엄과 가치가 말살된 상태에서 장기간 비극적인 삶을 영위하였던 피해자들의 훼손된 인간의 존엄과 가치를 회복시켜야 할 의무는 대한민국임시정부의 법통을 계승한 지금의 정부가 국민에 대하여 부담하는 가장 근본적인 보호의무에 속한다.

02

형사보상청구권에 대한 설명으로 옳은 것은?

① 보상청구는 무죄재판을 한 법원의 상급법원에 대하여 하여야 한다.

② 보상을 청구하는 경우에는 국가배상을 청구할 수 없다.

③ 보상청구는 무죄재판이 확정된 사실을 안 날부터 3년, 무죄재판이 확정된 때부터 5년 이내에 하여야 한다.

④ 보상청구는 대리인을 통하여 할 수 없다.

03

법인의 기본권 주체성에 대한 설명으로 옳지 않은 것은? (다툼이 있는 경우 판례에 의함)

① 본래 자연인에게 적용되는 기본권 규정이라도 성질상 법인이 누릴 수 있는 기본권은 당연히 법인에게도 적용하여야 한다.

② 법인도 법인의 목적과 사회적 기능에 비추어 볼 때 그 성질에 반하지 않는 범위 내에서 인격권의 한 내용인 사회적 신용이나 명예 등의 주체가 될 수 있다.

③ 국립서울대학교는 공권력 행사의 주체인 공법인으로서 기본권의 '수범자'이므로 기본권의 주체가 될 수는 없다.

④ 법인 아닌 사단·재단이라고 하더라도 대표자의 정함이 있고 독립된 사회적 조직체로서 활동하는 때에는 성질상 법인이 누릴 수 있는 기본권을 침해당하게 되면 법인 아닌 사단·재단의 이름으로 헌법소원심판을 청구할 수 있다.

04

헌법상 금지되는 사전검열에 대한 설명으로 옳은 것만을 모두 고르면? (다툼이 있는 경우 판례에 의함)

> ㄱ. 「영화진흥법」이 규정하고 있는 영상물등급위원회에 의한 등급분류보류제도는 등급분류보류의 횟수제한이 없어 실질적으로 영상물등급위원회의 허가를 받지 않는 한 영화를 통한 의사표현이 무한정 금지될 수 있으므로 검열에 해당한다.
>
> ㄴ. 검열을 행정기관이 아닌 독립적인 위원회에서 행한다고 하더라도, 행정권이 주체가 되어 검열절차를 형성하고 검열기관의 구성에 지속적인 영향을 미칠 수 있는 경우라면 실질적으로 그 검열기관은 행정기관이라고 보아야 한다.
>
> ㄷ. 민간심의기구가 심의를 담당하는 경우에도 행정권이 개입하여 그 사전심의에 자율성이 보장되지 않는다면 이 역시 행정기관의 사전검열에 해당하게 된다.
>
> ㄹ. 헌법상 사전검열은 표현의 자유 보호대상이면 예외 없이 금지된다.

① ㄱ, ㄴ
② ㄱ, ㄷ, ㄹ
③ ㄴ, ㄷ, ㄹ
④ ㄱ, ㄴ, ㄷ, ㄹ

05

신체의 자유에 대한 설명으로 옳지 않은 것은? (다툼이 있는 경우 판례에 의함)

① 검찰수사관이 정당한 사유없이 피의자신문에 참여한 변호인에게 피의자 후방에 앉으라고 요구한 행위는 변호인의 변호권을 침해하는 것이다.

② 외국에서 실제로 형의 집행을 받았음에도 불구하고 우리 형법에 의한 처벌 시 이를 전혀 고려하지 않더라도 과도한 제한이라고 할 수 없으므로 신체의 자유를 침해하지 아니한다.

③ 현행범인인 경우와 장기 3년 이상의 형에 해당하는 죄를 범하고 도피 또는 증거인멸의 염려가 있을 때에는 사후에 영장을 청구할 수 있다.

④ 헌법 제12조 제4항 본문에 규정된 '구속'은 사법절차에서 이루어진 구속뿐 아니라, 행정절차에서 이루어진 구속까지 포함한다.

06

기본권 보호의무에 대한 설명으로 옳지 않은 것은? (다툼이 있는 경우 판례에 의함)

① 국가의 기본권 보호의무는 기본권적 법익을 기본권 주체인 사인에 의한 위법한 침해 또는 침해의 위험으로부터 보호해야 하는 국가의 의무로서 주로 사인인 제3자에 의한 개인의 생명이나 신체의 훼손에서 문제된다.

② 국가가 기본권 보호의무를 어떻게 실현할 것인지는 입법자의 책임범위에 속하는 것으로서 보호의무 이행을 위한 행위의 형식에 관하여도 폭넓은 형성의 자유가 인정되고, 반드시 법령에 의하여야 하는 것은 아니다.

③ 「공직선거법」이 선거운동을 위해 확성장치를 사용할 수 있는 기간과 장소, 시간, 사용 개수 등을 규정하고 있는 이상, 확성장치의 소음 규제기준을 정하지 않았다고 하여 기본권 보호의무를 과소하게 이행하였다고 볼 수는 없다.

④ 국가가 국민의 법익을 보호하기 위하여 아무런 보호조치를 취하지 않았든지 아니면 취한 조치가 법익을 보호하기에 명백하게 부적합하거나 불충분한 경우에 한하여 국가의 보호의무의 위반을 확인할 수 있다.

07

보건에 관한 권리에 대한 설명으로 옳지 않은 것은? (다툼이 있는 경우 판례에 의함)

① 모든 국민은 보건에 관하여 국가의 보호를 받는다.

② 국가는 국민의 건강을 소극적으로 침해하여서는 아니 될 의무를 부담하는 것에서 한 걸음 더 나아가 적극적으로 국민의 보건을 위한 정책을 수립하고 시행하여야 할 의무를 부담한다.

③ 헌법 제10조, 제36조제3항에 따라 국가는 국민의 생명·신체의 안전이 위협받거나 받게 될 우려가 있는 경우 국민의 생명·신체의 안전을 보호하기에 필요한 적절하고 효율적인 조치를 취하여 그 침해의 위험을 방지하고 이를 유지할 포괄적 의무를 진다.

④ 국민의 보건에 관한 권리는 국민이 자신의 건강을 유지하는데 필요한 국가적 급부와 배려까지 요구할 수 있는 권리를 포함하는 것은 아니다.

08

개인정보자기결정권에 대한 설명으로 옳지 않은 것은? (다툼이 있는 경우 판례에 의함)

① 헌법재판소는 수사를 위하여 필요한 경우 검사 또는 사법경찰관이 전기통신사업자에게 기지국을 이용하여 착·발신한 전화번호 등의 통신사실 확인자료의 제공을 요청할 수 있도록 하는 「통신비밀보호법」 제13조제1항이 과잉금지원칙에 위반되어 정보주체의 개인정보자기결정권을 침해한다고 판시하였다.

② '각급학교 교원의 교원단체 및 교원노조 가입 현황 실명자료'를 인터넷을 통하여 일반 대중에게 공개하는 국회의원의 행위는 해당 교원들의 개인정보자기결정권을 침해한다.

③ 개인정보자기결정권은 자신에 관한 정보가 언제 누구에게 어느 범위까지 알려지고 또 이용되도록 할 것인지를 그 정보주체가 스스로 결정할 수 있는 권리로서, 헌법 제10조제1문에서 도출되는 일반적 인격권 및 헌법 제17조의 사생활의 비밀과 자유에 의하여 보장된다.

④ 수형인등이 재범하지 않고 상당 기간을 경과하는 경우에는 재범의 위험성이 그만큼 줄어든다고 할 것임에도 일률적으로 이들 대상자가 사망할 때까지 디엔에이신원확인정보를 보관하는 것은 과잉금지원칙에 위반하여 수형인등의 개인정보자기결정권을 침해한다.

09

헌법상 경제조항에 대한 설명으로 옳지 않은 것은? (다툼이 있는 경우 판례에 의함)

① 헌법 제119조는 헌법상 경제질서에 관한 일반 조항으로서 국가의 경제정책에 대한 하나의 헌법적 지침이 됨과 동시에 경제에 관한 기본권의 성질도 포함하고 있으므로 독자적인 위헌심사의 기준이 될 수 있다.

② 헌법은 제119조 이하의 경제에 관한 장에서 국가가 경제정책을 통하여 달성하여야 할 '공익'을 구체화함과 동시에 헌법 제37조제2항의 기본권제한을 위한 일반 법률유보에서의 '공공복리'를 구체화하고 있다.

③ 입법자가 경제영역에서의 국가목표를 이루기 위하여 가능한 여러 정책 중 필요하다고 판단되는 경제정책을 선택하였다면 입법자의 그러한 정책판단과 선택은 현저히 합리성을 결여한 것이라고 볼 수 없는 한 존중되어야 한다.

④ 헌법 제119조제1항이 규정하고 있는 '경제적 자유와 창의'는 직업의 자유, 재산권의 보장, 근로3권과 같은 경제에 관한 기본권 및 비례의 원칙과 같은 법치국가원리에 의하여 비로소 헌법적으로 구체화된다.

10

**기본권의 주체에 대한 설명으로 옳지 않은 것은?
(다툼이 있는 경우 판례에 의함)**

① 국가기관인 국회의 일부조직인 노동위원회는 기본권의 주체가 될 수 없다.

② 대학의 자율성은 대학에게 부여된 헌법상의 기본권이지만, 대학의 자치의 주체를 기본적으로 대학으로 본다고 하더라도 교수나 교수회의 기본권 주체성이 반드시 부정된다고 볼 수는 없다.

③ 외국인은 자격제도 자체를 다툴 수 있는 기본권 주체성이 인정되지 않지만 평등권의 주체는 될 수 있으므로, 자격제도와 관련된 평등권의 기본권 주체성은 인정될 수 있다.

④ 근로의 권리가 '일할 자리에 관한 권리'만이 아니라 '일할 환경에 관한 권리'도 함께 내포하고 있는데, 이 중 '일할 환경에 관한 권리'는 인간의 존엄성에 대한 침해를 방어하기 위한 자유권적 기본권의 성격도 갖고 있어 외국인 근로자라고 하여 이에 대한 기본권 주체성을 부인할 수는 없다.

11

**정당제도에 대한 설명으로 옳지 않은 것은?
(다툼이 있는 경우 판례에 의함)**

① 헌법 제8조제1항 전단의 '정당설립의 자유'는 헌법 제21조제1항의 '결사의 자유'의 특별규정이다.

② 정당의 명칭은 그 정당의 정책과 정치적 신념을 나타내는 대표적인 표지에 해당하므로, 정당설립의 자유는 자신들이 원하는 명칭을 사용하여 정당을 설립하거나 정당활동을 할 자유도 포함한다.

③ 임기만료에 의한 국회의원선거에 참여하여 의석을 얻지 못하고 유효투표총수의 100분의 2 이상을 득표하지 못한 정당에 대해 그 등록을 취소하도록 한 「정당법」 조항은 정당설립의 자유를 침해한다.

④ 정당에 대한 재정적 후원을 금지하고 이를 위반 시 형사처벌하는 「정치자금법」 조항은 정당 후원회를 금지함으로써 불법 정치자금 수수로 인한 정경유착을 막고 정당의 정치자금 조달의 투명성을 확보하여 정당 운영의 투명성과 도덕성을 제고하기 위한 것이므로, 정당의 정당활동의 자유를 침해하지 않는다.

12

근로3권에 대한 설명으로 옳지 않은 것은? (다툼이 있는 경우 판례에 의함)

① 노동조합이 노동조합으로서 자주성 등을 갖추고 있는지를 심사하여 이를 갖추지 못한 단체의 설립신고서를 반려하도록 하는 것은 근로자의 단결권을 침해한다고 볼 수 없다.

② 교육공무원이 아닌 대학 교원의 단결권을 인정하지 않는 것은 헌법에 위배되지만, 교육공무원인 대학 교원의 단결권을 인정하지 않는 것은 헌법에 위배되지 않는다.

③ 「국가공무원법」 제66조제1항이 근로3권이 보장되는 공무원의 범위를 사실상 노무에 종사하는 공무원에 한정한 것이 입법자에게 허용된 입법재량권의 범위를 벗어난 것이라 할 수 없다.

④ 노조전임자에 대한 급여 지원을 금지하는 것은 노조전임자나 노동조합의 단체교섭권 및 단체행동권을 침해하지 않는다.

13

한국 헌정사에 대한 설명으로 옳지 않은 것은?

① 1948년 제헌헌법에서는 대통령 국회간선제, 국회단원제, 국무총리제, 국정감사 제도를 규정하였다.

② 1960년 제3차 개정헌법에서는 헌법재판소를 최초로 규정하였다.

③ 1962년 제5차 개정헌법에서는 법률의 위헌 여부에 대하여 최종적으로 심사할 권한을 대법원에 부여하였다.

④ 1987년 제9차 개정헌법에서는 환경권과 국가의 최저임금제 시행의무를 최초로 규정하였다.

14

헌법재판소 판례에 대한 설명으로 옳지 않은 것은?

① 특정 범죄를 범한 수형인 등에 대한 디엔에이(DNA) 감식시료 채취의 근거조항인 「디엔에이신원확인정보의 이용 및 보호에 관한 법률」 규정은 신체의 자유를 침해하지 않는다.

② 형사사건에 있어 변호인의 조력을 받을 권리는 피의자에게 보장되므로, 국선변호인의 조력을 받을 권리 또한 피의자에게 인정된다.

③ 체포영장을 발부받아 피의자를 체포하는 경우에 필요한 때에는 영장 없이 타인의 주거 등 내에서 피의자 수사를 할 수 있도록 한 「형사소송법」 규정은 별도로 영장을 발부받기 어려운 긴급한 사정이 있는지 여부를 구별하지 아니하고 피의자가 소재할 개연성만 소명되면 영장 없이 타인의 주거 등을 수색할 수 있도록 허용하고 있으므로 헌법 제16조의 영장주의에 위반된다.

④ 외국에서 형의 전부 또는 일부의 집행을 받았더라도 우리 「형법」에 의한 처벌 시 이를 전혀 반영하지 않을 수 있도록 한 「형법」 조항은 신체의 자유를 침해한다.

15

무죄추정의 원칙에 대한 설명으로 옳지 않은 것은? (다툼이 있는 경우 판례에 의함)

① 형사재판이 계속 중인 사람에 대하여 출국금지 처분을 할 수 있도록 한 「출입국관리법」 규정은 무죄추정의 원칙에 위반되지 않는다.

② 교도소에 수용된 때에는 국민건강보험급여를 정지하도록 한 규정은 유죄의 확정 판결이 있기 전인 미결수용자에게 불이익을 주는 것으로서 무죄추정의 원칙에 위반된다.

③ 사업자단체의 법위반행위가 있을 때 공정거래위원회가 당해 사업자단체에 대하여 '법위반 사실의 공표'를 명할 수 있도록 한 규정은 무죄추정의 원칙에 위반된다.

④ 판결선고 전 미결구금일수를 본형에 전부 또는 일부 산입하도록 규정한 「형법」 조항 중 '또는 일부' 부분은 헌법상 무죄추정의 원칙에 위반된다.

16

평등권에 대한 설명으로 옳은 것은? (다툼이 있는 경우 판례에 의함)

① 대한민국 국적을 가지고 있는 영유아 중에서 재외국민인 영유아를 보육료·양육수당의 지원 대상에서 제외한다고 하더라도 국내에 거주하면서 재외국민인 영유아를 양육하는 부모를 국내에 주민등록을 두고 있는 국민에 비하여 차별하고 있는 것은 아니다.

② 사회복무요원과는 달리 산업기능요원의 경력을 공무원 초임호봉에 반영하지 않는 것은 산업기능요원의 평등권을 침해한다.

③ 초등교사 임용시험에서 동일 지역 교육대학 출신 응시자에게 제1차 시험 만점의 6% 내지 8%의 지역가산점을 부여하는 것은 다른 지역 교육대학 출신 응시자들의 평등권을 침해한다.

④ 검정고시로 고등학교 졸업학력을 취득한 사람들의 수시모집 지원을 기초생활수급자·차상위계층, 장애인 등을 대상으로 한 일부 특별전형을 제외하고 일률적으로 제한하는 국립교육대학교 수시모집 입시요강은 검정고시 출신자의 균등하게 교육을 받을 권리를 침해한다.

17

직업의 자유에 대한 설명으로 옳지 않은 것은? (다툼이 있는 경우 판례에 의함)

① 범죄의 종류와 관계없이 금고 이상의 형의 집행유예를 선고받고 그 유예기간이 지난 후 2년이 경과하지 아니한 자는 변호사가 될 수 없도록 규정한 것은 변호사의 직업선택의 자유를 침해하지 아니한다.

② 학원이나 체육시설에서 어린이통학버스를 운영하는 자로 하여금 어린이통학버스에 반드시 보호자를 동승하여 운행하도록 한 「여객자동차 운수사업법」 조항은 어린이 등의 안전을 효과적으로 담보하는 중요한 역할을 하는 점 등에 비추어 보면 학원이나 체육시설에서 어린이통학버스를 운영하는 자의 직업수행의 자유를 침해한다고 볼 수 없다.

③ 아동학대 관련 범죄로 형을 선고받아 확정된 자로 하여금 그 형이 확정된 때부터 형의 집행이 종료되거나 집행을 받지 아니하기로 확정된 후 10년 동안 아동 관련 기관인 체육시설 등을 운영하거나 학교에 취업할 수 없도록 제한하는 것은 아동학대 관련 범죄전력자의 직업선택의 자유를 침해하지 아니한다.

④ 직업의 자유에 의한 보호의 대상이 되는 '직업'은 생활의 기본적 수요를 충족시키기 위한 계속적 소득활동을 의미하며 휴가기간 중에 하는 일, 수습직으로서의 활동 등도 이에 포함될 수 있다.

18

재산권에 대한 설명으로 옳지 않은 것은? (다툼이 있는 경우 판례에 의함)

① 청중이나 관중으로부터 당해 공연에 대한 반대급부를 받지 아니하는 경우에는 상업용 목적으로 공표된 음반 또는 상업용 목적으로 공표된 영상저작물을 재생하여 공중에게 공연할 수 있도록 하더라도 저작재산권자의 재산권을 침해하지 않는다.

② 재직중의 사유로 금고 이상의 형을 선고받아 처벌받은 사립학교 교원에 대하여 당연퇴직을 시키면서 직무 관련 범죄 여부, 고의 또는 과실범 여부 등을 묻지 않고 퇴직급여와 퇴직수당을 일률적으로 감액하는 것은 재산권을 침해한다.

③ 퇴직연금수급자가 지방의회의원에 취임한 경우 그 재직기간 중 퇴직연금 전부의 지급을 정지하도록 하는 것은 퇴직연금수급자의 재산권을 침해한다.

④ 농지의 사회성과 공공성은 일반적인 토지의 경우보다 더 강하다고 할 수 있으므로 농지재산권을 제한하는 입법에 대한 헌법심사의 강도는 다른 토지재산권을 제한하는 입법에 대한 것보다 완화된다.

19

교육을 받을 권리에 대한 설명으로 옳지 않은 것은? (다툼이 있는 경우 판례에 의함)

① 학생에게도 국가의 간섭을 받지 아니하고 자신의 능력과 개성, 적성에 맞는 학교를 자유롭게 선택할 권리가 인정된다.

② 학부모의 자녀교육권과 학생의 교육을 받을 권리에는 학교교육이라는 국가의 공교육 급부의 형성과정에 균등하게 참여할 권리로서의 참여권이 내포되어 있다.

③ 헌법 제31조제3항에 따른 의무교육 무상의 범위는 모든 학생이 의무교육을 받음에 있어서 경제적인 차별 없이 수학하는 데 반드시 필요한 비용에 한한다.

④ 학교제도에 관한 국가의 규율권한과 부모의 교육권이 서로 충돌하는 경우 어떠한 법익이 우선하는가의 문제는 구체적인 경우마다 법익형량을 통하여 판단해야 한다.

20

자기결정권에 대한 설명으로 옳지 않은 것은?
(다툼이 있는 경우 판례에 의함)

① 가정폭력 가해자에 대하여 별도의 제한 없이 직계혈족이기만 하면 사실상 자유롭게 그 자녀의 가족관계증명서와 기본증명서를 발급받을 수 있도록 함으로써, 가정폭력 피해자의 개인정보가 자녀의 가족관계증명서 등을 통하여 가정폭력 가해자인 전 배우자에게 무단으로 유출될 수 있는 가능성을 열어놓고 있는 「가족관계의 등록 등에 관한 법률」 조항은 과잉금지원칙을 위반하여 가정폭력 피해자의 개인정보자기결정권을 침해한다.

② 법무부장관으로 하여금 합격자가 결정되면 즉시 명단을 공고하고 합격자에게 합격증서를 발급하도록 한 「변호사시험법」 조항은 전체 합격자의 응시번호만을 공고하는 등의 방법으로도 입법목적을 달성할 수 있음에도 변호사시험 응시 및 합격 여부에 관한 사실을 널리 공개되게 함으로써 과잉금지원칙에 위배되어 변호사시험 응시자의 개인정보자기결정권을 침해한다.

③ 「모자보건법」이 정한 예외를 제외하고는 임신기간 전체를 통틀어 모든 낙태를 전면적·일률적으로 금지하고, 이를 위반한 자를 형사처벌하는 것은 임신한 여성의 자기결정권을 침해한다.

④ 본인의 생전 의사와 관계없이 인수자가 없는 시체를 해부용으로 제공할 수 있도록 한 것은 시체 처분에 대한 자기결정권을 침해한다.

순경공채·경위공채 대비
경찰헌법 모의고사

05

경찰헌법
모의고사
5회

05 경찰헌법 모의고사 5회

01

정당제도에 관한 설명 중 옳은 것(○)과 옳지 않은 것(×)을 올바르게 조합한 것은? (다툼이 있는 경우 판례에 의함)

> ㄱ. 정당이 그 소속 국회의원을 제명하기 위해서는 당헌이 정하는 절차를 거치는 외에 그 소속 국회의원 전원의 2분의 1 이상의 찬성이 있어야 한다.
>
> ㄴ. 외국인인 사립대학의 교원은 정당의 발기인이나 당원이 될 수 있다.
>
> ㄷ. 헌법재판소는 정당해산심판의 청구를 받은 때에는 직권 또는 청구인의 신청에 의하여 종국결정의 선고 시까지 피청구인의 활동을 정지하는 결정을 할 수 있다.
>
> ㄹ. 정당의 등록요건으로 '5 이상의 시·도당과 각 시·도당 1천인 이상의 당원'을 요구하는 것은 국민의 정당설립의 자유에 어느 정도 제한을 가하지만, 이러한 제한은 '상당한 기간 또는 계속해서', '상당한 지역에서' 국민의 정치적 의사형성과정에 참여해야 한다는 정당의 개념표지를 구현하기 위한 합리적인 제한이다.
>
> ㅁ. 임기만료에 의한 국회의원선거에 참여하여 의석을 얻지 못하고 유효투표총수의 100분의 2 이상을 득표하지 못한 때 정당의 등록을 취소하도록 규정한 것은 과잉금지원칙에 위반되어 정당설립의 자유를 침해하는 것이다.

① ㄱ(○), ㄴ(×), ㄷ(×), ㄹ(○), ㅁ(×)
② ㄱ(×), ㄴ(×), ㄷ(○), ㄹ(○), ㅁ(○)
③ ㄱ(○), ㄴ(×), ㄷ(○), ㄹ(○), ㅁ(○)
④ ㄱ(×), ㄴ(○), ㄷ(×), ㄹ(×), ㅁ(○)

02

수용자의 기본권에 관한 설명 중 옳지 않은 것은? (다툼이 있는 경우 판례에 의함)

① 금치처분을 받은 자에 대한 집필제한은 표현의 자유를 제한하는 것이며, 서신수수제한은 통신의 자유에 대한 제한에 속한다.

② 구치소장이 변호인접견실에 CCTV를 설치하여 미결수용자와 변호인 간의 접견을 관찰한 행위는 금지물품의 수수나 교정사고를 방지하기 위한 것으로 미결수용자의 변호인의 조력을 받을 권리를 침해한다고 할 수 없다.

③ 금치처분은 금치처분을 받은 사람을 징벌거실 속에 구금하여 반성에 전념하게 하려는 목적을 가지고 있으므로, 금치기간 중 텔레비전 시청을 제한하는 것은 수용자의 알 권리를 침해하지 아니한다.

④ 민사재판을 받는 수형자에게 재소자용 의류를 착용하게 하는 것은 재판부나 소송관계자들에게 불리한 심증을 줄 수 있으므로, 수형자의 공정한 재판을 받을 권리를 침해한다.

03

헌법해석에 관한 설명 중 옳은 것을 모두 고른 것은? (다툼이 있는 경우 판례에 의함)

ㄱ. 헌법의 제 규정 가운데는 헌법의 근본가치를 보다 추상적으로 선언한 것도 있고 이를 보다 구체적으로 표현한 것도 있으므로, 헌법의 어느 특정규정이 다른 규정의 효력을 전면 부인할 수 있는 정도로 개별적 헌법규정 상호간의 효력상의 차등을 인정할 수 있다.

ㄴ. 헌법의 기본원리는 헌법의 이념적 기초인 동시에 헌법을 지배하는 지도원리로서 입법이나 정책결정의 방향을 제시하며 공무원을 비롯한 모든 국민과 국가기관이 헌법을 존중하고 수호하도록 하는 지침이 되며, 구체적 기본권을 도출하는 근거로 될 수 있다.

ㄷ. 헌법해석상 특정인에게 구체적인 기본권이 생겨 이를 보장하기 위한 국가의 행위의무 내지 보호의무가 발생하였음이 명백함에도 불구하고 입법자가 아무런 입법조치를 취하지 아니한 경우에는 입법자에게 입법의무가 인정된다.

ㄹ. 헌법해석은 헌법이 담고 추구하는 이상과 이념에 따른 역사적·사회적 요구를 올바르게 수용하여 헌법적 방향을 제시하는 헌법의 창조적 기능을 수행하여 국민적 욕구와 의식에 알맞은 실질적 국민주권의 실현을 보장하는 것이어야 한다.

ㅁ. 국민의 기본권의 강화·확대라는 헌법의 역사성, 헌법재판소의 헌법해석은 헌법이 내포하고 있는 특정한 가치를 탐색·확인하고 이를 규범적으로 관철하는 작업인 점 등에 비추어, 헌법재판소가 행하는 구체적 규범통제의 심사기준은 원칙적으로 헌법재판을 할 당시에 규범적 효력을 가지는 헌법이다.

① ㄱ, ㄴ
② ㄱ, ㄹ, ㅁ
③ ㄴ, ㄷ, ㅁ
④ ㄷ, ㄹ, ㅁ

04

소급입법에 관한 설명 중 옳은 것(○)과 옳지 않은 것(×)을 올바르게 조합한 것은? (다툼이 있는 경우 판례에 의함)

ㄱ. 친일재산을 그 취득·증여 등 원인행위시에 국가의 소유로 하도록 규정한 「친일반민족행위자 재산의 국가귀속에 관한 특별법」 조항은 진정소급입법에 해당하며, 친일반민족행위자의 재산권을 일률적·소급적으로 박탈하는 것을 정당화할 수 있는 특단의 사정이 존재한다고 볼 수 없으므로 소급입법금지원칙에 위배된다.

ㄴ. 위치추적 전자장치 부착의 목적과 의도는 단순히 재범의 방지뿐만 아니라 중대한 범죄를 저지른 자에 대하여 그 책임에 상응하는 강력한 처벌을 가하고 일반 국민에 대하여 일반예방적 효과를 위한 강력한 경고를 하려는 것이므로, 구 「특정 범죄자에 대한 위치추적 전자장치 부착 등에 관한 법률」 시행 이전에 범죄를 저지른 자에 대해서도 소급하여 전자장치 부착을 명할 수 있도록 하는 동법 부칙조항은 헌법 제13조 제1항의 형벌불소급의 원칙에 위배된다.

ㄷ. 법 시행일 이후에 이행기가 도래하는 퇴직연금에 대하여 소득과 연계하여 그 일부의 지급을 정지할 수 있도록 한 「공무원연금법」 조항을 이미 확정적으로 연금수급권을 취득한 자에게도 적용하도록 한 것은, 이미 종료된 과거의 사실관계 또는 법률관계에 새로운 법률이 소급적으로 적용되어 과거를 법적으로 새로이 평가하는 진정소급입법에 해당한다.

ㄹ. 보안처분이라 하더라도 형벌적 성격이 강하여 신체의 자유를 박탈하거나 박탈에 준하는 정도로 신체의 자유를 제한하는 경우에는 소급입법금지원칙이 적용된다.

① ㄱ(○), ㄴ(×), ㄷ(○), ㄹ(×)
② ㄱ(×), ㄴ(×), ㄷ(○), ㄹ(○)
③ ㄱ(×), ㄴ(×), ㄷ(×), ㄹ(○)
④ ㄱ(○), ㄴ(○), ㄷ(○), ㄹ(×)

05

언론·출판의 자유에 관한 설명 중 옳지 않은 것은? (다툼이 있는 경우 판례에 의함)

① 표현의 특성이나 규제의 필요성에 따라 언론·출판의 자유의 보호를 받는 표현 중에서 사전 검열금지원칙의 적용이 배제되는 영역을 따로 설정할 경우 그 기준에 대한 객관성을 담보할 수 없다는 점 등을 고려하면, 헌법상 사전검열은 예외 없이 금지되는 것으로 보아야 한다.

② 언론의 자유에 의하여 보호되는 것은 정보의 획득에서부터 뉴스와 의견의 전파에 이르기까지 언론의 기능과 본질적으로 연관되는 활동에 국한되므로, 인터넷언론사가 취재 인력 3명 이상을 포함하여 취재 및 편집 인력 5명 이상을 상시적으로 고용하도록 하는 것은 언론의 자유를 제한하는 것이 아니라 인터넷언론사의 직업의 자유를 제한하는 것이다.

③ 「옥외광고물 등 관리법」상 사전허가제도는 일정한 지역·장소 및 물건에 광고물 또는 게시시설을 표시하거나 설치하는 경우에 그 광고물 등의 종류·모양·크기·색깔, 표시 또는 설치의 방법 및 기간 등을 규제하고 있을 뿐, 광고물 등의 내용을 심사·선별하여 광고물을 사전에 통제하려는 제도가 아님은 명백하므로, 헌법 제21조 제2항이 정하는 사전허가·검열에 해당되지 아니한다.

④ 의료에 관한 광고는 표현의 자유의 보호영역에 속하지만 사상이나 지식에 관한 정치적·시민적 표현 행위와는 차이가 있고, 한편 직업수행의 자유의 보호영역에도 속하지만 인격발현과 개성신장에 미치는 효과가 중대한 것은 아니므로, 의료에 관한 광고의 규제에 대한 과잉금지원칙 위배 여부를 심사함에 있어 그 기준을 완화하는 것이 타당하다.

06

개인정보자기결정권에 관한 설명 중 옳지 않은 것은? (다툼이 있는 경우 판례에 의함)

① '혐의없음' 불기소처분에 관한 사건의 개인정보를 보관하는 것은 재수사에 대비한 기초자료를 보존하여 형사사법의 실체적 진실을 구현하는 한편, 수사력의 낭비를 막고 피의자의 인권을 보호하기 위한 것으로 개인정보자기결정권을 침해한다고 볼 수 없다.

② 형제자매는 언제나 본인과 이해관계를 같이 하는 것은 아닌데도 형제자매가 본인에 대한 친족·상속 등과 관련된 증명서를 편리하게 발급받을 수 있도록 한 것은, 입법목적 달성을 위해 필요한 범위를 넘어선 것으로 개인정보자기결정권을 침해한다.

③ 성적 목적 공공장소 침입죄는 침입대상을 공공화장실 등 공공장소로 하여 사실상 장소를 정하지 아니하고 있으며 그에 따라 신상정보 등록대상의 범위도 제한되지 않는바, 위 범죄에 의한 신상정보 등록조항은 개인정보자기결정권을 침해한다.

④ 강제추행죄로 유죄판결이 확정된 신상정보 등록대상자로 하여금 관할 경찰관서의 장에게 신상정보 및 변경정보를 제출하게 하는 것은, 관할 경찰관서의 장이 등록대상자를 대면하는 과정에서 신상정보를 최초로 수집하고 변경 여부를 규칙적으로 확인하는 방법보다 범죄동기의 억제라는 주관적 영향력의 측면에서 더 효과적이라 할 수 있으므로, 침해의 최소성 원칙에 반하지 않는다.

07

사회보장수급권에 관한 설명 중 옳지 않은 것은? (다툼이 있는 경우 판례에 의함)

① 도보나 자기 소유 교통수단 또는 대중교통수단 등을 이용하여 통상의 출퇴근을 하는 산업재해보상보험 가입 근로자는 사업주가 제공하거나 그에 준하는 교통수단을 이용하여 출퇴근하는 산업재해보상보험 가입 근로자와 같은 근로자인데도 통상의 출퇴근 재해를 업무상 재해로 인정받지 못한다는 점에서 차별취급이 존재하며, 이러한 차별은 정당화될 수 있는 합리적 근거가 없다.

② 「군인연금법」상 퇴역연금수급권은 사회보장수급권과 재산권이라는 두 가지 성격이 불가분적으로 혼화되어, 전체적으로 재산권의 보호 대상이 되면서도 순수한 재산권만이 아닌 특성을 지니므로, 비록 퇴역연금수급권이 재산권으로서의 성격을 일부 지닌다고 하더라도 사회보장법리에 강하게 영향을 받을 수밖에 없다.

③ 국민연금이 근로관계로부터 독립하여 제3자인 보험자로 하여금 피보험자의 생활위험을 보호하도록 함으로써 순수한 사회정책적 차원에서 가입자의 노령보호를 주된 목적으로 하는 데 비하여, 공무원연금은 근무관계의 한 당사자인 국가가 다른 당사자인 공무원의 사회보장을 직접 담당함으로써 피보험자(공무원)에 대한 사회정책적 보호 외에 공무원근무관계의 기능유지라는 측면도 함께 도모하고 있다.

④ 헌법 제25조의 공무담임권은 공무원의 재임기간 동안 충실한 공직 수행을 담보하기 위하여 공무원의 퇴직급여 및 공무상 재해보상 보장까지 그 보호영역으로 하고 있으므로, 「공무원연금법」이 선출직 지방자치단체의 장을 위한 별도의 퇴직급여제도를 마련하지 않은 것은 사회보장수급권을 침해한다.

08

재판청구권에 관한 설명 중 옳은 것을 모두 고른 것은? (다툼이 있는 경우 판례에 의함)

ㄱ. 특허쟁송에 있어서 특허청의 심판과 항고심판을 거쳐 곧바로 법률심인 대법원의 재판을 받게 하는 것은 법관에 의한 재판을 받을 권리를 침해한다.

ㄴ. 법관의 자격이 없는 법원공무원으로 하여금 소송비용액 확정결정절차 등 재판의 부수적 업무를 처리하게 하는 사법보좌관제도는 법관에 의한 재판을 받을 권리를 침해한다.

ㄷ. 교도소장이 수형자가 출정비용을 예납하지 않았거나 영치금과의 상계에 동의하지 않았다는 이유로 행정소송 변론기일에 출정을 제한한 행위는 형벌의 집행을 위한 것으로 수형자의 재판청구권을 침해하였다고 볼 수 없다.

ㄹ. 「군사법원법」의 적용대상이 되는 모든 범죄에 대하여 수사기관의 구속기간의 연장을 허용하는 것은 부적절한 방식에 의한 과도한 기본권 제한으로서, 신체의 자유 및 신속한 재판을 받을 권리를 침해하는 것이다.

ㅁ. 헌법과 법률이 정한 법관에 의한 재판을 받을 권리는 직업법관에 의한 재판을 주된 내용으로 하는 것이므로, 국민참여재판을 받을 권리가 헌법 제27조 제1항에서 규정한 재판을 받을 권리의 보호범위에 속한다고 볼 수 없다.

① ㄱ, ㄹ

② ㄱ, ㄹ, ㅁ

③ ㄴ, ㄷ, ㄹ

④ ㄴ, ㄷ, ㅁ

09

교육제도에 관한 설명 중 옳은 것은?
(다툼이 있는 경우 판례에 의함)

① 한자를 국어과목에서 분리하여 초등학교 재량에 따라 선택적으로 가르치도록 하는 것은, 국어교과의 내용으로 한자를 배우고 일정 시간 이상 필수적으로 한자교육을 받음으로써 교육적 성장과 발전을 통해 자아를 실현하고자 하는 학생들의 자유로운 인격발현권을 제한하는 것이나, 학부모의 자녀교육권을 제한하는 것은 아니다.

② 초등학교 교육과정의 편제와 수업시간은 교육현장을 가장 잘 파악하고 교육과정에 대해 적절한 수요 예측을 할 수 있는 해당 부처에서 정하도록 할 필요가 있으므로, 「초·중등교육법」 제23조 제2항이 교육과정의 기준과 내용에 관한 기본적인 사항을 교육부장관이 정하도록 위임한 것 자체가 교육제도 법정주의에 반한다고 보기 어렵다.

③ 학교교육에 있어서 교원의 수업권은 직업의 자유에 의하여 보장되는 기본권이지만, 원칙적으로 학생의 학습권은 교원의 수업권에 대하여 우월한 지위에 있다. 교원의 고의적인 수업거부행위는 학생의 학습권과 정면으로 상충하는 것인바, 수업권의 우월적 지위가 인정되는 예외적인 경우에만 수업거부행위는 헌법상 정당화된다.

④ 대학의 자율의 구체적인 내용은 법률이 정하는 바에 의하여 보장되며, 국가는 헌법 제31조 제6항에 따라 모든 학교제도의 조직·계획·운영·감독에 관한 포괄적인 권한을 부여받지만, 대학의 자율성 보장은 대학자치의 본질이므로 대학의 자율에 대한 침해 여부를 심사함에 있어서는 엄격한 과잉금지원칙을 적용하여야 한다.

10

A도 甲군수는 「지역균형개발 및 지방중소기업 육성에 관한 법률」에 따라 지역개발사업을 실시하기로 결정하였다. 甲군수는 같은 법률에 따라 골프장 및 리조트 건설사업의 시행자로 주식회사 乙을 지정·고시하였다. 乙은 위 사업시행에 필요한 토지의 취득을 위하여 A도 지방토지수용위원회에 수용재결을 신청하였고, 동 위원회는 수용재결을 하였다. 이에 관한 설명 중 옳은 것은? (다툼이 있는 경우 판례에 의함)

① 乙에 의한 공용수용은 헌법 제23조 제3항에 명시되어 있는 대로 국민의 재산권을 그 의사에 반하여 강제적으로라도 취득해야 할 공익적 필요성이 있을 것, 법률에 의거할 것, 정당한 보상을 지급할 것의 요건을 모두 갖추어야 한다.

② 헌법 제23조 제3항에서 규정된 '공공필요' 요건 중 '공익성'은 기본권 일반의 제한사유인 '공공복리'보다 넓은 개념이다.

③ 공용수용에서 공공성의 확보는 입법자가 입법을 할 때 공공성을 갖는가를 판단하면 족하고, 甲이 개별적·구체적으로 당해 사업에 대한 사업인정을 행할 때 별도로 판단할 필요가 없다.

④ 乙의 고급골프장, 고급리조트 건설을 위한 토지수용은 국토균형발전, 지역경제활성화 등의 공공 이익이 인정되는 것으로서 법익의 형량에 있어서 사인의 재산권 보호의 이익보다 월등하게 우월한 공익으로 판단되므로 공공필요에 의한 수용에 해당한다.

11

적법절차원칙에 관한 설명 중 옳지 않은 것은?
(다툼이 있는 경우 판례에 의함)

① 법원의 구속집행정지결정에 대하여 검사가 즉시항고할 수 있도록 한 「형사소송법」 조항은 법원의 구속집행정지결정을 무의미하게 할 수 있는 권한을 검사에게 부여한 것이라는 점에서 적법절차원칙에 위배되지만, 영장주의에 위배되는 것은 아니다.

② 심급제도에 대한 입법재량의 범위와 범죄인인도심사의 법적 성격, 그리고 「범죄인 인도법」에서의 심사절차에 관한 규정 등을 종합할 때, 범죄인인도심사를 서울고등법원의 단심제로 정하고 있는 것은 적법절차원칙에서 요구되는 합리성과 정당성을 결여한 것이라고 볼 수 없다.

③ 상당한 의무이행기한을 부여하지 아니한 대집행계고처분 후에 대집행영장으로써 대집행의 시기를 늦추었다 하더라도 그러한 대집행계고처분은 대집행의 적법절차에 위배한 것으로 위법한 처분이다.

④ 「건축법」상 공사중지명령의 경우, 이에 대한 사전통지와 의견제출의 기회를 통해 많은 액수의 손실보상금을 기대하여 공사를 강행할 우려가 있다는 사정만으로, 이 처분이 '당해 처분의 성질상 의견청취가 현저히 곤란하거나 명백히 불필요하다고 인정될 만한 상당한 이유가 있는 경우'에 해당한다고 볼 수 없다.

12

헌법해석에 관한 설명 중 옳지 않은 것은?
(다툼이 있는 경우 판례에 의함)

① 제헌헌법 이래 신체의 자유 보장규정에서 "구금"이라는 용어를 사용해 오다가 현행헌법 개정 시에 이를 "구속"으로 바꾸었는데, '국민의 신체와 생명에 대한 보호를 강화'하는 것이 현행헌법의 주요 개정이유임을 고려하면, "구금"을 "구속"으로 바꾼 것은 헌법에 규정된 신체의 자유의 보장 범위를 구금된 사람뿐 아니라 구인된 사람에게까지 넓히기 위한 것으로 해석하는 것이 타당하다.

② 헌법 제8조 제1항은 정당설립의 자유, 정당조직의 자유, 정당활동의 자유를 포괄하는 정당의 자유를 보장하는 규정이어서, 이와 같은 정당의 자유는 단체로서 정당이 가지는 기본권이고, 국민이 개인적으로 가지는 기본권이 될 수는 없다.

③ 헌법 제16조 후문은 주거에 대한 압수나 수색을 할 때 영장주의에 대한 예외를 명문화하고 있지 않지만, 신체의 자유와 비교할 때 주거의 자유에 대해서도 일정한 요건하에서는 그 예외를 인정할 필요가 있다는 점 등을 고려하면, 헌법 제16조의 영장주의에 대해서도 그 예외를 인정하되, 그 장소에 범죄혐의 등을 입증할 자료나 피의자가 존재할 개연성이 소명되고, 사전에 영장을 발부받기 어려운 긴급한 사정이 있는 경우에만 제한적으로 허용될 수 있다고 보는 것이 타당하다.

④ 헌법 제32조 제6항의 "국가유공자·상이군경 및 전몰군경의 유가족은 법률이 정하는 바에 의하여 우선적으로 근로의 기회를 부여받는다."라는 규정은 엄격하게 해석할 필요가 있고, 이러한 관점에서 위 조항의 대상자는 조문의 문리해석대로 "국가유공자", "상이군경", 그리고 "전몰군경의 유가족"이라고 봄이 상당하다.

13

다음 중 옳은 것(○)과 옳지 않은 것(×)을 올바르게 조합한 것은? (다툼이 있는 경우 판례에 의함)

> ㄱ. 헌법 제69조는 단순히 대통령의 취임선서의무만을 규정한 것이 아니라, 헌법 제66조 제2항 및 제3항에 규정된 대통령의 헌법적 책무를 구체화하고 강조하는 실체적 내용을 지닌 규정이다.
>
> ㄴ. 1952년 개정헌법(제1차 개헌)의 주요 개정내용은 주권의 제약·영토변경을 위한 개헌에 대한 국민투표제와 국무위원에 대한 개별적 불신임제의 도입, 자유경제체제로의 경제체제 전환 등이다.
>
> ㄷ. 정당운영에 필요한 자금에 대한 국가보조는 정당의 공적 기능의 중요성을 감안하여 정당의 정치자금 조달을 보완하는 데에 의의가 있으므로, 본래 국민의 자발적 정치조직인 정당에 대한 과도한 국가보조는 국민의 지지를 얻고자 하는 노력이 실패한 정당이 스스로 책임져야 할 위험부담을 국가가 상쇄하는 것으로서 정당 간 자유로운 경쟁을 저해할 수 있다.
>
> ㄹ. 우리나라의 헌법은 제헌헌법 이래 그간 각 헌법의 개정절차조항 자체가 여러 번 개정된 적이 있으며, 형식적으로도 전문을 포함한 전면개정도 이루어졌던 점을 볼 때, 우리 헌법의 각 개별규정 가운데 무엇이 헌법제정규정이고 무엇이 헌법개정규정인지를 구분하는 것은 가능하다.
>
> ㅁ. 개인의 신뢰이익에 대한 보호가치는 법령에 따른 개인의 행위가 국가에 의하여 일정방향으로 유인된 신뢰의 행사인지, 아니면 단지 법률이 부여한 기회를 활용한 것으로서 원칙적으로 사적 위험부담의 범위에 속하는 것인지 여부에 따라 달라진다.

① ㄱ(○), ㄴ(○), ㄷ(×), ㄹ(×), ㅁ(○)
② ㄱ(×), ㄴ(○), ㄷ(○), ㄹ(○), ㅁ(×)
③ ㄱ(○), ㄴ(×), ㄷ(○), ㄹ(×), ㅁ(○)
④ ㄱ(○), ㄴ(×), ㄷ(○), ㄹ(×), ㅁ(×)

14

변호인의 조력을 받을 권리에 관한 설명 중 옳지 않은 것은? (다툼이 있는 경우 판례에 의함)

① 헌법 제12조 제4항 본문에 규정된 변호인의 조력을 받을 권리는 형사절차에서 피의자 또는 피고인의 방어권을 보장하기 위한 것으로서 「출입국관리법」상 보호 또는 강제퇴거의 절차에는 적용되지 않는다.

② 피의자 및 피고인을 조력할 변호인의 권리 중 그것이 보장되지 않으면 그들이 변호인의 조력을 받는다는 것이 유명무실하게 되는 핵심적인 부분은 헌법상 기본권인 피의자 및 피고인이 가지는 변호인의 조력을 받을 권리와 표리의 관계에 있다 할 수 있어 헌법상 기본권으로 보호되어야 한다.

③ 변호인이 피의자신문에 자유롭게 참여할 수 있는 권리는 피의자가 가지는 변호인의 조력을 받을 권리를 실현하는 수단이라고 할 수 있어 헌법상 기본권인 변호인의 변호권으로 보호되어야 하므로, 피의자신문 시 변호인에 대한 수사기관의 후방착석요구행위는 헌법상 기본권인 변호인의 변호권을 침해한다.

④ 형사절차가 종료되어 교정시설에 수용 중인 수형자나 미결수용자가 형사사건의 변호인이 아닌 민사재판, 행정재판, 헌법재판 등에서 변호사와 접견할 경우에는 원칙적으로 헌법상 변호인의 조력을 받을 권리의 주체가 될 수 없다.

15

헌법의 역사에 관한 설명 중 옳지 않은 것은?

① 1948년 제헌헌법은 대통령과 부통령을 국회에서 각각 선거하도록 하고 1차에 한하여 중임하도록 하였으며, 국무총리는 대통령이 임명하고 국회의 승인을 얻도록 규정하였다.

② 1960년 개정헌법(제3차 개헌)은 헌법재판소 제도를 도입하여 법률의 위헌여부 심사, 헌법에 관한 최종적 해석, 국가기관간의 권한쟁의, 정당의 해산, 탄핵재판, 대통령·대법원장과 대법관의 선거에 관한 소송을 관장하도록 규정하였다.

③ 1962년 개정헌법(제5차 개헌)은 대통령 직선제를 규정하는 동시에 국무총리·국무위원 해임건의제도를 두어, 국무총리·국무위원에 대한 국회의 해임건의가 있을 때에는 대통령은 특별한 사유가 없는 한 이에 응하도록 규정하였다.

④ 1980년 개정헌법(제8차 개헌)은 임기 7년의 대통령을 국회에서 무기명투표로 선거하도록 하고 1차에 한하여 중임을 허용하였으며, 위헌법률심판과 탄핵심판을 담당하는 헌법위원회를 규정하였다.

16

신뢰보호원칙의 적용에 관한 설명 중 옳은 것(○)과 옳지 않은 것(×)을 올바르게 조합한 것은? (다툼이 있는 경우 판례에 의함)

ㄱ. 정부가 1976년부터 자도소주구입제도를 시행한 것을 고려할 때, 주류판매업자로 하여금 매월 소주류 총구입액의 100분의 50 이상을 당해 주류판매업자의 판매장이 소재하는 지역과 같은 지역에 소재하는 제조장으로부터 구입하도록 명

하는 자도소주구입명령제도에 대한 소주제조업자의 강한 신뢰보호이익이 인정되지만, 이러한 신뢰보호도 "능력경쟁의 실현"이라는 보다 우월한 공익에 직면하여 종래의 법적 상태의 존속을 요구할 수는 없다.

ㄴ. 종전의 법령에 따라 「학교보건법」의 학교환경 위생정화구역(이하 '정화구역'이라 함) 내에서 노래연습장 영업을 적법하게 하였는데, 시행령의 변경으로 이미 설치되어 있던 노래연습장시설을 5년 이내에 폐쇄 또는 이전하도록 하는 것은 시행령 개정 이전부터 정화구역 내에서 노래연습장 영업을 적법하게 한 국민들의 신뢰를 해치는 것으로 이와 같은 시행령 조항은 법적 안정성과 신뢰보호원칙에 위배된다.

ㄷ. 1953년부터 시행된 "교사의 신규채용에 있어서는 국립 또는 공립 교육대학·사범대학의 졸업자를 우선하여 채용하여야 한다."라는 「교육공무원법」 조항에 대한 헌법재판소의 위헌결정에도 불구하고 헌법재판소의 위헌결정 당시의 국·공립 사범대학 등의 재학생과 졸업자의 신뢰는 보호되어야 하므로, 입법자가 위헌법률에 기초한 이들의 신뢰이익을 보호하기 위한 법률을 제정하지 않은 부작위는 헌법에 위배된다.

ㄹ. 무기징역의 집행 중에 있는 자의 가석방 요건을 종전의 '10년 이상'에서 '20년 이상' 형 집행 경과로 강화하면서 「형법」 개정 당시에 이미 10년 이상 수용 중인 사람에게도 적용하도록 하는 「형법」 부칙규정은 법 개정 당시에 무기징역의 집행 중에 있는 자의 가석방 요건에 대한 정당한 신뢰이익을 침해하여 위헌이다.

① ㄱ(○), ㄴ(×), ㄷ(○), ㄹ(○)
② ㄱ(×), ㄴ(○), ㄷ(×), ㄹ(×)
③ ㄱ(○), ㄴ(×), ㄷ(×), ㄹ(×)
④ ㄱ(×), ㄴ(○), ㄷ(○), ㄹ(○)

17

A국립대학교는 '추천위원회에서 총장후보자를 선정'하는 간선제 방식에 따라 총장후보자를 선출하려고 한다. 'A국립대학교 총장임용후보자 선정에 관한 규정'(이하 '규정'이라 함)에서는 총장후보자에 지원하려는 사람에게 1,000만 원의 기탁금을 납부하고, 지원서 접수 시 기탁금 납입 영수증을 제출하도록 하고 있다. 甲은 A국립대학교의 교수로서 총장후보자에 지원하고자 한다. 乙은 A국립대학교의 교수로서 총장후보자 선출에 참여하고자 한다. 다음 설명 중 옳은 것은? (다툼이 있는 경우 판례에 의함)

① 공무담임권은 국민이 공직에 취임하기 이전의 문제이므로 이미 공직에 취임하여 공무원이 된 甲이 헌법상의 공무담임권 침해를 이유로 한 헌법소원심판을 청구하는 것은 허용되지 않는다.

② 乙이 대학총장 후보자 선출에 참여할 권리는 헌법상 기본권으로 인정할 수 없다.

③ 헌법상 대학의 자율은 대학에게 대학의 장 후보자 선정과 관련하여 반드시 직접선출 방식을 보장하여야 하는 것은 아니다.

④ 총장후보자 지원자들에게 1,000만 원의 기탁금을 납부하게 하는 것은 지원자가 무분별하게 총장후보자에 지원하는 것을 예방하는 데 기여할 수 있고, 그 액수가 과다하다고도 볼 수 없어 헌법에 위반된다고 할 수 없다.

18

「집회 및 시위에 관한 법률」에 대한 헌법재판소의 결정에 관한 설명 중 옳지 않은 것은?

① 국무총리 공관의 출입이나 안전에 위협을 가할 위험성이 낮은 소규모 옥외집회·시위라고 하더라도 일반 대중의 합세로 인하여 대규모 집회·시위로 확대될 우려나 폭력집회·시위로 변질될 위험이 있으므로, 국무총리 공관 경계 지점으로부터 100미터 이내의 장소에서 옥외집회·시위를 전면적으로 금지하는 것은 집회의 자유를 침해하지 않는다.

② 재판에 영향을 미칠 염려가 있거나 미치게 하기 위한 집회 또는 시위를 금지하고 이를 위반한 자를 형사처벌하는 것은 어떠한 집회·시위가 규제대상에 해당하는지를 판단할 수 있는 아무런 기준도 제시하지 아니함으로써 사실상 재판과 관련된 집단적 의견표명 일체가 불가능하게 되어 집회의 자유를 실질적으로 박탈하는 결과를 초래하므로 집회의 자유를 침해한다.

③ 민주적 기본질서에 위배되는 집회·시위를 금지하고 위반 시 형사처벌하는 것은 규율범위의 광범성으로 인하여, 집회·시위의 내용이나 목적이 민주적 기본질서에 조금이라도 위배되는 경우 처벌이 가능할 뿐 아니라 사실상 사회 현실이나 정부정책에 비판적인 사람들의 집단적 의견표명 일체를 봉쇄하는 결과를 초래하므로 집회의 자유를 침해한다.

④ '일출시간 전, 일몰시간 후'라는 광범위하고 가변적인 시간대의 옥외집회 또는 시위를 금지하는 것은 오늘날 직장인이나 학생들의 근무·학업 시간, 도시화·산업화가 진행된 현대사회의 생활형태 등을 고려하지 아니하고 목적 달성을 위해 필요한 정도를 넘는 지나친 제한을 가하는 것이어서 집회의 자유를 침해한다.

19

헌법상의 경제질서에 관한 설명 중 옳은 것(○)과 옳지 않은 것(×)을 올바르게 조합한 것은? (다툼이 있는 경우 판례에 의함)

> ㄱ. 헌법 제119조 이하의 경제에 관한 장은 국가가 경제정책을 통하여 달성하여야 할 공익을 구체화하고, 동시에 헌법 제37조 제2항의 기본권제한을 위한 일반적 법률유보에서의 공공복리를 구체화하고 있다.
>
> ㄴ. 고의나 과실로 타인에게 손해를 가한 경우에만 그 손해에 대한 배상책임을 가해자가 부담한다는 과실책임 원칙은 헌법 제119조 제1항의 자유시장 경제질서에서 파생된 것이다.
>
> ㄷ. 허가받지 않은 지역의 의료기관이 더 가까운 경우에도 허가 받은 지역의 의료기관으로 환자를 이송할 수밖에 없도록 강제하고 있는 「응급의료에 관한 법률」 조항은 응급환자이송업체사이의 자유경쟁을 막아 헌법상 경제질서에 위배된다.
>
> ㄹ. 헌법 제119조 제1항에 비추어 보더라도, 개인의 사적 거래에 대한 공법적 규제는 되도록 사전적·일반적 규제보다는 사후적·구체적 규제방식을 택하여 국민의 거래자유를 최대한 보장하여야 할 것이다.

① ㄱ(○), ㄴ(○), ㄷ(×), ㄹ(○)

② ㄱ(×), ㄴ(○), ㄷ(○), ㄹ(×)

③ ㄱ(○), ㄴ(×), ㄷ(○), ㄹ(○)

④ ㄱ(○), ㄴ(×), ㄷ(×), ㄹ(×)

20

양심적 병역거부에 관한 최근 헌법재판소의 결정 내용에 관한 설명 중 옳지 않은 것은?

① 양심적 병역거부자에 대한 관용은 결코 병역의무의 면제와 특혜의 부여에 대한 관용이 아니며, 대체복무제는 병역의무의 일환으로 도입되는 것이므로 현역복무와의 형평을 고려하여 최대한 등가성을 가지도록 설계되어야 한다.

② 양심적 병역거부자에 대한 대체복무제를 규정하지 아니한 병역종류조항과 양심상의 결정에 따라 입영을 거부하거나 소집에 불응하는 자에 대하여 형벌을 부과하는 처벌조항은 '양심에 반하는 행동을 강요당하지 아니할 자유', 즉, '부작위에 의한 양심실현의 자유'를 제한한다.

③ 국가의 존립과 안전을 위한 불가결한 헌법적 가치를 담고 있는 국방의 의무와 개인의 인격과 존엄의 기초가 되는 양심의 자유라는 헌법적 가치가 서로 충돌하는 경우에도 그에 대한 심사는 헌법상 비례원칙에 의하여야 한다.

④ 대체복무제를 도입함으로써 병역자원을 확보하고 병역부담의 형평을 기할 수 있음에도 불구하고, 양심적 병역거부자에 대한 처벌의 예외를 인정하지 않고 일률적으로 형벌을 부과하는 처벌조항은 양심적 병역거부자의 양심의 자유를 침해한다.

순경공채·경위공채 대비
경찰헌법 모의고사

06

경찰헌법
모의고사
6회

06 경찰헌법 모의고사 6회

01

甲은 2014. 5.경 신용카드 회사의 개인정보 유출 사고로 인해 주민등록번호가 불법 유출되었다는 이유로 관할 지방자치단체장에게 주민등록번호 변경신청을 하였으나, 구 「주민등록법」(이하 '「주민등록법」'이라 함)상 주민등록번호 불법 유출을 원인으로 한 주민등록번호 변경은 허용되지 않는다는 이유로 주민등록번호 변경을 거부하는 취지의 통지를 받았다. 이에 甲은 2014. 6.경 개인별로 주민등록번호를 부여하면서 주민등록번호 변경에 관한 규정을 두고 있지 않은 「주민등록법」 제7조가 자신의 기본권을 침해한다고 주장하면서 「헌법재판소법」 제68조 제1항에 의한 헌법소원심판을 청구하였다. 다음 설명 중 옳지 않은 것은? (다툼이 있는 경우 판례에 의함)

① 甲의 주장은 주민등록번호 부여제도에 대하여 입법을 하였으나 주민등록번호 변경에 대하여는 아무런 규정을 두지 아니한 부진정입법부작위가 위헌이라는 것이어서, 「주민등록법」 제7조가 甲의 기본권을 침해하는지 여부가 심판대상이다.

② 국가가 주민등록번호를 부여·관리·이용하면서 「주민등록법」에 그 변경에 관한 규정을 두지 않은 것은 주민등록번호 불법 유출 등을 원인으로 자신의 주민등록번호를 변경하고자 하는 甲의 개인정보자기결정권을 제한하고 있다.

③ 위 사례에서 위헌성은 주민등록번호 변경에 관하여 규정하지 아니한 부작위에 있으므로, 「주민등록법」에 대하여 단순위헌결정을 할 경우 주민등록번호제도 자체에 관한 근거규정이 사라지게 되어 법적공백이 생기게 된다는 점 등을 고려하면, 헌법불합치 결정을 선고하면서 입법자가 개선입법을 할 때까지 계속 적용을 명할 수 있다.

④ 「주민등록법」 제7조가 국가나 지방자치단체로 하여금 국방, 치안, 조세, 사회복지 등의 행정사무를 신속하고 효율적으로 처리할 수 있도록 주민등록의 대상자인 국민에게 주민등록번호 변경을 허가하지 아니함으로써 달성할 수 있게 되는 공익이 그로 인한 정보주체의 불이익에 비하여 더 작다고 보기는 어려워 법익균형성의 원칙에 반하지 않는다.

02

외국인의 기본권에 관한 설명 중 옳지 않은 것은?
(다툼이 있는 경우 판례에 의함)

① 출입국관리에 관한 사항 중 외국인의 입국에 관한 사항은 주권국가로서의 기능을 수행하는 데 필요한 것으로서 광범위한 정책재량의 영역이므로, 국적에 따라 사증 발급 신청 시의 첨부서류에 관해 다르게 정하고 있는 조항이 평등권을 침해하는지 여부는 자의금지원칙 위반 여부에 의하여 판단한다.

② 고용허가를 받아 국내에 입국한 외국인 근로자의 출국만기보험금을 출국 후 14일 이내에 지급하도록 한 조항은, 외국인 근로자의 불법체류를 방지할 필요성을 고려하더라도 출국 전에는 예외 없이 보험금을 지급받지 못하도록 한 것이어서 외국인 근로자의 근로의 자유를 침해한다.

③ 국가에 대하여 고용증진을 위한 사회적·경제적 정책을 요구할 수 있는 권리는 사회권적 기본권으로서 국민에 대하여만 인정해야 하지만, 근로자가 기본적 생활수단을 확보하고 인간의 존엄성을 보장받기 위하여 최소한의 근로조건을 요구할 수 있는 권리는 자유권적 기본권의 성격도 아울러 가지므로 이러한 경우 외국인 근로자에게도 기본권 주체성을 인정할 수 있다.

④ 외국인은 입국의 자유의 주체가 될 수 없으며, 외국인이 복수 국적을 누릴 자유는 헌법상 보호되는 기본권으로 볼 수 없다.

03

헌법 제10조에 관한 설명 중 옳지 않은 것은?
(다툼이 있는 경우 판례에 의함)

① 초등학교 정규교과에서 영어를 배제하거나 영어교육 시수를 제한하는 것은 학생들의 인격의 자유로운 발현권을 제한하나, 이는 균형적인 교육을 통해 초등학생의 전인적 성장을 도모하고 영어과목에 대한 지나친 사교육의 폐단을 막기 위한 것으로 학생들의 기본권을 침해하지 않는다.

② 기부행위자는 자신의 재산을 사회적 약자나 소외 계층을 위하여 출연함으로써 자기가 속한 사회에 공헌하였다는 행복감과 만족감을 실현할 수 있으므로, 기부행위는 행복추구권과 그로부터 파생되는 일반적 행동자유권에 의해 보호된다.

③ 주방용오물분쇄기의 판매와 사용을 금지하는 것은 주방용오물분쇄기를 사용하려는 자의 일반적 행동자유권을 제한하나, 현재로서는 음식물 찌꺼기 등이 바로 하수도로 배출되더라도 이를 적절히 처리할 수 있는 사회적 기반시설이 갖추어져 있다고 보기 어렵다는 점 등을 고려하면 이러한 규제가 사용자의 기본권을 침해한다고 볼 수 없다.

④ 고졸검정고시 또는 고입검정고시에 합격했던 자가 해당 검정고시에 다시 응시할 수 없게 됨으로써 제한되는 주된 기본권은 자유로운 인격발현권인데, 이러한 응시자격 제한은 검정고시제도 도입 이후 허용되어온 합격자의 재응시를 경과조치 등 없이 무조건적으로 금지하는 것이어서 과잉금지원칙에 위배된다.

04

다음 설명 중 가장 옳지 않은 것은?(다툼이 있는 경우 헌법재판소 판례 또는 대법원 판례에 의함)

① 제헌헌법은 사기업 근로자의 이익분배균점권, 생활무능력자의 보호, 가족의 건강보호와 같은 사회적 기본권을 명시하였다.

② 국회의 국정감사권은 제헌헌법에서부터 규정되어 오다가 1962년 제5차 개정헌법에서 폐지되었으나 현행헌법에서 다시 규정되었다.

③ 1960년 헌법은 대법원장과 대법관에 대해 선거를 통한 선출을 규정하였으며, 헌법재판소에 위헌법률심판권과 더불어 헌법에 대한 최종적 해석권한을 부여하였다.

④ 1962년 제5차 개정헌법은 인간으로서의 존엄과 가치 조항을 신설하고, 위헌법률심판권을 법원의 권한으로 하였다.

05

다음 설명 중 가장 옳지 않은 것은?(다툼이 있는 경우 헌법재판소 판례 또는 대법원 판례에 의함)

① 성인 대상 성범죄로 형을 선고받아 확정된 자로 하여금 그 형의 집행을 종료한 날로부터 10년 동안 의료기관에 취업할 수 없도록 한 것은, 일정한 직업을 선택함에 있어 기본권 주체의 능력과 자질에 따른 제한이므로 이른바 '주관적 요건에 의한 좁은 의미의 직업선택의 자유'에 대한 제한에 해당한다.

② 직업의 자유에는 '해당 직업에 합당한 보수를 받을 권리'까지 포함되어 있어서 노동자는 동일하거나 동급, 동질의 유사 다른 직업군에서 수령하는 보수에 상응하는 보수를 요구할 수 있다.

③ 학원의 설립 운영 및 과외교습에 관한 법률을 위반하여 벌금형을 선고받은 후 1년이 지나지 않은 자는 학원설립 운영의 등록을 할 수 없도록 하였어도 이는 제재의 실효성 담보 차원에서 부득이하므로 직업자유의 침해에 해당하지 않는다.

④ 법학전문대학원에 입학하는 자들에 대하여 학사 전공별로, 그리고 출신 대학별로 법학전문대학원 입학정원의 비율을 각각 제한한 것은 직업의 자유를 제한하는 것이다.

06

기본권에 관한 다음 설명 중 가장 옳지 않은 것은? (다툼이 있는 경우 헌법재판소 판례 또는 대법원 판례에 의함)

① 10년 미만의 법조경력을 가진 사람의 판사임용을 위한 최소 법조경력요건을 단계적으로 2013년부터 2017년까지는 3년, 2018년부터 2021년까지는 5년, 2022년부터 2025년까지는 7년으로 정한 법원조직법 부칙 제2조는 청구인들의 공무담임권을 침해하지 아니한다.

② 일부 개표소에서 동시계표(計票) 투표함 수에 비하여 상대적으로 적은 수의 개표참관인이 선정될 수 있다는 사정만으로 실질적인 개표감시가 이루어지지 않는다거나 개표절차 및 계표방법에 관한 입법자의 선택이 현저히 불합리하거나 불공정하여 선거권이 침해되었다고 볼 수는 없다.

③ 중등교사 임용시험에서 복수전공 및 부전공 교원자격증소지자에게 가산점을 부여하고 있는 [교육공무원법]조항에 의하여 복수, 부전공 가산점을 받지 못하는 자가 불이익을 입는다고 하더라도 이를 공직에 진입하는 것 자체에 대한 제약이라 할 수 없어, 그러한 가산점 제도에 대하여는 자의금지원칙에 따른 심사척도를 적용하여야 한다.

④ 부재자투표시간을 오전 10시부터 오후 4시까지로 규정한 구 공직선거법 조항 중 '오전 10시에 열고'부분은 일과시간에 학업이나 직장업무를 하여야 하는 자로 하여금 선거권을 행사할 수 없게 하므로 과잉금지원칙에 위반되고, '오후 4시에 닫는다.'부분은 투표당일 부재자투표의 인계 발송 절차의 지연을 방지하고 투표함의 관리위험을 경감하기 위하여 부득이하므로 헌법에 위반되지 않는다.

07

다음 설명 중 가장 옳지 않은 것은?(다툼이 있는 경우 헌법재판소 판례 또는 대법원 판례에 의함)

① 종교전파의 자유는 국민에게 그가 선택한 임의의 장소에서 자유롭게 행사할 수 있는 권리까지 보장한다고 할 수 없다.

② 종교의 자유의 구체적 내용으로는 신앙의 자유, 종교적 행위의 자유 및 종교적 집회·결사의 자유가 포함된다.

③ 종교단체가 납골시설을 설치, 운영하는 것을 법률로 금지하는 것은 종교의 자유에 대한 제한이 아니라 경제활동의 자유에 대한 제한이다.

④ 기본권 규정은 그 성질상 사법관계에 직접 적용될 수 있는 예외적인 것을 제외하고는 사법상의 일반원칙을 규정한 민법 제2조, 제103조, 제750조, 제751조 등의 내용을 형성하고 그 해석 기준이 되어 간접적으로 사법관계에 효력을 미치게 된다.

08

직업의 자유에 대한 다음 설명 중 가장 옳지 않은 것은?(다툼이 있는 경우 헌법재판소 판례 또는 대법원 판례에 의함)

① 직업선택의 자유와 직업수행의 자유는 기본권 주체에 대한 그 제한의 효과가 다르기 때문에 제한에 있어서 적용되는 기준도 다르며, 특히 직업수행의 자유에 대한 제한의 경우 인격발현에 대한 침해의 효과가 일반적으로 직업선택 그 자체에 대한 제한에 비하여 작기 때문에 그에 대한 제한은 폭넓게 허용된다.

② 임원이 건설업과 관련 없는 죄로 금고 이상의 형을 선고받은 경우까지도 법인의 건설업 등록을 필요적으로 말소하도록 규정한 것은 범죄행위로 인하여 형사처벌을 받은 자를 건설업에서 배제하여 건설업자의 자질을 일정 수준으로 담보함으로써 부실공사를 방지하고 국민의 생명과 재산을 보호하기 위한 것으로 법인의 직업수행의 자유를 침해하지 않는다.

③ 2011. 4. 28. 개정된 의료법에서 전문과목을 표시한 치과의원은 그 전문과목에 해당하는 환자만을 진료하도록 규정하고, 이를 2014. 1. 1.부터 시행되도록 한 것은 신뢰보호원칙을 위반하여 치과전문의의 직업수행의 자유를 침해하는 것이 아니다.

④ 칸막이를 설치하여 금연구역과 흡연구역으로 나누어 운영하고 있는 피시방 전체에 대하여 2년의 유예기간이 지난 뒤 전면금연구역으로 운영해야 할 의무를 부과하는 것은 직업수행의 자유를 제한한다.

09

다음 설명 중 가장 옳은 것은?(다툼이 있는 경우 헌법재판소 판례 또는 대법원 판례에 의함)

① 변호사시험 성적을 합격자에게 공개하지 않도록 규정한 변호사시험법의 규정은 법학전문대학원간의 과다경쟁 등 을 방지하기 위한 것으로 그 수단의 적절성이 인정되어 과잉금지원칙에 반하지 않는다.

② 헌법재판에서 헌법을 해석, 적용하는 작업의 범위에는 헌법규정의 내용을 고전적 해석을 통해 밝혀내고 헌법현실에 적용하는 포섭의 방법 이외에도, 개방적인 헌법규범의 내용을 헌법의 구체화와 보충을 통하여 불문법적 요소에 의하여 보완하는 방법도 포함될 수 있으므로, 우리나라의 수도가 서울이라는 것을 불문의 관습헌법으로 인정하고 이러한 관습헌법에 성문헌법을 개폐하는 효력을 인정하는 것은 가능하다.

③ 헌법의 기본원리는 헌법의 이념적 기초인 동시에 헌법을 지배하는 지도원리로서 구체적 기본권을 도출하는 근거가 될 뿐만 아니라 기본권의 해석 및 기본권제한입법의 합헌성 심사에 있어 해석기준의 하나로서 작용한다.

④ 헌법재판소는 구 형법상 혼인빙자간음죄에 대해 목적의 정당성은 물론, 수단의 적절성과 피해의 최소성 요건도 갖추지 못해 위헌이라고 보았다.

10

다음 설명 중 가장 옳지 않은 것은?(다툼이 있는 경우 헌법재판소 판례 또는 대법원 판례에 의함)

① 부모가 자녀의 이름을 지어주는 것은 자녀의 양육과 가족생활을 위하여 필수적인 것이고, 가족생활의 핵심적 요소라 할 수 있으므로, '부모가 자녀의 이름을 지을 자유'는 혼인과 가족생활을 보장하는 헌법 제36조 제1항과 행복추구권을 보장하는 헌법 제10조에 의하여 보장된다.

② 누진과세제도 하에서 혼인한 부부에게 조세부담의 증가를 초래하는 부부자산소득합산과세를 규정하고 있는 구 소득세법 제80조 제1항 제2호는 혼인한 부부를 비례의 원칙에 반하여 사실혼관계의 부부나 독신자에 비하여 차별하는 것으로서 헌법 제36조 제1항에 위반된다.

③ 호주제는 당사자의 의사나 복리와 무관하게 남계혈통 중심의 가의 유지와 계승이라는 관념에 뿌리박은 특정한 가족관계의 형태를 일방적으로 규정·강요함으로써 개인을 가족 내에서 존엄한 인격체로 존중하는 것이 아니라 가의 유지와 계승을 위한 도구적 존재로 취급하고 있는데, 이는 혼인·가족생활을 어떻게 꾸려나갈 것인지에 관한 개인과 가족의 자율적 결정권을 존중하라는 헌법 제36조 제1항에 부합하지 않는다.

④ 헌법 제36조 제1항에서 규정하는 '혼인'이란 양성이 평등하고 존엄한 개인으로서 자유로운 의사의 합치에 의하여 생활공동체를 이루는 것을 말하므로, 법적으로 승인되지 아니한 사실혼도 헌법 제36조 제1항의 보호범위에 포함된다.

11

다음 설명 중 가장 옳은 것은?(다툼이 있는 경우 헌법재판소 판례 또는 대법원 판례에 의함)

① 권리남용으로 인한 패소의 경우에 소송비용 부담에 관한 별도의 예외 규정을 두지 않았다는 점을 이유로 민사소송법 제98조가 재판청구권을 침해한다고 볼 수 없다.

② 구속기간을 제한하는 법률조항은 미결구금의 부당한 장기화로 인한 인권의 침해를 억제하기 위하여 미결구금기간의 한계를 설정하는 것이지만, 법원의 심리기간을 제한하고 나아가 피고인의 공격, 방어권을 제한함으로써 피고인의 공정한 재판을 받을 권리를 침해한다.

③ 형사피해자로 하여금 자신이 피해자인 범죄에 대한 형사재판절차에 접근할 가능성을 제한하는 것이 그의 재판청구권에 대한 제한은 아니다.

④ 수용자가 변호사와 접견하는 경우 원칙적으로 접견차단시설이 설치된 장소에서 하도록 한 규정은, 교정시설의 안전과 질서유지 및 소지 금지물품의 반입을 예방하려는 공익이 수형자가 입게 되는 불이익보다 크므로 수형자의 재판청구권을 침해하지 않는다.

12

다음 설명 중 가장 옳지 않은 것은?(다툼이 있는 경우 헌법재판소 판례 또는 대법원 판례에 의함)

① 형사보상청구권은 국가의 형사사법작용에 의해 신체의 자율이라는 중대한 법익을 침해받은 국민을 구제하기 위하여 헌법상 보장된 국민의 기본권이므로 일반적인 사법상의 권리보다 더욱 확실하게 보호되어야 할 권리이다.

② 피고인이었던 자가 수사를 그르칠 목적으로 거짓 자백을 한 경우에는 비용의 전부 또는 일부를 보상하지 않을 수 있다.

③ 비용의 보상은 피고인이었던 자의 청구에 따라 무죄판결을 선고한 법원의 합의부에서 결정으로 하고, 그 결정에 대해서는 즉시항고 할 수 있다.

④ 무죄재판을 받아 확정된 사건의 피고인은 무죄재판이 확정된 때부터 2년 이내에 확정된 무죄재판사건의 재판서를 법무부 인터넷 홈페이지에 게재하도록 해당 사건을 기소한 검사가 소속된 지방검찰청(지방경찰청 지청을 포함한다)에 청구할 수 있다.

13

다음 설명 중 가장 옳지 않은 것은?(다툼이 있는 경우 헌법재판소 판례 또는 대법원 판례에 의함)

① 인간다운 생활을 할 권리의 법적 성질에 비추어 볼 때 그 법규범력이 미치는 범위는 '최소한의 물질적 생존'의 보장에 필요한 급부의 요구권으로 한정될 뿐, 그것으로부터 그 이상의 급부를 내용으로 하는 구체적 권리가 직접 도출되어 나오는 것은 아니다.

② 인간다운 생활을 할 권리 중 최소한의 물질적 생활의 유지 이상의 급부를 요구할 수 있는 구체적 권리는 법률을 통하여 구체화할 때에 비로소 인정되는 법률적 차원의 권리이다.

③ 상가 임대인으로 하여금 재건축사업 진행단계에 상관없이 갱신거절권을 행사할 수 있도록 한 규정은 상가 임차인의 인간다운 생활을 할 권리를 침해하지 않는다.

④ 공무원과 달리 산재보험에 가입한 근로자의 통상의 출퇴근 재해를 업무상 재해로 인정하지 않더라도 입법자의 입법형성의 한계를 벗어난 자의적인 차별이 아니다.

14

다음 설명 중 옳은 것은?(다툼이 있는 경우 헌법 재판소 판례 또는 대법원 판례에 의함)

① 지능이나 수학능력 등 일정한 능력이 있음에 도 법률에 따라 아동의 입학연령을 제한하여 초등학교 입학을 허용하지 않는 것은 능력에 따라 균등한 교육을 받을 권리를 침해한다.

② 중학교 의무교육을 일시에 전면실시하지 아니 하고 단계적으로 확대실시하도록 한 구 교육 법 조항은 비록 그것이 국가의 재정적 부담을 고려한 것이라 하더라도 실질적 평등의 원칙 에 부합되는 것으로는 볼 수 없다.

③ 고등학교 졸업학력 검정고시 응시자격을 제한 하는 것은, 국민의 교육받을 권리 중 그 의사 와 능력에 따라 균등하게 교육받을 것을 국가 로부터 방해받지 않을 권리, 즉 자유권적 기본 권을 제한하는 것이므로, 그 제한에 대하여는 헌법 제37조 제2항의 과잉금지원칙에 의한 심 사를 받아야 한다.

④ 학교운영지원비는 기본적으로 학부모의 자율 적 협찬금의 성격을 갖고 있으며, 그 지출에 대한 내용도 충분하게 통제되고 있으므로 이 를 중학교 학생으로부터 징수하도록 하는 법 률조항은 의무교육의 무상원칙에 위배되지 아 니한다.

15

다음 설명 중 옳은 것은?(다툼이 있는 경우 헌법 재판소 판례 또는 대법원 판례에 의함)

① 사립학교 설립자에게는 사립학교운영의 자유 가 기본권으로 보장된다.

② 육아휴직신청권은 헌법상 보장되는 기본권으 로 볼 수 있다.

③ 헌법상 부모의 자녀에 대한 교육권은, 비록 명 문으로 규정되어 있지는 아니하지만, 이는 모 든 인간이 국적과 관계없이 누리는 양도할 수 없는 불가침의 인권으로서, 혼인과 가족생활 을 보장하는 헌법 제36조 제1항, 행복추구권 을 보장하는 헌법 제10조 및 "국민의 자유와 권리는 헌법에 열거되지 아니한 이유로 경시 되지 아니한다"고 규정하는 헌법 제37조 제1 항에서 나오는 중요한 기본권이다. 따라서 학 부모의 학교참여권은 일반적으로 부모의 자녀 에 대한 교육권으로부터 바로 도출된다.

④ 교습시간 제한에 있어서 학교는 학원과 본질 적으로 동일한 지위에 있으나, 학원의 교습시 간 제한에는 합리적 이유가 있으므로 학원 운 영자의 평등권을 침해하지 않는다.

16

다음 설명 중 가장 옳지 않은 것은?(다툼이 있는 경우 헌법재판소 판례 또는 대법원 판례에 의함)

① 친양자로 될 자와 마찬가지로 친생부모 역시 그로부터 출생한 자와의 가족 및 친족관계의 유지에 관하여 헌법 제36조 제1항에 의하여 인정되는 혼인과 가족생활의 자유로운 형성에 대한 기본권을 가진다.

② 부성(父姓)의 사용으로 인해 재혼이나 입양 등의 경우에 있어서 개인이 받는 불이익은 재혼이나 입양에 대한 사회적 편견이 원인이지 부성주의가 원인은 아니다. 추상적인 자유와 평등의 잣대만으로 우리 사회에서 여전히 유효하게 존속하면서 가치를 인정받고 있는 생활양식이자 문화 현상인 부성주의의 합헌성을 부정하는 것은 부적절하다.

③ 평등원칙과 결합하여 혼인과 가족을 부당한 차별로부터 보호하고자 하는 목적을 지니고 있는 헌법 제36조 제1항에 비추어 볼 때, 종합부동산세의 과세방법을 "인별 합산"이 아니라 "세대별 합산"으로 규정한 종합부동산세법 규정은 비례원칙에 의한 심사에 의하여 정당화되지 않으므로 헌법에 위반된다.

④ 친생부인의 소의 제척기간과 기산점을 '그 출생을 안 날로부터 1년내'라고 규정한 것은, 친자관계를 부인하고자 하는 부로부터 이를 부인할 수 있는 기회를 극단적으로 제한함으로써 자유로운 의사에 따라 친자관계를 부인하고자 하는 부의 개인의 존엄과 양성의 평등에 기초한 혼인과 가족생활에 관한 기본권을 침해한다.

17

다음 설명 중 옳은 것은?(다툼이 있는 경우 헌법재판소 판례 또는 대법원 판례에 의함)

① 헌법 제33조 제2항이 직접 '법률이 정하는 자'이외의 공무원은 노동3권의 주체가 되지 못한다고 하더라도 헌법 제37조 제2항의 과잉금지원칙은 적용이 된다고 보아야 할 것이다.

② 근로자의 단결권은 결사의 자유가 근로의 영역에서 구체화된 것으로서 이에 대하여는 헌법 제33조가 우선 적용되므로, 노동조합에는 헌법 제21조 제2항의 결사에 대한 허가제금지원칙이 적용되지 않는다.

③ 취업자격이 없는 외국인도 노동조합 및 노동관계조정법상 근로자에 해당하고, 노동조합 결성 및 가입이 허용된다.

④ 행정관청이 단체협약 중 위법한 내용에 대하여 노동위원회의 의결을 얻어 그 시정을 명한 경우에 그 명령을 위반한 행위를 처벌하는 노동조합 및 노동조합관계법 조항은 형벌법규의 명확성 원칙에 반한다.

18

현행 헌법상 헌법개정에 대한 설명으로 옳지 않은 것은 모두 몇 개인가?(다툼이 있는 경우 헌법재판소 판례 또는 대법원 판례에 의함)

가. 헌법개정안이 확정되면 대통령은 15일 이내에 이를 공포하여야 한다.

나. 헌법개정안에 대한 국회의 의결을 위해서는 국회의원선거권자 과반수의 투표와 투표자 과반수의 찬성을 얻어야 한다.

다. 헌법개정은 국회재적의원 3분의 2 이상 또는 대통령의 발의로 제안된다.

라. 제안된 헌법개정안은 대통령이 20일 이상의 기간 이를 공고하여야 한다.

---

① 4개   ② 3개

③ 2개   ④ 1개

19

적법절차에 관한 설명 중 가장 옳지 않은 것은? (다툼이 있는 경우 헌법재판소 결정에 의함)

① 현행 헌법에서는 적법절차의 원리를 신체의 자유를 보장하는 조항에서 규정하고 있다.

② 적법절차는 형사처벌이 아닌 행정상의 불이익처분에도 적용된다.

③ 탄핵소추절차에도 적법절차의 원칙이 직접 적용된다.

④ 적법절차에서 파생되는 일반 국민의 청문권은 국회입법절차에서는 인정되지 아니한다.

20

1987.10.29. 개정된 현행 우리 헌법의 전문(前文)에서 명시적으로 언급하고 있지 않은 것은?

① 조국의 민주개혁

② 경제의 민주화

③ 세계평화와 인류공영

④ 국민생활의 균등한 향상

순경공채·경위공채 대비

경찰헌법 모의고사

경찰헌법
모의고사
7회

07 경찰헌법 모의고사 7회

01

대한민국 국적(國籍)에 관한 다음 설명 중 옳은 것은 모두 몇 개인가?(다툼이 있는 경우 헌법재판소 결정에 의함)

> 가. 대한민국의 국민이 되는 요건은 법률로 정한다.
> 나. 외국인인 개인이 특정한 국가의 국적을 선택할 권리가 우리 헌법상 당연히 인정된다고는 할 수 없다.
> 다. 출생 당시에 부 또는 모가 대한민국의 국민인 자는 출생과 동시에 대한민국 국적을 취득한다.
> 라. 외국인이 복수국적을 누릴 자유는 헌법상 행복추구권에 의하여 보호되는 기본권에 해당하지 않는다.

① 1개   ② 2개
③ 3개   ④ 4개

02

양심의 자유에 관한 다음 설명 중 옳지 않은 것은 모두 몇 개 인가?(다툼이 있는 경우 헌법재판소 결정에 의함)

> 가. 양심의 자유의 주체는 자연인이므로, 법인에 대한 사죄광고제도는 양심의 자유의 제약에 해당하지 않는다.
> 나. 양심적 결정을 외부로 표현하고 실현할 수 있는 양심실현의 자유는 표현의 자유에 속하는 행위일 뿐 헌법 제 19조가 보호하고 있는 양심의 자유에 포함되지 않는다.
> 다. 자신의 태도나 입장을 외부에 설명하거나 해명하는 행위는 진지한 윤리적 결정에 관계된 행위라기보다는 단순한 생각이나 의견, 사상이나 확신 등의 표현행위라고 볼 수 있어, 그 행위가 선거에 영향을 미치게 하기 위한 것이라는 이유로 이를 하지 못하게 된다 하더라도 내면적으로 구축된 인간의 양심이 왜곡 굴절된다고는 할 수 없다는 점에서 양심의 자유의 보호영역에 포괄되지 않는다.
> 라. 입법자는 헌법 제19조의 양심의 자유에 의하여 공익이나 법질서를 저해하지 않는 범위 내에서 법적 의무를 대체하는 다른 가능성이나 법적 의무의 개별적인 면제와 같은 대안을 제시함으로써 양심상의 갈등을 완화해야 할 의무가 있으며, 유사시에만 병역의무를 부과한다는 조건하에서 병역의무를 면제해 주는 것과 같은 대안을 진지하게 검토하여야 한다.

① 1개   ② 2개
③ 3개   ④ 4개

03

표현의 자유에 관한 다음 설명 중 가장 옳지 않은 것은?(다툼이 있는 경우 헌법재판소 결정 및 대법원 판례에 의함)

① 상업광고에 대한 규제에 의한 표현의 자유 내지 직업수행의 자유의 제한은 헌법 제37조 제2항에서 도출되는 비례의 원칙(과잉금지원칙)을 준수하여야 하지만, 상업광고는 사상이나 지식에 관한 정치적, 시민적 표현행위와는 차이가 있고, 인격발현과 개성신장에 미치는 효과가 중대한 것은 아니므로, 비례의 원칙 심사에 있어서 '피해의 최소성' 원칙은 '입법목적을 달성하기 위하여 필요한 범위 내의 것인지'를 심사하는 정도로 완화되는 것이 상당하다.

② 표현의 자유는 자신의 의사를 표현하고 전파할 적극적 자유, 자신의 의사를 표현하지 아니할 소극적 자유, 국가에게 표현의 자유를 실현할 수 있는 방법을 적극적으로 마련해 줄 것을 요청할 수 있는 자유를 포함한다. 따라서 '국가가 공직후보자들에 대한 유권자의 전부 거부 의사표시를 할 방법을 보장해 줄 것'도 표현의 자유의 보호범위에 포함된다.

③ 정당 후원회를 금지함으로써 정당에 대한 재정적 후원을 전면적으로 금지하는 것은 국민의 정치적 표현의 자유를 침해한다.

④ 공직자의 도덕성, 청렴성에 대하여는 국민과 정당의 감시 기능이 필요한 점에 비추어 볼 때, 그 점에 관한 의혹의 제기는 악의적이거나 현저히 상당성을 잃은 공격이 아닌 한 쉽게 책임을 추궁하여서는 아니된다.

04

헌법의 기본원리에 관한 다음 설명 중 가장 옳지 않은 것은? (다툼이 있는 경우 헌법재판소 결정에 의함)

① 헌법의 기본원리는 헌법의 이념적 기초인 동시에 헌법을 지배하는 지도원리로서 입법이나 정책결정의 방향을 제시하며 공무원을 비롯한 모든 국민·국가기관이 헌법을 존중하고 수호하도록 하는 지침이 되며, 구체적 기본권을 도출하는 근거가 될 수 있다.

② 우리 헌법상의 자유민주적 기본질서의 내용은 기본적 인권의 존중, 권력분립, 의회제도, 복수정당제도, 선거제도, 사유재산과 시장경제를 골간으로 한 경제질서 및 사법권의 독립 등을 의미한다.

③ 자기책임의 원리는 인간의 자유와 유책성, 그리고 인간의 존엄성을 진지하게 반영한 원리로서 그것이 비단 민사법이나 형사법에 국한된 원리가 아니라 근대법의 기본이념으로서 법치주의에 당연히 내재하는 원리이며, 이에 반하는 제재는 그 자체로 헌법위반을 구성한다.

④ 우리 헌법상의 경제질서는 사유재산제를 바탕으로 하고 자유경쟁을 존중하는 자유시장경제질서를 기본으로 하면서도 이에 수반되는 갖가지 모순을 제거하고 사회복지·사회정의를 실현하기 위하여 국가적 규제와 조정을 용인하는 사회적 시장경제질서로서의 성격을 띠고 있다.

05

기본권의 제한과 그 한계에 관한 다음 설명 중 가장 옳지 않은 것은?(다툼이 있는 경우 헌법재판소 결정에 의함)

① 생명권의 제한은 어떠한 상황에서든 곧바로 개인의 생명권의 본질적인 내용을 침해하는 것으로서 기본권 제한의 한계를 넘는 것으로 본다면, 이는 생명권을 제한이 불가능한 절대적 기본권으로 인정하는 것과 동일한 결과를 가져 오게 된다.

② 법원의 기능에 대한 보호가 헌법적으로 요청되는 특수성이 있더라도, 각급법원 인근에서의 옥외집회나 시위를 예외 없이 절대적으로 금지하는 것은 지나친 제한으로서 위헌이라고 할 것이다.

③ 긴급재정경제명령이 헌법 제76조 소정의 요건과 한계에 부합하는 것이라면 그 자체로 목적의 정당성, 수단의 적정성, 피해의 최소성, 법익의 균형성이라는 기본권제한의 한계로서의 과잉금지원칙을 준수하는 것이 되는 것이다.

④ 기본권 제한에 관한 법률유보의 원칙은 법률에 의한 규율만을 뜻하는 것이 아니라 법률에 근거한 규율을 요구하는 것이므로 기본권 제한의 형식이 반드시 법률의 형식일 필요는 없다.

06

다음 중 현행법상 정당의 당원이 될 수 없는 자는 모두 몇 명 인가?

> ㄱ. 국무위원
> ㄴ. 국립대학교 교수
> ㄷ. 사립대학교 교수
> ㄹ. 공립중학교 교사
> ㅁ. 사립중학교 교사
> ㅂ. 퇴직한 검찰총장

① 1명 　② 2명
③ 3명 　④ 4명

07

청원경찰의 근로3권을 전면적으로 제한하는 청원경찰법(2010.2. 4. 법률 제10013호로 개정된 것) 제5조 제4항 중 국가공무원법 제66조 제1항 가운데 '노동운동'부분을 준용하는 부분(이하'심판대상조항'이라 한다)에 대한 헌법재판소 결정 내용에 관한 다음 설명 중 가장 옳지 않은 것은?

① 청원경찰은 청원주와의 고용계약에 의한 근로자일 뿐, 국민 전체에 대한 봉사자로서 국민에 대하여 책임을 지며 그 신분과 정치적 중립성이 법률에 의해 보장되는 공무원 신분이 아니므로, 기본적으로 헌법 제33조 제1항에 따라 근로3권을 보장받아야 한다.

② 심판대상조항을 통해 청원경찰이 경비하는 중요시설의 안전을 도모할 수 있음은 분명하나, 이로 인해 받는 불이익은 모든 청원경찰에 대한 근로3권의 전면적 박탈이라는 점에서, 심판대상조항은 법익의 균형성이 인정되지 아니한다.

③ 심판대상조항은 청원경찰의 근로3권을 제한함
에 목적의 정당성 및 수단의 적합성이 인정되
지 않는다.

④ 국가기관이나 지방자치단체 이외의 곳에서 근
무하는 청원 경찰은 근로조건에 관하여 공무
원뿐만 아니라 국가기관이나 지방자치단체에
근무하는 청원경찰에 비해서도 낮은 수준의
법적 보장을 받고 있으므로, 이들에 대해서는
근로 3권이 허용되어야 할 필요성이 더욱 크다.

08

**다음 중 헌법재판소가 무죄추정의 원칙에 반하지
않는다고 결정한 것을 모두 고른 것은?**

> ㄱ. 형사기소된 국가공무원을 직위해제할 수 있도록
> 한 것
>
> ㄴ. 상소제기 후 상소취하시까지의 미결구금일수를
> 본형 형기 산입의 대상에서 제외되도록 한 것
>
> ㄷ. 군사법경찰관에게 10일의 범위 내에서 구속기
> 간 연장을 허용한 것
>
> ㄹ. 소년보호사건에서 제1심 결정에 의한 소년원수
> 용기간을 항고심결정의 보호기간에 산입하지 아
> 니하도록 한 것
>
> ㅁ. 형사재판에 계속 중인 사람에 대하여 출국을 금
> 지할 수 있도록 한 것

① ㄱ, ㄴ, ㄷ   ② ㄱ, ㄹ, ㅁ

③ ㄴ, ㄷ, ㅁ   ④ ㄱ, ㄷ, ㄹ

09

**적법절차의 원칙에 관한 다음 설명 중 가장 옳지
않은 것은?(다툼이 있는 경우 헌법재판소 결정에
의함)**

① 적법절차의 원칙은 미국연방대법원의 판례를
통하여 확립된 원칙으로서 미국연방헌법에는
그 규정이 없다.

② 영미법계의 국가에서 국민의 인권을 보장하기
위한 기본 원리의 하나로 발달되어 온 적법절
차의 원칙을 처음으로 도입하여 명문화한 것
은 제9차 개정한 현행헌법이다.

③ 적법절차의 원칙은 탄핵소추절차에는 직접 적
용될 수 없다.

④ 보안처분에도 적법절차의 원칙이 적용되어야
함은 당연한 것이지만 보안처분에는 다양한
형태와 내용이 존재하므로 각 보안처분에 적
용되어야 할 적법절차의 범위 내지 한계에도
차이가 있어야 할 것이다.

10

**국민투표에 관한 다음 설명 중 가장 옳지 않은 것
은?(다툼이 있는 경우 헌법재판소 결정에 의함)**

① 헌법 제72조의 국민투표권은 대통령이 어떠한
정책을 국민투표에 부의한 경우에 비로소 행
사가 가능한 기본권이라 할 수 있다.

② 헌법개정안에 대한 국민투표제를 처음 도입한
것은 제3공화국(1962년) 헌법이다.

③ 대법원은 국민투표에 관하여 국민투표법 또는
국민투표법에 의하여 발하는 명령에 위반하는
사실이 있는 경우라도 국민투표의 결과에 영
향을 미쳤다고 인정하는 때에 한하여 국민투

표 무효의 판결을 하여야 하며, 국민투표의 일부의 무효를 판결할 수는 없다.

④ 국민투표의 효력에 관하여 이의가 있는 투표인은 투표인 10만인 이상의 찬성을 얻어 중앙선거관리위원회위원장을 피고로 하여 투표일로부터 20일 이내에 대법원에 제소할 수 있다.

11

헌법전문(憲法前文)에 관한 다음 설명 중 가장 옳지 않은 것은?(다툼이 있는 경우 헌법재판소 결정에 의함)

① 헌법전문이란 헌법전(憲法典)의 일부를 구성하는 헌법서문을 말하지만, 성문헌법의 필수적 구성요소는 아니다.

② 현행 헌법전문은 헌법의 기본이념과 기본원리를 선언하고 있다.

③ 현행 헌법전문에 담겨있는 최고이념은 국민주권주의와 자유민주주의에 입각한 입헌민주헌법의 본질적 기본원리에 기초하고 있다.

④ 현행 헌법은 전문에서 "3·1운동으로 건립된 대한민국 임시정부의 법통을 계승"한다고 선언하고 있으나, 이는 추상적 프로그램적 규정일 뿐이고 이로부터 국민의 구체적인 기본권이나 국가의 헌법적 의무가 도출되는 것은 아니다.

12

인격권에 관한 다음 설명 중 가장 옳지 않은 것은? (다툼이 있는 경우 헌법재판소 결정에 의함)

① 성명은 개인의 정체성과 개별성을 나타내는 인격의 상징으로서 개인이 사회 속에서 자신의 생활영역을 형성하고 발현하는 기초가 되는 것이라 할 것이므로 자유로운 성의 사용 역시 헌법상 인격권으로부터 보호된다고 할 수 있다.

② 중혼을 혼인취소의 사유로 정하면서도 그 취소청구권의 제척기간 또는 소멸사유에 관하여 아무런 규정을 두고 있지 않았다 하더라도 입법재량의 범위를 일탈하여 후혼 배우자의 인격권을 침해하였다고 볼 수는 없다.

③ 혼인 종료 후 300일 이내에 출생한 자를 전남편의 친생자로 추정하는 민법의 규정은 모가 가정생활과 신분관계에서 누려야 할 인격권을 침해하였다.

④ 민사재판의 당사자로 출석하는 수형자에 대하여 사복착용을 허용하지 않는 규정은 인격권과 행복추구권을 침해하였다.

13

다음 중 헌법재판소가 사생활의 비밀과 자유 또는 개인정보자기결정권을 침해한다고 결정한 것은 모두 몇 개인가?

> 가. 성폭력범죄의 처벌 등에 관한 특례법에 따라 등록된 신상정보를 최초 등록일부터 20년간 보존·관리하여야 한다는 규정
> 나. 4급 이상 공무원들의 병역 면제사유인 질병명을 관보와 인터넷을 통해 공개하도록 하는 규정
> 다. 개인별로 주민등록번호를 부여하면서 주민등록번호 변경에 관한 규정을 두고 있지 않은 규정
> 라. 공직선거의 후보자등록 신청을 함에 있어 형의 실효여부와 관계없이 일률적으로 금고 이상의 형의 범죄경력을 제출·공개하도록 한 규정

① 1개 ② 2개
③ 3개 ④ 4개

14

죄형법정주의와 일사부재리의 원칙에 관한 다음 설명 중 가장 옳지 않은 것은?(다툼이 있는 경우 헌법재판소 결정에 의함)

① 법률의 구체적 위임에 의한 조례의 벌칙규정은 죄형법정주의에 반하지 않는다.
② 당국의 허가없이 한 건축행위에 대해서 형사처벌을 가하고 이러한 위법건축물에 대한 시정명령에 응하지 않은 경우 다시 과태료를 부과한다고 해서 이것이 이중처벌의 원칙에 반하는 것은 아니다.
③ 누범이나 상습범을 가중처벌하는 것은 헌법의 일사부재리에 위반하는 것이 아니다.

④ '가정의례의 참뜻에 비추어 합리적인 범위 내'라는 소극적 범죄구성요건은 죄형법정주의의 명확성 원칙을 위배하지 아니하였다.

15

선거권에 관한 다음 설명 중 가장 옳은 것은? (다툼이 있는 경우 헌법재판소 결정에 의함)

① 선거권 행사 연령을 19세 이상으로 정하고 있는 공직선거법 조항은 19세 미만인 사람의 선거권 및 평등권을 침해한다.
② 집행유예기간 중인 사람의 선거권을 제한하는 것은 그의 선거권을 침해하고, 보통선거원칙에 위반하여 평등원칙에 어긋난다.
③ 재외선거인에게 선거를 실시할 때마다 재외선거인 등록신청을 하도록 한 재외선거인 등록신청조항은 재외선거인의 선거권을 침해한다.
④ 공직선거법에서 정한 요건을 충족한 외국인은 지역구국회 의원의 선거권이 있다.

16

헌법개정에 관한 다음 설명 중 가장 옳지 않은 것은?

① 우리나라 역대 헌법 중에는 대통령에게 헌법개정 제안권을 부여하지 않은 경우도 있었다.
② 현행 헌법상 헌법개정안은 국회가 의결한 후 30일 이내에 국민투표에 붙여 국회의원 선거권자 과반수의 찬성을 얻어야 한다.
③ 헌법개정안이 국민투표를 통과하면 헌법개정은 확정되며, 대통령은 즉시 이를 공포하여야 한다.
④ 헌법개정안은 국회에서 기명투표로 표결한다.

17

근로의 권리와 관련하여 현행 헌법에서 명문으로 규정한 것이 아닌 것은?

① 국가의 고용증진의무
② 여성 근로자의 특별한 보호
③ 장애인 근로자의 특별한 보호
④ 국가유공자 등에 대한 근로기회 우선보장

18

영장주의에 관한 다음 설명 중 가장 옳지 않은 것은? (다툼이 있는 경우 헌법재판소 결정 및 대법원 판례에 의함. 이하 같음)

① 영장주의란 적법절차원칙에서 도출되는 원리로서, 형사절차와 관련하여 체포·구속·압수·수색의 강제처분을 함에 있어서는 사법권 독립에 의하여 신분이 보장되는 법관이 발부한 영장에 의하지 않으면 아니 된다는 원칙이다.
② 헌법 제16조에서는 제12조 제3항과는 달리 영장주의에 대한 예외를 마련하지 아니하였으나, 그렇다고 하여 주거에 대한 압수나 수색에 있어 영장주의가 예외없이 반드시 관철되어야 하는 것은 아니므로 헌법 제16조의 영장주의에 대해서도 예외가 제한적으로 허용될 수 있다.
③ 행정기관이 체포·구속의 방법으로 신체의 자유를 제한하는 경우에도 원칙적으로 헌법 제12조 제3항의 영장주의가 적용된다고 보아야 하므로, 전투경찰순경에 대한 영창처분은 행정기관에 의한 구속에 해당하고 그 본질상 급박성을 요건으로 하지 않음에도 불구하고 법관의 판단을 거쳐 발부된 영장에 의하지 않고 이루어지는 점에서, 헌법 제12조 제3항의 영장주의에 위반된다.

④ 구속집행정지결정에 대한 검사의 즉시항고를 인정하는 경우에는 검사의 불복을 그 피고인에 대한 구속집행을 정지할 필요가 있다는 법원의 판단보다 우선시킬 뿐만 아니라 사실상 법원의 구속집행정지결정을 무의미하게 할 수 있는 권한을 검사에게 부여하게 되는 점에서 헌법 제12조 제3항의 영장주의원칙에 위배된다.

19

직업의 자유에 관한 다음 설명 중 가장 옳지 않은 것은?

① 성인대상 성범죄로 형을 선고받아 확정된 자에게 그 형의 집행을 종료한 날로부터 10년 동안 의료기관을 개설하거나 의료기관에 취업할 수 없도록 한 아동·청소년의 성보호에 관한 법률은 직업선택의 자유를 침해한다.
② 보건복지부장관이 치과전문의자격시험제도를 실시할 수 있도록 시행규칙을 마련하지 아니한 행정입법부작위는 전공의수련과정을 마친 청구인들의 직업의 자유를 침해한 것이다.
③ 운전면허를 받은 사람이 자동차 등을 이용하여 살인 또는 강간 등의 범죄행위를 한 때 운전면허를 취소하도록 규정한 도로교통법은 직업의 자유를 침해한 것이다.
④ 유치원 주변 학교환경위생 정화구역에서 성관련 청소년유해물건을 제작·생산·유통하는 청소년유해업소를 예외없이 금지하는 학교보건법은 직업의 자유를 침해한 것이다.

20

법률유보원칙에 관한 다음 설명 중 가장 옳지 않은 것은?

① 금융기관의 임원이 문책경고를 받은 경우에는 법령에서 정한 바에 따라 일정기간 동안 임원 선임의 자격제한을 받으므로 문책경고는 적어도 그 제한의 본질적 사항에 관한한 법률에 근거가 있어야 하는데, 금융감독원의 직무범위를 규정한 조직규범은 법률유보원칙에서 말하는 법률의 근거가 될 수는 없다.

② 사법시험의 제2차시험의 합격결정에 관하여 과락제도를 정하는 구 「사법시험령」의 규정은 새로운 법률사항을 정한 것이라고 보기 어려우므로 법률유보의 원칙에 위반되지 않는다.

③ 법률유보원칙은 '법률에 의한' 규율만을 뜻하는 것이 아닐 '법률에 근거한' 규율을 요청하는 것이므로, 법률에 근거를 두면서 헌법 제75조가 요구하는 위임의 구체성과 명확성을 구비하기만 하면 위임입법에 의해서도 기본권을 제한할 수 있다.

④ 경찰청장이 경찰버스들로 서울특별시 서울광장을 둘러싸 통행을 제지한 경우에 경찰 임무의 하나로서 '기타 공공의 안녕과 질서유지'를 규정한 「경찰관직무집행법」의 규정은 일반적 수권조항으로서 경찰권 발동의 법적 근거가 될 수 있으므로, 통행을 제지한 행위가 법률유보원칙에 위배되는 것은 아니다.

순경공채·경위공채 대비
경찰헌법 모의고사

08

경찰헌법
모의고사
8회

08 경찰헌법 모의고사 8회

01

기본권 제한에 관한 다음 설명 중 가장 옳은 것은?

① 특정 범죄자에 대한 보호관찰 및 전자장치 부착 등에 관한 법률에 의한 전자장치 부착기간 동안 다른 범죄를 저질러 구금된 경우, 그 구금기간이 부착기간에 포함되지 않는 것으로 규정한 위 법률 조항은 과잉금지원칙을 위반하여 사생활의 비밀과 자유, 개인정보자기결정권을 침해한다.

② 이른바 '강제적 셧다운제'를 규정한 구 청소년 보호법 조항은 각종 게임 중 인터넷게임만을 적용 대상으로 하고 있는 바, 인터넷을 이용하지 않는 다른 게임 및 모바일기기를 이용한 인터넷게임과 비교하여 차별에 합리적 이유가 있으므로 인터넷게임 제공자들의 평등권을 침해하지 않는다.

③ 피청구인인 부산구치소장이 청구인이 미결수용자 신분으로 구치소에 수용되었던 기간 중 교정시설 안에서 매주 실시하는 종교집회 참석을 제한한 행위는 과잉금지원칙을 위반하여 청구인의 종교의 자유 중 종교적 집회·결사의 자유를 침해한 것이 아니다.

④ 어린이집에 폐쇄회로 텔레비전(CCTV : Closed Circuit Television)을 원칙적으로 설치하도록 정한 영유아보육법 조항은 과잉금지원칙을 위반하여 어린이집 보육교사의 사생활의 비밀과 자유 등을 침해한다.

02

공무원에 관한 다음 설명 중 가장 옳지 않은 것은?

① 국가공무원법이 '공무 외의 일을 위한 집단행위'라고 포괄적이고 광범위하게 규정하고 있다 하더라도, 이는 공무가 아닌 어떤 일을 위하여 공무원들이 하는 모든 집단행위를 의미하는 것이 아니라, '공익에 반하는 목적을 위한 행위로서 직무전념의무를 해태하는 등의 영향을 가져오는 집단적 행위'라고 해석된다.

② 집단행위의 의미에 관한 이러한 해석이 수범자인 공무원이 구체적으로 어떠한 행위가 여기에 해당하는지를 충분히 예측할 수 없을 정도로 그 적용 범위가 모호하다거나 불분명하다고 할 수 없으므로 공무원의 집단행위 금지 규정이 명확성의 원칙에 반한다고 볼 수 없고, 또한 위 규정이 그 적용 범위가 지나치게 광범위하거나 포괄적이어서 공무원의 표현의 자유를 과도하게 제한한다고 볼 수 없으므로, 위 규정이 과잉금지의 원칙에 반한다고 볼 수도 없다.

③ 공무원들의 어느 행위가 국가공무원법 제66조 제1항에 규정된 '집단행위'에 해당하려면, 그 행위가 반드시 같은 시간, 장소에서 행하여져야 하는 것은 아니지만, 공익에 반하는 어떤 목적을 위한 다수인의 행위로서 집단성이라는 표지를 갖추어야만 한다고 해석함이 타당하므로, 공무원들이 순차적으로 각각 다른 시간대에 릴레이 1인 시위를 하거나 여럿이 단체를

결성하여 그 단체 명의로 의사를 표현하는 경우에는 국가공무원법 제66조 제1항이 금지하는 집단행위에 해당한다.

④ 실제 여럿이 모이는 형태로 의사표현을 하는 것은 아니지만 발표문에 서명날인을 하는 등의 수단으로 여럿이 가담한 행위임을 표명하는 경우 또는 일제 휴가나 집단적인 조퇴, 초과근무 거부 등과 같이 정부활동의 능률을 저해하기 위한 집단적 태업 행위로 볼 수 있는 경우에 속하거나 이에 준할 정도로 행위의 집단성이 인정되어야 국가공무원법 제66조 제1항에 해당한다.

03

손실보상에 관한 다음 설명 중 가장 옳지 않은 것은?

① 손실보상은 적법한 공용제한의 경우를 전제한 것이며, 위법한 공용제한의 경우는 원칙상 손해배상법의 법리가 적용된다.

② 개발제한구역으로 지정되어 종래의 지목과 토지현황에 의한 이용방법에 따른 토지의 사용을 할 수 없거나 실질적으로 사용·수익을 전혀 할 수 없는 경우에는 헌법상 반드시 금전보상이 요청된다.

③ 「헌법재판소법」 제68조 제1항 단서에서 말하는 다른 법률에 의한 구제절차는 손실보상청구를 의미하지 않는다.

④ 환매권은 헌법상의 재산권 보장규정으로부터 도출되는 것으로서, 피수용자가 수용 당시 이미 정당한 손실보상을 받았다는 사실로 말미암아 부인되지 않는다.

04

양심적 병역거부에 대한 다음 설명 중 가장 옳지 않은 것은?

① 국가가 관리하는 객관적이고 공정한 사전심사절차와 엄격한 사후관리절차를 갖추고, 현역복무와 대체복무 사이에 복무의 난이도나 기간과 관련하여 형평성을 확보해 현역복무를 회피할 요인을 제거한다면, 심사의 곤란성과 양심을 빙자한 병역기피자의 증가 문제를 해결할 수 있다. 따라서 대체복무제를 도입하면서도 병역의무의 형평을 유지하는 것은 충분히 가능하다.

② 양심적 병역거부자의 수는 병역자원의 감소를 논할 정도가 아니고, 이들을 처벌한다고 하더라도 교도소에 수감할 수 있을 뿐 병역자원으로 활용할 수는 없으므로, 대체복무제 도입으로 병역자원의 손실이 발생한다고 할 수 없다. 전체 국방력에서 병역자원이 차지하는 중요성이 낮아지고 있는 점을 고려하면, 대체복무제를 도입하더라도 우리나라의 국방력에 의미 있는 수준의 영향을 미친다고 보기는 어렵다. 따라서 대체복무제라는 대안이 있음에도 불구하고 군사훈련을 수반하는 병역의무만을 규정한 병역종류조항은 침해의 최소성 원칙에 어긋난다.

③ 각종 병역의 종류를 규정하고 있는 병역법상 병역종류조항은, 병역부담의 형평을 기하고 병역자원을 효과적으로 확보하여 효율적으로 배분함으로써 국가안보를 실현하고자 하는 것이기는 하나, 대체복무제를 규정하고 있지 않은 이상 정당한 입법목적을 달성하기 위한 적합한 수단에 해당한다고 보기는 어렵다.

④ 병역종류조항은 병역의 종류를 현역, 예비역, 보충역, 병역준비역, 전시근로역의 다섯 가지로 한정적으로 열거하고 있다. 그런데 위 병역들은 모두 군사훈련을 받는 것을 전제하고 있으므로, 양심적 병역의무자에게 병역종류조항에 규정된 병역을 부과할 경우 그들의 양심과 충돌을 일으킬 수밖에 없다.

05

직업공무원제도에 관한 다음 설명 중 가장 옳지 않은 것은?

① 직업공무원제도는 헌법이 보장하는 제도적 보장 중의 하나임이 분명하므로 입법자는 직업공무원제도에 관하여 '최소한 보장'의 원칙의 한계 안에서 폭넓은 입법형성의 자유를 가진다.

② 공무원이 국가를 상대로 실질이 보수에 해당하는 금원의 지급을 구하려면 공무원의 '근무조건 법정주의'에 따라 국가공무원법령 등 공무원의 보수에 관한 법률에 지급근거가 되는 명시적 규정이 존재하여야 하고, 나아가 해당 보수 항목이 국가예산에도 계상되어 있어야만 한다.

③ 연금급여가 직업공무원제도의 한 내용이라는 점을 감안하더라도, 연금급여의 성격상 그 급여의 구체적인 내용은 국회가 사회정책적 고려, 국가의 재정 및 연금기금의 상황 등 여러 가지 사정을 참작하여 보다 폭넓은 입법재량으로 결정할 수 있다.

④ 직업공무원제도 하에서는 직제폐지로 유휴인력이 생기더라도 직권면직을 하여 공무원의 신분이 상실되도록 해서는 안 된다.

06

변호인과 관련한 다음 설명 중 가장 옳지 않은 것은?

① 변호사인 변호인에게는 변호사법이 정하는 바에 따라서 이른바 진실의무가 인정되는 것이지만, 변호인이 신체구속을 당한 사람에게 법률적 조언을 하는 것은 그 권리이자 의무이므로 변호인이 적극적으로 피고인 또는 피의자로 하여금 허위진술을 하도록 하는 것이 아니라 단순히 헌법상 권리인 진술거부권이 있음을 알려 주고 그 행사를 권고하는 것을 가리켜 변호사로서의 진실의무에 위배되는 것이라고는 할 수 없다.

② 형사소송법 제34조는 "변호인 또는 변호인이 되려는 자는 신체구속을 당한 피고인 또는 피의자와 접견하고 서류 또는 물건을 수수할 수 있으며 의사로 하여금 진료하게 할 수 있다."라고 규정하고 있으므로, 변호인이 되려는 의사를 표시한 자가 객관적으로 변호인이 될 가능성이 있다는 사정만으로는 당연히 접견교통권이 보장되는 것은 아니어서 원칙적으로는 그 제한이 가능하다.

③ 접견교통권이 그 보장의 한계를 일탈한 것이어서 허용될 수 없다고 판단함에 있어서는 신체구속을 당한 사람의 헌법상 기본적 권리인 변호인의 조력을 받을 권리의 본질적인 내용이 침해되는 일이 없도록 신중을 기하여야 한다.

④ 변호인 또는 변호인이 되려는 자가 구체적인 시간적·장소적 상황에 비추어 현실적으로 보장할 수 있는 한계를 벗어나 피고인 또는 피의자를 접견하려고 하는 것은 정당한 접견교통권의 행사에 해당하지 아니하여 허용될 수 없다.

07

헌법상 사회적 기본권(사회권)에 관한 다음 설명 중 가장 옳지 않은 것은?

① 검정고시로 고등학교 졸업학력을 취득한 사람들의 수시모집지원을 제한하는 내용의 피청구인 국립교육대학교 등의 「2017학년도 신입생 수시모집 입시요강」은 검정고시 출신자인 청구인들의 균등하게 교육을 받을 권리를 침해한다.

② 공무원연금법에 따른 퇴직연금일시금을 지급받은 사람 및 그 배우자를 기초연금 수근권자의 범위에서 제외하는 기초연금법 조항은 위 퇴직연금일시금을 지급받은 사람 및 그 배우자의 인간다운 생활을 할 권리를 침해하지 않는다.

③ 업무상 질병으로 인한 업무상 재해에 있어 업무와 재해사이의 상당인과관계에 대한 입증책임으로 이를 주장하는 근로자나 그 유족에게 부담시키는 산업재해보상보험법 조항이 해당 근로자나 그 유족의 사회보장수급권을 침해한다고 볼 수 없다.

④ 도시환경정비사업의 시행으로 인하여 철거되는 주택의 소유자를 위하여 임시수용시설을 설치하도록 규정하지 않은 도시 및 주거환경정비법 조항은 위 도시환경정비사업의 시행으로 철거되는 주택의 소유자에 대하여 최소한의 물질적 생활도 보장하지 않는 것이므로 인간다운 생활을 할 권리를 침해하는 것이다.

08

재판청구권에 관한 다음 설명 중 가장 옳지 않은 것은?

① 국민의 재판청구에 대하여 법원은 신속한 재판을 하여야 할 헌법 및 법률상 작위의무가 존재한다.

② 군사시설 중 전투용에 공하는 시설을 손괴한 일반 국민이 항상 군사법원에서 재판받도록 하는 군사법원법 조항은 헌법과 법률이 정한 법관에 의한 재판을 받을 권리를 침해한다.

③ 재심을 청구할 권리가 헌법 제27조의 재판을 받을 권리에 당연히 포함된다고 할 수 없다.

④ 국민참여재판을 받을 권리가 헌법 제27조의 재판을 받을 권리에 당연히 포함된다고 할 수 없다.

09

기본권 주체성에 관한 다음 설명 중 가장 옳지 않은 것은?

① 기본권 주체로서의 법적 지위는 헌법소원에 의해 권리를 구제받을 수 있는지를 판단하는 기준의 하나가 된다.

② 미성년자의 인격권은 성인과 마찬가지로 헌법 제10조에 의하여 보호된다.

③ 우리 헌법은 법인 내지 단체의 기본권 향유능력에 대하여 명문의 규정을 두고 있지는 않지만, 본래 자연인에게 적용되는 기본권이라도 그 성질상 법인이 누릴 수 있는 기본권은 법인에게도 적용된다.

④ 국가, 지방자치단체나 그 기관 또는 국가조직의 일부나 공법인은 원칙적으로 기본권의 수범자이자 동시에 기본권의 주체가 되는 이중적 지위에 있다.

10

기본권의 주체에 관한 다음 설명 중 가장 옳지 않은 것은?(다툼이 있는 경우 헌법재판소 결정에 의함)

① 직장 선택의 자유는 인간의 존엄과 가치, 행복추구권과 밀접한 관련을 가지므로 외국인도 제한적으로 직장 선택의 자유를 향유할 수 있다.

② 공법인은 기본권의 수범자로서 국민의 기본권을 보호 내지 실현하여야 할 책임과 의무를 지닐 뿐이므로 기본권의 주체가 될 여지가 없다.

③ 인간의 존엄과 가치, 행복추구권은 그 성질상 자연인에게 인정되는 기본권이므로 법인에게는 적용되지 않는다.

④ 아동은 성숙하지 못한 인격체이지만 그의 인격권은 성인과 마찬가지로 인간의 존엄성 및 행복추구권을 보장하는 헌법 제10조에 의해 보호된다.

11

재산권의 공용수용(공용침해)에 관한 다음 설명 중 가장 옳지 않은 것은?(다툼이 있는 경우 헌법재판소 결정에 의함)

① 공익사업의 시행으로 지가가 상승하여 발생하는 개발이익을 배제하고 손실보상액을 산정한다 하여 헌법이 규정한 정당보상의 원리에 어긋난다고 볼 수 없다.

② 헌법 제23조 제3항이 규정하는 '정당한 보상'이란 원칙적으로 피수용재산의 객관적인 가치를 완전하게 보상하는 것이어야 한다는 완전보상을 의미한다.

③ 공용수용으로 생업의 근거를 상실한 자에 대하여 상업용지 또는 상가분양권 등을 공급하는 생활대책은 헌법 제23조 제3항에 규정된 정당한 보상에 포함되므로 생활대책 수립 여부는 입법자의 입법정책적 재량의 영역에 속하지 아니한다.

④ 수용의 주체가 민간기업이라는 것 자체만으로 공공필요성을 갖추지 못한 것으로 볼 수는 없다.

12

평등권 또는 평등원칙에 관한 다음 설명 중 가장 옳지 않은 것은?(다툼이 있는 경우 헌법재판소 결정에 의함)

① 평등원칙 위반 여부를 심사할 때 헌법에서 특별히 평등을 요구하고 있는 경우나 차별적 취급으로 인하여 기본권에 대한 중대한 제한을 초래하는 경우에는 자의금지원칙에 따른 심사에 그치지 아니하고 비례성원칙에 따른 심사를 함이 타당하다.

② 평등원칙의 위반을 인정하기 위해서는 법적용에 관련하여 상호 배타적인 '두 개의 비교집단'을 일정한 기준에 따라 구분할 수 있어야 한다.

③ 수혜적 성격의 법률에는 입법자에게 광범위한 입법형성의 자유가 인정되므로 그 내용이 합리적인 근거를 가지지 못하여 현저히 자의적일 경우에만 헌법에 위반된다.

④ 헌법 제11조 제1항 제2문은 차별금지사유로서 성별을 명시하고 있으므로 대한민국 국민인 남자에 한하여 병역의무를 부과하는 병역법 조항이 평등권을 침해하는지 여부는 완화된 심사척도인 자의금지원칙 위반 여부가 아니라 엄격한 심사기준을 적용하여 판단하여야 한다.

13

기본권의 주체에 관한 다음 설명 중 가장 옳지 않은 것은?(다툼이 있는 경우 헌법재판소 결정에 의함)

① 외국인이 국내에서 누리는 직업의 자유는 법률 이전에 헌법에 의해서 부여된 기본권이라고 할 수 없고, 법률에 따른 정부의 허가에 의해 비로소 발생하는 권리이다.

② 초기배아는 수정이 된 배아라는 점에서 아직 모체에 착상되거나 원시선이 나타나지 않았다고 하더라도 기본권의 주체가 될 수 있다.

③ 법인도 그 목적과 사회적 기능에 비추어 볼 때 그 성질에 반하지 않는 범위 내에서 인격권의 한 내용인 사회적 신용이나 명예의 주체가 될 수 있다.

④ 인간의 권리로서 외국인에게도 주체성이 인정되는 일정한 기본권은 불법체류 여부에 따라 그 인정 여부가 달라지는 것은 아니다.

14

죄형법정주의 원칙 또는 책임주의에 관한 다음 설명 중 가장 옳지 않은 것은?(다툼이 있는 경우 헌법재판소 결정에 의함)

① 건전한 상식과 통상적인 법감정을 가진 사람으로 하여금 그 적용대상자가 누구이며 구체적으로 어떠한 행위가 금지되고 있는지를 충분히 알 수 있도록 규정되어 있다면 죄형법정주의의 명확성원칙에 위배되지 않는다고 보아야 한다.

② 뇌물죄의 적용에 있어 공무원으로 의제되는 정부출연연구기관의 직원을 직접 법률에 열거하여 규정하지 않은 것은 포괄위임에 해당하여 죄형법정주의에 반한다.

③ 종업원 등의 무면허의료행위 사실이 인정되면 그 범죄행위에 가담 여부나 종업원 행위에 대한 감독의무위반 여부 등을 불문하고 영업주를 종업원과 같이 처벌하는 규정은 형벌에 관한 책임주의에 반한다.

④ 의사 아닌 자가 영리목적의 업으로 문신시술하는 것을 의료행위로 보아 금지하는 것은 명확성의 원칙에 위배된다고 할 수 없다.

15

집회의 자유에 관한 다음 설명 중 가장 옳지 않은 것은?(다툼이 있는 경우 헌법재판소 결정에 의함)

① 헌법이 집회의 자유를 보장한 것은 관용과 다양한 견해가 공존하는 다원적인 '열린사회'에 대한 헌법적 결단이라고 할 수 있다.

② 입법자가 법률로써 일반적으로 집회를 제한하는 것도 원칙적으로 헌법 제21조 제2항에서 금지하는 '사전허가'에 해당한다.

③ 집회의 자유는 집회의 시간, 장소, 방법과 목적을 스스로 결정할 권리, 즉 집회를 하루 중 언제 개최할지 등 시간 선택에 대한 자유와 어느 장소에서 개최할지 등 장소 선택에 대한 자유를 내포하고 있다.

④ 우리 헌법상 집회의 자유에 의하여 보호되는 것은 오로지 '평화적' 또는 '비폭력적' 집회에 한정된다.

16

죄형법정주의 또는 명확성의 원칙에 관한 다음 설명 중 가장 옳지 않은 것은?(다툼이 있는 경우 헌법재판소 결정에 의함)

① 행위 당시의 판례에 의하면 처벌대상이 되지 아니하는 것으로 해석되었던 행위를 판례의 변경에 따라 확인된 내용의 형법 조항에 근거하여 처벌한다고 하여 그것이 형벌불소급원칙에 위반된다고 할 수 없다.

② 처벌법규의 구성요건이 다소 광범위하여 어떤 범위에서 법관의 보충적인 해석이 있어야 하는 개념을 사용하였다면 헌법이 요구하는 처벌법규의 명확성원칙에 배치된다고 보아야 한다.

③ 형사처벌을 동반하는 처벌법규의 위임은 중대한 기본권의 침해를 가져오므로 긴급한 필요가 있거나 미리 법률로써 자세히 정할 수 없는 부득이한 사정이 있는 경우에 한정되어야 한다.

④ 처벌을 규정하고 있는 법률조항이 구성요건이 되는 행위를 같은 법률조항에서 직접 규정하지 않고 다른 법률조항에서 이미 규정한 내용을 원용하였다는 사실만으로 명확성원칙에 위반된다고 할 수는 없다.

17

양심의 자유 또는 종교의 자유에 관한 다음 설명 중 가장 옳지 않은 것은?(다툼이 있는 경우 헌법재판소 결정에 의함)

① 헌법 제20조 제2항은 국교금지와 정교분리 원칙을 규정하고 있는데 종교시설의 건축행위에만 기반시설부담금을 면제한다면 국가가 종교를 지원하여 종교를 승인하거나 우대하는 것으로 비칠 소지가 있다.

② 양심상 결정이 어떠한 종교관·세계관 또는 그 밖의 가치체계에 기초하고 있는지와 관계없이 모든 내용의 양심상 결정은 양심의 자유에 의하여 보장되어야 한다.

③ 단순한 사실관계의 확인과 같이 가치적·윤리적 판단이 개입될 여지가 없는 경우는 양심의 자유의 보호대상이 아니다.

④ 종교전파의 자유는 누구에게나 자신의 종교 또는 종교적 확신을 알리고 선전하는 자유를 말하는데 이러한 종교전파의 자유는 국민에게 그가 선택한 임의의 장소에서 자유롭게 행사할 수 있는 권리까지 보장한다.

18

공무원제도 및 공무담임권에 관한 다음 설명 중 가장 옳지 않은 것은?(다툼이 있는 경우 헌법재판소 결정에 의함)

① 직업공무원제도는 헌법이 보장하는 제도적 보장 중의 하나이므로 입법자는 직업공무원제도에 관하여 '최소한의 보장'의 원칙의 한계 안에서 폭넓은 입법형성의 자유를 가진다.

② 직제가 폐지된 때에 공무원을 직권면직시킬 수 있도록 규정한 지방공무원법의 조항은 공무원의 귀책사유 없이도 그 신분을 박탈할 수 있도록 하여 신분보장을 중추적 요소로 하는 직업공무원제도를 위반한 것으로 볼 수 있다.

③ 금고 이상의 형의 '선고유예'를 받은 경우에 공무원직에서 당연히 퇴직하는 것으로 정한 지방공무원법의 조항은 과실범의 경우마저 당연퇴직 사유에서 제외하지 않아 최소침해성의 원칙에 반하므로 공무담임권을 침해하여 위헌이다.

④ 직업공무원제도가 적용되는 공무원은 국가 또는 공공단체와 근로관계를 맺고 특별행정법관계 아래 공무를 담당하는 것을 직업으로 하는 협의의 공무원을 말하며 정치적 공무원이나 임시적 공무원은 포함되지 않는다.

19

헌법개정에 관한 다음 설명 중 가장 옳지 않은 것은? (다툼이 있는 경우 대법원 판례 및 헌법재판소 결정에 의함)

① 헌법개정은 국회재적의원 과반수 또는 대통령의 발의로 제안되고 제안된 헌법개정안은 대통령이 20일 이상의 기간 이를 공고하여야 한다.

② 국회는 공고기간이 만료된 날로부터 60일 이내에 의결하여야 하며 국회의 의결은 재적의원 3분의 2 이상의 찬성을 얻어야 한다.

③ 대통령의 임기연장 또는 중임변경을 위한 헌법개정은 그 헌법개정 제안 당시의 대통령에 대하여는 효력이 없다.

④ 헌법개정안은 국회가 의결한 후 30일 이내에 국민투표에 붙여 국회의원선거권자 과반수의 투표와 투표자 과반수의 찬성을 얻어야 한다.

20

사립학교에 관한 다음 설명 중 가장 옳지 않은 것은?

① 사립학교법상 개방이사제는 학교법인의 사학의 자유를 침해하지 아니한다.

② 사립학교운영권 자체는 종전 이사들의 독립된 재산권의 대상이 된다.

③ 사립학교법상 개방감사제는 학교법인의 사학의 자유를 침해하지 아니한다.

④ 초·중등학교장의 중임횟수를 제한한 사립학교법은 임기에 제한을 두고 있지 아니한 대학의 장과 비교할 때 초·중등학교장의 직업의 자유와 평등권을 침해하지 않는다.

순경공채 · 경위공채 대비
경찰헌법 모의고사

09

경찰헌법
모의고사
9회

09 경찰헌법 모의고사 9회

01

통일과 남북관계에 관한 설명 중 옳은 것을 모두 고른 것은? (다툼이 있는 경우 헌법재판소 판례에 의함)

> ㄱ. 「북한이탈주민의 보호 및 정착지원에 관한 법률」상 '북한이탈주민'이란 군사분계선 이북지역에 주소, 직계가족, 배우자, 직장 등을 두고 있는 사람으로서 북한을 벗어난 후 외국 국적을 취득한 사람을 포함한다.
>
> ㄴ. 헌법상의 여러 통일관련 조항들로부터 국민 개개인의 통일에 대한 기본권이 도출될 수는 없다.
>
> ㄷ. 평화적 통일정책의 수립과 추진을 규정한 조항은 1980년 헌법에서 처음으로 규정되었다.
>
> ㄹ. 헌법이 영토조항(제3조)을 두고 있는 이상 「대한민국헌법」은 북한지역을 포함한 한반도 전체에 그 효력이 미치고 따라서 북한지역은 당연히 대한민국의 영토가 되지만, 개별 법률의 적용 내지 준용에 있어서는 남북한의 특수관계적 성격을 고려하여 북한지역을 외국에 준하는 지역으로 하고 북한주민을 외국인에 준하는 지위에 있는 자로 규정하는 것은 가능하다.
>
> ㅁ. 「남북교류협력에 관한 법률」은 남북관계에 관한 기본적 용어 정리, 통신·왕래·교역·협력사업 등에 관한 포괄적 규정과 다른 법률에 대한 우선적용규정을 두고 있는 관계로 그 적용범위 내에서는 「국가보안법」의 적용이 배제된다는 점을 볼 때, 평화적 통일을 지향하기 위한 기본법으로서의 성격을 갖고 있다.

① ㄱ, ㄴ, ㄹ   ② ㄱ, ㄹ, ㅁ

③ ㄴ, ㄷ, ㅁ   ④ ㄴ, ㄹ, ㅁ

02

언론과 관련된 헌법적 문제에 관한 다음 설명 중 가장 옳지 않은 것은?

① 방송통신심의위원회의 시정요구에 대해 헌법소원을 청구할 수 있다.

② 언론인의 선거운동을 금지하고, 이를 위반한 경우 처벌하도록 규정한 구 공직선거법 관련 조항 부분은 선거운동의 자유를 침해한다.

③ 민사소송법에 의한 방영금지가처분을 허용하는 것은 헌법상 검열금지의 원칙에 위반되지 않는다.

④ 영화도 의사표현의 한 수단이므로 영화의 제작 및 상영 역시 언론·출판의 자유에 의한 보장을 받는다.

03

헌법상 경제질서에 관한 설명 중 옳은 것은? (다툼이 있는 경우 헌법재판소 판례에 의함)

① 헌법상의 경제질서인 사회적 시장경제질서는 헌법의 지도원리로서 모든 국민·국가기관이 헌법을 존중하고 수호하도록 하는 지침이 되며, 기본권의 해석 및 기본권제한 입법의 합헌성 심사에 있어 해석기준의 하나로서 작용함은 물론 구체적 기본권을 도출하는 근거도 될 수 있다.

② 헌법 제119조 제2항은 국가가 경제영역에서 실현하여야 할 목표의 하나로서 '적정한 소득의 분배'를 들고 있으므로, 이로부터 소득에 대하여 누진세율에 따른 종합과세를 시행하여야 할 구체적인 헌법적 의무가 입법자에게 부과된다.

③ 헌법 제119조 제2항에 규정된 '경제주체간의 조화를 통한 경제의 민주화'의 이념은 경제영역에서 정의로운 사회질서를 형성하기 위하여 추구할 수 있는 국가목표로서 작용하지만, 개인의 기본권을 제한하는 국가행위를 정당화하는 규범으로 작용할 수는 없다.

④ 헌법 제121조는 국가에 대해 '경자유전 원칙의 달성'을 요청하는 한편 '불가피한 사정으로 발생하는 농지의 임대차와 위탁경영'을 허용하고 있는바, 「농지법」상 상속으로 농지를 취득하여 소유하는 경우 자기의 농업경영에 이용하지 아니할지라도 농지를 소유할 수 있다.

04

개인정보자기결정권에 관한 설명 중 옳은 것을 모두 고른 것은? (다툼이 있는 경우 헌법재판소 판례에 의함)

> ㄱ. 해당 정보만으로는 특정 개인을 알아볼 수 없더라도 다른 정보와 쉽게 결합하여 알아볼 수 있는 개인정보도 「개인정보 보호법」상 보호대상이다.
>
> ㄴ. 인터넷게시판 이용자로 하여금 본인확인절차를 거쳐야만 게시판을 이용할 수 있도록 한 구 「정보통신망 이용촉진 및 정보보호 등에 관한 법률」 조항은 인터넷게시판 이용자의 개인정보자기결정권을 침해한다.
>
> ㄷ. 개인정보자기결정권의 보호대상이 되는 개인정보에는 이미 공개된 개인정보는 포함되지 않는다.
>
> ㄹ. 피의자가 검사로부터 '혐의없음'의 불기소처분을 받은 경우 혐의범죄의 법정형에 따라 일정기간 피의자의 지문정보와 함께 인적사항·죄명·입건관서·입건일자·처분결과 등을 보존하도록 한 「형의 실효 등에 관한 법률」 조항은 피의자의 개인정보자기결정권을 침해한다.
>
> ㅁ. 채무불이행자명부나 그 부본을 누구든지 보거나 복사할 것을 신청할 수 있도록 하여 열람·복사 주체에 제한을 두지 않은 「민사집행법」 조항은 채무자의 개인정보자기결정권을 침해하지 않는다.
>
> ㅂ. 구 「국민기초생활보장법」 및 동법 시행규칙에서 급여신청자가 금융거래정보를 제출하지 않는 경우 급여신청이 각하될 수 있도록 한 것은 급여신청자의 개인정보자기결정권을 침해한다.

① ㄱ, ㅁ   ② ㄱ, ㄴ, ㅁ

③ ㄱ, ㄷ, ㄹ   ④ ㄷ, ㄹ, ㅁ

05

종교의 자유에 관한 설명 중 옳지 않은 것은? (다툼이 있는 경우 판례에 의함)

① 전통사찰에 대하여 채무명의를 가진 일반 채권자가 전통사찰 소유의 전법(傳法)용 경내지의 건조물 등에 대하여 압류하는 것을 금지하고 있는 구「전통사찰의 보존 및 지원에 관한 법률」조항은 '전통사찰의 일반 채권자'의 재산권을 제한하지만, 종교의 자유의 내용 중 어떠한 것도 제한하지 아니한다.

② 종교의 자유에는 특정 종교단체가 그 종교의 지도자와 교리자를 자체적으로 교육시킬 수 있는 종교교육의 자유가 포함되므로, 종교단체가 운영하는 학원 형태의 교육기관도 예외 없이 학원설립등록을 하도록 규정하고 있는 구「학원의설립·운영에관한법률」조항은 학원을 설립하고자 하는 종교단체의 종교의 자유를 침해한다.

③ 종교단체의 징계결의의 효력 유무와 관련하여 구체적인 권리 또는 법률관계를 둘러싼 분쟁이 존재하고, 또한 그 무효확인청구의 당부를 판단하기에 앞서 위 징계의 당부를 판단할 필요가 있는 경우에는, 그 판단의 내용이 종교교리의 해석에 미치지 아니하는 한 법원으로서는 위 징계의 당부를 판단하여야 한다.

④ 종교와 관련된 비판으로 인하여 타인의 명예 등 인격권을 침해하는 경우에 종교의 자유 보장과 개인의 명예 보호라는 두 법익을 어떻게 조정할 것인지는, 그 비판행위로 얻어지는 이익·가치와 공표가 이루어진 범위의 광협, 그 표현방법 등 그 비판행위 자체에 관한 제반 사정을 감안함과 동시에 그 비판에 의하여 훼손되거나 훼손될 수 있는 타인의 명예침해의 정도를 비교 고려하여 결정하여야 한다.

06

집회의 자유에 관한 설명 중 옳은 것을 모두 고른 것은? (다툼이 있는 경우 헌법재판소 판례에 의함)

> ㄱ. 집회는 내적 유대뿐만 아니라 공통의 의사형성과 의사표현을 전제로 한다.
>
> ㄴ. 구「집회 및 시위에 관한 법률」상 누구든지 국회의사당의 경계지점으로부터 1백 미터 이내의 장소에서는 옥외집회 또는 시위를 해서는 안 된다고 규정한 조항은 과잉금지원칙에 위반하여 집회의 자유를 침해하는 것으로 볼 수 없다.
>
> ㄷ. 본문에서 야간옥외집회를 제한하면서 단서에서 집회의 성격상 부득이하여 주최자가 질서유지인을 두고 미리 신고하는 경우에 관할경찰관서장이 질서유지를 위한 조건을 붙여 야간옥외집회를 허용하는 구「집회 및 시위에 관한 법률」조항의 경우, 단서의 '관할경찰관서장의 허용'이 '옥외집회에 대한 일반적인 사전허가'를 의미하는 것은 아니다.
>
> ㄹ. 구「집회 및 시위에 관한 법률」상 국내주재 외교기관 청사의 경계지점으로부터 1백 미터 이내의 장소에서의 옥외집회를 전면적으로 금지하고 있는 것은 최소침해성의 원칙에 위반되어 집회의 자유를 침해하는 위헌적인 규정이다.
>
> ㅁ. 일반공중에게 개방된 장소인 광장에서 불법·폭력 집회나 시위를 개최하는 것을 막기 위하여 경찰 버스들로 광장을 둘러싸 소위 차벽(遮壁)을 만드는 방법으로 출입을 제지하는 것은, 단순히 통행하고자 하는 일반시민의 경우 일반적 행동자유권의 침해 문제이지 집회의 자유와는 관련이 없다.
>
> ㅂ. 해가 뜨기 전이나 해가 진 후의 시위를 금지하는 「집회 및 시위에 관한 법률」제10조 본문에는 위헌적인 부분과 합헌적인 부분이 공존하고 있으므로, 동 규정을 이미 보편화된 야간의 일상적인 생활의 범주에 속하는 '해가 진 후부터 같은 날 24시까지의 시위'에 적용하는 한 헌법에 위반된다.

① ㄱ, ㄴ   ② ㄷ, ㄹ

③ ㄱ, ㄴ, ㄹ   ④ ㄴ, ㄷ, ㄹ, ㅁ, ㅂ

07

행복추구권에 관한 설명 중 옳지 않은 것을 모두 고른 것은? (다툼이 있는 경우 헌법재판소 판례에 의함)

> ㄱ. 부모의 분묘를 가꾸고 봉제사를 하고자 하는 권리는 행복추구권의 내용이 된다.
>
> ㄴ. 지역방언을 자신의 언어로 선택하여 공적 또는 사적인 의사소통과 교육의 수단으로 사용하는 것은 행복추구권에서 파생되는 일반적 행동의 자유 내지 개성의 자유로운 발현의 내용이 된다.
>
> ㄷ. 평화적 생존권은 인간의 존엄과 가치를 실현하고 행복을 추구하기 위한 기본전제가 되는 것이므로 행복추구권의 내용이 된다.
>
> ㄹ. 일반적 행동자유권의 보호영역에는 개인의 생활방식과 취미에 관한 사항은 포함되나, 위험한 스포츠를 즐길 권리는 포함되지 않는다.
>
> ㅁ. 사적자치의 원칙이란 자신의 일을 자신의 의사로 결정하고 행하는 자유뿐만 아니라 원치 않으면 하지 않을 자유로서 행복추구권에서 파생된다.

① ㄱ, ㄴ   ② ㄴ, ㄷ

③ ㄷ, ㄹ   ④ ㄷ, ㅁ

08

다음 헌법재판소 판례 중 입법목적의 정당성이 부인된 것을 모두 고른 것은?

> ㄱ. 제대군인이 공무원채용시험 등에 응시한 때 과목별 득점에 과목별 만점의 5% 또는 3%를 가산하는 구 「제대군인지원에관한법률」 및 동법 시행령 조항
>
> ㄴ. 유신헌법을 부정·반대·왜곡 또는 비방하거나, 유신헌법의 개정 또는 폐지를 주장·발의·제안 또는 청원하는 일체의 행위, 유언비어를 날조·유포하는 행위 등을 전면적으로 금지하고, 이를 위반하면 비상군법회의에서 재판하여 처벌하도록 한 대통령긴급조치 제1호 및 제2호
>
> ㄷ. 경비업을 경영하고 있는 자들이나 다른 업종을 경영하면서 새로이 경비업에 진출하고자 하는 자들로 하여금, 경비업을 전문으로 하는 별개의 법인을 설립하지 않는 한 경비업과 그 밖의 업종을 겸영하지 못하도록 한 구 「경비업법」 조항
>
> ㄹ. 혼인을 빙자하여 음행의 상습없는 부녀를 기망하여 간음한 자를 처벌하는 구 「형법」 조항
>
> ㅁ. 주민등록을 요건으로 재외국민의 대통령선거권을 제한한 구 「공직선거법」 조항

① ㄱ, ㄴ, ㄹ   ② ㄱ, ㄴ, ㅁ

③ ㄱ, ㄷ, ㄹ   ④ ㄴ, ㄹ, ㅁ

09

**참정권에 관한 설명 중 옳지 않은 것은?
(다툼이 있는 경우 헌법재판소 판례에 의함)**

① 부재자투표시간을 오전 10시부터 오후 4시까지로 규정한 구 「공직선거법」 조항 중 '오전 10시에 열고' 부분은 일과시간에 학업이나 직장업무를 하여야 하는 자로 하여금 사실상 선거권을 행사할 수 없게 하므로 과잉금지원칙에 위반되고, '오후 4시에 닫는다' 부분은 투표당일 부재자투표의 인계·발송 절차의 지연을 방지하고 투표함의 관리위험을 경감하기 위하여 부득이하므로 헌법에 반하지 않는다.

② 직위해제 사유로 '형사사건으로 기소된 자'를 규정하면서 직위해제 여부를 임용권자의 재량에 맡기고 있는 구 「국가공무원법」 조항의 직위해제는 입법목적 달성을 위한 불가피한 조치로 이해되고 그 요건을 보다 한정적·제한적으로 규정하는 방법을 찾기 어렵다는 점에서 필요최소한도를 넘어 공무담임권을 제한하였다고 보기 어렵다.

③ 선거범죄로 당선이 무효로 된 자에게 이미 반환받은 기탁금과 보전받은 선거비용을 다시 반환하도록 한 구 「공직선거법」 조항이 낙선자를 제외하고 당선자만을 제재대상으로 규정하더라도, 당선자의 재산권이나 평등권 제한이 문제될 뿐이고 공무담임권이 제한되는 것은 아니다.

④ 구 「공직선거법」이 국회의원의 선거권 행사연령을 20세로 정한 것은 사회변화에 적절하게 대응하지 못한 것으로서 위헌이라는 헌법재판소의 판단에 따라, 19세부터 선거권을 행사할 수 있도록 「공직선거법」이 개정되었다.

10

**사회권적 기본권에 관한 설명 중 옳지 않은 것은?
(다툼이 있는 경우 헌법재판소 판례에 의함)**

① 인간다운 생활을 할 권리 중 최소한의 물질적 생활의 유지 이상의 급부를 요구할 수 있는 구체적인 권리는 법률을 통하여 구체화할 때에 비로소 인정되는 법률적 차원의 권리이다.

② 근로의 권리는 국가에 대하여 직접 일자리를 청구하거나 일자리에 갈음하는 생계비의 지급청구권을 의미하는 것이 아니라 고용증진을 위한 사회적·경제적 정책을 요구할 수 있는 권리에 그치기 때문에, 근로의 권리로부터 국가에 대한 직접적인 직장존속청구권을 도출할 수도 없다.

③ 고엽제후유의증환자도 참전유공자로서 구 「국가유공자 등 예우 및 지원에 관한 법률」상 국가유공자에 포함되지만 전몰군경의 유가족을 제외한 국가유공자의 가족은 헌법 제32조 제6항의 보호대상에 포함된다고 할 수 없으므로, 고엽제후유의증환자의 가족을 교육지원과 취업지원의 대상에서 배제한다고 하여 위 헌법조항의 우선적 근로의 기회제공의무를 위반한 것은 아니다.

④ 의무교육 대상인 중학생의 학부모에게 급식관련비용 일부를 부담하도록 하는 구 「학교급식법」 조항은 비록 국가나 지방자치단체의 지원으로 학부모의 급식비 부담을 경감하는 조항이 마련되어 있다고 하더라도 입법형성권의 범위를 넘어 헌법상 의무교육의 무상원칙에 반하는 것이다.

11

사회적 기본권에 관한 다음 설명 중 가장 옳지 않은 것은?(다툼이 있는 경우 대법원 판례 및 헌법재판소 결정에 의함. 이하 같음)

① 산재보험수급권은 이른바 '사회보장수급권'의 하나로서 국가에 대하여 적극적으로 급부를 요구하는 것이지만, 헌법규정만으로는 이를 실현할 수 없고, 법률에 의한 형성을 필요로 한다.

② 사회적 기본권의 성격을 가지는 산재보험수급권은 법률에 의해서 구체적으로 형성되는 권리로서, 국가가 헌법 제34조에 따른 사회보장의무에 위반하여 생계보호에 관한 입법을 전혀 하지 아니하였거나 또는 그 내용이 현저히 불합리하여 헌법상 용인될 수 있는 재량의 범위를 명백히 일탈한 경우에 한하여 헌법에 위반된다고 할 수 있다.

③ 산업재해보상보험법 소정의 유족의 범위에 '직계혈족의 배우자'를 포함시키고 있지 않은 산업재해보상보험법 조항은 헌법 제34조의 인간다운 생활을 할 권리를 침해한다.

④ 업무상 질병으로 인한 업무상 재해에 있어 업무와 재해 사이의 상당인과관계에 대한 입증책임을 이를 주장하는 근로자나 그 유족에게 부담시키는 산업재해보상보험법 조항은 사회보장수급권을 침해하지 아니한다.

12

공무원에 관한 다음 설명 중 가장 옳지 않은 것은?

① 국가공무원법 제66조 제1항이 '공무 외의 일을 위한 집단행위'라고 포괄적이고 광범위하게 규정하고 있다 하더라도, 이는 공무가 아닌 어떤 일을 위하여 공무원들이 하는 모든 집단행위를 의미하는 것이 아니라, '공익에 반하는 목적을 위한 행위로서 직무전념의무를 해태하는 등의 영향을 가져오는 집단적 행위'라고 해석된다.

② 국가공무원법 제66조 제1항이 수범자인 공무원이 구체적으로 어떠한 행위가 여기에 해당하는지를 충분히 예측할 수 없을 정도로 그 적용 범위가 모호하다거나 불분명하다고 할 수 없으므로 공무원의 집단행위 금지 규정이 명확성의 원칙에 반한다고 볼 수 없고, 또한 위 규정이 그 적용 범위가 지나치게 광범위하거나 포괄적이어서 공무원의 표현의 자유를 과도하게 제한한다고 볼 수 없으므로, 과잉금지의 원칙에 반한다고 볼 수도 없다.

③ 공무원들의 어느 행위가 국가공무원법 제66조 제1항에 규정된 '집단행위'에 해당하려면, 그 행위가 반드시 같은 시간, 장소에서 행하여져야 하는 것은 아니지만, 공익에 반하는 어떤 목적을 위한 다수인의 행위로서 집단성이라는 표지를 갖추어야만 한다고 해석함이 타당하므로, 공무원들이 여럿이 단체를 결성하여 그 단체 명의로 의사를 표현하는 경우에는 국가공무원법 제66조 제1항이 금지하는 집단행위에 해당한다.

④ 공무원이 외부에 자신의 상사 등을 비판하는 의견을 발표하는 행위는 행정조직의 개선과 발전에 도움이 되고, 궁극적으로 행정청의 권한행사의 적정화에 기여하는 면이 있어서, 그러한 발표행위는 공무원으로서의 체면이나 위신을 손상시키는 행위에 해당하지 아니한다.

13

헌법불합치 결정과 관련하여 다음 내용 중 가장 옳지 않은 것은?

① 구 학교용지 확보 등에 관한 특례법 제5조 제1항 단서 제5호는 학교용지부담금 부과 대상의 예외로 "도시 및 주거환경정비법 제2조 제2호 (나)목부터 (라)목까지의 규정에 따른 정비사업지역의 기존 거주자와 토지 및 건축물의 소유자에게 분양하는 경우"(이하 '조합원분양분'이라고 함)를 규정하고 있었다. 그런데 헌법재판소는 주택재개발사업으로 건설된 주택 가운데 현금청산의 대상이 되어 제3자에게 일반분양하는 가구(이하 '현금청산분'이라고 함)를 부담금 부과대상에서 제외하지 아니한 것은 평등원칙에 위배된다는 이유로 위 규정 중 '주택재개발사업'에 관한 부분(이하 '이 사건 법률조항'이라고 함)에 대하여 잠정적용 헌법불합치결정을 하였다.

② 주택재개발사업에서 조합원분양분과 현금청산분은 모두 신규로 주택이 공급되는 것이 아니어서 학교시설 확보의 필요성을 유발하지 아니한다는 점에서 차이가 없다. 따라서 이 사건 법률조항에 근거하여 주택재개발사업자에 대하여 부담금을 부과할 때에 조합원분양분뿐만 아니라 현금청산분까지 제외한 후 그 나머지에 대한 부담금을 부과하여야 하는데, 헌법재판소는 이러한 취지에서 이 사건 법률조항의 위헌성을 확인한 것이다.

③ 수익적 처분의 근거 법령이 특정한 유형의 사람에 대한 지급 등 수익처분의 근거를 마련하고 있지 않다는 점이 위헌이라는 이유로 헌법불합치 결정이 있다면, 행정청은 그와 관련한 개선입법이 있기 전에 해당 유형의 사람에게 구체적인 수익적 처분을 할 수 있다.

④ 법률상 정해진 처분 요건에 따라 부담금을 부과·징수하는 침익적 처분을 하는 경우에는, 어떠한 추가적 개선입법이 없더라도 행정청이 사법적 판단에 따라 위헌이라고 판명된 내용과 동일한 취지로 부담금 부과처분을 하여서는 안 된다.

14

외국인의 기본권주체성에 관한 다음 설명 중 가장 옳지 않은 것은?

① 기본권은 그 권리의 성질상 국민의 권리와 인간의 권리로 나눌 수 있고, 인간의 권리에 해당하는 기본권의 경우 외국인에게 기본권주체성이 인정된다.

② 외국인에게는 입국의 자유에 대한 기본권주체성이 인정되지 않으므로, 외국인이 입국에 관한 우리 출입국관리제도의 위헌성을 다투는 헌법소원심판을 청구하는 것은 허용되지 않는다.

③ 외국인에게는 대한민국의 국적을 취득할 권리가 인정되지 않지만, 외국인은 법무부장관의 귀화불허가결정에 대해 법원에 제소할 수 있다.

④ 인간의 권리에 해당하는 기본권은 상호주의에 따른 제한을 따르지 않는다.

15

문화국가원리에 관한 설명 중 옳은 것을 모두 고른 것은? (다툼이 있는 경우 판례에 의함)

ㄱ. 문화국가원리는 1948년 제헌헌법 이래 헌법상의 기본원리로 인정되어온바, 이 원리의 구체적인 실현을 위해서는 국가가 어떤 문화현상도 특별히 선호하거나 우대하는 경향을 보이지 않는 불편부당의 원칙에 입각한 정책이 바람직하다.

ㄴ. 문화국가원리의 특성은 문화의 개방성 내지 다원성의 표지와 연결되므로, 국가는 엘리트 문화를 제외한 서민문화·대중문화의 가치를 인정하고 정책적인 배려의 대상으로 하여야 한다.

ㄷ. 문화국가원리에서 도출되는 가족제도에 관한 전통·전통문화는 적어도 가족제도에 관한 헌법이념인 개인의 존엄과 양성의 평등에 반하는 것이어서는 안 된다.

ㄹ. 건설공사 과정에서 매장문화재 발굴로 인하여 문화재 훼손 위험을 야기한 건설공사 시행자에게 원칙적으로 발굴경비를 부담시키는 구 「문화재보호법」 조항은 합리적인 이유 없이 부당한 재산상 부담을 지워 재산권을 침해하므로 헌법에 위반된다.

ㅁ. 헌법은 문화국가를 실현하기 위하여 양심과 사상의 자유, 종교의 자유, 언론·출판의 자유, 학문과 예술의 자유 등을 규정하고 있는바, 이들은 문화국가원리의 불가결의 조건이라고 할 수 있다.

ㅂ. 어떤 의식·행사·유형물이 종교적인 의식·행사 또는 상징에서 유래되었다면, 비록 그것이 이미 우리 사회공동체 구성원들 사이에서 관습화된 문화요소로 인식되고 받아들여질 정도에 이르렀다고 하더라도 그에 대한 국가의 지원은 헌법상 정교분리원칙에 반하게 된다.

① ㄱ, ㄴ, ㄷ
② ㄱ, ㄷ, ㅁ
③ ㄴ, ㄷ, ㅁ
④ ㄴ, ㄹ, ㅂ

16

통신의 자유 보장에 관한 다음 설명 중 가장 옳지 않은 것은?

① 범죄수사를 위한 통신제한조치의 경우 사법경찰관은 검사에 대하여 허가를 신청하고, 검사는 법원에 대하여 그 허가를 청구하여 법원의 허가를 받아 할 수 있다.

② 통신의 일방 또는 쌍방당사자가 내국인인 경우 국가안보를 위한 통신제한조치는 정보수사기관의 장이 국가안전보장에 상당한 위험이 예상되는 경우 또는 대테러활동에 필요한 경우에 고등법원 수석부장판사의 허가를 받아 할 수 있다.

③ 검사, 사법경찰관 또는 정보수사기관의 장은 국가안보를 위협하는 음모행위, 직접적인 사망이나 심각한 상해의 위험을 야기할 수 있는 범죄 또는 조직범죄등 중대한 범죄의 계획이나 실행 등 긴박한 상황에 있고 미리 법원의 허가 절차를 거칠 수 없는 긴급한 사유가 있는 때에는 법원의 허가없이 통신제한조치를 할 수 있으나, 이 경우 긴급통신제한조치의 집행 착수 후 지체없이 법원에 허가청구를 하여야 한다.

④ 검사는 통신제한조치를 집행한 사건에 관하여 공소를 제기하거나, 공소의 제기 또는 입건을 하지 아니하는 처분을 한 때에는 그 처분을 한 날부터 14일 이내에 우편물 검열의 경우에는 그 대상자에게, 감청의 경우에는 그 대상이 된 전기통신의 가입자에게 통신제한조치를 집행한 사실과 집행기관 및 그 기간 등을 서면으로 통지하여야 한다.

17

평등원칙에 관한 다음 설명 중 옳은 것을 모두 고른 것은?

> 가. 특정규범이 개별사건법률에 해당한다 하여 곧바로 위헌을 뜻하는 것은 아니며, 이러한 차별적 규율이 합리적인 이유로 정당화될 수 있는 경우에는 합헌적일 수 있다.
>
> 나. 상속의 경우에는 예외적으로 비상장주식의 물납을 허용하는 것과 달리 증여의 경우는 비상장주식의 물납을 전면적으로 금지하는 구 상속세 및 증여세법 제73조 제1항 부분은 합리적 이유 없이 비상장주식을 상속받은 자와 증여받은 자를 차별하는 것이어서 평등원칙에 위배된다.
>
> 다. 사업주가 제공하거나 그에 준하는 교통수단을 이용하여 출퇴근하는 산업재해보상보험 가입 근로자의 출퇴근 중 발생한 재해는 업무상 재해로 인정하면서, 도보나 자기 소유 교통수단 또는 대중교통수단 등을 이용하여 출퇴근하는 산업재해보상보험 가입 근로자의 출퇴근 중 발생한 재해는 업무상 재해로 인정받지 못하도록 차별하는 구 산업재해보상보험법 제37조 제1항 제1호 다목은 평등원칙에 위반되지 않는다.
>
> 라. 개인회생절차에 따른 면책결정이 있는 경우 '채무불이행으로 인한 손해배상채무'와 달리 '채무자가 고의로 가한 불법행위로 인한 손해배상채무'는 면책되지 아니하는 것은 평등의 원칙에 위배된다.

① 가, 나, 다, 라　　② 가, 나, 다
③ 가, 다　　　　　　④ 가

18

사립학교에 관한 다음 설명 중 가장 옳지 않은 것은?

① 사립학교법상 개방이사제는 학교법인의 사학의 자유를 침해하지 아니한다.
② 사립학교운영권 자체는 종전 이사들의 독립된 재산권의 대상이 된다.
③ 사립학교법상 개방감사제는 학교법인의 사학의 자유를 침해하지 아니한다.
④ 초·중등학교장의 중임횟수를 제한한 사립학교법은 임기에 제한을 두고 있지 아니한 대학의 장과 비교할 때 초·중등학교장의 직업의 자유와 평등권을 침해하지 않는다.

19

자기결정권에 대한 다음 설명 중 가장 옳지 않은 것은?

① 형제자매에게 가족관계등록부 등의 기록사항에 관한 증명서 교부청구권을 부여하는 '가족관계의 등록 등에 관한 법률' 제14조 제1항 본문 중 '형제자매' 부분은 과잉금지의 원칙을 위반하여 개인정보자기결정권을 침해한다.
② 배아생성자의 배아에 대한 결정권은 헌법 제10조로부터 도출되는 일반적 인격권의 한 유형으로서의 헌법상 권리이다.
③ 인수자가 없는 시체를 생전의 본인의 의사와는 무관하게 해부용 시체로 제공될 수 있도록 규정한 '시체 해부 및 보존에 관한 법률' 제12조 제1항 본문은 시체처분에 대한 자기결정권을 침해하지 않는다.
④ 죽음에 임박한 환자의 '연명치료 중단에 관한 자기결정권'은 헌법상 보장된 기본권이다.

20

1948. 7. 17. 공포된 제헌헌법에 관한 다음 설명 중 가장 옳지 않은 것은?

① 대통령과 부통령의 탄핵사건을 심판할 때에는 대법원장이 탄핵사건을 담당하는 탄핵심판위원회 위원장의 직무를 행한다.

② 대통령은 임기 4년으로 국회에서 무기명투표로 간접선거하고 1차에 한하여 중임이 허용되었다.

③ 광복 이전의 반민족행위자를 처벌하는 특별법을 제정할 수 있는 권한을 제헌국회에 부여하였다.

④ 헌법위원회는 부통령을 위원장으로 하고 대법관 5인과 국회의원 5인의 위원으로 구성한다.

순경공채·경위공채 대비
경찰헌법 모의고사

10

경찰헌법
모의고사
10회

10 경찰헌법 모의고사 10회

01

직업의 자유에 관한 다음 설명 중 가장 옳지 않은 것은?

① 약사 또는 한약사가 아니면 약국을 개설할 수 없다고 규정한 약사법은 법인을 구성하여 약국을 개설·운영하려고 하는 약사들 및 이들 약사들로 구성된 법인의 직업선택의 자유를 침해한 것이다.

② 성인대상 성범죄로 형을 선고받아 확정된 자에게 그 형의 집행을 종료한 날로부터 10년 동안 의료기관을 개설하거나 의료기관에 취업할 수 없도록 한 아동·청소년의 성보호에 관한 법률은 직업선택의 자유를 침해한다.

③ 보건복지부장관이 치과전문의자격시험제도를 실시할 수 있도록 시행규칙을 마련하지 아니한 행정입법부작위는 전공의수련과정을 마친 청구인들의 직업의 자유를 침해한 것이다.

④ 공인중개사가 공인중개사의 업무 및 부동산 거래신고에 관한 법률을 위반하여 벌금형을 선고받아 그 형이 확정된 경우 공인중개사 등록을 필요적으로 취소하도록 한 것은, 위반행위의 내용, 사안의 경중 등을 고려하지 않은 과도한 조치이므로 직업의 자유를 침해하는 것이다.

02

소급입법금지의 원칙에 관한 다음 설명 중 가장 옳은 것은?

① 진정소급입법은 개인의 신뢰보호와 법적 안정성을 내용으로 하는 법치국가원리에 의하여 허용될 여지가 없다.

② 순직공무원의 범위를 확대하면서 유리한 신법을 소급적용하는 경과규정을 두지 않았다고 하여 입법재량의 범위를 벗어난 현저히 불합리한 차별이라고 보기 어렵다.

③ 개발이익 환수에 관한 법률 시행 전에 이미 개발에 착수하였다면 비록 법 시행 당시 개발이 완료되지 아니하였더라도 개발부담금을 부과하는 것은 소급입법금지의 원칙에 위배된다.

④ 종전의 수산업법에 의하여 아무런 제한 없이 주장이 가능하던 관행어업권에 대하여 수산업법 시행 이후부터는 등록하여야만 주장할 수 있는 것으로 변경하는 것은 재산권을 소급적으로 박탈하는 규정으로 위헌이다.

03

재산권에 관한 다음 설명 중 가장 옳지 않은 것은?

① 토지의 가격이 취득일 당시에 비하여 현저히 상승한 경우 환매금액에 대한 협의가 성립하지 아니한 때에는 사업시행자로 하여금 환매금액의 증액을 청구할 수 있도록 한 공익사업을 위한 토지 등의 취득 및 보상에 관한 법률 조항은 환매권자의 재산권을 침해한다.

② 건축법을 위반한 건축주 등이 건축 허가권자로부터 위반건축물의 철거 등 시정명령을 받고도 그 이행을 하지 않는 경우 건축법 위반자에 대하여 시정명령 이행시까지 반복적으로 이행강제금을 부과할 수 있도록 규정한 건축법 조항은 건축법 위반자의 재산권을 침해하지 않는다.

③ 회사정리절차에 있어서 정리채권 등의 추완신고는 정리계획안 심리를 위한 관계인집회가 끝난 후에는 하지 못한다고 규정한 구 회사정리법 조항은 이해관계인의 헌법상 재산권을 침해하지 아니한다.

④ 등기부취득시효를 규정한 민법 조항은 원소유자의 재산권을 침해하지 아니한다.

04

특정 문화예술인 지원사업 배제행위 등 위헌확인 사건에 대한 다음 설명 중 옳지 않은 것은 모두 몇 개인가?(다툼이 있는 경우 대법원 판례 및 헌법재판소 결정에 의함. 이하 같음)

가. 비법인사단이 폐업한 경우 심판절차는 종료된다.
나. 피청구인 대통령의 지시로 피청구인 대통령 비서실장, 정무수석비서관, 교육문화수석비서관,

문화체육관광부장관이 야당 소속 후보를 지지하였거나 정부에 비판적 활동을 한 문화예술인이나 단체를 정부의 문화예술 지원사업에서 배제할 목적으로 개인의 정치적 견해에 관한 정보를 수집·보유·이용한 행위(이하 '이 사건 정보수집 등 행위'라 한다)가 법률유보원칙을 위반하여 개인정보자기결정권을 침해하는 것은 아니다.

다. 이 사건 정보수집 등 행위는 청구인들의 정치적 견해를 확인하여 야당 후보자를 지지한 이력이 있거나 현 정부에 대한 비판적 의사를 표현한 자에 대한 문화예술 지원을 차단하는 위헌적인 지시를 실행하기 위한 것으로, 그 목적의 정당성은 인정된다.

라. 이 사건 지원배제 지시는 특정한 정치적 견해를 표현한 자에 대하여 문화예술 지원 공모사업에서의 공정한 심사 기회를 박탈하여 사후적으로 제재를 가한 것으로, 개인 및 단체의 정치적 표현의 자유에 대한 제한조치에 해당하는바, 그 법적 근거가 없으므로 법률유보원칙을 위반하여 표현의 자유를 침해한다.

마. 이 사건 지원배제 지시는 정부에 대한 비판적 견해를 가진 청구인들을 제재하기 위한 목적으로 행한 것인데, 이는 헌법의 근본원리인 국민주권주의와 자유민주적 기본질서에 반하므로, 그 목적의 정당성을 인정할 수 없어 청구인들의 표현의 자유를 침해한다.

바. 이 사건 지원배제 지시는 특정한 정치적 견해를 표현한 청구인들을, 그러한 정치적 견해를 표현하지 않은 다른 신청자들과 구분하여 정부 지원사업에서 배제하여 차별적으로 취급한 것이지만, 청구인들의 평등권을 침해하는 것은 아니다.

① 없음   ② 1개
③ 2개   ④ 3개

05

다음 중 우리 헌법에 규정된 사항은 모두 몇 개인가?

> ㄱ. 의무교육의 무상성
> ㄴ. 교원의 지위 법정주의
> ㄷ. 국가의 평생교육진흥의무
> ㄹ. 교육의 자주성과 전문성
> ㅁ. 대학의 자율성과 교육의 정치적 중립성

① 2개　　　　② 3개
③ 4개　　　　④ 5개

06

헌법개정에 관한 다음 설명 중 가장 옳지 않은 것은?

① 헌법개정은 국회재적의원 과반수 또는 대통령의 발의로 제안된다.

② 대통령이 발의하는 헌법개정안에 대하여는 국무회의의 심의를 거쳐야 한다.

③ 헌법개정안에 대한 국회의 의결은 재적과반수의 찬성을 얻어야 한다.

④ 국회에서 의결된 헌법개정안은 국민투표에 붙여져 국회의원 선거권자 과반수의 투표와 투표자 과반수의 찬성을 얻어야 헌법개정이 확정된다.

07

기본권에 관한 다음 설명 중 가장 옳지 않은 것은?

① 우리 헌법은 법인 내지 단체의 기본권향유능력에 대하여 명문의 규정을 두고 있지는 않지만, 본래 자연인에게 적용되는 기본권규정이라도 그 성질상 법인이 누릴 수 있는 기본권은 법인에게도 적용된다. 그러나 헌법 제10조의 인간으로서의 존엄과 가치, 행복을 추구할 권리는 그 성질상 자연인에게 인정되는 기본권이어서 법인에게는 적용되지 않는다.

② 불법체류 중인 외국인의 경우 불법체류라는 것은 관련 법령에 의하여 체류자격이 인정되지 않는다는 것이고, '인간의 권리'로 볼 수 있는 기본권에 대해서는 외국인에게는 불법체류 여부에 따라 그 인정 여부가 달라질 수 밖에 없다.

③ 기본권의 충돌이란 상이한 복수의 기본권 주체가 서로의 권익을 실현하기 위해 하나의 동일한 사건에서 국가에 대하여 서로 대립되는 기본권의 적용을 주장하는 경우를 말한다. 이때의 해법으로는 기본권의 서열이론, 법익형량의 원리, 실제적 조화의 원리 등을 들 수 있고, 헌법재판소는 충돌하는 기본권의 성격과 태양에 따라 그때그때마다 적절한 해결방법을 선택, 종합하여 이를 해결하여 왔다.

④ 기본권 보호의무는 주로 사인인 제3자에 의한 개인의 생명이나 신체의 훼손에서 문제되는데, 이는 국가의 보호의무 없이는 타인에 의하여 개인의 신체나 생명 등 법익이 무력화될 정도의 상황에서만 적용될 수 있다.

08

환경권에 관한 다음 설명 중 가장 옳지 않은 것은?

① 일정한 경우 국가는 사인인 제3자에 의한 국민의 환경권 침해에 대해서도 적극적으로 기본권 보호조치를 취할 의무를 부담한다.

② 환경권의 내용과 행사는 법률에 의해 구체적으로 정해진다.

③ 국가가 국민의 건강하고 쾌적한 환경에서 생활할 권리를 보호할 의무를 진다고 하더라도, 국가의 기본권 보호의무를 입법자가 어떻게 실현하여야 할 것인가 하는 문제는 원칙적으로 권력분립과 민주주의의 원칙에 따라 국민에 의하여 직접 민주적 정당성을 부여받고 자신의 결정에 대하여 정치적 책임을 지는 입법자의 책임범위에 속한다.

④ 구 동물보호법(2011. 8. 4. 법률 제10995호로 전부개정되고, 2018. 12. 24. 법률 제16075호로 개정되기 전의 것) 제33조 제3항 제5호(이하 '심판대상조항'이라 한다)가 동물장묘업의 지역적 등록제한사유를 불완전·불충분하게 규정하여 청구인들의 환경권을 침해한다.

09

다음 설명 중 옳은 것은?

① 교육감을 주민의 선거에 따라 선출한다고 규정한 '지방교육자치에 관한 법률' 제43조로 인하여 학생, 학부모, 교육자 및 교육전문가, 교사 및 교원의 기본권이 침해될 가능성이 있다거나 기본권침해의 자기관련성이 인정된다.

② 구치소 내 과밀수용행위는 수형자인 청구인의 인간의 존엄과 가치를 침해한다고 볼 것이다. 그러나 교정시설의 1인당 수용면적이 수형자의 인간으로서의 기본 욕구에 따른 생활조차 어렵게 할 만큼 지나치게 협소하다해도 그 자체로 국가형벌권 행사의 한계를 넘어 수형자의 인간의 존엄과 가치를 침해하는 것은 아니다.

③ 심판대상조항은 법률혼 관계에 있었지만 별거·가출 등으로 실질적인 혼인관계가 존재하지 않았던 기간을 일률적으로 혼인 기간에 포함시켜 분할연금을 산정하도록 하고 있는바, 이는 분할연금제도의 재산권적 성격을 몰각시키는 것으로서 그 입법형성권의 재량을 벗어났다고 보아야 한다. 2015. 12. 29. 개정된 국민연금법은 제64조의2를 신설하여 민법상 재산분할청구제도에 따라 연금의 분할에 관하여 별도로 결정된 경우에는 그에 따르도록 하였다. 위 조항이 신설되어서 심판대상조항의 위헌성이 해소되었다.

④ 1천500만 원이라는 기탁금액은 선거에의 참여 자체를 위축시킬 수 있는 금액으로서, 비례대표제의 취지를 실현하기 위해 필요한 최소한의 액수보다 지나치게 과다한 액수이다.

10

소급입법에 관한 다음 설명 중 가장 옳지 않은 것은?

① 전자장치 부착명령은 전통적 의미의 형벌이 아닐뿐더러, 피부착자의 행동 자체를 통제하는 것이 아니어서 처벌적인 효과를 가진다고 보기 어렵다. 따라서 이는 형벌과 구별되는 비형벌적 보안처분으로서 소급효금지의 원칙이 적용되지 아니한다.

② 부진정소급입법은 현재 진행 중인 사실관계에 적용하는 것으로서 원칙적으로 허용된다. 다만 소급효를 필요로 하는 공익상의 사유와 신뢰보호의 요청 사이의 교량과정에서 신뢰보호의 관점이 입법자의 형성권에 제한을 가할 뿐이다.

③ 노역장유치조항은 벌금이 납입되지 않는 경우를 대비한 것으로서 벌금을 납입한 때에는 집행될 여지가 없고, 그 자체로 형벌적 성격을 가지거나 징역형에 준할 정도로 신체의 자유를 박탈한다고 볼 수 없다.

④ 수급권자 자신이 종전에 지급받던 평균임금을 기초로 산정된 장해보상연금을 수령하고 있던 수급권자에게, 실제의 평균임금이 노동부장관이 고시한 한도금액 이상인 경우 그 한도금액을 실제임금으로 의제하는 내용으로 신설된 최고보상제도를 일정 유예기간 후 적용하도록 하는 내용의 산업재해보상보험법 부칙조항은, 신뢰보호의 원칙에 위배하여 새로운 제도의 시행 이전에 이미 재해를 입고 수급권이 확정적으로 발생한 사람들의 재산권을 침해한다.

11

혼인과 가족생활의 보장에 관한 다음 설명 중 가장 옳지 않은 것은?

① 혼인과 가족생활의 보장에 관한 헌법 제36조 제1항은 인간의 존엄과 양성의 평등이 가족생활에서도 보장되어야 한다는 요청에서 인간다운 생활을 보장하는 기본권의 성격을 갖는 동시에 그 제도적 보장의 성격도 가진다.

② 헌법 제36조 제1항에 의하여 적극적으로는 적절한 조치를 통해서 혼인과 가족을 지원하고 제3자에 의한 침해 앞에서 혼인과 가족을 보호해야 할 과제가 국가에 부여되고, 소극적으로는 불이익을 야기하는 제한조치를 통해서 혼인과 가족을 차별하는 것을 금지해야 할 국가의 의무를 포함한다.

③ 대한민국 국민으로 태어난 아동에 대하여 국가가 출생신고를 받아주지 않거나 그 절차가 복잡하고 시간도 오래 걸려 출생신고를 받아주지 않는 것과 마찬가지 결과가 발생한다면 이는 그 아동으로부터 사회적 신분을 취득할 기회를 박탈함으로써 인간으로서의 존엄과 가치, 행복추구권 및 아동의 인격권을 침해하는 것이다.

④ '가족관계의 등록 등에 관한 법률' 제14조 제1항 본문 중 '직계혈족이 제15조에 규정된 증명서 가운데 가족관계증명서 및 기본증명서의 교부를 청구'하는 부분은 청구인의 개인정보자기결정권을 제한하지만 침해하지는 않는다.

12

국민체육진흥법 제20조 제1항 제3호 위헌제청사건에서 다음 중 옳은 것은 모두 몇 개인가?

① 골프장 부가금은 조세와 구별되는 것으로서 정책실현목적부담금에 해당한다.

② 심판대상조항으로 말미암아 골프장 부가금 납부의무자는 골프장 부가금 징수 대상 체육시설을 이용하지 않는 그 밖의 국민과 달리 심판대상조항에 따른 골프장 부가금을 부담해야만 하는 차별 취급을 받는다.

③ 국민체육진흥법상 '체육'의 의미와 그 범위, 국민체육진흥계정의 사용 용도 등에 비추어보면, '국민체육의 진흥'은 국민체육진흥법이 담고 있는 체육정책 전반에 관한 여러 규율사항을 상당히 폭넓게 아우르는 것으로서 이를 특별한 공적 과제로 볼 수 있다.

④ 체육시설 이용 비용의 다과(多寡)에 따라 '국민체육의 진흥'이라는 공적 과제에 대한 객관적 근접성의 정도가 달라진다고 할 수 있다.

⑤ 골프장 부가금 납부의무자와 '국민체육의 진흥'이라는 골프장 부가금의 부과 목적 사이에는 특별히 객관적으로 밀접한 관련성이 인정된다.

① 없음 　　　　② 1개
③ 2개 　　　　④ 3개

13

근로 3권에 관한 다음 설명 중 옳지 않은 것은 모두 몇 개인가?

가. 근로자는 근로조건의 향상을 위하여 자주적인 단결권·단체교섭권 및 단체행동권을 가지며, 이는 헌법상 보장된 권리이다.

나. 공무원인 근로자는 법률이 정하는 자에 한하여 단결권·단체교섭권 및 단체행동권을 가진다.

다. 법률이 정하는 주요방위산업체에 종사하는 근로자의 단결권·단체교섭권 및 단체행동권은 법률이 정하는 바에 의하여 이를 제한하거나 인정하지 않을 수 있다.

라. 교원노조를 설립하거나 가입하여 활동할 수 있는 자격을 초·중등교원으로 한정함으로써 '교육공무원인 대학 교원'에 대하여 근로기본권의 핵심인 단결권조차 전면적으로 부정한 「교원의 노동조합 설립 및 운영 등에 관한 법률」 조항에 대하여는 입법목적의 정당성과 수단의 적합성을 인정할 수 없다.

마. '교육공무원이 아닌 대학 교원'에 대하여는, 근로3권을 일체 허용하지 않고 전면적으로 부정하는 것은 합리성을 상실한 과도한 것으로서 입법형성권의 범위를 벗어나 헌법에 위반된다.

① 없음 　　　　② 1개
③ 2개 　　　　④ 3개

14

다음 설명 중 가장 옳지 않은 것은?

① 의료기기와 관련하여 심의를 받지 아니하거나 심의받은 내용과 다른 내용의 광고를 하는 것을 금지하고 이를 위반한 경우 행정제재와 형벌을 부과하도록 한 의료기기법 제24조 제2항 제6호 및 구 의료기기법 제36조 제1항 제14호 중 '제24조 제2항 제6호를 위반하여 의료기기를 광고한 경우' 부분, 구 의료기기법 제52조 제1항 제1호 중 '제24조 제2항 제6호를 위반한 자' 부분(이하 위 조항들을 합하여 '심판대상조항'이라 한다)이 사전검열금지원칙에 위반된다.

② 병(兵)에 대한 징계처분으로 일정기간 부대나 함정(艦艇) 내의 영창, 그 밖의 구금장소에 감금하는 영창처분이 가능하도록 규정한 구 군인사법 제57조 제2항 중 '영창'에 관한 부분(이하 '심판대상조항'이라 한다)이 헌법에 위반되지 않는다.

③ 지방자치단체의 장 선거 예비후보자가 정당의 공천심사에서 탈락한 후 후보자등록을 하지 않은 경우를 기탁금 반환 사유로 규정하지 않은 구 공직선거법 제57조 제1항 중 제1호 다목의 '지방자치단체의 장 선거'에 관한 부분(이하 '심판대상조항'이라 한다)이 과잉금지원칙에 위배된다.

④ 환매권의 발생기간을 제한하고 있는 '공익사업을 위한 토지 등의 취득 및 보상에 관한 법률'(이하 '토지보상법'이라 한다) 제91조 제1항 중 '토지의 협의취득일 또는 수용의 개시일(이하 이 조에서 "취득일"이라 한다)부터 10년 이내에' 부분(이하 '이 사건 법률조항'이라 한다)이 재산권을 침해한다.

15

다음 헌법재판소 판례 중 옳은 것은?

① '국가유공자 등 예우 및 지원에 관한 법률' 제16조의3 제1항 본문 중 '자녀 중 1명'에 한정하여 6·25전몰군경자녀수당을 지급하도록 한 부분 및 '제13조 제2항 제3호에 따른 선순위인 사람' 부분 가운데 '나이가 많은' 자녀에게 6·25전몰군경자녀수당을 지급하도록 한 부분(이하 모두 합하여 '이 사건 법률조항'이라 한다)이 나이가 적은 6·25전몰군경자녀의 평등권을 침해하지 않는다.

② 광주광역시 광산구 시설관리공단(이하 '이 사건 공단'이라 한다)의 상근직원이 당원이 아닌 자에게도 투표권을 부여하는 당내경선에서 경선운동을 할 수 없도록 금지·처벌하는 공직선거법 제57조의6 제1항 본문의 '제60조 제1항 제5호 중 제53조 제1항 제6호 가운데 지방공기업법 제2조에 규정된 지방공단인 광주광역시광산구시설관리공단의 상근직원'에 관한 부분 및 같은 법 제255조 제1항 제1호 중 위 해당부분(이하 '심판대상조항'이라 한다)이 정치적 표현의 자유를 침해하지 않는다.

③ 정치자금법에 따라 회계보고된 자료의 열람기간을 3월간으로 제한한 정치자금법 제42조 제2항 본문 중 '3월간' 부분(이하 '이 사건 열람기간제한조항'이라 한다)이 과잉금지원칙에 위배되어 청구인 신○○의 알권리를 침해하는 것은 아니다.

④ 선거운동기간 중 정치적 익명표현의 부정적 효과는 익명성 외에도 해당 익명표현의 내용과 함께 정치적 표현행위를 규제하는 관련 제도, 정치적·사회적 상황의 여러 조건들이 아울러 작용하여 발생하므로, 모든 익명표현을 사전적·포괄적으로 규율하는 것은 표현의 자유보다 행정편의와 단속편의를 우선함으로써 익명표현의 자유와 개인정보자기결정권 등을 지나치게 제한한다.

16

참정권에 관한 설명으로 옳지 않은 것은?
(다툼이 있는 경우 판례에 의함)

① 주민등록이 되어 있지 않고 국내거소신고도 하지 않은 재외선거인에게 국회의원 재선거의 선거권을 인정하지 않은 것은 재외선거인의 선거권을 침해한다.

② 기능직공무원들에게 일반직공무원으로 우선 임용될 기회를 주지 않는다고 하여도 기능직 공무원으로서 그대로 신분을 유지하게 되므로, 일반직공무원으로 우선 임용될 권리 내지 기회보장은 공무담임권의 보호영역에 속하지 않는다.

③ 총장후보자에 지원하려는 사람에게 지원서 접수시 1,000만 원의 기탁금을 납부하도록 하고, 기탁금 납입 영수증을 제출하도록 하는 것은 해당 지원자의 공무담임권을 침해한다.

④ 공무원 채용시험의 응시연령의 제한은 공무담임권의 중대한 제한이 되는 것이므로 공무담임권의 보호영역에 포함된다.

17

재판청구권에 관한 설명으로 옳지 않은 것은?
(다툼이 있는 경우 판례에 의함)

① 「국민의 형사재판 참여에 관한 법률」이 정하는 대상 사건에 해당하는 경우에 피고인은 원칙적으로 국민참여재판으로 재판을 받을 법률상 권리를 가진다고 할 것이고, 이러한 형사소송절차상의 권리를 배제함에 있어서는 헌법에서 정한 적법절차원칙을 따라야 한다.

② 「성폭력범죄의 처벌 등에 관한 특례법」에 따른 성폭력범죄 피해자의 법정대리인이 국민참여재판을 원하지 아니하는 경우에 법원은 국민참여재판을 하지 아니하기로 하는 배제결정을 할 수 있다.

③ 「인신보호법」에서 피수용자인 구제청구자의 즉시항고 제기기간을 3일로 정한 것은 피수용자의 재판청구권을 침해하지 않는다.

④ 「공익사업을 위한 토지 등의 취득 및 보상에 관한 법률」에서 토지수용위원회의 수용재결서를 받은 날로부터 60일 이내에 보상금증감청구소송을 제기하도록 하는 것은 해당 토지소유자의 재판청구권을 침해하지 않는다.

18

혼인과 가족제도에 관한 설명으로 옳지 않은 것은? (다툼이 있는 경우 판례에 의함)

① 자산소득합산과세의 대상이 되는 혼인한 부부에게 혼인하지 않은 부부나 독신자보다 더 많은 조세부담을 지우는 것은 합리적 이유가 있으므로 헌법상 정당화된다.

② 중혼을 혼인취소의 사유로 정하면서 그 취소청구권의 제척기간 또는 소멸사유를 규정하지 않은 것은 후혼배우자의 인격권 및 행복추구권을 침해하지 않는다.

③ 가족법이 헌법이념의 실현에 장애를 초래하고 헌법규범과 현실과의 괴리를 고착시키는데 일조하고 있다면, 그러한 가족법은 수정되어야 한다.

④ 친생부인의 소에 관한 제척기간이 지나치게 단기간이거나 불합리하여 진실한 혈연관계에 반하는 친자관계를 부인할 수 있는 기회를 극단적으로 제한하는 것이라면, 이는 입법재량의 한계를 넘어서는 것으로서 헌법에 위반된다.

19

개인정보자기결정권에 관한 설명으로 옳지 않은 것은? (다툼이 있는 경우 판례에 의함)

① 검사 또는 사법경찰관이 수사를 위하여 필요한 경우 「전기통신사업법」에 의한 전기통신사업자에게 통신사실 확인자료의 열람이나 제출을 요청할 수 있도록 한 통신비밀법 조항은 해당 정보주체의 개인정보자기결정권을 침해한다.

② 공시대상정보로서 교원의 교원단체 및 노동조합 가입현황(인원 수)만을 규정할 뿐 개별 교원의 명단은 규정하고 있지 아니한 것은 학부모들의 알 권리를 침해하지 않는다.

③ 아동·청소년 성매수죄로 유죄가 확정된 자를 신상정보 등록대상자가 되도록 하는 것은 해당 등록대상자의 개인정보자기결정권을 침해하지 않는다.

④ 경찰이 미신고 옥외집회·시위 또는 신고범위를 벗어난 집회·시위에 대한 조망촬영이 아닌 근접촬영의 방식으로 촬영함으로써 적법한 경찰의 해산명령에 불응하는 집회·시위의 경위나 전후 사정에 관한 자료를 수집하는 것은 해당 집회·시위참가자의 개인정보자기결정권을 침해한다.

20

집회의 자유에 관한 설명으로 옳지 않은 것은?
(다툼이 있는 경우 판례에 의함)

① 각급 법원 인근에서의 옥외집회와 시위를 절대적으로 금지하고 이를 위반한 경우에 형벌을 부과하는 것은 헌법 제21조 제2항의 사전허가제 금지에 위반되지 않는다.

② 집회의 금지는 원칙적으로 공공의 안녕질서에 대한 직접적 위협이 명백하게 존재하는 경우에 한하여 허용될 수 있는 것으로서, 집회의 자유를 보다 적게 제한하는 다른 가능성이 없는 경우에 비로소 고려될 수 있는 최종적인 수단이다.

③ 각급 법원의 경계 지점으로부터 100미터 이내의 장소에서 옥외집회 또는 시위를 한 사람을 형사처벌하는 것은 해당 집회나 시위 참가자의 집회의 자유를 침해한다.

④ 옥외집회 및 시위의 경우 관할 경찰서장으로 하여금 '최소한의 범위'에서 질서유지선을 설정할 수 있도록 하고, 질서유지선의 효용을 해친 경우 형사처벌하도록 하는 것은 죄형법정주의의 명확성원칙에 위배된다.

경찰헌법 수험서 시리즈3

순경공채·경위공채 대비

10
회분

경찰헌법 모의고사

이 주 송 지음

해 설 집

PUBLIUS
PUBLISHING
VERITAS VINCIT

차 례

순경공채·경위공채 대비
경찰헌법 모의고사

경찰헌법
모의고사
1회

01 경찰헌법 모의고사 1회

01 정답 ❷

① O 헌재 2000. 12. 14. 99헌마112 등, [기각]
② X 헌재 1989. 12. 18. 89헌마32 등, [위헌, 각하]
우리나라는 직업공무원제도를 채택하고 있는데, 이는 공무원이 집권세력의 논공행상의 제물이 되는 엽관제도(獵官制度)를 지양하고 정권교체에 따른 국가작용의 중단과 혼란을 예방하고 일관성있는 공무수행의 독자성을 유지하기 위하여 헌법과 법률에 의하여 공무원의 신분이 보장되는 공직구조에 관한 제도이다. 여기서 말하는 공무원은 국가 또는 공공단체와 근로관계를 맺고 이른바 공법상 특별권력관계 내지 특별행정법관계 아래 공무를 담당하는 것을 직업으로 하는 협의의 공무원을 말하며 **정치적 공무원이라든가 임시적 공무원은 포함되지 않는 것**이다.
③ O 헌재 2012. 5. 31. 2009헌마705 등, [기각, 각하]
공무원의 신분과 지위의 특수성에 비추어 볼 때 공무원에 대해서는 일반 국민에 비해 보다 넓고 강한 기본권제한이 가능한바, 위 규정들은 공무원의 정치적 의사표현이 집단적인 행위가 아닌 개인적·개별적인 행위인 경우에는 허용하고 있고, 공무원의 행위는 그것이 직무 내의 것인지 직무 외의 것인지 구분하기 어려운 경우가 많으며, 설사 공무원이 직무 외에서 집단적인 정치적 표현 행위를 한다 하더라도 공무원의 정치적 중립성에 대한 국민의 신뢰는 유지되기 어려우므로 직무 내외를 불문하고 금지한다 하더라도 침해의 최소성원칙에 위배되지 아니한다.
④ O 헌재 2008. 12. 26. 2007헌마444, [기각]
이처럼 직업공무원제도를 유지하기 위해 공무원에게 보수청구권이 인정되지만, 공무담당자로서의 지위, 공무의 특수성, 국가재정적 상황 등 공무원법관계의 특성으로 인하여 그 보수청구권의 구체적 내용을 형성함에 있어서는 입법자에게 폭 넓은 재량이 헌법상 허용된다고 할 것이다.

02 정답 ❶

① X 헌재 2005. 11. 24. 2003헌마173,[기각]
어떤 교육과정을 이수한 자에 대하여 그에 상응하는 정규학교를 이수한 것과 같은 동등한 학력을 인정할 것인지 여부는 당해 교육과정의 목적과 내용, 교육기관의 시설 및 설비, 학업성취도 등을 종합적으로 평가하여 입법자가 결정할 사안이라고 할 것이다. 다만 입법자가 자신의 입법형성권을 자의적으로 행사하여 합리적 이유 없이 특정 교육과정 이수자를 차별한다면 헌법상 평등원칙에 위배될 수 있다. 그러나 고등공민학교는 교육시설뿐 아니라 수업

연한, 연간 수업일수 등 교육과정 전반에서 중학교와 차이가 있다. 이는 <u>고등공민학교과정을 이수한 자에게 중학교 과정 이수자와 동등한 정도의 학업성취도를 보장할 수 없는 이유가 된다</u>. 초·중등교육법시행령(2003. 1. 29. 대통령령 제17895호로 개정된 것) 제97조 제1항 제2호가 고등공민학교 졸업자에 대하여 곧바로 중학교 졸업 학력을 인정하지 아니하고 학력검정평가를 통하여 학력을 인정하더라도 거기에는 위와 같은 합리적 이유가 있다할 것이므로 **평등원칙에 어긋난다고 볼 수 없다.**

② O 헌재 2017. 12. 28. 2016헌마649, [인용(위헌확인)]

③ O 헌재 1994. 2. 24. 93헌마192, [기각]

④ O 헌재 2012. 4. 24. 2010헌바164, [합헌]

03 정답 ❹

① O. 2004헌마1010

② O. 헌재 2010. 10. 28. 2007헌가23, [합헌]
다만 이 사건 결정의 조사대상자를 비롯하여 대부분의 조사대상자는 이미 사망하였을 것이 분명하나, 조사대상자가 사자(死者)의 경우에도 인격적 가치에 대한 중대한 왜곡으로부터 보호되어야 하고, 사자(死者)에 대한 사회적 명예와 평가의 훼손은 사자(死者)와의 관계를 통하여 스스로의 인격상을 형성하고 명예를 지켜온 그들의 후손의 인격권, 즉 유족의 명예 또는 유족의 사자(死者)에 대한 경애추모의 정을 침해한다고 할 것이다.
따라서 이 사건 법률조항은 조사대상자의 사회적 평가와 아울러 그 유족의 헌법상 보장된 인격권을 제한하는 것이라고 할 것이다

③ O. 헌재 2014. 3. 27. 2012헌마652, [인용(위헌확인),각하]

④ X. 운영자가 변호사들의 개인신상정보를 기반으로 한 인맥지수를 공개하는 표현행위에 의하여 얻을 수 있는 법적 이익이 이를 공개하지 않음으로써 보호받을 수 있는 변호사들의 인격적 법익에 비하여 우월하다고 볼 수 없어, 결국 운영자의 인맥지수 서비스 제공행위는 변호사들의 개인정보에 관한 인격권을 침해하는 위법한 것이라고 한 사례(대법원 2011. 9. 2. 선고 2008다42430 전원합의체 판결)

04 정답 ❹

ㄱ. X 헌재 2010. 11. 25. 2006헌마328, [기각, 각하]
결국 이 사건 법률조항이 헌법이 특별히 평등을 요구하는 경우나 관련 기본권에 중대한 제한을 초래하는 경우의 차별취급을 그 내용으로 하고 있다고 보기 어려운 점, 징집대상자의 범위 결정에 관하여는 입법자의 광범위한 입법형성권이 인정되는 점에 비추어, 이 사건 법률조항이 평등권을 침해하는지 여부는 **완화된 심사척도에 따라 자의금지원칙 위반 여부에 의하여 판단**하기로 한다.

ㄴ. O 헌재 2007. 6. 28. 2004헌마643, [헌법불합치, 각하]

ㄷ. X 헌재 2019. 4. 2. 2019헌마252 [각하(2호)] 기록에 의하면, 청구인은 2009. 5. 29. 공상군경으로서 국가유공자로 등록되었으므로, 심판대상조항이 시행된 2016. 6. 23.부터 기본권의 침해를 받게 됨으로써 그 침해사유가 발생하였다. 그러나 청구인은 그로부터 1년이 경과한 2019. 3. 4. 이 사건 헌법소원심판을 청구하였으므로, 이 사건 심판청

구는 청구기간을 도과한 것이다.

ㄹ. O 헌재 2008. 12. 26. 2007헌마444, [기각]

ㅁ. O 헌재 2010. 6. 24. 2008헌바128, [헌법불합치]

앞서 본 자의금지원칙 위반 여부 심사를 위하여 비교집단으로 상정할 수 있는 것으로는 ① '공무원연금법의 적용을 받는 공무원'과 '군인연금법의 적용을 받는 군인', ② '퇴직 이전에 폐질상태가 확정된 군인'과 '퇴직 이후에 폐질상태가 확정된 군인' 등 2가지 유형을 들 수 있다.

05 정답 ②

ㄱ. O 2004헌나1

ㄴ. X 헌재 2016. 5. 26. 2014헌마45, [위헌, 기각, 각하]

위 조항은 금치처분을 받은 사람에 대하여 실외운동을 원칙적으로 금지하고, 다만 소장의 재량에 의하여 이를 예외적으로 허용하고 있다. 그러나 소란, 난동을 피우거나 다른 사람을 해할 위험이 있어 실외운동을 허용할 경우 금치처분의 목적 달성이 어려운 예외적인 경우에 한하여 실외운동을 제한하는 덜 침해적인 수단이 있음에도 불구하고, 위 조항은 금치처분을 받은 사람에게 원칙적으로 실외운동을 금지한다. 나아가 위 조항은 예외적으로 실외운동을 허용하는 경우에도, 실외운동의 기회가 부여되어야 하는 최저기준을 법령에서 명시하고 있지 않으므로, **침해의 최소성 원칙에 위배된다.** 위 조항은 수용자의 정신적·신체적 건강에 필요 이상의 불이익을 가하고 있고, 이는 공익에 비하여 큰 것이므로 위 조항은 법익의 균형성 요건도 갖추지

못하였다. 따라서 **위 조항은 청구인의 신체의 자유를 침해**한다.

ㄷ. O

ㄹ. O 헌재 2018. 2. 22. 2017헌가29, [합헌]

ㅁ. X

> 헌재 2018. 8. 30. 2016헌마344 등[헌법불합치, 기각,각하]
>
> ㄷ. 디엔에이감식시료 채취의 근거조항인 구 '디엔에이신원확인정보의 이용 및 보호에 관한 법률' 제5조 제1항 제4호의2 중 다중의 위력을 보여 범한 형법 제320조의 주거침입죄와 경합된 죄에 대하여 형의 선고를 받아 확정된 사람에 관한 부분(이하 '이 사건 채취 조항'이라 한다)이 청구인들의 신체의 자유를 침해하는지 여부(소극)
>
> ㄹ. 디엔에이감식시료채취영장 발부 과정에서 채취대상자에게 자신의 의견을 밝히거나 영장 발부 후 불복할 수 있는 절차 등에 관하여 규정하지 아니한 '디엔에이신원확인정보의 이용 및 보호에 관한 법률' 제8조(이하 '**이 사건 영장절차 조항**'이라 한다)가 청구인들의 **재판청구권을 침해**하는지 여부(적극)

06 정답 ②

① X. 헌법 제129조 제안된 헌법개정안은 대통령이 20일 이상의 기간 이를 공고하여야 한다.

② O. 제130조 ①국회는 헌법개정안이 공고된 날로부터 60일 이내에 의결하여야 하며, 국회의 의결은 재적의원 3분의 2 이상의 찬성을 얻어야 한다.

③ X. 제130조 ②헌법개정안은 국회가 의결한 후 30일 이내에 국민투표에 붙여 국회의원선거권자 과반수의 투표와 투표자 과반수의 찬성을 얻어야 한다.

④ X

> 제128조 ①헌법개정은 국회재적의원 과반수 또는 대통령의 발의로 제안된다.
> ②대통령의 임기연장 또는 중임변경을 위한 헌법개정은 그 헌법개정 제안 당시의 대통령에 대하여는 효력이 없다.

07 정답 ❸

① O. 1948년 제헌헌법

> 제18조
> 근로자의 단결, 단체교섭과 단체행동의 자유는 법률의 범위내에서 보장된다.
> 영리를 목적으로 하는 사기업에 있어서는 근로자는 법률의 정하는 바에 의하여 이익의 분배에 균점할 권리가 있다.
> 제19조
> 노령, 질병 기타 근로능력의 상실로 인하여 생활유지의 능력이 없는 자는 법률의 정하는 바에 의하여 국가의 보호를 받는다.

② O. 제2차 개정헌법(1954년)

> 제7조의2
> 대한민국의 주권의 제약 또는 영토의 변경을 가져올 국가안위에 관한 중대사항은 국회의 가결을 거친 후에 국민투표에 부하여 민의원의원선거권자 3분지 2이상의 투표와 유효투표 3분지 2이상의 찬성을 얻어야 한다.

③ X. 1972년 제7차 개정헌법

> 제40조 ①통일주체국민회의는 국회의원 정수의 3분의 1에 해당하는 수의 국회의원을 선거한다.

④ O. 제8차 개정헌법(1980년)

> 제33조
> 모든 국민은 깨끗한 환경에서 생활할 권리를 가지며, 국가와 국민은 환경보전을 위하여 노력하여야 한다.

08 정답 ❹

① X. 국적법

> 제2조(출생에 의한 국적 취득)
> ②대한민국에서 발견된 기아(棄兒)는 대한민국에서 출생한 것으로 **추정**한다.

② X.

> 제15조(외국 국적 취득에 따른 국적 상실)
> ①대한민국의 국민으로서 자진하여 외국 국적을 취득한 자는 그 외국 국적을 취득한 때에 대한민국 국적을 **상실**한다.

③ X.

> 제18조(국적상실자의 권리 변동)
> ②제1항에 해당하는 권리 중 대한민국의 국민이었을 때 취득한 것으로서 양도(讓渡)할 수 있는 것은 그 권리와 관련된 법령에서 따로 정한 바가 없으면 3년 내에 대한민국의 국민에게 양도하여야 한다.

④ O. 국적법

> 제10조(국적 취득자의 외국 국적 포기 의무)
> ①대한민국 국적을 취득한 외국인으로서 외국 국적을 가지고 있는 자는 대한민국 국적을 취득한 날부터 **1년 내**에 그 외국 국적을 포기하여야 한다.

09 정답 ❶

① X. ④O

> 유구한 역사와 전통에 빛나는 우리 대한국민은 3·1운동으로 건립된 대한민국임시정부의 법통과 불의에 항거한 4·19민주이념을 계승하고, **조국의 민주개혁**과 평화적 통일의 사명에 입각하여 정의·인도와 동포애로써 민족의 단결을 공고히 하고, 모든 사회적 폐습과 불의를 타파하며, 자율과 조화를 바탕으로 자유민주적 기본질서를 더욱 확고히 하여 정치·경제·사회·문화의 모든 영역에 있어서 각인의 기회를 균등히 하고, 능력을 최고도로 발휘하게 하며, 자유와 권리에 따르는 책임과 의무를 완수하게 하여, 안으로는 **국민생활의 균등한 향상**을 기하고 밖으로는 항구적인 **세계평화와 인류공영에 이바지함**으로써 우리들과 우리들의 자손의 안전과 자유와 행복을 영원히 확보할 것을 다짐하면서 **1948년** 7월 12일에 제정되고 **8차**에 걸쳐 개정된 헌법을 이제 국회의 의결을 거쳐 국민투표에 의하여 개정한다.

② O. 99헌마139

③ O.

10 정답 ❷

① O. 2002헌바45

② X. 법적 안정성은 객관적 요소로서 법질서의 신뢰성·항구성·법적 투명성과 법적 평화를 의미하고, 이와 내적인 상호연관관계에 있는 법적 안정성의 주관적 측면은 한번 제정된 법규범은 원칙적으로 존속력을 갖고 자신의 행위기준으로 작용하리라는 개인의 신뢰보호원칙이다.(헌재 1996. 2. 16. 96헌가2 등)

③ O. 94헌바12

④ O. 2002헌바45

11 정답 ❹

① O. 헌재 2018. 1. 25. 2016헌바208

이 사건 집행정지 요건 조항에서 집행정지 요건으로 규정한 '회복하기 어려운 손해'는 대법원 판례에 의하여 '특별한 사정이 없는 한 금전으로 보상할 수 없는 손해로서 이는 금전보상이 불능인 경우 내지는 금전보상으로는 사회관념상 행정처분을 받은 당사자가 참고 견딜 수 없거나 또는 참고 견디기가 현저히 곤란한 경우의 유형, 무형의 손해'를 의미한 것으로 해석할 수 있고, '긴급한 필요'란 손해의 발생이 시간상 임박하여 손해를 방지하기 위해서 본안판결까지 기다릴 여유가 없는 경우를 의미하는 것으로, 이는 집행정지가 임시적 권리구제제도로서 잠정성, 긴급성, 본안소송에의 부종성의 특징을 지니는 것이라는 점에서 그 의미를 쉽게 예측할 수 있다. 이와 같이 심판대상조항은 법관의 법 보충작용을 통한 판례에 의하여 합리적으로 해석할 수 있고, 자의적인 법해석의 위험이 있다고 보기 어려우므로 명확성 원칙에 위배되지 않는다.

② O. 헌재 2017. 12. 28. 2016헌바249

'시정'과 '변경'의 사전적인 의미, 심판대상조항은 영유아보육법 제38조 위반에 대한 제재규정이라는 점, 영유아보육법 제38조 위반 행위의 대표적인 모습은 어린이집이 보호자로부터 관할 시·도지사가 정한 한도액을 초과하여 보호자로부터 필요경비를 수납하는 것이라는 점을 종합적으로 고려하면, 심판대상조항이 규정하고 있는 '시정 또는 변경' 명령은 '영유아보육법 제38조 위반행위에 대하여 그 위법사실을 시정하도록 함으로써 정상적인 법질서를 회복하는 것을 목적으로 행해지는 행정작용'으로, 여기에는 과거의 위반행위로 인하여 취득한 필요경비 한도 초과액에 대한 환불명령도 포함됨을 어렵지 않게 예측할 수 있다. 따라서 심판대상조항은 명확성원칙에 위배되지 않는다.

③ O. 헌재 2015. 5. 28. 2013헌마799
치과전문의가 되기 위해서는 치과의사 면허를 받은 자가 치과전공의 수련과정을 거쳐 치과 전문의 자격시험에 합격해야 하므로, 심판대상조항의 수범자인 치과전문의는 각 전문과목의 진료내용과 진료영역 및 전문과목 간의 차이점 등을 알 수 있다. 따라서 심판대상조항은 명확성원칙에 위배되어 직업수행의 자유를 침해한다고 볼 수 없다.

④ X. 헌재 2016. 11. 24. 2015헌가23
'공중도덕(公衆道德)'은 시대상황, 사회가 추구하는 가치 및 관습 등 시간적·공간적 배경에 따라 그 내용이 얼마든지 변할 수 있는 규범적 개념이므로, 그것만으로는 구체적으로 무엇을 의미하는지 설명하기 어렵다.
'파견근로자보호 등에 관한 법률'(이하 '파견법'이라 한다)의 입법목적에 비추어보면, 심판대상조항은 공중도덕에 어긋나는 업무에 근로자를 파견할 수 없도록 함으로써 근로자를 보호하고 올바른 근로자파견사업 환경을 조성하려는 취지임을 짐작해 볼 수 있다. 하지만 이것만으로는 '공중도덕'을 해석함에 있어 도움이 되는 객관적이고 명확한 기준을 얻을 수 없다. 파견법은 '공중도덕상 유해한 업무'에 관한 정의조항은 물론 그 의미를 해석할 수 있는 수식어를 두지 않았으므로, 심판대상조항이 규율하는 사항을 바로 알아내기도 어렵다. 심판대상조항과 관련하여 파견법이 제공하고 있는 정보는 파견사업주가 '공중도덕상 유해한 업무'에 취업시킬 목적으로 근로자를 파견한 경우 불법파견에 해당하여 처벌된다는 것뿐이다. 파견법 전반에 걸쳐 심판대상조항과 유의미한 상호관계에 있는 다른 조항을 발견

할 수 없고, 파견법 제5조, 제16조 등 일부 관련성이 인정되는 규정은 심판대상조항 해석기준으로 활용하기 어렵다. 결국, 심판대상조항의 입법목적, 파견법의 체계, 관련조항 등을 모두 종합하여 보더라도 '공중도덕상 유해한 업무'의 내용을 명확히 알 수 없다.
아울러 심판대상조항에 관한 이해관계기관의 확립된 해석기준이 마련되어 있다거나, 법관의 보충적 가치판단을 통한 법문 해석으로 심판대상조항의 의미내용을 확인할 수 있다는 사정을 발견하기도 어렵다. **심판대상조항은 건전한 상식과 통상적 법감정을 가진 사람으로 하여금 자신의 행위를 결정해 나가기에 충분한 기준이 될 정도의 의미내용을 가지고 있다고 볼 수 없으므로 죄형법정주의의 명확성원칙에 위배된다.**

12 정답 ❶

① X. 헌재 1999. 4. 29. 97헌가14
이 사건 조약은 그 명칭이 "협정"으로 되어 있어 국회의 관여없이 체결되는 행정협정처럼 보이기도 하나 우리나라의 입장에서 볼 때에는 외국군대의 지위에 관한 것이고, 국가에게 재정적 부담을 지우는 내용과 입법사항을 포함하고 있으므로 국회의 동의를 요하는 조약으로 취급되어야 한다.

② O. 헌법 제60조 제1항

③ O. 헌재 2005. 10. 27. 2003헌바50 등
청구인들이 드는 국제노동기구의 제87호 협약(결사의 자유 및 단결권 보장에 관한 협약), 제98호 협약(단결권 및 단체교섭권에 대한 원칙의 적용에 관한 협약), 제151호 협약(공공부문에서의 단결권 보호 및 고용조건의 결정을 위한 절차에 관한 협약)은 우리 나라가 비준한

바가 없고, 헌법 제6조 제1항에서 말하는 일 반적으로 승인된 국제법규로서 헌법적 효력을 갖는 것이라고 볼 만한 근거도 없으므로, 이 사건 심판대상 규정의 위헌성 심사의 척도가 될 수 없다.

④ O. 97헌바65

13 정답 ③

① X. 헌재 2006. 3. 30. 2004헌마246
청구인(사회당)은 등록이 취소된 이후에도, 취소 전 사회당의 명칭을 사용하면서 대외적인 정치활동을 계속하고 있고, 대내외 조직 구성과 선거에 참여할 것을 전제로 하는 당헌과 대내적 최고의사결정기구로서 당대회와, 대표단 및 중앙위원회, 지역조직으로 시·도위원회를 두는 등 계속적인 조직을 구비하고 있는 사실 등에 비추어 보면, 청구인은 등록이 취소된 이후에도 '등록정당'에 준하는 '권리능력 없는 사단'으로서의 실질을 유지하고 있다고 볼 수 있으므로 이 사건 헌법소원의 청구인능력을 인정할 수 있다.

② X. 정당법

> 제47조 ③정당이 비례대표국회의원선거 및 비례대표지방의회의원선거에 후보자를 추천하는 때에는 그 후보자 중 100분의 50 이상을 여성으로 추천하되, 그 후보자명부의 순위의 **매 홀수에는 여성을 추천하여야 한다.**

③ O. 정당법

> 제33조(정당소속 국회의원의 제명)
> 정당이 그 소속 국회의원을 제명하기 위해서는 당헌이 정하는 절차를 거치는 외에 **그 소속 국회의원 전원의 2분의 1 이상의 찬성이 있어야** 한다.

④ X. 헌재 2014. 1. 28. 2012헌마431 등
실질적으로 국민의 정치적 의사형성에 참여할 의사나 능력이 없는 정당을 정치적 의사형성 과정에서 배제함으로써 정당제 민주주의 발전에 기여하고자 하는 한도에서 정당등록취소조항의 입법목적의 정당성과 수단의 적합성을 인정할 수 있다. 그러나 정당등록의 취소는 정당의 존속 자체를 박탈하여 모든 형태의 정당 활동을 불가능하게 하므로, 그에 대한 입법은 필요최소한의 범위에서 엄격한 기준에 따라 이루어져야 한다. 그런데 일정기간 동안 공직선거에 참여할 기회를 수 회 부여하고 그 결과에 따라 등록취소 여부를 결정하는 등 덜 기본권 제한적인 방법을 상정할 수 있고, 정당법에서 법정의 등록요건을 갖추지 못하게 된 정당이나 일정 기간 국회의원선거 등에 참여하지 아니한 정당의 등록을 취소하도록 하는 등 현재의 법체계 아래에서도 입법목적을 실현할 수 있는 다른 장치가 마련되어 있으므로, **정당등록취소조항은 침해의 최소성 요건을 갖추지 못하였다.** 나아가, 정당등록취소조항은 어느 정당이 대통령선거나 지방자치선거에서 아무리 좋은 성과를 올리더라도 국회의원선거에서 일정 수준의 지지를 얻는 데 실패하면 등록이 취소될 수밖에 없어 불합리하고, 신생·군소정당으로 하여금 국회의원선거에의 참여 자체를 포기하게 할 우려도 있어 법익의 균형성 요건도 갖추지 못하였다. 따라서 **정당등록취소조항은 과잉금지원칙에 위반되어 청구인들의 정당설립의 자유를 침해한다.**

14 정답 ④

① O. 헌재 2017. 10. 26. 2016헌마623
예비후보자 기탁금조항은 예비후보자의 무분

별한 난립을 막고 책임성과 성실성을 담보하기 위한 것으로서, 입법목적의 정당성과 수단의 적합성이 인정된다. 또한 예비후보자 기탁금제도보다 덜 침해적인 다른 방법이 명백히 존재한다고 할 수 없고, 일정한 범위의 선거운동이 허용된 예비후보자의 기탁금 액수를 해당 선거의 후보자등록 시 납부해야 하는 기탁금의 100분의 20인 300만 원으로 설정한 것은 입법재량의 범위를 벗어난 것으로 볼 수 없으므로 침해의 최소성 원칙에 위배되지 아니한다. 그리고 위 조항으로 인하여 예비후보자로 등록하려는 사람의 공무담임권 제한은 이로써 달성하려는 공익보다 크다고 할 수 없어 법익의 균형성 원칙에도 반하지 않는다. 따라서 예비후보자 기탁금조항은 청구인의 공무담임권을 침해하지 않는다.

② O. 헌재 2016. 5. 26. 2012헌마374
소선거구 다수대표제는 다수의 사표가 발생할 수 있다는 문제점이 제기됨에도 불구하고 정치의 책임성과 안정성을 강화하고 인물 검증을 통해 당선자를 선출하는 등 장점을 가지며, 선거의 대표성이나 평등선거의 원칙 측면에서도 다른 선거제도와 비교하여 반드시 열등하다고 단정할 수 없다. 또한 비례대표선거제도를 통하여 소선거구 다수대표제를 채택함에 따라 발생하는 정당의 득표비율과 의석비율간의 차이를 보완하고 있다. 그리고 유권자들의 후보들에 대한 각기 다른 지지는 자연스러운 것이고, 선거제도상 모든 후보자들을 당선시키는 것은 불가능하므로 사표의 발생은 불가피한 측면이 있다.
이러한 점들을 고려하면, 선거권자들에게 성별, 재산 등에 의한 제한 없이 모두 투표참여의 기회를 부여하고(보통선거), 선거권자 1인의 투표를 1표로 계산하며(평등선거), 선거결과가 선거권자에 의해 직접 결정되고(직접선거), 투표의 비밀이 보장되며(비밀선거), 자유로운 투표를 보장함으로써(자유선거) 헌법상의 선거원칙은 모두 구현되는 것이므로, 이에 더하여 국회의원선거에서 사표를 줄이기 위해 소선거구 다수대표제를 배제하고 다른 선거제도를 채택할 것까지 요구할 수는 없다. 따라서 심판대상조항이 청구인의 평등권과 선거권을 침해한다고 할 수 없다.

③ O. 헌재 2018. 6. 28. 2014헌마189
인구편차 상하 50%를 기준으로 하는 방안은 투표가치의 비율이 인구비례를 기준으로 볼 때의 등가의 한계인 2 : 1의 비율에 그 50%를 가산한 3 : 1 미만이 되어야 한다는 것으로서 인구편차 상하 33⅓%를 기준으로 하는 방안보다 2차적 요소를 폭넓게 고려할 수 있고, 인구편차 상하 60%의 기준에서 곧바로 인구편차 상하 33⅓%의 기준을 채택하는 경우 시·도의원지역구를 조정함에 있어 예기치 않은 어려움에 봉착할 가능성이 매우 크므로, 현시점에서는 시·도의원지역구 획정에서 허용되는 인구편차 기준을 인구편차 상하 50%(인구비례 3 : 1)로 변경하는 것이 타당하다.

④ X. 공직선거법

제222조(선거소송)
①대통령선거 및 국회의원선거에 있어서 선거의 효력에 관하여 이의가 있는 선거인·정당(후보자를 추천한 정당에 한한다) 또는 후보자는 선거일부터 30일 이내에 당해 선거구선거관리위원회위원장을 피고로 하여 대법원에 소를 제기할 수 있다.

15 정답 ❸

㉠ X. 헌재 2010. 5. 27. 2005헌마346
초기배아는 수정이 된 배아라는 점에서 형성 중인 생명의 첫걸음을 떼었다고 볼 여지가 있기는 하나 아직 모체에 착상되거나 원시선이 나타나지 않은 이상 현재의 자연과학적 인식수준에서 독립된 인간과 배아 간의 개체적 연속성을 확정하기 어렵다고 봄이 일반적이라는 점, 배아의 경우 현재의 과학기술 수준에서 모태 속에서 수용될 때 비로소 독립적인 인간으로의 성장가능성을 기대할 수 있다는 점, 수정 후 착상 전의 배아가 인간으로 인식된다거나 그와 같이 취급하여야 할 필요성이 있다는 사회적 승인이 존재한다고 보기 어려운 점 등을 종합적으로 고려할 때, 기본권 주체성을 인정하기 어렵다.

㉡ O. 헌재 2012. 8. 23. 2008헌마430
헌법재판소법 제68조 제1항 소정의 헌법소원은 기본권의 주체이어야만 청구할 수 있는데, 단순히 '국민의 권리'가 아니라 '인간의 권리'로 볼 수 있는 기본권에 대해서는 외국인도 기본권의 주체가 될 수 있다. 나아가 청구인들이 불법체류 중인 외국인들이라 하더라도, 불법체류라는 것은 관련 법령에 의하여 체류자격이 인정되지 않는다는 것일 뿐이므로, '인간의 권리'로서 외국인에게도 주체성이 인정되는 일정한 기본권에 관하여 불법체류 여부에 따라 그 인정 여부가 달라지는 것은 아니다.

㉢ X. 헌재 2006. 12. 28. 2006헌마312
지방자치단체는 기본권의 주체가 될 수 없다는 것이 헌법재판소의 입장이며, 이를 변경해야 할만한 사정이나 필요성이 없으므로 지방자치단체인 춘천시의 헌법소원 청구는 부적법하다.

㉣ O. 헌재 2000. 6. 1. 99헌마553
헌법상 기본권의 주체가 될 수 있는 법인은 원칙적으로 사법인에 한하는 것이고 공법인은 헌법의 수범자이지 기본권의 주체가 될 수 없다. 축협중앙회는 지역별·업종별 축협과 비교할 때, 회원의 임의탈퇴나 임의해산이 불가능한 점 등 그 공법인성이 상대적으로 크다고 할 것이지만, 이로써 공법인이라고 단정할 수는 없을 것이고, 이 역시 그 존립목적 및 설립형식에서의 자주적 성격에 비추어 사법인적 성격을 부인할 수 없으므로, 축협중앙회는 공법인성과 사법인성을 겸유한 특수한 법인으로서 이 사건에서 기본권의 주체가 될 수 있다.

16 정답 ❷

① O. 헌재 2009헌라6

② X. 헌재 2015. 3. 26. 2013헌마214 등
국가인권위원회는 법률상의 독립된 국가기관이고, 피해자인 진정인에게는 국가인권위원회법이 정하고 있는 구제조치를 신청할 법률상 신청권이 있는데 국가인권위원회가 진정을 각하 및 기각결정을 할 경우 피해자인 진정인으로서는 자신의 인격권 등을 침해하는 인권침해 또는 차별행위 등이 시정되고 그에 따른 구제조치를 받을 권리를 박탈당하게 되므로, 진정에 대한 국가인권위원회의 각하 및 기각결정은 피해자인 진정인의 권리행사에 중대한 지장을 초래하는 것으로서 항고소송의 대상이 되는 행정처분에 해당하므로, 그에 대한 다툼은 우선 행정심판이나 행정소송에 의하여야 할 것이다. 따라서 이 사건 심판청구는 행정심판이나 행정소송 등의 사전 구제절차를 모두 거친 후 청구된 것이 아니므로 보충성 요건을 충족하지 못하였다.

③ O. 국가인권위원회법

> 제47조(피해자를 위한 법률구조 요청)
> ① 위원회는 진정에 관한 위원회의 조사, 증거의 확보 또는 피해자의 권리 구제를 위하여 필요하다고 인정하면 피해자를 위하여 대한법률구조공단 또는 그 밖의 기관에 법률구조를 요청할 수 있다.
> ② 제1항에 따른 **법률구조 요청은 피해자의 명시한 의사에 반하여 할 수 없다.**

④ O.

> 제49조(조사와 조정 등의 비공개)
> 위원회의 진정에 대한 조사·조정 및 심의는 비공개로 한다. 다만, 위원회의 의결이 있을 때에는 공개할 수 있다.

17 정답 ❶

① X. 헌재 2014. 7. 24. 2011헌바275
이 사건 법률조항은 우리 사회의 중대한 공익이며 헌법 제36조 제1항으로부터 도출되는 일부일처제를 실현하기 위한 것이다. 이 사건 법률조항은 중혼을 혼인무효사유가 아니라 혼인취소사유로 정하고 있는데, 혼인 취소의 효력은 기왕에 소급하지 아니하므로 중혼이라 하더라도 법원의 취소판결이 확정되기 전까지는 유효한 법률혼으로 보호받는다. 후혼의 취소가 가혹한 결과가 발생하는 경우에는 구체적 사건에서 법원이 권리남용의 법리 등으로 해결하고 있다. 따라서 중혼 취소청구권의 소멸에 관하여 아무런 규정을 두지 않았다 하더라도, 이 사건 법률조항이 현저히 입법재량의 범위를 일탈하여 후혼배우자의 인격권 및 행복추구권을 침해하지 아니한다.

② O. 헌재 2003헌가5 등

③ O. 헌재 2015. 12. 23. 2013헌마712
민사재판에서 법관이 당사자의 복장에 따라 불리한 심증을 갖거나 불공정한 재판진행을 하게 되는 것은 아니므로, 심판대상조항이 민사재판의 당사자로 출석하는 수형자에 대하여 사복착용을 불허하는 것으로 공정한 재판을 받을 권리가 침해되는 것은 아니다. 수형자가 민사법정에 출석하기까지 교도관이 반드시 동행하여야 하므로 수용자의 신분이 드러나게 되어 있어 재소자용 의류를 입었다는 이유로 인격권과 행복추구권이 제한되는 정도는 제한적이고, 형사법정 이외의 법정 출입 방식은 미결수용자와 교도관 전용 통로 및 시설이 존재하는 형사재판과 다르며, 계호의 방식과 정도도 확연히 다르다. 따라서 심판대상조항이 민사재판에 출석하는 수형자에 대하여 사복착용을 허용하지 아니한 것은 청구인의 인격권과 행복추구권을 침해하지 아니한다.

④ O. 헌재 2012. 7. 26. 2011헌마426
이 사건 보호장비 사용행위는 도주 등의 교정사고를 예방하기 위한 것으로서 그 목적이 정당하고, 상체승의 포승과 앞으로 사용한 수갑은 이송하는 경우의 보호장비로서 적절하다. 그리고 피청구인은 청구인에 대하여 이동 시간에 해당하는 시간 동안에만 보호장비를 사용하였고, 수형자를 장거리 호송하는 경우에는 도주 등 교정사고 발생 가능성이 높아지는 만큼 포승이나 수갑 등 어느 하나의 보호장비만으로는 계호에 불충분하며, 장시간 호송하는 경우에 수형자가 수갑을 끊거나 푸는 것을 최대한 늦추거나 어렵게 하기 위하여 수갑 2개를 채운 행위가 과하다고 보기 어렵고, 청구인과 같이 강력범죄를 범하고 중한 형을 선고받았으며 선고형량에 비하여 형집행이 얼마 안 된 수형자의 경우에는 좀 더 엄중한 계호가

요구된다고 보이므로, 최소한의 범위 내에서 보호장비가 사용되었다고 할 수 있다. 또한 이 사건 보호장비 사용행위로 인하여 제한되는 신체의 자유 등에 비하여 도주 등의 교정사고를 예방함으로써 수형자를 이송함에 있어 안전과 질서를 보호할 수 있는 공익이 더 크다 할 것이므로 법익의 균형성도 갖추었다.

18 정답 ❸

① O. 헌재 2018. 6. 28. 2016헌가14
국가가 보훈보상대상자 및 그 유족에게 지급할 구체적인 보상의 내용 등에 관한 사항은 국가의 재정부담 능력과 전체적인 사회보장 수준, 보훈보상대상자에 대한 평가기준 등에 따라 정해질 수밖에 없으므로, 보훈보상대상자의 유족보상금 지급에 있어 유족의 생활보호 측면 외에도 국가의 재정부담 능력이 중요한 요소로 고려되어야 하는 것은 사실이다. 그러나 국가의 재정부담 능력 등이 허락하는 한도에서 보상금 총액을 일정액으로 제한하되, 그 범위 내에서 적어도 같은 순위의 유족들에게는 생활정도에 따라 보상금을 분할해서 지급하는 방법이 가능하다. 만약 다른 유족에 비하여 특별히 경제적으로 어려운 자가 있고, 그 이외의 유족에게는 생활보호의 필요성이 인정되지 않는다는 별도의 소명이 존재한다면 그 경우에는 보상금 수급권자의 범위를 경제적으로 어려운 자에게 한정하는 방법도 가능하다. 이처럼 국가의 재정부담을 늘리지 않으면서도 보훈보상대상자 유족의 실질적인 생활보호에 충실할 수 있는 방안이 존재하는 상황에서, 부모에 대한 보상금 지급에 있어서 예외 없이 오로지 1명에 한정하여 지급해야 할 필요성이 크다고 볼 수 없다. 심판대상조항이 국가의 재정부담능력의 한계를 이유로 하여 부모 1명에 한정하여 보상금을 지급하도록 하면서 어떠한 예외도 두지 않은 것에는 합리적 이유가 있다고 보기 어렵다.
심판대상조항 중 나이가 많은 자를 우선하도록 한 것 역시 문제된다. 나이에 따른 차별은 연장자를 연소자에 비해 우대하는 전통적인 유교사상에 기초한 것으로 보이나, 부모 중 나이가 많은 자가 나이가 적은 자를 부양한다고 일반화할 합리적인 이유가 없고, 부모 상호간에 노동능력 감소 및 부양능력에 현저히 차이가 있을 정도의 나이 차이를 인정하기 어려운 경우도 많다. 오히려 직업이나 보유재산에 따라 연장자가 경제적으로 형편이 더 나은 경우에도 그 보다 생활이 어려운 유족을 배제하면서까지 연장자라는 이유로 보상금을 지급하는 것은 보상금 수급권이 갖는 사회보장적 성격에 부합하지 아니한다.

② O.

③ X. 헌재 2016. 7. 28. 2015헌마236 등
부정청탁금지조항과 금품수수금지조항 및 신고조항과 제재조항은 전체 민간부문을 대상으로 하지 않고 사립학교 관계자와 언론인만 '공직자등'에 포함시켜 공직자와 같은 의무를 부담시키고 있는데, 이들 조항이 청구인들의 일반적 행동자유권 등을 침해하지 않는 이상, 민간부문 중 우선 이들만 '공직자등'에 포함시킨 입법자의 결단이 자의적 차별이라 보기는 어렵다. 교육과 언론은 공공성이 강한 영역으로 공공부문과 민간부문이 함께 참여하고 있고, 참여 주체의 신분에 따른 차별을 두기 어려운 분야이다. 따라서 사립학교 관계자와 언론인 못지않게 공공성이 큰 민간분야 종사자에 대해서 청탁금지법이 적용되지 않는다는 이유만으로 부정청탁금지조항과 금품수수금지조항

및 신고조항과 제재조항이 청구인들의 평등권을 침해한다고 볼 수 없다.

④ O. 헌재 2016. 9. 29. 2014헌바254
근로자가 사업주의 지배관리 아래 출퇴근하던 중 발생한 사고로 부상 등이 발생한 경우만 업무상 재해로 인정하는 산업재해보상보험법 제37조 제1항 제1호 다목(이하 '심판대상조항'이라 한다)이 평등원칙에 위배되는지 여부 **(적극)**

19 정답 ❶

① X.

> 헌법 제12조 ③체포·구속·압수 또는 수색을 할 때에는 적법한 절차에 따라 검사의 신청에 의하여 법관이 발부한 영장을 제시하여야 한다. 다만, 현행범인인 경우와 장기 3년 이상의 형에 해당하는 죄를 범하고 도피 또는 증거인멸의 염려가 **있을 때**에는 사후에 영장을 청구할 수 있다.

② O. 헌재 2013헌바129

③ O. 헌재 2009. 12. 29. 2008헌가13 등
헌법상 무죄추정의 원칙에 따라, 유죄판결이 확정되기 전의 피의자 또는 피고인은 아직 죄 있는 자가 아니므로 그들을 죄 있는 자에 준하여 취급함으로써 법률적·사실적 측면에서 유형·무형의 불이익을 주어서는 아니되고, 특히 미결구금은 신체의 자유를 침해받는 피의자 또는 피고인의 입장에서 보면 실질적으로 자유형의 집행과 다를 바 없으므로 인권보호 및 공평의 원칙상 형기에 전부 산입되어야 한다. 따라서 상소제기 후 상소취하시까지의 구금 역시 미결구금에 해당하는 이상 그 구금일수도 형기에 전부 산입되어야 한다. 그런데 이 사건 법률조항들은 구속 피고인의 상소제기

후 상소취하시까지의 구금일수를 본형 형기 산입에서 제외함으로써 기본권 중에서도 가장 본질적 자유인 신체의 자유를 침해하고 있다.

④ O. 헌재 2017. 11. 30. 2016헌마503
변호인이 피의자신문에 자유롭게 참여할 수 있는 권리는 피의자가 가지는 변호인의 조력을 받을 권리를 실현하는 수단이므로 헌법상 기본권인 변호인의 변호권으로서 보호되어야 한다.

20 정답 ❸

㉠ O. 헌재 2015. 5. 28. 2013헌가6
자동차등을 범죄를 위한 수단으로 이용하여 교통상의 위험과 장해를 유발하고 국민의 생명과 재산에 심각한 위협을 초래하는 것을 방지하여 안전하고 원활한 교통을 확보함과 동시에 차량을 이용한 범죄의 발생을 막고자 하는 심판대상조항은 그 입법목적이 정당하고, 운전면허를 필요적으로 취소하도록 하는 것은 자동차등을 이용한 범죄행위의 재발을 일정기간 방지하는 데 기여할 수 있으므로 이는 입법목적을 달성하기 위한 적정한 수단이다.
그러나 자동차등을 이용한 범죄를 근절하기 위하여 그에 대한 행정적 제재를 강화할 필요가 있다 하더라도 이를 임의적 운전면허 취소 또는 정지사유로 규정함으로써 불법의 정도에 상응하는 제재수단을 선택할 수 있도록 하여도 충분히 그 목적을 달성하는 것이 가능함에도, 심판대상조항은 이에 그치지 아니하고 필요적으로 운전면허를 취소하도록 하여 구체적 사안의 개별성과 특수성을 고려할 수 있는 여지를 일체 배제하고 있다. 나아가 심판대상조항 중 '자동차등을 이용하여' 부분은 포섭될 수 있는 행위 태양이 지나치게 넓을 뿐만 아니

라, 하위법령에서 규정될 대상범죄에 심판대상조항의 입법목적을 달성하기 위해 반드시 규제할 필요가 있는 범죄행위가 아닌 경우까지 포함될 우려가 있어 <u>침해의 최소성 원칙에 위배</u>된다. 심판대상조항은 운전을 생업으로 하는 자에 대하여는 생계에 지장을 초래할 만큼 중대한 직업의 자유의 제약을 초래하고, 운전을 업으로 하지 않는 자에 대하여도 일상생활에 심대한 불편을 초래하여 일반적 행동의 자유를 제약하므로 <u>법익의 균형성 원칙에도 위배</u>된다. 따라서 심판대상조항은 직업의 자유 및 일반적 행동의 자유를 **침해**한다.

ⓑ X. 헌재 2018. 1. 25. 2017헌가26
금고 이상의 형의 선고유예를 받은 경우 사회적 비난가능성이 크거나 직무수행에 대한 국민의 신뢰 등에 미치는 부정적인 영향이 크다고 일률적으로 단정하기 어렵고, 같은 금고 이상의 형의 선고유예를 받은 경우라고 하여도 범죄의 종류, 죄질, 내용이 지극히 다양하므로, 그에 따라 국민의 청원경찰직에 대한 신뢰 등에 미치는 영향도 큰 차이가 있다. 따라서 선고유예 판결의 확정에 따른 당연 퇴직 사유를 규정함에 있어서 직업의 자유에 대한 제한을 최소화하기 위해서는 입법목적을 달성함에 반드시 필요한 범죄의 유형, 내용 등으로 그 범위를 가급적 한정하여 규정하거나, 혹은 적어도 청원경찰법상에 마련된 징계 등 별도의 제도로도 입법목적을 충분히 달성할 수 있는 것으로 판단되는 경우를 당연 퇴직 사유에서 제외시켜 규정하여야 한다. 그럼에도 불구하고 <u>심판대상조항은 청원경찰이 저지른 범죄의 종류나 내용을 불문하고 금고 이상의 형의 선고유예를 받게 되면 당연히 퇴직되도록 규정함으로써 청원경찰에게 공무원보다 더 가혹한 제재를 가하고 있으므로, 침해의 최소성 원칙</u>

<u>에 위배</u>된다. 심판대상조항은 청원경찰이 저지른 범죄의 종류나 내용을 불문하고 범죄행위로 금고 이상의 형의 선고유예를 받게 되면 당연히 퇴직되도록 규정함으로써 그것이 달성하려는 공익의 비중에도 불구하고 청원경찰의 직업의 자유를 과도하게 제한하고 있어 <u>법익의 균형성 원칙에도 위배</u>된다. 따라서, 심판대상조항은 <u>과잉금지원칙에 반하여 직업의 자유를 침해</u>한다.

ⓒ X. 헌재 2017. 12. 28. 2016헌바346
심판대상조항은 제조업의 핵심 업무인 직접생산공정업무의 적정한 운영을 기하고 근로자에 대한 직접고용 증진 및 적정임금 지급을 보장하기 위한 것으로 입법목적의 정당성 및 수단의 적합성이 인정된다.
심판대상조항은 제조업의 직접생산공정업무에 관한 근로자파견 자체를 금지하고 위반 시 처벌하고 있으나, 현재로서는 근로자파견의 확대로 인한 사회·경제적 부작용을 충분히 방지할 수 있다고 보기 어렵고, 제조업의 특성상 숙련되지 못한 근로자의 파견 또는 근로자의 잦은 변동을 방지할 필요성이 크며, 제조업의 직접생산공정업무의 경우에도 일정한 경우에는 예외적으로 근로자파견이 허용되고, 행정상의 제재수단만으로 입법목적을 실효적으로 달성할 수 있다고 보기 어려운 점 등에 비추어 보면, <u>침해의 최소성을 위반하였다고 보기 어렵다.</u>
또한, 제조업의 직접생산공정업무의 적정한 운영, 근로자의 직접고용 증진 및 적정임금 보장이라는 공익이 사용사업주가 제조업의 직접생산공정업무에 관하여 근로자파견의 역무를 제공받지 못하는 직업수행의 자유 제한에 비하여 작다고 볼 수 없으므로, <u>법익의 균형성도 충족된다.</u> 따라서 심판대상조항이 제조업의 직접생산공정업무에 관하여 근로자파견의 역무를 제공받고자 하는 사업주의 직업수행의 자유를 침해한다고 볼 수 없다.

㉣ O. 헌재 2016. 3. 31. 2013헌마585 등
이 사건 법률조항은 의료기관의 운영자나 종사자의 자질을 일정 수준으로 담보하도록 함으로써, 아동·청소년을 잠재적 성범죄로부터 보호하고, 의료기관의 윤리성과 신뢰성을 높여 아동·청소년 및 그 보호자가 이들 기관을 믿고 이용할 수 있도록 하는 입법목적을 지니는바 이러한 <u>입법목적은 정당</u>하다. 그러나 이 사건 법률조항이 성범죄 전력만으로 그가 장래에 동일한 유형의 범죄를 다시 저지를 것을 당연시하고, 형의 집행이 종료된 때부터 10년이 경과하기 전에는 결코 재범의 위험성이 소멸하지 않는다고 보며, 각 행위의 죄질에 따른 상이한 제재의 필요성을 간과함으로써, 성범죄 전력자 중 재범의 위험성이 없는 자, 성범죄 전력이 있지만 10년의 기간 안에 재범의 위험성이 해소될 수 있는 자, 범행의 정도가 가볍고 재범의 위험성이 상대적으로 크지 않은 자에게까지 10년 동안 일률적인 취업제한을 부과하고 있는 것은 **침해의 최소성 원칙과 법익의 균형성 원칙에 위배된다.** 따라서 이 사건 법률조항은 <u>청구인들의 직업선택의 자유를 침해한다.</u>

순경공채·경위공채 대비
경찰헌법 모의고사

02

경찰헌법
모의고사
2회

02 경찰헌법 모의고사 2회

01 정답 ❶

① X. 헌재 2018. 4. 26. 2015헌바370 등
헌법 제12조 제3항과는 달리 <u>헌법 제16조 후
문</u>은 "주거에 대한 압수나 수색을 할 때에는
검사의 신청에 의하여 법관이 발부한 영장을
제시하여야 한다."라고 규정하고 있을 뿐 <u>영장
주의에 대한 예외를 명문화하고 있지 않다.</u> 그
러나 헌법 제12조 제3항과 헌법 제16조의 관
계, 주거 공간에 대한 긴급한 압수·수색의 필
요성, 주거의 자유와 관련하여 영장주의를 선
언하고 있는 헌법 제16조의 취지 등을 종합하
면, <u>헌법 제16조의 영장주의에 대해서도 그
예외를 인정하되,</u> 이는 ① 그 장소에 범죄혐의
등을 입증할 자료나 피의자가 존재할 개연성
이 소명되고, ② 사전에 영장을 발부받기 어려
운 긴급한 사정이 있는 경우에만 제한적으로
허용될 수 있다고 보는 것이 타당하다. 심판대
상조항은 체포영장을 발부받아 피의자를 체포
하는 경우에 필요한 때에는 영장 없이 타인의
주거 등 내에서 피의자 수사를 할 수 있다고
규정함으로써, 앞서 본 바와 같이 별도로 영장
을 발부받기 어려운 긴급한 사정이 있는지 여
부를 구별하지 아니하고 피의자가 소재할 개
연성만 소명되면 영장 없이 타인의 주거 등을
수색할 수 있도록 허용하고 있다. 이는 체포영
장이 발부된 피의자가 타인의 주거 등에 소재
할 개연성은 소명되나, 수색에 앞서 영장을 발
부받기 어려운 긴급한 사정이 인정되지 않는

경우에도 영장 없이 피의자 수색을 할 수 있다
는 것이므로, 헌법 제16조의 영장주의 예외 요
건을 벗어나는 것으로서 영장주의에 위반된다.

② O. 2012헌마662

③ O. 헌재 2014. 7. 24. 2012헌마662
헌법 제16조가 보장하는 주거의 자유는 개방
되지 않은 사적 공간인 주거를 공권력이나 제
3자에 의해 침해당하지 않도록 함으로써 국민
의 사생활영역을 보호하기 위한 권리이므로,
주거용 건축물의 사용·수익관계를 정하고 있
는 이 사건 법률조항이 주거의 자유를 제한한
다고 볼 수도 없다.

④ O. 주거침입죄는 사실상의 주거의 평온을 보
호법익으로 하는 것이므로 그 주거자 또는 간
수자가 건조물 등에 거주 또는 간수할 권리를
가지고 있는가의 여부는 범죄의 성립을 좌우
하는 것이 아니며, 점유할 권리없는 자의 점유
라고 하더라도 그 주거의 평온은 보호되어야
할 것이므로, 권리자가 그 권리를 실행함에 있
어 법에 정하여진 절차에 의하지 아니하고 그
건조물 등에 침입한 경우에는 주거침입죄가
성립한다.(대법원 1987. 11. 10. 선고 87도
1760 판결)

02 정답 ❶

① X. 헌재 2014. 9. 25. 2012헌마523

접견내용을 녹음·녹화하는 경우 수용자 및 그 상대방에게 그 사실을 말이나 서면 등으로 알려주어야 하고 취득된 접견기록물은 법령에 의해 보호·관리되고 있으므로 사생활의 비밀과 자유에 대한 침해를 최소화하는 수단이 마련되어 있다는 점, 청구인이 나눈 접견내용에 대한 사생활의 비밀로서의 보호가치에 비해 증거인멸의 위험을 방지하고 교정시설 내의 안전과 질서유지에 기여하려는 공익이 크고 중요하다는 점에 비추어 볼 때, 이 사건 접견 참여·기록이 청구인의 사생활의 비밀과 자유를 침해하였다고 볼 수 없다.

② O. 헌재 2009헌마691

③ O. 헌재 2015헌마924

④ O. 헌재 2017. 7. 27. 2015헌마1094
심판대상행위는 방문 면접을 통해 행정자료로 파악하기 곤란한 항목들을 조사하여 그 결과를 사회 현안에 대한 심층 분석과 각종 정책수립, 통계작성의 기초자료 또는 사회·경제현상의 연구·분석 등에 활용하도록 하고자 한 것이므로 그 목적이 정당하고, 15일이라는 짧은 방문 면접조사 기간 등 현실적 여건을 감안하면 인근 주민을 조사원으로 채용하여 방문면접 조사를 실시한 것은 목적을 달성하기 위한 적정한 수단이 된다. … 따라서 심판대상행위가 과잉금지원칙을 위반하여 청구인의 개인정보자기결정권을 침해하였다고 볼 수 없다.

03 정답 ❹

① O. 헌재 2007헌마890

② O. 헌재 2017헌마1209

③ O. 헌재 99헌마1209

④ X.

> 통신비밀보호법 제8조(긴급통신제한조치)
> ①검사, 사법경찰관 또는 정보수사기관의 장은 국가안보를 위협하는 음모행위, 직접적인 사망이나 심각한 상해의 위험을 야기할 수 있는 범죄 또는 조직범죄등 중대한 범죄의 계획이나 실행 등 긴박한 상황에 있고 제5조제1항 또는 제7조제1항제1호의 규정에 의한 요건을 구비한 자에 대하여 제6조 또는 제7조제1항 및 제3항의 규정에 의한 절차를 거칠 수 없는 **긴급한 사유가 있는 때에는 법원의 허가없이 통신제한조치를 할 수 있다.**

04 정답 ❷

① X. 헌재 2015. 7. 30. 2014헌가7
공제회가 관리·운용하는 기금은 학교안전사고보상공제 사업 등에 필요한 재원을 확보하고, 공제급여에 충당하기 위하여 설치 및 조성되는 것으로서 학교안전법령이 정하는 용도에 사용되는 것일 뿐, 각 공제회에 귀속되어 사적 유용성을 갖는다거나 원칙적 처분권이 있는 재산적 가치라고 보기 어렵고, 공제회가 갖는 기금에 대한 권리는 법에 의하여 정해진 대로 운영할 수 있는 법적 권능에 불과할 뿐 사적 이익을 위해 권리주체에게 귀속될 수 있는 성질의 것이 아니므로, 이는 헌법 제23조 제1항에 의하여 보호되는 공제회의 재산권에 해당되지 않는다.

② O. 헌재 2010. 7. 29. 2008헌가15
'사립학교교직원 연금법'상의 퇴직급여 및 퇴직수당을 받을 권리는 사회적 기본권의 하나인 사회보장수급권임과 동시에 경제적 가치가 있는 권리로서 헌법 제23조에 의하여 보장되는 재산권이다. 이 사건 법률조항은 사립학교 교원이 재직중의 사유로 금고 이상의 형을 받은 때 대통령령이 정하는 바에 의하여 퇴직급

여 및 퇴직수당의 일부를 감액하도록 규정하고, 실제 '사립학교교직원 연금법' 시행령 제66조 제1항 제1호는 이 경우 재직기간이 5년 미만인 자의 퇴직급여는 그 금액의 4분의 1, 재직기간이 5년 이상인 자의 퇴직급여는 그 금액의 2분의 1, 그리고 퇴직수당은 그 금액의 2분의 1에 상당하는 금액을 감액하도록 규정하고 있어, 이 사건 법률조항에 의하여 재산권으로서의 급여수급권이 제한된다고 볼 수 있다.

③ X. 헌재 1997. 11. 27. 97헌바10
憲法 제23조 제1항 및 제13조 제2항에 의하여 보호되는 財産權은 사적유용성 및 그에 대한 원칙적 처분권을 내포하는 재산가치있는 구체적 권리이므로 구체적인 권리가 아닌 단순한 이익이나 재화의 획득에 관한 기회 등은 재산권 보장의 대상이 아니라 할 것인바, 약사는 단순히 의약품의 판매뿐만 아니라 의약품의 분석, 관리 등의 업무를 다루며, 약사면허 그 자체는 양도 양수할 수 없고 상속의 대상도 되지 아니하며, 또한 약사의 한약조제권이란 그것이 타인에 의하여 침해되었을 때 방해를 배제하거나 원상회복 내지 손해배상을 청구할 수 있는 권리가 아니라 법률에 의하여 약사의 지위에서 인정되는 하나의 권능에 불과하고, 더욱이 의약품을 판매하여 얻게 되는 이익 역시 장래의 불확실한 기대이익에 불과한 것이므로, 구 약사법상 약사에게 인정된 한약조제권은 위 헌법조항들이 말하는 재산권의 범위에 속하지 아니한다.

④ X. 헌재 2009. 9. 24. 2007헌마1092
의료급여수급권은 공공부조의 일종으로서 순수하게 사회정책적 목적에서 주어지는 권리이므로 개인의 노력과 금전적 기여를 통하여 취득되는 재산권의 보호대상에 포함된다고 보기

어려워, 이 사건 시행령조항 및 시행규칙조항이 청구인들의 재산권을 침해한다고 할 수 없다.

05 정답 ❷

① O. 헌재 2011헌바379등
② X. 헌재 2004. 8. 26. 2002헌가1
'양심의 자유'가 보장하고자 하는 '양심'은 민주적 다수의 사고나 가치관과 일치하는 것이 아니라, 개인적 현상으로서 지극히 주관적인 것이다. 양심은 그 대상이나 내용 또는 동기에 의하여 판단될 수 없으며, 특히 양심상의 결정이 이성적·합리적인가, 타당한가 또는 법질서나 사회규범, 도덕률과 일치하는가 하는 관점은 양심의 존재를 판단하는 기준이 될 수 없다.
③ O. 헌재 96헌바35
④ O. 헌재 2011헌바379등

06 정답 ❹

① O. 헌재 2007헌바131 등
② O. 헌재 2012. 6. 27. 2011헌바34
압류 등 강제집행은 국가가 강제력을 행사함으로써 채권자의 사법상 청구권에 대한 실현을 도모하는 절차로서 채권자의 재산권은 궁극적으로 강제집행에 의하여 그 실현이 보장되는 것인바, 이 사건 법률조항은 전통사찰에 대하여 채무명의를 가진 일반 채권자(이하 '전통사찰의 일반 채권자'라 한다)가 전통사찰 소유의 전법용 경내지의 건조물 등에 대하여 압류하는 것을 금지하고 있으므로 '전통사찰의 일반 채권자'의 재산권을 제한한다.
청구인은 이 사건 법률조항이 다른 종교단체

의 재산과는 달리 불교 전통사찰 소유의 재산만을 압류 금지 재산으로 규정함으로써 청구인의 종교의 자유를 침해한다고 주장한다. 그러나 종교의 자유는 신앙의 자유, 종교적 행위의 자유 및 종교적 집회·결사의 자유를 그 내용으로 하는바, 이 사건 법률조항은 전통사찰 소유의 일정 재산에 대한 압류를 금지할 뿐이므로 그로 인하여 위와 같은 종교의 자유의 내용 중 어떠한 것도 제한되지는 아니한다.

③ O. 헌재 2007헌마1366

④ X. 헌재 2011. 12. 29. 2009헌마527
공범 등이 없는 경우 내지 공범 등이 있는 경우라도 공범이나 동일사건 관련자를 분리하여 종교행사 등에의 참석을 허용하는 등의 방법으로 미결수용자의 기본권을 덜 침해하는 수단이 존재함에도 불구하고 이를 전혀 고려하지 아니하였으므로 이 사건 종교행사 등 참석불허 처우는 침해의 최소성 요건을 충족하였다고 보기 어렵다. 그리고, 이 사건 종교행사 등 참석불허 처우로 얻어질 공익의 정도가 무죄추정의 원칙이 적용되는 미결수용자들이 종교행사 등에 참석을 하지 못함으로써 입게 되는 종교의 자유의 제한이라는 불이익에 비하여 결코 크다고 단정하기 어려우므로 법익의 균형성 요건 또한 충족하였다고 할 수 없다. 따라서, 이 사건 종교행사 등 참석불허 처우는 과잉금지원칙을 위반하여 청구인의 종교의 자유를 침해하였다.

07 정답 ❸

① O. 헌재 2019헌가4
② O. 헌재 2014헌바434
③ X. 헌재 2019. 11. 28. 2016헌마90

이 사건 시기제한조항은 선거일 전 90일부터 선거일까지 후보자 명의의 칼럼 등을 게재하는 인터넷 선거보도가 불공정하다고 볼 수 있는지에 대해 구체적으로 판단하지 않고 이를 불공정한 선거보도로 간주하여 선거의 공정성을 해치지 않는 보도까지 광범위하게 제한한다. 공직선거법상 인터넷 선거보도 심의의 대상이 되는 인터넷언론사의 개념은 매우 광범위한데, 이 사건 시기제한조항이 정하고 있는 일률적인 규제와 결합될 경우 이로 인해 발생할 수 있는 표현의 자유 제한이 작다고 할 수 없다. 인터넷언론의 특성과 그에 따른 언론시장에서의 영향력 확대에 비추어 볼 때, 인터넷언론에 대하여는 자율성을 최대한 보장하고 언론의 자유에 대한 제한을 최소화하는 것이 바람직하고, 계속 변화하는 이 분야에서 규제수단 또한 헌법의 틀 안에서 다채롭고 새롭게 강구되어야 한다. 이 사건 시기제한조항의 입법목적을 달성할 수 있는 덜 제약적인 다른 방법들이 이 사건 심의기준 규정과 공직선거법에 이미 충분히 존재한다. 따라서 이 사건 시기제한조항은 과잉금지원칙에 반하여 청구인의 표현의 자유를 침해한다.

④ O. 헌재 2016. 11. 24. 2015헌바62
이 사건 법률조항들은 지역농협 이사 선거가 과열되는 과정에서 후보자들의 경제력 차이에 따른 불균형한 선거운동 및 흑색선전을 통한 부당한 경쟁이 이루어짐으로써 선거의 공정이 해쳐지는 것을 방지하기 위하여 선거 공보의 배부를 통한 선거운동만을 허용하고 전화·컴퓨터통신을 이용한 지지 호소의 선거운동을 금지하며 이를 위반하여 선거운동을 한 자를 처벌하는바, 입법목적의 정당성 및 수단의 적합성이 인정된다. 그러나 전화·컴퓨터통신은 누구나 손쉽고 저렴하게 이용할 수 있는 매체

인 점, 농업협동조합법에서 흑색선전 등을 처벌하는 조항을 두고 있는 점을 고려하면 입법목적 달성을 위하여 위 매체를 이용한 지지 호소까지 금지할 필요성은 인정되지 아니한다. 이 사건 법률조항들이 달성하려는 공익이 결사의 자유 및 표현의 자유 제한을 정당화할 정도로 크다고 보기는 어려우므로, 법익의 균형성도 인정되지 아니한다. <u>따라서 이 사건 법률조항들은 과잉금지원칙을 위반하여 결사의 자유, 표현의 자유를 침해하여 헌법에 위반된다.</u>

08 정답 ❹

① O. 헌재 2007헌바22

② O. 헌재 2004헌가17

③ O. 헌재 2000헌바67 등

④ X. 헌재 2009. 9. 24. 2008헌가25
헌법 제21조 제2항에서 금지하고 있는 '허가'는 **행정권이 주체가 되어** 집회 이전에 예방적 조치로서 집회의 내용·시간·장소 등을 사전심사하여 일반적인 집회금지를 특정한 경우에 해제함으로써 집회를 할 수 있게 하는 제도, 즉 허가를 받지 아니한 집회를 금지하는 제도를 의미한다.

09 정답 ❹

① O. 헌재 2007헌마444

② O. 헌재 2014. 8. 28. 2013헌마359
심판대상조항이 제한하고 있는 직업의 자유는 국가자격제도정책과 국가의 경제상황에 따라 법률에 의하여 제한할 수 있는 국민의 권리에 해당한다. 국가정책에 따라 정부의 허가를 받

은 외국인은 정부가 허가한 범위 내에서 소득활동을 할 수 있는 것이므로, 외국인이 국내에서 누리는 직업의 자유는 법률에 따른 정부의 허가에 의해 비로소 발생하는 권리이다. 따라서 외국인인 청구인에게는 그 기본권주체성이 인정되지 아니하며, 자격제도 자체를 다툴 수 있는 기본권주체성이 인정되지 아니하는 이상 국가자격제도에 관련된 평등권에 관하여 따로 기본권주체성을 인정할 수 없다.

③ O. 헌재 2007헌마1262

④ X. 헌재 2011. 9. 29. 2007헌마1083 등
직업의 자유 중 이 사건에서 문제되는 직장 선택의 자유는 인간의 존엄과 가치 및 행복추구권과도 밀접한 관련을 가지는 만큼 단순히 국민의 권리가 아닌 인간의 권리로 보아야 할 것이므로 외국인도 **제한적으로라도** 직장 선택의 자유를 향유할 수 있다고 보아야 한다.

10 정답 ❹

① X. 헌재 1989. 7. 14. 88헌가5 등
법률 또는 법률의 위 조항은 원칙적으로 가능한 범위안에서 합헌적으로 해석함이 마땅하나 그 해석은 <u>법의 문구와 목적에 따른 한계가 있다.</u> 즉, 법률의 조항의 문구가 간직하고 있는 말의 뜻을 넘어서 말의 뜻이 완전히 다른 의미로 변질되지 아니하는 범위내이어야 한다는 <u>문의적 한계</u>와 입법권자가 그 법률의 제정으로써 추구하고자 하는 입법자의 명백한 의지와 입법의 목적을 헛되게 하는 내용으로 해석할 수 없다는 <u>법목적에 따른 한계</u>가 바로 그것이다.

② X. 헌재 1989. 7. 14. 88헌가5 등
법률의 합헌적 해석은 헌법의 최고규범성에

서 나오는 법질서의 통일성에 바탕을 두고, 법률이 헌법에 조화하여 해석될 수 있는 경우에는 위헌으로 판단하여서는 아니된다는 것을 뜻하는 것으로서 권력분립과 입법권을 존중하는 정신에 그 뿌리를 두고 있다. 따라서, 법률 또는 법률의 위 조항은 원칙적으로 가능한 범위안에서 합헌적으로 해석함이 마땅하나 그 해석은 법의 문구와 목적에 따른 한계가 있다. 즉, 법률의 조항의 문구가 간직하고 있는 말의 뜻을 넘어서 말의 뜻이 완전히 다른 의미로 변질되지 아니하는 범위내이어야 한다는 문의적 한계와 입법권자가 그 법률의 제정으로써 추구하고자 하는 입법자의 명백한 의지와 입법의 목적을 헛되게 하는 내용으로 해석할 수 없다는 법목적에 따른 한계가 바로 그것이다. 왜냐하면, 그러한 범위를 벗어난 합헌적 해석은 그것이 바로 실질적 의미에서의 입법작용을 뜻하게 되어 결과적으로 입법권자의 입법권을 침해하는 것이 되기 때문이다.

③ X. 헌재 1996. 4. 25. 92헌바47
헌법의 기본원리는 헌법의 이념적 기초인 동시에 헌법을 지배하는 지도원리로서 입법이나 정책결정의 방향을 제시하며 공무원을 비롯한 모든 국민·국가기관이 헌법을 존중하고 수호하도록 하는 지침이 되며, 구체적 기본권을 도출하는 근거로 될 수는 없으나 기본권의 해석 및 기본권제한입법의 합헌성 심사에 있어 해석기준의 하나로서 작용한다.

④ O. 헌재 2003. 6. 26. 2000헌마509 등
헌법상의 권력분립원칙과 민주주의원칙에 의하여 입법부작위에 대한 헌법재판소의 재판관할권은 한정적으로 인정할 수밖에 없다고 할 것이므로, 헌법에서 기본권보장을 위하여 법령에 명시적인 입법위임을 하였음에도 불구하고 입법자가 이를 이행하지 아니한 경우이거

나, 헌법해석상 특정인에게 구체적인 기본권이 생겨 이를 보장하기 위한 국가의 행위의무 내지 보호의무가 발생하였음이 명백함에도 불구하고 입법자가 아무런 입법조치를 취하지 아니한 경우에 한하여 입법자에게 입법의무를 인정한다고 할 것이다.

11 정답 ❸

① X.

> 헌법 제67조 ④대통령으로 선거될 수 있는 자는 국회의원의 피선거권이 있고 선거일 현재 40세에 달하여야 한다.

② X.

> 헌법 제107조
> ①법률이 헌법에 위반되는 여부가 재판의 전제가 된 경우에는 법원은 헌법재판소에 제청하여 그 심판에 의하여 재판한다.

③ O.

> 헌법재판소법 제68조(청구 사유)
> ① 공권력의 행사 또는 불행사(不行使)로 인하여 헌법상 보장된 기본권을 침해받은 자는 법원의 재판을 제외하고는 헌법재판소에 헌법소원심판을 청구할 수 있다. 다만, 다른 법률에 구제절차가 있는 경우에는 그 절차를 모두 거친 후에 청구할 수 있다.

④ X.

> 헌법 제118조
> ①지방자치단체에 의회를 둔다.

12 정답 ❷

① X.

> 1954년 헌법 제55조 대통령이 궐위된 때에는 **부통령**이 대통령이 되고 잔임기간중 재임한다.

② O.

> 1962년 헌법 제59조
> ①국회는 국무총리 또는 국무위원의 해임을 대통령에게 건의할 수 있다.
> ③제1항과 제2항에 의한 건의가 있을 때에는 대통령은 특별한 사유가 없는 한 이에 응하여야 한다.

③ X.

> 1980년 헌법 제39조 ①대통령은 **대통령선거인단에서** 무기명투표로 **선거**한다.

④ X. 환경권은 1980년 헌법에서 최초로 규정.

13 정답 ❶

① X.

> 제13조(대한민국 국적의 선택 절차) ③ 제1항 및 제2항 단서에도 불구하고 출생 당시에 모가 자녀에게 외국 국적을 취득하게 할 목적으로 외국에서 체류 중이었던 사실이 인정되는 자는 **외국 국적을 포기한 경우에만** 대한민국 국적을 선택한다는 뜻을 신고할 수 있다.

② O.

> 제14조의2(복수국적자에 대한 국적선택명령)
> ① 법무부장관은 복수국적자로서 제12조제1항 또는 제2항에서 정한 기간 내에 국적을 선택하지 아니한 자에게 **1년 내에** 하나의 국적을 선택할 것을 명하여야 한다.

③ O. 헌재 99헌마494

④ O. 헌재 2014헌바211

14 정답 ❸

① X. 헌재 2012. 8. 23. 2011헌바169
소방공무원이 재난·재해현장에서 화재진압이나 인명구조작업 중 입은 위해뿐만 아니라 그 업무수행을 위한 긴급한 출동·복귀 및 부수활동 중 위해에 의하여 사망한 경우까지 그 유족에게 순직공무원보상을 하여 주는 제도를 도입하면서 이 사건 부칙조항이 신법을 소급하는 경과규정을 두지 않았다고 하더라도 소급적용에 따른 국가의 재정부담, 법적 안정성 측면 등을 종합적으로 고려하여 입법정책적으로 정한 것이므로 입법재량의 범위를 벗어나 불합리한 차별이라고 할 수 없다.

② X. 헌재 2014. 7. 24. 2012헌바105
심판대상조항은 개정조항이 시행되기 전 환급세액을 수령한 부분까지 사후적으로 소급하여 개정된 징수조항을 적용하는 것으로서 헌법 제13조 제2항에 따라 원칙적으로 금지되는 이미 완성된 사실·법률관계를 규율하는 진정소급입법에 해당한다.
법인세를 부당 환급받은 법인은 소급입법을 통하여 이자상당액을 포함한 조세채무를 부담할 것이라고 예상할 수 없었고, 환급세액과 이자상당액을 법인세로서 납부하지 않을 것이라는 신뢰는 보호할 필요가 있다. 나아가 개정 전 법인세법 아래에서도 환급세액을 부당이득반환청구를 통하여 환수할 수 있었으므로, 신뢰보호의 요청에 우선하여 진정소급입법을 하여야 할 매우 중대한 공익상 이유가 있다고 볼 수도 없다.

③ O. 헌재 2007. 10. 25. 2005헌바68
이 사건 정지조항을 통하여 기존의 연금수급
자들에 대한 퇴역연금의 지급을 정지함으로써
달성하려는 공익은 군인연금 재정의 악화를
개선하여 이를 유지·존속하려는 데에 있는 것
으로, 그와 같은 공익적인 가치는 매우 크다
하지 않을 수 없다. 한편 연금수급권의 성격상
급여의 구체적인 내용은 불변적인 것이 아니
라, 국가의 재정, 다음 세대의 부담 정도, 사
회정책적 상황 등에 따라 변경될 수 있는 것이
므로, 연금제도에 대한 신뢰는 반드시 "퇴직
후에 현 제도 그대로의 연금액을 받는다."는
데에 둘 수만은 없는 것이고, 또 연금수급자는
단순히 기존의 기준에 의하여 연금이 지속적
으로 지급될 것이라는 기대 아래 소극적으로
연금을 지급받는 것일 뿐, 그러한 신뢰에 기하
여 어떠한 적극적인 투자 등의 조치를 취하는
것도 아니다. 그렇다면 보호해야 할 연금수급
자의 신뢰의 가치는 그리 크지 않은 반면, 군
인연금 재정의 파탄을 막고 군인연금제도를
건실하게 유지하려는 공익적 가치는 긴급하고
또한 중요한 것이므로, 이 사건 정지조항이 헌
법상 신뢰보호의 원칙에 위반된다고 할 수 없
다.

④ X. 헌재 1995. 5. 25. 90헌마196
청구인들이 주장하는 교원(敎員)으로 우선임용
받을 권리는 헌법상 권리가 아니고 단지 구
(舊) 교육공무원법(敎育公務員法) 제11조 제1
항의 규정에 의하여 비로소 인정되었던 권리
일 뿐이며, 헌법재판소(憲法裁判所)가 1990.
10.8. 위 법률조항(法律條項)에 대한 위헌결정
(違憲決定)을 하면서 청구인들과 같이 국(國)·
공립(公立) 사범대학(師範大學)을 졸업하고 아
직 교사(敎師)로 채용(採用)되지 아니한 자들에
게 교원(敎員)으로 우선임용받을 권리를 보장

할 것을 입법자(立法者)나 교육부장관(敎育部
長官)에게 명하고 있지도 아니하므로 국회(國
會) 및 교육부장관(敎育部長官)에게 청구인들
을 중등교사로 우선임용하여야 할 작위의무가
있다고 볼 근거가 없어 국회(國會)의 입법불행
위(立法不行爲) 및 교육부장관(敎育部長官)의
경과조치불작위(經過措置不作爲)에 대한 이 사
건 헌법소원심판청구 부분은 부적법하다.

15 정답 ❷

① O. 헌법 제120조 제1항
② X. 대법원 2013. 3. 14. 선고 2010도410
소비자가 구매력을 무기로 상품이나 용역에
대한 자신들의 선호를 시장에 실질적으로 반
영하기 위한 집단적 시도인 소비자불매운동은
본래 '공정한 가격으로 양질의 상품 또는 용역
을 적절한 유통구조를 통해 적절한 시기에 안
전하게 구입하거나 사용할 소비자의 제반 권
익을 증진할 목적'에서 행해지는 소비자보호
운동의 일환으로서 헌법 제124조를 통하여 제
도로서 보장되나, 그와는 다른 측면에서 일반
시민들이 특정한 사회, 경제적 또는 정치적 대
의나 가치를 주장·옹호하거나 이를 진작시키
기 위한 수단으로서 소비자불매운동을 선택하
는 경우도 있을 수 있고, 이러한 소비자불매운
동 역시 반드시 헌법 제124조는 아니더라도
헌법 제21조에 따라 보장되는 정치적 표현의
자유나 헌법 제10조에 내재된 일반적 행동의
자유의 관점 등에서 보호받을 가능성이 있으
므로, 단순히 소비자불매운동이 헌법 제124조
에 따라 보장되는 소비자보호운동의 요건을
갖추지 못하였다는 이유만으로 이에 대하여
아무런 헌법적 보호도 주어지지 아니한다거나
소비자불매운동에 본질적으로 내재되어 있는

집단행위로서의 성격과 대상 기업에 대한 불이익 또는 피해의 가능성만을 들어 곧바로 형법 제314조 제1항의 업무방해죄에서 말하는 위력의 행사에 해당한다고 단정하여서는 아니 된다.

③ O. 헌재 2010. 7. 29. 2008헌바88
이 사건 예비죄 조항이 관세포탈 등 예비범에 대하여 본죄에 준하여 가중처벌하도록 규정하고 있는 것은, 동 조항이 특정하고 있는 관세포탈죄 등만은 그 특성과 위험성을 고려하여 이를 처벌함에 있어 조세범이나 다른 일반범죄와는 달리함으로써 건전한 사회질서의 유지와 국민경제의 발전에 이바지하기 위한 것이므로 입법목적의 정당성이 인정된다. 관세포탈 등의 예비나 미수가 기수에 비하여 위험성이나 법익침해 가능성이 다르다고 할 수 없고, 관세범은 행정범(재정범)으로서 국가경제에 미치는 영향이 크며, 조직성과 전문성, 지능성, 국제성을 갖춘 영리범이라는 특성을 갖고 있어 쉽게 근절되기 어려울 뿐 아니라 범행의 인지·범인의 체포 등이 극히 어렵고 특히 기수와 미수, 미수와 예비를 엄격하게 구별하기 어려워 이 범죄에 대하여 철저하게 대처해야 할 필요성이 있으며, 법률의 위하적 효과로서의 일반예방적 효과를 제고할 필요도 있으므로, 이 사건 예비죄 조항은 입법목적의 달성을 위하여 필요할 뿐 아니라 그 수단·방법에 있어서 적정하다고 인정된다. 따라서 이 사건 예비죄 조항은, 책임과 형벌 사이에 적정한 비례관계가 있어야 한다는 책임주의원칙에 반하는 과잉형벌이라거나 평등원칙 및 인간의 존엄과 가치에 반하는 자의적인 입법이라고 할 수 없다.

④ O. 헌재 2011. 12. 29. 2010헌바54 등
불매운동의 목표로서의 '소비자의 권익'이란 원칙적으로 사업자가 제공하는 물품이나 용역의 소비생활과 관련된 것으로서 상품의 질이나 가격, 유통구조, 안전성 등 시장적 이익에 국한된다.

16 정답 ②

① O. 헌재 2009헌마256
② X. 헌재 2012. 2. 23. 2011헌바154
지역농협은 조합원의 경제적·사회적·문화적 지위의 향상을 목적으로 하는 농업인의 자주적 협동조직으로, 조합원 자격을 가진 20인 이상이 발기인이 되어 설립하고(제15조), 조합원의 출자로 자금을 조달하며(제21조), 지역농협의 결성이나 가입이 강제되지 아니하고, 조합원의 임의탈퇴 및 해산이 허용되며(제28조, 제29조), 조합장은 조합원들이 직접 선출하거나 총회에서 선출하도록 하고 있으므로(제45조), 기본적으로 사법인적 성격을 지니고 있다 할 것이다. 이처럼 사법적인 성격을 지니는 농협의 조합장선거에서 조합장을 선출하거나 조합장으로 선출될 권리, 조합장선거에서 선거운동을 하는 것은 헌법에 의하여 보호되는 선거권의 범위에 포함되지 않는다.
③ O. 공직선거법 제18조 제1항
④ O. 헌재 2016헌마623

17 정답 ③

① O. 헌재 2009헌가27
② O.
③ X. 국가나 지방자치단체는 기본권을 향유할 수 없다.

④ O. 헌재 2014. 4. 24. 2011헌마474 등
출입국관리에 관한 사항 중 외국인의 입국에
관한 사항은 주권국가로서의 기능을 수행하는
데 필요한 것으로서 광범위한 정책재량의 영
역이므로(헌재 2005. 3. 31. 2003헌마87 참
조), 심판대상조항들이 청구인 김○철의 평등
권을 침해하는지 여부는 <u>자의금지원칙 위반
여부에 의하여 판단하기로 한다.</u>

18 정답 ❷

① O. 헌재 2012헌마652

② X. 헌재 2012. 5. 31. 2010헌마139 등
이 사건 응시제한은 청구인들이 상급학교 진
학을 위하여 취득하여야 할 평가자료의 형성
을 제약함으로써 청구인들의 상급학교 진학의
가능성에 영향을 미칠 수 있으므로 <u>교육을 받
을 권리를 제한한다 할 것이다.</u>
....청구인들은 검정고시 재응시를 제한하는
것이 평등권을 침해한다는 취지로 주장하나,
그 내용은 바로 '균등하게 교육을 받을 권리'
의 제한에 다름아니므로 교육을 받을 권리의
침해 여부에 대한 판단에서 같이 이루어질 문
제이고, 그 밖에 행복추구권, 자기결정권 등의
침해에 대하여도 주장하고 있으나, <u>이 사건과
가장 밀접한 관련을 가지고 핵심적으로 다투
어지는 사항은 교육을 받을 권리이므로,</u> 이하
에서는 이 사건 응시제한이 교육을 받을 권리
를 침해하는지 여부를 판단하기로 한다.

③ O. 헌재 2019. 4. 11. 2017헌바127
자기낙태죄 조항은 입법목적을 달성하기 위하
여 필요한 최소한의 정도를 넘어 임신한 여성
의 자기결정권을 제한하고 있어 <u>침해의 최소
성을 갖추지 못하였고,</u> 태아의 생명 보호라는

공익에 대하여만 일방적이고 절대적인 우위를
부여함으로써 법익균형성의 원칙도 위반하였
으므로, 과잉금지원칙을 위반하여 임신한 여
성의 자기결정권을 침해한다.

④ O. 헌재 2013헌마838

19 정답 ❶

① O. 헌재 2008헌바56

② X. 헌재 2014. 6. 26. 2012헌마459
지방자치단체장은 특정 정당을 정치적 기반으
로 할 수 있는 선출직공무원으로 임기가 4년
이고 계속 재임도 3기로 제한되어 있어, 장기
근속을 전제로 하는 공무원을 주된 대상으로
하고 이들이 재직 기간 동안 납부하는 기여금
을 일부 재원으로 하여 설계된 공무원연금법
의 적용대상에서 지방자체단체장을 제외하는
것에는 합리적 이유가 있다. 선출직 공무원의
경우 선출 기반 및 재임 가능성이 모두 투표권
자에게 달려 있고, 정해진 임기가 대체로 짧으
며, 공무원연금의 전체 기금은 기본적으로 기
여금 및 국가 또는 지방자치단체의 비용으로
운용되는 것이므로 공무원연금급여의 종류를
구별하여 기여금 납부를 전제로 하지 않는 급
여의 경우 선출직 공무원에게 지급이 가능하
다고 보기도 어렵다.
따라서 심판대상조항은 <u>청구인들의 평등권을
침해하지 않는다.</u>

③ X. 헌재 1999. 12. 23. 98헌마363
평등위반 여부를 심사함에 있어 엄격한 심사
척도에 의할 것인지, 완화된 심사척도에 의할
것인지는 입법자에게 인정되는 입법형성권의
정도에 따라 달라지게 될 것이나, 헌법에서 특
별히 평등을 요구하고 있는 경우와 차별적 취

급으로 인하여 관련 기본권에 대한 중대한 제한을 초래하게 된다면 입법형성권은 축소되어 보다 엄격한 심사척도가 적용되어야 할 것인바, 가산점제도는 헌법 제32조 제4항이 특별히 남녀평등을 요구하고 있는 "근로" 내지 "고용"의 영역에서 남성과 여성을 달리 취급하는 제도이고, 또한 헌법 제25조에 의하여 보장된 공무담임권이라는 기본권의 행사에 중대한 제약을 초래하는 것이기 때문에 <u>엄격한 심사척도가 적용된다.</u>

④ X. 헌재 2004. 10. 28. 2002헌마328
평등위반 여부를 심사함에 있어 엄격심사에 의할 것인지, 완화된 심사에 의할 것인지는 입법자 내지 입법의 위임을 받은 행정부에게 인정되는 형성의 자유 정도에 따라 달라진다 할 것인데, 이 사건 고시로 인한 장애인가구와 비장애인가구의 차별취급은 헌법에서 특별히 평등을 요구하는 경우 내지 차별대우로 인하여 자유권의 행사에 중대한 제한을 받는 경우에 해당한다고 볼 수 없는 점, 국가가 국민의 인간다운 생활을 보장하기 위하여 행하는 사회부조에 관하여는 입법부 내지 입법에 의하여 위임을 받은 행정부에게 사회보장, 사회복지의 이념에 명백히 어긋나지 않는 한 광범위한 형성의 자유가 부여된다는 점을 고려하면, 이 사건 고시로 인한 장애인가구와 비장애인가구의 차별취급이 평등위반인지 여부를 심사함에 있어서는 <u>완화된 심사기준인 자의금지원칙을 적용함이 상당</u>하다.

20 정답 ❷

① O. 헌법 제12조 제5항
② X. 헌재 1990. 11. 19. 90헌가48

변호사법 제15조에서 변호사에 대해 형사사건으로 공소가 제기되었다는 사실만으로 업무정지명령을 발하게 한 것은 <u>아직 유무죄가 가려지지 아니한 범죄의 혐의사실뿐 확증없는 상태에서 유죄로 추정하는 것이 되며 이를 전제로 한 불이익한 처분이라 할 것이다.</u> 공소의 제기가 있는 피고인이라도 유죄의 확정판결이 있기까지는 원칙적으로 죄가 없는 자에 준하여 취급하여야 하고, 불이익을 입혀서는 안된다고 할 것으로 가사 그 불이익을 입힌다 하여도 필요한 최소한도에 그치도록 비례의 원칙이 존중되어야 하는 것이 헌법 제27조 제4항의 <u>무죄추정의 원칙이며, 여기의 불이익에는 형사절차상의 처분뿐만 아니라 그 밖의 기본권제한과 같은 처분도 포함된다고 할 것이다.</u> 변호사법 제15조의 규정에 의하여 입는 불이익은 죄가 없는 자에 준하는 취급이 아님은 말할 것도 없고, 불이익을 입히는데 앞서 본 바와 같이 필요한 요건, 불이익처분의 기관구성, 절차 및 불이익의 정도 등에 있어서 비례의 원칙이 준수되었다고 보기 어려울 것으로 <u>헌법의 위 규정을 어긴 것이라 할 것이다.</u>

③ O. 헌재 2013헌가9
④ O. 헌재 2007헌마1468

순경공채·경위공채 대비
경찰헌법 모의고사

03

경찰헌법
모의고사
3회

03 경찰헌법 모의고사 3회

01 정답 ③

① 합헌 헌재 2018. 8. 30. 2016헌마483
김포시장은 이 사건 정보제공조항에 따라 범죄의 수사를 위하여 필요한 경우 정보주체 또는 제3자의 이익을 부당하게 침해할 우려가 있을 때를 제외하고 개인정보를 수사기관에게 제공할 수 있다. 김포경찰서장은 김포시장애인주간보호센터 직원으로부터 활동보조인들이 활동지원급여비용을 부정 수급하는 사례가 다수 있다는 첩보를 입수하고, 김포시장에게 김포시장애인복지관 등 4개 기관에 소속된 활동보조인 및 그 수급자들의 인적사항, 휴대전화번호 등을 확인할 수 있는 자료를 요청하였다. 이름, 생년월일, 주소는 수사의 초기 단계에서 범죄의 피의자를 특정하기 위하여 필요한 가장 기초적인 정보이고, 전화번호는 피의자 등에게 연락을 하기 위하여 필요한 정보이다. 또한 활동지원급여가 제공된 시간을 확인하기 위해서 수급자에 대하여도 조사를 할 필요성을 인정할 수 있다.
한편 이름, 생년월일, 주소는 사회생활 영역에서 노출되는 것이 자연스러운 정보이고, 전화번호 역시 특정한 개인을 고유하게 구별할 수 있는 기능을 갖거나, 개인의 신상이나 인격을 묘사하는 내용을 포함하는 것이 아니다. 또한 활동보조인과 수급자는 '장애인활동 지원에 관한 법률'상 활동지원급여비용 청구의 적정 여부에 관한 조사를 수인해야 하는 지위에 있

으므로, 청구인들이 전혀 예상하지 못한 목적으로 개인정보가 사용된 것은 아니다.
나아가 김포시장은 청구인들의 개인정보를 전자문서의 형태로 제공하면서 비밀번호를 설정하였고, '개인정보 보호법'과 형사소송법에는 제공된 개인정보가 수사에 필요한 범위 내에서만 사용되고 유출·남용되는 것을 방지하기 위한 제도적 장치도 마련되어 있다.
이와 같은 점에 더하여, 활동보조인의 부정 수급 관련 범죄의 수사를 가능하게 함으로써 실체적 진실 발견과 국가형벌권의 적정한 행사에 기여하고자 하는 공익은 매우 중대한 것인 점을 고려하면, <u>이 사건 정보제공행위는 과잉금지원칙에 위배되어 청구인들의 개인정보자기결정권을 침해하였다고 볼 수 없다.</u>

② 합헌 헌재 2008. 4. 24. 2006헌마402 등
후보자의 실효된 형까지 포함한 금고 이상의 형의 범죄경력을 공개함으로써 국민의 알권리를 충족하고 공정하고 정당한 선거권 행사를 보장하고자 하는 이 사건 법률조항의 입법목적은 정당하며, 이러한 입법목적을 달성하기 위하여는 선거권자가 후보자의 모든 범죄경력을 인지한 후 그 공직적합성을 판단하는 것이 효과적이다. 또한 금고 이상의 범죄경력에 실효된 형을 포함시키는 이유는 선거권자가 공직후보자의 자질과 적격성을 판단할 수 있도록 하기 위한 점, 전과기록은 통상 공개재판에서 이루어진 국가의 사법작용의 결과라는 점, 전과기록의 범위와 공개시기 등이 한정되어

있는 점 등을 종합하면, 이 사건 법률조항은 피해최소성의 원칙에 반한다고 볼 수 없고, 공익적 목적을 위하여 공직선거 후보자의 사생활의 비밀과 자유를 한정적으로 제한하는 것이어서 법익균형성의 원칙도 충족한다. 따라서 이 사건 법률조항은 청구인들의 사생활의 비밀과 자유를 침해한다고 볼 수 없다.

③ 침해 헌재 2018. 8. 30. 2014헌마368

이 사건 정보제공행위에 의하여 제공된 청구인 김○환의 약 2년 동안의 총 44회 요양급여내역 및 청구인 박○만의 약 3년 동안의 총 38회 요양급여내역은 건강에 관한 정보로서 '개인정보 보호법' 제23조 제1항이 규정한 민감정보에 해당한다. '개인정보 보호법'상 공공기관에 해당하는 국민건강보험공단은 이 사건 정보제공조항, '개인정보 보호법' 제23조 제1항 제2호, '경찰관 직무집행법 시행령' 제8조 등에 따라 범죄의 수사를 위하여 불가피한 경우 정보주체 또는 제3자의 이익을 부당하게 침해할 우려가 있을 때를 제외하고 민감정보를 서울용산경찰서장에게 제공할 수 있다.

서울용산경찰서장은 청구인들을 검거하기 위해서 국민건강보험공단에게 청구인들의 요양급여내역을 요청한 것인데, 서울용산경찰서장은 그와 같은 요청을 할 당시 전기통신사업자로부터 위치추적자료를 제공받는 등으로 청구인들의 위치를 확인하였거나 확인할 수 있는 상태였다. 따라서 서울용산경찰서장이 청구인들을 검거하기 위하여 청구인들의 약 2년 또는 3년이라는 장기간의 요양급여내역을 제공받는 것이 불가피하였다고 보기 어렵다.

한편 급여일자와 요양기관명은 피의자의 현재 위치를 곧바로 파악할 수 있는 정보는 아니므로, 이 사건 정보제공행위로 얻을 수 있는 수사상의 이익은 없었거나 미약한 정도였다. 반면 서울용산경찰서장에게 제공된 요양기관명에는 전문의의 병원도 포함되어 있어 청구인들의 질병의 종류를 예측할 수 있는 점, 2년 내지 3년 동안의 요양급여정보는 청구인들의 건강 상태에 대한 총체적인 정보를 구성할 수 있는 점 등에 비추어 볼 때, 이 사건 정보제공행위로 인한 청구인들의 개인정보자기결정권에 대한 침해는 매우 중대하다.

그렇다면 이 사건 정보제공행위는 이 사건 정보제공조항 등이 정한 요건을 충족한 것으로 볼 수 없고, 침해의 최소성 및 법익의 균형성에 위배되어 청구인들의 개인정보자기결정권을 침해하였다.

④ 합헌 헌재 2015헌마1094

02 정답 ④

① X. 헌재 2004. 8. 26. 2002헌가1

일반적으로 민주적 다수는 법질서와 사회질서를 그의 정치적 의사와 도덕적 기준에 따라 형성하기 때문에, 그들이 국가의 법질서나 사회의 도덕률과 양심상의 갈등을 일으키는 것은 예외에 속한다. 양심의 자유에서 현실적으로 문제가 되는 것은 국가의 법질서나 사회의 도덕률에서 벗어나려는 소수의 양심이다.

② X. 헌재 2018. 6. 28. 2011헌바379 등

일반적으로 양심적 병역거부는 병역의무가 인정되는 징병제 국가에서 종교적·윤리적·철학적 또는 이와 유사한 동기로부터 형성된 양심상의 결정을 이유로 병역의무의 이행을 거부하는 행위를 가리킨다.

그런데 일상생활에서 '양심적' 병역거부라는 말은 병역거부가 '양심적', 즉 도덕적이고 정당하다는 것을 가리킴으로써, 그 반면으로 병

역의무를 이행하는 사람은 '비양심적'이거나 '비도덕적'인 사람으로 치부하게 될 여지가 있다. 하지만 앞에서 살펴 본 양심의 의미에 따를 때, <u>'양심적' 병역거부는 실상 당사자의 '양심에 따른' 혹은 '양심을 이유로 한' 병역거부를 가리키는 것일 뿐이지 병역거부가 '도덕적이고 정당하다'는 의미는 아닌 것이다. 따라서 '양심적' 병역거부라는 용어를 사용한다고 하여 병역의무이행은 '비양심적'이 된다거나, 병역을 이행하는 거의 대부분의 병역의무자들과 병역의무이행이 국민의 숭고한 의무라고 생각하는 대다수 국민들이 '비양심적'인 사람들이 되는 것은 결코 아니다.</u>

③ X. 헌재 1995. 12. 28. 91헌마80
따라서 위에서 본 바와 같은 입법목적과 필요성에 따라 대간첩작전의 수행을 임무로 하는 전투경찰순경을 현역병으로 입영하여 복무중인 군인에서 전임시켜 충원할 수 있도록 한 이 사건 법률조항들이 <u>그 자체로서 청구인의 행복추구권 및 양심의 자유를 침해한 것이라고 볼 수 없다.</u>

④ O. 헌재 2018. 6. 28. 2011헌바379 등

03 정답 ④

㉠ X. 헌재 2021. 1. 28. 2018헌마456 등
심판대상조항의 입법목적은 <u>정당이나 후보자에 대한 인신공격과 흑색선전으로 인한 사회경제적 손실과 부작용을 방지하고 선거의 공정성을 확보하기 위한 것이고, 익명표현이 허용될 경우 발생할 수 있는 부정적 효과를 막기 위하여 그 규제의 필요성을 인정할 수는 있다.</u> 그러나 심판대상조항과 같이 인터넷홈페이지의 게시판 등에서 이루어지는 정치적 익명표

현을 규제하는 것은 인터넷이 형성한 '사상의 자유시장'에서의 다양한 의견 교환을 억제하고, 이로써 국민의 의사표현 자체가 위축될 수 있으며, 민주주의의 근간을 이루는 자유로운 여론 형성이 방해될 수 있다. 선거운동기간 중 정치적 익명표현의 부정적 효과는 익명성 외에도 해당 익명표현의 내용과 함께 정치적 표현행위를 규제하는 관련 제도, 정치적·사회적 상황의 여러 조건들이 아울러 작용하여 발생하므로, <u>모든 익명표현을 사전적·포괄적으로 규율하는 것은 표현의 자유보다 행정편의와 단속편의를 우선함으로써 익명표현의 자유와 개인정보자기결정권 등을 지나치게 제한한다.</u>

... 심판대상조항은 정치적 의사표현이 가장 긴요한 선거운동기간 중에 인터넷언론사 홈페이지 게시판 등 이용자로 하여금 실명확인을 하도록 강제함으로써 익명표현의 자유와 언론의 자유를 제한하고, 모든 익명표현을 규제함으로써 대다수 국민의 개인정보자기결정권도 광범위하게 제한하고 있다는 점에서 이와 같은 불이익은 선거의 공정성 유지라는 공익보다 결코 과소평가될 수 없다. <u>그러므로 심판대상조항은 과잉금지원칙에 반하여 인터넷언론사 홈페이지 게시판 등 이용자의 익명표현의 자유와 개인정보자기결정권, 인터넷언론사의 언론의 자유를 침해한다.</u>

㉡ O. 헌재 2015. 4. 30. 2014헌마360
헌법 제21조 제2항에서 금지하는 검열은 그 명칭이나 형식과 관계없이 실질적으로 행정권이 주체가 되어 사상이나 의견 등이 발표되기 이전에 예방적 조치로서 그 내용을 심사, 선별하여 발표를 사전에 억제하는, 즉 허가받지 아니한 것의 발표를 금지하는 제도를 뜻한다. 그런데 <u>심판대상조항은 여론조사결과의 보도나</u>

공표행위를 규제하는 것이 아니라 여론조사의 실시행위에 대한 신고의무를 부과하는 것이므로, 허가받지 아니한 것의 발표를 금지하는 헌법 제21조 제2항의 사전검열과 관련이 있다고 볼 수 없다. 따라서 심판대상조항은 헌법 제21조 제2항의 검열금지원칙에 위반되지 아니한다.

ⓒ X. 헌재 2016. 4. 28. 2012헌마549 등

이 사건 집필제한 조항은 금치처분을 받은 미결수용자에게 집필제한이라는 불이익을 가함으로써 규율 준수를 강제하고 수용시설의 안전과 질서를 유지하기 위한 것으로 목적의 정당성 및 방법의 적절성이 인정된다. 교정시설의 장이 수용자의 권리구제 등을 위해 특히 필요하다고 인정하는 때에는 집필을 허용할 수 있도록 예외가 규정되어 있으며, 형집행법 제85조에서 미결수용자의 징벌집행 중 소송서류의 작성 등 수사 및 재판과정에서의 권리행사를 보장하도록 규정하고 있는 점 등에 비추어 볼 때 위 조항이 청구인의 표현의 자유를 과도하게 제한한다고 보기 어렵다.

ⓓ O. 헌재 2016헌가8 등

04 정답 ❸

① O. 헌재 2006헌바20 등

② O. 헌재 2007헌바22

③ X. 대법원 2014. 12. 11. 선고 2011도13299 판결

집회의 신고가 경합할 경우 특별한 사정이 없는 한 관할경찰관서장은 집회 및 시위에 관한 법률(이하 '집시법'이라 한다) 제8조 제2항의 규정에 의하여 신고 순서에 따라 뒤에 신고된 집회에 대하여 금지통고를 할 수 있지만, 먼저

신고된 집회의 참여예정인원, 집회의 목적, 집회개최장소 및 시간, 집회 신고인이 기존에 신고한 집회 건수와 실제로 집회를 개최한 비율 등 먼저 신고된 집회의 실제 개최 가능성 여부와 양 집회의 상반 또는 방해가능성 등 제반 사정을 확인하여 먼저 신고된 집회가 다른 집회의 개최를 봉쇄하기 위한 허위 또는 가장 집회신고에 해당함이 객관적으로 분명해 보이는 경우에는, 뒤에 신고된 집회에 다른 집회금지 사유가 있는 경우가 아닌 한, 관할경찰관서장이 단지 먼저 신고가 있었다는 이유만으로 뒤에 신고된 집회에 대하여 집회 자체를 금지하는 통고를 하여서는 아니 되고, 설령 이러한 금지통고에 위반하여 집회를 개최하였다고 하더라도 그러한 행위를 집시법상 금지통고에 위반한 집회개최행위에 해당한다고 보아서는 아니 된다.

④ O. 헌재 1994. 2. 24. 92헌바43

헌법 제21조 제1항이 보장하고 있는 결사의 자유에 의하여 보호되는 "결사"개념에는 법이 특별한 공공목적에 의하여 구성원의 자격을 정하고 있는 특수단체의 조직활동까지 그에 해당하는 것으로 볼 수 없다. 주택건설촉진법상의 주택조합은 주택이 없는 국민의 주거생활의 안정을 도모하고 모든 국민의 주거수준의 향상을 기한다는(동법 제1조) 공공목적을 위하여 법이 구성원의 자격을 제한적으로 정해 놓은 특수조합이어서 이는 헌법상의 결사의 자유가 뜻하는 헌법상 보호법익의 대상이 되는 단체가 아니며 또한 위 법률조항이 위 법률 소정의 주택조합 중 지역조합과 직장조합의 조합원 자격을 무주택자로 한정하였다고 해서 그로 인하여 유주택자가 위 법률과 관계없는 주택조합의 조합원이 되는 것까지 제한받는 것도 아니다. 그러므로 주택건설촉진법

제3조 제9호는 유주택자의 결사의 자유를 침해하는 것이 아니다.

05 정답 ③

① X. 헌재 2013. 10. 24. 2012헌바431

일반적인 물건에 대한 재산권 행사에 비하여 동물에 대한 재산권 행사는 사회적 연관성과 사회적 기능이 매우 크다 할 것이므로 이를 제한하는 경우 입법재량의 범위를 폭넓게 인정함이 타당하다. 그러므로 이 사건 법률조항이 과잉금지원칙을 위반하여 재산권을 침해하는지 여부를 살펴보되 심사기준을 완화하여 적용함이 상당하다.

② X. 헌재 2010. 10. 28. 2008헌바74

구 문화재보호법 제44조 제4항 제2문은 건설공사 과정에서 매장문화재의 발굴로 인하여 문화재 훼손 위험을 야기한 사업시행자에게 원칙적으로 발굴경비를 부담시킴으로써 각종 개발행위로 인한 무분별한 문화재 발굴로부터 매장문화재를 보호하는 것이어서 입법목적의 정당성, 방법의 적절성이 인정되고, 발굴조사비용 확대에 따른 위험은 사업계획단계나 사업자금의 조달 과정에서 기업적 판단에 의해 위험요인의 하나로서 충분히 고려될 수 있는 것이고, 사업시행자가 발굴조사비용을 감당하기 어렵다고 판단하는 경우에는 더 이상 사업시행에 나아가지 아니할 선택권 또한 유보되어 있으며, 대통령령으로 정하는 경우에는 예외적으로 국가 등이 발굴조사비용을 부담할 수 있는 완화규정을 두고 있어 최소침해성 원칙, 법익균형성 원칙에도 반하지 아니하므로 과잉금지원칙에 위배되어 위헌이라고 볼 수 없다.

③ O. 헌재 2016. 9. 29. 2014헌바400

이 사건 증액청구조항이 환매목적물인 토지의 가격이 통상적인 지가상승분을 넘어 현저히 상승하고 당사자 간 협의가 이루어지지 아니할 경우에 한하여 환매금액의 증액청구를 허용하고 있는 점, 환매권의 내용에 토지가 취득되지 아니하였다면 원소유자가 누렸을 법적 지위의 회복을 요구할 권리가 포함된다고 볼 수 없는 점, 개발이익은 토지의 취득 당시의 객관적 가치에 포함된다고 볼 수 없는 점, 환매권자가 증액된 환매금액의 지급의무를 부담하게 될 것을 우려하여 환매권을 행사하지 못하더라도 이는 사실상의 제약에 불과한 점 등에 비추어 볼 때, 위 조항이 재산권의 내용에 관한 입법형성권의 한계를 일탈하여 환매권자의 재산권을 침해한다고 볼 수 없다.

④ X. 헌재 2011. 10. 25. 2009헌바140

이 사건 법률조항은 '건축물의 안전과 기능, 미관을 향상시켜 공공복리의 증진을 도모하기 위한 것'으로 그 입법목적이 정당하고, 이러한 목적 달성을 위하여 시정명령에 불응하고 있는 건축법 위반자에 대하여 이행강제금을 부과함으로써 시정명령에 응할 것을 강제하고 있으므로 적절한 수단이 된다. 또한 개별사건에 있어서 위반내용, 위반자의 시정의지 등을 감안하여 허가권자는 행정대집행과 이행강제금을 선택적으로 활용할 수 있고, 행정대집행과 이행강제금 부과가 동시에 이루어지는 것이 아니라 허가권자의 합리적인 재량에 의해 선택하여 활용하는 이상 이를 중첩적인 제재에 해당한다고 볼 수 없으며, 이행강제금은 위법건축물의 원상회복을 궁극적인 목적으로 하고, 그 궁극적인 목적을 달성하기 위해서는 위법건축물이 존재하는 한 계속하여 부과할 수밖에 없으며, 만약 통산 부과횟수나 통산 부과

상한액의 제한을 두면 위반자에게 위법건축물의 현상을 고착할 수 있는 길을 열어 주게 됨으로써 이행강제금의 본래의 취지를 달성할 수 없게 되므로 이 사건 법률조항에서 이행강제금의 통산 부과횟수나 통산 부과상한액을 제한하는 규정을 두고 있지 않다고 하여 침해 최소성의 원칙에 반한다고 할 수는 없다. 그리고 이 사건 법률조항에 의하여 위반자는 위법건축물의 사용·수익·처분 등에 관한 권리가 제한되지만, 건축물의 안전과 기능, 미관을 향상시켜 공공복리의 증진을 도모하고자 하는 공익이 훨씬 크다고 할 것이므로, 이 사건 법률조항은 법익 균형성의 원칙에 위배되지 아니한다. 따라서 이 사건 법률조항은 과잉금지의 원칙에 위배되지 아니하므로 위반자의 재산권을 침해하지 아니한다.

06 정답 ❶

① X. 헌재 2013. 6. 27. 2011헌바8 등
이 사건 법률조항들은 유치원 주변 및 아직 유아 단계인 청소년을 유해한 환경으로부터 보호하고 이들의 건전한 성장을 돕기 위한 것으로 그 입법목적이 정당하고, 이를 위해서 유치원 주변의 일정구역 안에서 해당 업소를 절대적으로 금지하는 것은 그러한 유해성으로부터 청소년을 격리하기 위하여 필요·적절한 방법이며, 그 범위가 유치원 부근 200미터 이내에서 금지되는 것에 불과하므로, 청구인들의 직업의 자유를 침해하지 아니한다.

② O. 헌재 2019. 6. 28. 2017헌바135
국토교통부장관은 도시철도운영자에 대한 감독 및 조정기능을 담당하는 주무관청으로서 전문성과 객관성을 갖추고 있고, 당사자들은 행정절차법에 따라 의견제출이 가능하며, 공

청회를 통한 의견 수렴도 가능하므로, 심판대상조항이 별도의 위원회를 구성하여 그 판단을 받도록 규정하지 않았다는 사정만으로 기본권을 덜 제한하는 수단을 간과하였다고 보기 어렵다. 국토교통부장관은 당사자의 신청을 요건으로 결정하게 되므로, 원칙적으로는 분쟁 해결 과정에서 당사자의 자율성이 존중되고, 국토교통부장관의 결정에 대하여는 취소소송을 통한 불복도 가능하다. 심판대상조항으로 인해 제한되는 직업수행의 자유는 도시철도운영자 등이 연락운송 운임수입 배분을 자율적으로 정하지 못한다는 정도에 그치나, 이를 통해 달성되는 공익은 도시교통 이용자의 편의 증진에 이바지하는 것으로서 위와 같은 불이익에 비하여 더 중대하다. 따라서 심판대상조항은 과잉금지원칙을 위반하여 도시철도운영자 등의 직업수행의 자유를 침해하였다고 볼 수 없다.

③ O. 헌재 95헌마90
④ O. 헌재 2017헌가26

07 정답 ❷

① X. 헌재 2018. 7. 26. 2017헌마1183
공무담임권은 공직취임의 기회 균등뿐만 아니라 **취임한 뒤 승진할 때에도 균등한 기회 제공을 요구한다.**

② O. 헌재 2010. 9. 2. 2010헌마418
자치단체장직에 대한 공직기강을 확립하고 주민의 복리와 자치단체행정의 원활한 운영에 초래될 수 있는 위험을 예방하기 위한 입법목적을 달성하기 위하여 자치단체장을 직무에서 배제하는 수단을 택하였다 하더라도, 금고 이상의 형을 선고받은 자치단체장을 다른 추가

적 요건없이 직무에서 배제하는 것이 위 입법목적을 달성하기 위한 최선의 방안이라고 단정하기는 어렵고, 특히 이 사건 청구인의 경우처럼, 금고 이상의 형의 선고를 받은 이후 선거에 의하여 자치단체장으로 선출된 경우에는 '자치단체행정에 대한 주민의 신뢰유지'라는 입법목적은 자치단체장의 공무담임권을 제한할 적정한 논거가 되기 어렵다.

....이 사건 법률조항은 필요최소한의 범위를 넘어선 기본권제한에 해당할 뿐 아니라, 이 사건 법률조항으로 인하여 해당 자치단체장은 불확정한 기간 동안 직무를 정지당함은 물론 주민들에게 유죄가 확정된 범죄자라는 선입견까지 주게 되고, 더욱이 장차 무죄판결을 선고받게 되면 이미 침해된 공무담임권은 회복될 수도 없는 등의 심대한 불이익을 입게 되므로, 법익균형성 요건 또한 갖추지 못하였다. 따라서, 이 사건 법률조항은 자치단체장인 청구인의 공무담임권을 침해한다.

③ X. 헌재 2008. 6. 26. 2005헌마1275
군인과 군무원은 모두 국군을 구성하며 국토수호라는 목적을 위해 국가와 국민에게 봉사하는 특정직공무원이기는 하지만 각각의 책임·직무·신분 및 근무조건에는 상당한 차이가 존재한다. 이 사건 법률조항이 현역군인에게만 국방부 등의 보조기관 등에 보해질 수 있는 특례를 인정한 것은 국방부 등이 담당하고 있는 지상·해상·상륙 및 항공작전임무와 그 임무를 수행하기 위한 교육훈련업무에는 평소 그 업무에 종사해 온 현역군인들의 작전 및 교육경험을 활용할 필요성이 인정되는 반면, 군무원들이 주로 담당해 온 정비·보급·수송 등의 군수지원분야의 업무, 행정 업무 그리고 일부 전투지원분야의 업무는 국방부 등에 근무하는 일반직공무원·별정직공무원 및 계약직공

무원으로서도 충분히 감당할 수 있다는 입법자의 합리적인 재량 판단에 의한 것이다. 따라서 이와 같은 차별이 입법재량의 범위를 벗어나 현저하게 불합리한 것이라 볼 수는 없으므로 이 사건 법률조항은 청구인들의 평등권을 침해하지 않는다.

④ X. 헌재 2014. 6. 26. 2012헌마459
헌법 제25조의 공무담임권이 공무원의 재임기간 동안 충실한 공무 수행을 담보하기 위하여 공무원의 퇴직급여 및 공무상 재해보상을 보장할 것까지 그 보호영역으로 하고 있다고 보기 어렵고, 행복추구권은 행복을 추구하기 위하여 필요한 급부를 국가에 대하여 적극적으로 요구할 수 있음을 내용으로 하는 것이 아니므로(헌재 2003. 11. 27. 2003헌바39), 심판대상조항으로 인한 공무담임권 및 행복추구권의 제한은 문제되지 않는다.

08 정답 ❹

① O. 헌재 2009헌마256 등
② O. 국민투표법 제93조
③ O. 국민투표법 제28조 제1항
④ X. 헌재 2014. 7. 24. 2009헌마256 등
헌법 제72조의 중요정책 국민투표와 헌법 제130조의 헌법개정안 국민투표는 대의기관인 국회와 대통령의 의사결정에 대한 국민의 승인절차에 해당한다. 대의기관의 선출주체가 곧 대의기관의 의사결정에 대한 승인주체가 되는 것은 당연한 논리적 귀결이다.

09 정답 ❸

① O. 헌재 2012헌가10

② O. 헌재 2017헌바66

③ X. 헌재 2013. 9. 26. 2011헌마398

수형자와 변호사와의 접견내용을 녹음, 녹화하게 되면 그로 인해 제3자인 교도소 측에 접견내용이 그대로 노출되므로 수형자와 변호사는 상담과정에서 상당히 위축될 수밖에 없고, 특히 소송의 상대방이 국가나 교도소 등의 구금시설로서 그 내용이 구금시설 등의 부당처우를 다투는 내용일 경우에 접견내용에 대한 녹음, 녹화는 실질적으로 당사자대등의 원칙에 따른 <u>무기평등을 무력화</u>시킬 수 있다.

<u>변호사는 다른 전문직에 비하여도 더욱 엄격한 직무의 공공성 등이 강조되고 있는 지위에 있으므로, 소송사건의 변호사가 접견을 통하여 수형자와 모의하는 등으로 법령에 저촉되는 행위를 하거나 이에 가담하는 등의 행위를 할 우려는 거의 없다.</u> 또한, 접견의 내용이 소송준비를 위한 상담내용일 수밖에 없는 변호사와의 접견에 있어서 수형자의 교화나 건전한 사회복귀를 위해 접견내용을 녹음, 녹화할 필요성을 생각하는 것도 어렵다.

이 사건에 있어서 청구인과 헌법소원 사건의 국선대리인인 변호사의 접견내용에 대해서는 접견의 목적이나 접견의 상대방 등을 고려할 때 녹음, 기록이 허용되어서는 아니 될 것임에도, 이를 녹음, 기록한 행위는 <u>청구인의 재판을 받을 권리를 침해</u>한다.

④ O. 헌재 2008헌바12

10 정답 ❹

① X.

> **범죄피해자보호법 제3조(정의)**
> 4. "구조대상 범죄피해"란 대한민국의 영역 안에서 또는 대한민국의 영역 밖에 있는 대한민국의 선박이나 항공기 안에서 행하여진 사람의 <u>생명 또는 신체</u>를 해치는 죄에 해당하는 행위(「형법」 제9조, 제10조제1항, 제12조, 제22조제1항에 따라 처벌되지 아니하는 행위를 포함하며, 같은 법 제20조 또는 제21조제1항에 따라 처벌되지 아니하는 행위 및 과실에 의한 행위는 제외한다)로 인하여 사망하거나 장해 또는 중상해를 입은 것을 말한다.

② X.

> **제19조(구조금을 지급하지 아니할 수 있는 경우)**
> ① 범죄행위 당시 구조피해자와 가해자 사이에 다음 각 호의 어느 하나에 해당하는 친족관계가 있는 경우에는 <u>구조금을 지급하지 아니한다.</u>
> 1. 부부**(사실상의 혼인관계를 포함**한다)

③ X.

> **제31조(소멸시효)**
> 구조금을 받을 권리는 그 구조결정이 해당 신청인에게 송달된 날부터 2년간 행사하지 아니하면 시효로 인하여 소멸된다.

④ O. 헌재 2009헌마354

11 정답 ②

① O. 헌재 2018. 2. 22. 2017헌마691
청구인 권○환, 허○민은 수능시험을 준비하는 사람들로서 심판대상계획에서 정한 출제 방향과 원칙에 영향을 받을 수밖에 없다. 따라서 수능시험을 준비하면서 무엇을 어떻게 공부하여야 할지에 관하여 스스로 결정할 자유가 심판대상계획에 따라 제한된다. 이는 자신의 교육에 관하여 스스로 결정할 권리, 즉 교육을 통한 자유로운 인격발현권을 제한받는 것으로 볼 수 있다. 한편, 청구인들은 심판대상계획으로 인해 교육을 받을 권리가 침해된다고 주장하지만, 심판대상계획이 헌법 제31조 제1항의 능력에 따라 균등하게 교육을 받을 권리를 직접 제한한다고 보기는 어렵다.

② X. 헌재 2008. 9. 25. 2007헌가1
의무교육의 무상성에 관한 헌법상 규정은 교육을 받을 권리를 보다 실효성 있게 보장하기 위해 의무교육 비용을 학령아동 보호자의 부담으로부터 공동체 전체의 부담으로 이전하라는 명령일 뿐 의무교육의 모든 비용을 조세로 해결해야 함을 의미하는 것은 아니므로, 학교용지부담금의 부과대상을 수분양자가 아닌 개발사업자로 정하고 있는 이 사건 법률조항은 의무교육의 무상원칙에 위배되지 아니한다.

③ O. 헌재 98헌가16 등

④ O. 헌재 2013헌마838

12 정답 ❶

① X. 헌재 2005. 11. 24. 2002헌바95 등
근로자가 노동조합을 결성하지 아니할 자유나 노동조합에 가입을 강제당하지 아니할 자유,

그리고 가입한 노동조합을 탈퇴할 자유는 근로자에게 보장된 단결권의 내용에 포섭되는 권리로서가 아니라 헌법 제10조의 행복추구권에서 파생되는 일반적 행동의 자유 또는 제21조 제1항의 결사의 자유에서 그 근거를 찾을 수 있다.

② O. 헌재 2004헌마670

③ O. 헌재 2009헌마408

④ O. 헌재 2018. 8. 30. 2015헌가38
심판대상조항으로 인하여 교육공무원 아닌 대학 교원들이 향유하지 못하는 단결권은 헌법이 보장하고 있는 근로3권의 핵심적이고 본질적인 권리이다. 심판대상조항의 입법목적이 재직 중인 초·중등교원에 대하여 교원노조를 인정해 줌으로써 교원노조의 자주성과 주체성을 확보한다는 측면에서는 그 정당성을 인정할 수 있을 것이나, 교원노조를 설립하거나 가입하여 활동할 수 있는 자격을 초·중등교원으로 한정함으로써 교육공무원이 아닌 대학 교원에 대해서는 근로기본권의 핵심인 단결권조차 전면적으로 부정한 측면에 대해서는 그 입법목적의 정당성을 인정하기 어렵고, 수단의 적합성 역시 인정할 수 없다.

13 정답 ②

㉠ O. 헌재 96헌가19 등

㉡ X. 헌재 2007. 5. 31. 2006헌마627
이 사건 공고는 현역군인 신분자에게 다른 직종의 시험응시기회를 제한하고 있으나 이는 병역의무 그 자체를 이행하느라 받는 불이익으로서 병역의무 중에 입는 불이익에 해당될 뿐, **병역의무의 이행을 이유로 한 불이익은 아니므로** 이 사건 공고로 인하여 현역군인이 타

직종에 시험응시를 하지 못하는 것은 헌법 제
39조 제2항에서 금지하는 '불이익한 처우'라
볼 수 없다.

ⓒ O. 헌재 2004헌바61 등

ⓔ X. 헌재 2012. 8. 23. 2010헌바220
헌법 제31조 제3항에 규정된 의무교육 무상의
원칙에 있어서 무상의 범위는 헌법상 교육의
기회균등을 실현하기 위해 필수불가결한 비
용, 즉 모든 학생이 의무교육을 받음에 있어서
경제적인 차별 없이 수학하는 데 반드시 필요
한 비용에 한한다고 할 것이며, 수업료나 입학
금의 면제, 학교와 교사 등 인적·물적 기반 및
그 기반을 유지하기 위한 인건비와 시설유지
비, 신규시설투자비 등의 재원마련 및 의무교
육의 실질적인 균등보장을 위해 필수불가결한
비용은 무상의 범위에 포함된다. 그런데 학교
운영지원비는 그 운영상 교원연구비와 같은
교사의 인건비 일부와 학교회계직원의 인건비
일부 등 의무교육과정의 인적기반을 유지하기
위한 비용을 충당하는데 사용되고 있다는 점,
학교회계의 세입상 현재 의무교육기관에서는
국고지원을 받고 있는 입학금, 수업료와 함께
같은 항에 속하여 분류되고 있음에도 불구하
고 학교운영지원비에 대해서만 학생과 학부모
의 부담으로 남아있다는 점, <u>학교운영지원비
는 기본적으로 학부모의 자율적 협찬금의 외
양을 갖고 있음에도 그 조성이나 징수의 자율
성이 완전히 보장되지 않아 기본적이고 필수
적인 학교 교육에 필요한 비용에 가깝게 운영
되고 있다는 점 등을 고려해보면 이 사건 세입
조항은 헌법 제31조 제3항에 규정되어 있는
의무교육의 무상원칙에 위배되어 헌법에 위반
된다.</u>

14 정답 ❹

① O. 국적법 제6조 제1항

② O. 동법 제7조 제1항

③ O. 동법 제8조 제1항

④ X.

> 국적법 제11조(국적의 재취득)
> ①제10조제3항에 따라 대한민국 국적을 상실한
> 자가 그 후 1년 내에 그 외국 국적을 포기하면 법
> 무부장관에게 **신고**함으로써 대한민국 국적을 재
> 취득할 수 있다.
> ②제1항에 따라 신고한 자는 그 신고를 한 때에
> 대한민국 국적을 취득한다.

15 정답 ❹

① O. 헌재 2001헌마700 등

② O. 헌재 2015헌마1052

③ O. 헌재 94헌바12

④ X. 헌재 2002. 11. 28. 2002헌바45
개인의 신뢰이익에 대한 보호가치는 ① 법령
에 따른 개인의 행위가 국가에 의하여 일정방
향으로 유인된 신뢰의 행사인지, ② 아니면 단
지 법률이 부여한 기회를 활용한 것으로서 원
칙적으로 사적 위험부담의 범위에 속하는 것
인지 여부에 따라 달라진다. 만일 법률에 따른
개인의 행위가 단지 법률이 반사적으로 부여
하는 기회의 활용을 넘어서 <u>국가에 의하여 일
정 방향으로 유인된 것이라면 특별히 보호가
치가 있는 신뢰이익이 인정될 수 있고, 원칙적
으로 개인의 신뢰보호가 국가의 법률개정이익
에 우선된다고 볼 여지가 있다.</u>

16 정답 ❸

① O. 헌재 1999. 7. 22. 97헌바76 등
기존의 법에 의하여 형성되어 이미 굳어진 개인의 법적 지위를 사후입법을 통하여 박탈하는 것 등을 내용으로 하는 진정소급입법은 개인의 신뢰보호와 법적 안정성을 내용으로 하는 법치국가원리에 의하여 특단의 사정이 없는 한 헌법적으로 허용되지 아니하는 것이 원칙이고~~...

② O. 헌재 1999. 7. 22. 97헌바76 등
진정소급입법은 개인의 신뢰보호와 법적 안정성을 내용으로 하는 법치국가원리에 의하여 특단의 사정이 없는 한 헌법적으로 허용되지 아니하는 것이 원칙이고, 다만 일반적으로 국민이 소급입법을 예상할 수 있었거나 법적 상태가 불확실하고 혼란스러워 보호할 만한 신뢰이익이 적은 경우와 소급입법에 의한 당사자의 손실이 없거나 아주 경미한 경우 그리고 신뢰보호의 요청에 우선하는 심히 중대한 공익상의 사유가 소급입법을 정당화하는 경우 등에는 예외적으로 진정소급입법이 허용된다.

③ X. 헌재 1999. 7. 22. 97헌바76 등
소급입법은 새로운 입법으로 이미 종료된 사실관계 또는 법률관계에 작용케 하는 진정소급입법과 현재 진행중인 사실관계 또는 법률관계에 작용케 하는 부진정소급입법으로 나눌 수 있는바, ~~...

④ O. 헌재 2012. 5. 31. 2009헌마553
법률이 변경된 경우 구법과 신법 중 어느 법을 적용할 것인가에 관하여 헌법 제12조 제1항 및 헌법 제13조 제1항에 의한 죄형법정주의나 법치주의로부터 도출되는 법적 안정성 및 신뢰보호의 원칙상 모든 법규범은 현재와 장래에 한하여 효력을 가지는 것이므로 소급입법에 의한 처벌은 원칙적으로 금지 내지 제한된다. 그러나 신법이 피적용자에게 유리한 경우에 이른바 시혜적인 소급입법을 하여야 한다는 입법자의 의무가 이 원칙들로부터 도출되지는 아니한다. 따라서 이러한 시혜적 소급입법을 할 것인지의 여부는 입법재량의 문제로서 그 판단은 일차적으로 입법기관에 맡겨져 있는 것이므로, 이와 같은 시혜적 조치를 할 것인가를 결정함에 있어서는 국민의 권리를 제한하거나 새로운 의무를 부과하는 경우와는 달리 입법자에게 보다 광범위한 입법형성의 자유가 인정된다.

17 정답 ❷

① O. 헌재 2010헌바86
② X. 헌재 2004. 7. 15. 2003헌바35 등
이 사건 법률조항에 규정된 '부정한 방법'의 개념이 약간의 모호함에도 불구하고 법률해석을 통하여 충분히 구체화될 수 있고, 이로써 행정청과 법원의 자의적인 법적용을 배제하는 객관적인 기준을 제공하고 있으므로 이 사건 조항은 법률의 명확성원칙에 위반되지 않는다.
③ O. 헌재 2016헌가3
④ O. 헌재 2014헌바6

18 정답 ❸

① O. 헌재 2004. 12. 16. 2004헌마456
② O. 헌재 2012헌마431 등
③ X. 헌재 2004. 12. 16. 2004헌마456
헌법 제8조 제2항은 헌법 제8조 제1항에 의하여 정당의 자유가 보장됨을 전제로 하여, 그

러한 자유를 누리는 정당의 목적·조직·활동이 민주적이어야 한다는 요청, 그리고 그 조직이 국민의 정치적 의사형성에 참여하는데 필요한 조직이어야 한다는 요청을 내용으로 하는 것으로서, 정당에 대하여 정당의 자유의 한계를 부과하는 것임과 동시에 입법자에 대하여 그에 필요한 입법을 해야 할 의무를 부과하고 있다. <u>그러나 이에 나아가 정당의 자유의 헌법적 근거를 제공하는 근거규범으로서 기능한다고는 할 수 없다.</u>

④ O. 헌법 제8조 제4항

19 정답 ❹

① O. 헌재 2009헌마350 등

② O. 헌재 2015헌마821 등

③ O. 헌재 2011. 4. 28. 2010헌바232
이 사건 법률조항의 제재는 공직취임을 배제하거나 공무원 신분을 박탈하는 내용이 아니므로 공무담임권의 보호영역에 속하는 사항을 규정한 것이라고 할 수 없고, 선거범죄를 저지르지 않고 선거를 치르는 대부분의 후보자는 제재대상에 포함되지 아니하여 자력이 충분하지 못한 국민의 입후보를 곤란하게 하는 효과를 갖는다고 할 수 없으므로 이 사건 법률조항은 <u>공무담임권을 제한한다고 할 수 없다.</u>

④ X. 헌재 2016. 5. 26. 2012헌마374
소선거구 다수대표제는 다수의 사표가 발생할 수 있다는 문제점이 제기됨에도 불구하고 정치의 책임성과 안정성을 강화하고 인물 검증을 통해 당선자를 선출하는 등 장점을 가지며, 선거의 대표성이나 평등선거의 원칙 측면에서도 다른 선거제도와 비교하여 반드시 열등하다고 단정할 수 없다. 또한 비례대표선거제도

를 통하여 소선거구 다수대표제를 채택함에 따라 발생하는 정당의 득표비율과 의석비율간의 차이를 보완하고 있다. 그리고 유권자들의 후보들에 대한 각기 다른 지지는 자연스러운 것이고, 선거제도상 모든 후보자들을 당선시키는 것은 불가능하므로 사표의 발생은 불가피한 측면이 있다.
이러한 점들을 고려하면, 선거권자들에게 성별, 재산 등에 의한 제한 없이 모두 투표참여의 기회를 부여하고(보통선거), 선거권자 1인의 투표를 1표로 계산하며(평등선거), 선거결과가 선거권자에 의해 직접 결정되고(직접선거), 투표의 비밀이 보장되며(비밀선거), 자유로운 투표를 보장함으로써(자유선거) 헌법상의 선거원칙은 모두 구현되는 것이므로, 이에 더하여 <u>국회의원선거에서 사표를 줄이기 위해 소선거구 다수대표제를 배제하고 다른 선거제도를 채택할 것까지 요구할 수는 없다. 따라서 심판대상조항이 청구인의 평등권과 선거권을 침해한다고 할 수 없다.</u>

20 정답 ❸

① O. 헌재 2014헌마621

② O. 헌재 2014헌바437

③ X. 헌재 2006. 6. 29. 2005헌마44
이 사건 <u>동점자처리조항에 의하여 일반 응시자들은 국·공립학교 채용시험의 동점자처리에서 불이익을 당할 수도 있으므로 일반 응시자들의 공무담임권이 제한된다고 할 것이나,</u> 이는 국가유공자와 그 유·가족의 생활안정을 도모하고 이를 통해 국민의 애국정신함양과 민주사회 발전에 이바지한다고 하는 <u>공공복리를 위한 불가피한 기본권 제한에 해당하며,</u> 앞서

본 바와 같이 비례의 원칙 내지 과잉금지의 원칙에 위반된 것으로 볼 수 없고, 기본권의 본질적인 내용을 침해한다고도 할 수 없다. 따라서 이 사건 동점자처리조항은 일반 응시자들의 **공무담임권을 침해하지 아니한다.**

④ O. 헌재 2011. 4. 28. 2010헌마474

가. 이 사건 법률조항의 입법목적은 주민의 복리와 자치단체행정의 원활하고 효율적인 운영에 초래될 것으로 예상되는 위험을 미연에 방지하려는 것으로, 자치단체장이 '공소 제기된 후 구금상태'에 있는 경우 자치단체행정의 계속성과 융통성을 보장하고 주민의 복리를 위한 최선의 정책집행을 도모하기 위해서는 해당 자치단체장을 직무에서 배제시키는 방법 외에는 달리 의미있는 대안을 찾을 수 없고, 범죄의 죄질이나 사안의 경중에 따라 직무정지의 필요성을 달리 판단할 여지가 없으며, 소명의 기회를 부여하는 등 직무정지라는 제재를 가함에 있어 추가적인 요건을 설정할 필요도 없다. 나아가 정식 형사재판절차를 앞두고 있는 '공소 제기된 후'부터 시작하여 '구금상태에 있는' 동안만 직무를 정지시키고 있어 그 침해가 최소한에 그치도록 하고 있고, 이 사건 법률조항이 달성하려는 공익은 매우 중대한 반면, 일시적·잠정적으로 직무를 정지당할 뿐 신분을 박탈당하지도 않는 자치단체장의 사익에 대한 침해는 가혹하다고 볼 수 없으므로 과잉금지원칙에 위반되지 않는다.

나. 이 사건 법률조항은 공소 제기된 자로서 구금되었다는 사실 자체에 사회적 비난의 의미를 부여한다거나 그 유죄의 개연성에 근거하여 직무를 정지시키는 것이 아니라, 구금의 효과, 즉 구속되어 있는 자치단체장의 물리적 부재상태로 말미암아 자치단체행정의 원활하고 계속적인 운영에 위험이 발생할 것이 명백하여 이를 미연에 방지하기 위하여 직무를 정지시키는 것이므로, '범죄사실의 인정 또는 유죄의 인정에서 비롯되는 불이익'이라거나 '유죄를 근거로 하는 사회윤리적 비난'이라고 볼 수 없다. 따라서 무죄추정의 원칙에 위반되지 않는다.

순경공채·경위공채 대비
경찰헌법 모의고사

04

경찰헌법
모의고사
4회

04 경찰헌법 모의고사 4회

01 정답 ❸

③ 헌법은 국가유공자 인정에 관하여 명문 규정을 두고 있지 않으나 전문(前文)에서 "3.1운동으로 건립된 대한민국임시정부의 법통을 계승"한다고 선언하고 있다. 이는 대한민국이 일제에 항거한 독립운동가의 공헌과 희생을 바탕으로 이룩된 것임을 선언한 것이고, 그렇다면 국가는 일제로부터 조국의 자주독립을 위하여 공헌한 독립유공자와 그 유족에 대하여는 응분의 예우를 하여야 할 헌법적 의무를 지닌다.(헌재 2005. 6. 30. 2004헌마859)

④ 2006헌마788

02 정답 ❸

① X [형사보상 및 명예회복에 관한 법률 제7조] 보상청구는 무죄재판을 한 법원에 하여야 한다.

② X [6조①]이 법은 보상을 받을 자가 다른 법률에 따라 손해배상을 청구하는 것을 금지하지 아니한다.

③ O

④ X [13조] 보상청구는 대리인을 통하여서도 할 수 있다.

03 정답 ❸

③ 헌법 제31조 제4항이 규정하고 있는 교육의 자주성, 대학의 자율성 보장은 대학에 대한 공권력 등 외부세력의 간섭을 배제하고 대학인 자신이 대학을 자주적으로 운영할 수 있도록 함으로써 대학인으로 하여금 연구와 교육을 자유롭게 하여 진리탐구와 지도적 인격의 도야라는 대학의 기능을 충분히 발휘할 수 있도록 하기 위한 것으로서 이는 학문의 자유의 확실한 보장수단이자 대학에 부여된 헌법상의 기본권이다.

04 정답 ❹

㉠ O 2000헌가9
㉡ O 93헌가13등
㉢ O 2005헌마506
㉣ O 2000헌가9

05 정답 ❷

① O 2016헌마503

② X 헌재 2015. 5. 28. 2013헌바129

입법자는 외국에서 형의 집행을 받은 자에게 어떠한 요건 아래, 어느 정도의 혜택을 줄 것인지에 대하여 일정 부분 재량권을 가지고 있으나, 신체의 자유는 정신적 자유와 더불어 헌법이념의 핵심인 인간의 존엄과 가치를 구현하기 위한 가장 기본적인 자유로서 모든 기본권 보장의 전제조건이므로 최대한 보장되어야 하는바, 외국에서 실제로 형의 집행을 받았음에도 불구하고 우리 형법에 의한 처벌 시 이를 전혀 고려하지 않는다면 신체의 자유에 대한 과도한 제한이 될 수 있으므로 그와 같은 사정은 어느 범위에서든 반드시 반영되어야 하고, 이러한 점에서 입법형성권의 범위는 다소 축소될 수 있다. 입법자는 국가형벌권의 실현과 국민의 기본권 보장의 요구를 조화시키기 위하여 형을 필요적으로 감면하거나 외국에서 집행된 형의 전부 또는 일부를 필요적으로 산입하는 등의 방법을 선택하여 청구인의 신체의 자유를 덜 침해할 수 있음에도, 이 사건 법률조항과 같이 우리 형법에 의한 처벌 시 외국에서 받은 형의 집행을 전혀 반영하지 아니할 수도 있도록 한 것은 과잉금지원칙에 위배되어 신체의 자유를 침해한다.

③ O [헌법 제12조 ③체포·구속·압수 또는 수색을 할 때에는 적법한 절차에 따라 검사의 신청에 의하여 법관이 발부한 영장을 제시하여야 한다. 다만, 현행범인인 경우와 장기 3년 이상의 형에 해당하는 죄를 범하고 도피 또는 증거인멸의 염려가 있을 때에는 사후에 영장을 청구할 수 있다.]

④ O 2014헌마346

06 정답 ❸

③ 헌재 2019. 12. 27. 2018헌마730

심판대상조항이 선거운동의 자유를 감안하여 선거운동을 위한 확성장치를 허용할 공익적 필요성이 인정된다고 하더라도 정온한 생활환경이 보장되어야 할 주거지역에서 출근 또는 등교 이전 및 퇴근 또는 하교 이후 시간대에 확성장치의 최고출력 내지 소음을 제한하는 등 사용시간과 사용지역에 따른 수인한도 내에서 확성장치의 최고출력 내지 소음 규제기준에 관한 규정을 두지 아니한 것은, 국민이 건강하고 쾌적하게 생활할 수 있는 양호한 주거환경을 위하여 노력하여야 할 국가의 의무를 부과한 헌법 제35조 제3항에 비추어 보면, 적절하고 효율적인 최소한의 보호조치를 취하지 아니하여 국가의 기본권 보호의무를 과소하게 이행한 것으로서, 청구인의 건강하고 쾌적한 환경에서 생활할 권리를 침해하므로 헌법에 위반된다.

07 정답 ❹

② O 2007헌마734

③ O 2008헌마419

④ X 91헌바11

헌법 제36조 제3항이 규정하고 있는 국민의 보건에 관한 권리는 국민이 자신의 건강을 유지하는 데 필요한 국가적 급부와 배려를 요구할 수 있는 권리를 말하는 것으로서, 국가는 국민의 건강을 소극적으로 침해하여서는 아니 될 의무를 부담하는 것에서 한걸음 더 나아가 **적극적으로 국민의 보건을 위한 정책을 수립하고 시행하여야 할 의무를 부담한다는 것을** 의미한다.

08 정답 ④

① O 헌재 2018. 6. 28. 2012헌마538
이동전화의 이용과 관련하여 필연적으로 발생하는 통신사실 확인자료는 비록 비내용적 정보이지만 여러 정보의 결합과 분석을 통해 정보주체에 관한 정보를 유추해낼 수 있는 <u>민감한 정보인 점</u>, 수사기관의 통신사실 확인자료 제공요청에 대해 <u>법원의 허가를 거치도록 규정하고 있으나 수사의 필요성만을 그 요건으로 하고 있어 제대로 된 통제가 이루어지기 어려운 점</u>, 기지국수사의 허용과 관련하여서는 유괴·납치·성폭력범죄 등 강력범죄나 국가안보를 위협하는 각종 범죄와 같이 피의자나 피해자의 통신사실 확인자료가 반드시 필요한 범죄로 그 대상을 한정하는 방안 또는 다른 방법으로는 범죄수사가 어려운 경우(보충성)를 요건으로 추가하는 방안 등을 검토함으로써 수사에 지장을 초래하지 않으면서도 <u>불특정 다수의 기본권을 덜 침해하는 수단이 존재하는 점</u>을 고려할 때, 이 사건 요청조항은 과잉금지원칙에 반하여 청구인의 개인정보자기결정권과 통신의 자유를 침해한다.

② O 대판 2012다49933

③ O 2017헌마1326

④ X 헌재 2014. 8. 28. 2011헌마28 등
재범의 위험성이 높은 범죄를 범한 수형인 등은 생존하는 동안 재범의 가능성이 있으므로, 디엔에이신원확인정보를 수형인등이 사망할 때까지 관리하여 범죄 수사 및 예방에 이바지하고자 하는 <u>이 사건 삭제조항은 입법목적의 정당성과 수단의 적절성이 인정된다.</u> 디엔에이신원확인정보는 개인식별을 위한 최소한의 정보인 단순한 숫자에 불과하여 이로부터 개인의 유전정보를 확인할 수 없는 것이어서 개인의 존엄과 인격권에 심대한 영향을 미칠 수 있는 민감한 정보라고 보기 어렵고, 디엔에이신원확인정보의 수록 후 디엔에이감식시료와 디엔에이의 즉시 폐기, 무죄 등의 판결이 확정된 경우 디엔에이신원확인정보의 삭제, 디엔에이인적관리자와 디엔에이신원확인정보담당자의 분리, 디엔에이신원확인정보데이터베이스관리위원회의 설치, 업무목적 외 디엔에이신원확인정보의 사용·제공·누설 금지 및 위반 시 처벌, 데이터베이스 보안장치 등 개인정보보호에 관한 규정을 두고 있으므로 <u>이 사건 삭제조항은 침해최소성 원칙에 위배되지 않는다.</u> 디엔에이신원확인정보를 범죄수사 등에 이용함으로써 달성할 수 있는 공익의 중요성에 비하여 청구인의 불이익이 크다고 보기 어려워 <u>법익균형성도 갖추었다.</u> 따라서 **이 사건 삭제조항이 과도하게 개인정보자기결정권을 침해한다고 볼 수 없다.**

09 정답 ❶

①X <u>헌법 제119조 소정의 경제질서는 독자적인 위헌심사의 기준이 된다기보다는</u> 결사의 자유에 대한 법치국가적 위헌심사기준, 즉 **과잉금지원칙 내지는 비례의 원칙에 흡수되는 것**이라고 할 것이다(2004헌바67).

10 정답 ❸

③ X 헌재 2014. 8. 28. 2013헌마359
심판대상조항이 제한하고 있는 <u>직업의 자유는</u> 국가자격제도정책과 국가의 경제상황에 따라 법률에 의하여 제한할 수 있는 **국민의 권리**에 해당한다. 국가정책에 따라 정부의 허가를 받

은 <u>외국인은</u> 정부가 허가한 범위 내에서 소득 활동을 할 수 있는 것이므로, 외국인이 <u>국내에서 누리는 직업의 자유는 법률에 따른 정부의 허가에 의해 비로소 발생하는 권리이다.</u> 따라서 외국인 청구인에게는 <u>그 기본권주체성이 인정되지 아니하며, 자격제도 자체를 다툴 수 있는 기본권주체성이 인정되지 아니하는 이상</u> **/국가자격제도에 관련된 평등권에 관하여 따로 기본권주체성을 인정할 수 없다.**

11 [정답] ❹

④ X 헌재 2015. 12. 23. 2013헌바168

이 사건 법률조항은 정당 후원회를 금지함으로써 불법 정치자금 수수로 인한 정경유착을 막고 정당의 정치자금 조달의 투명성을 확보하여 정당 운영의 투명성과 도덕성을 제고하기 위한 것으로, 입법목적의 정당성은 인정된다. 그러나 정경유착의 문제는 일부 재벌기업과 부패한 정치세력에 국한된 것이고 대다수 유권자들과는 직접적인 관련이 없으므로 일반 국민의 정당에 대한 정치자금 기부를 원천적으로 봉쇄할 필요는 없고, 기부 및 모금한도액의 제한, 기부내역 공개 등의 방법으로 정치자금의 투명성을 충분히 확보할 수 있다.

정치자금 중 당비는 반드시 당원으로 가입해야만 납부할 수 있어 일반 국민으로서 자신이 지지하는 정당에 재정적 후원을 하기 위해 반드시 당원이 되어야 하므로, 정당법상 정당 가입이 금지되는 공무원 등의 경우에는 자신이 지지하는 정당에 재정적 후원을 할 수 있는 방법이 없다. 그리고 현행 기탁금 제도는 중앙선거관리위원회가 국고보조금의 배분비율에 따라 각 정당에 배분·지급하는 일반기탁금제도로서, 기부자가 자신이 지지하는 특정 정당에

재정적 후원을 하는 것과는 전혀 다른 제도이므로 이로써 정당 후원회를 대체할 수 있다고 보기도 어렵다.

나아가 <u>정당제 민주주의 하에서 정당에 대한 재정적 후원이 전면적으로 금지됨으로써 정당이 스스로 재정을 충당하고자 하는 정당활동의 자유와 국민의 정치적 표현의 자유에 대한</u> 제한이 매우 크다고 할 것이므로, 이 사건 법률조항은 **정당의 정당활동의 자유와 국민의 정치적 표현의 자유를 침해**한다.

12 [정답] ❷

② X 헌재 2018. 8. 30. 2015헌가38

대학 교원을 교육공무원 아닌 대학 교원과 교육공무원인 대학 교원으로 나누어, 각각의 단결권 침해가 헌법에 위배되는지 여부에 관하여 본다. 먼저, 심판대상조항으로 인하여 <u>교육공무원 아닌</u> 대학 교원들이 향유하지 못하는 단결권은 헌법이 보장하고 있는 근로3권의 핵심적이고 본질적인 권리이다. 심판대상조항의 입법목적이 재직 중인 초·중등교원에 대하여 교원노조를 인정해줌으로써 교원노조의 자주성과 주체성을 확보한다는 측면에서는 그 정당성을 인정할 수 있을 것이나, 교원노조를 설립하거나 가입하여 활동할 수 있는 자격을 초·중등교원으로 한정함으로써 <u>교육공무원이 아닌 대학 교원에 대해서는 근로기본권의 핵심인 단결권조차 전면적으로 부정한 측면에 대해서는 그 입법목적의 정당성을 인정하기 어렵고, 수단의 적합성 역시 인정할 수 없다.</u> 설령 일반 근로자 및 초·중등교원과 구별되는 대학 교원의 특수성을 인정하더라도, 대학 교원에게도 단결권을 인정하면서 다만 해당 노동조합이 행사할 수 있는 권리를 다른 노동조합과 달리 강한 제약 아래 두는 방법도 얼마든지 가능

하므로, 단결권을 전면적으로 부정하는 것은 필요 최소한의 제한이라고 보기 어렵다. 또 최근 들어 대학 사회가 다층적으로 변화하면서 대학 교원의 사회·경제적 지위의 향상을 위한 요구가 높아지고 있는 상황에서 단결권을 행사하지 못한 채 개별적으로만 근로조건의 향상을 도모해야 하는 불이익은 중대한 것이므로, 심판대상조항은 과잉금지원칙에 위배된다.

다음으로 교육공무원인 대학 교원에 대하여 보더라도, 교육공무원의 직무수행의 특성과 헌법 제33조 제1항 및 제2항의 정신을 종합해 볼 때, **교육공무원에게 근로3권을 일체 허용하지 않고 전면적으로 부정하는 것은 합리성을 상실한 과도한 것으로서 입법형성권의 범위를 벗어나 헌법에 위반**된다.

13 정답 ❹

④ X 환경권은 80년 헌법에서 신설.

14 정답 ❷

② X 헌재 2008. 9. 25. 2007헌마1126
헌법 제12조 제4항의 "누구든지 체포 또는 구속을 당한 때에는 즉시 변호인의 조력을 받을 권리를 가진다. 다만, 형사피고인이 스스로 변호인을 구할 수 없을 때에는 법률이 정하는 바에 의하여 국가가 변호인을 붙인다."는 규정은, 일반적으로 형사사건에 있어 변호인의 조력을 받을 권리는 피의자나 피고인을 불문하고 보장되나, 그 중 특히 **국선변호인의 조력을 받을 권리는 피고인에게만 인정되는 것으로 해석함이 상당**하다.

15 정답 ❷

② X 헌재 2005. 2. 24. 2003헌마31 등
위 조항은 수용자의 의료보장체계를 일원화하기 위한 입법 정책적 판단에 기인한 것이며 유죄의 확정 판결이 있기 전인 미결수용자에게 어떤 불이익을 주기 위한 것은 아니므로 무죄추정의 원칙에 위반된다고 할 수 없다.

16 정답 ❹

① X 헌재 2018. 1. 25. 2015헌마1047
국가와 지방자치단체는 보호자와 더불어 영유아를 건전하게 보육할 책임을 지며(영유아보육법 제4조 제2항), 영유아보육법(이하 '법'이라 한다)의 보육 이념 중 하나는 영유아가 어떠한 종류의 차별도 받지 아니하고 보육되어야 한다는 것이다(제3조 제3항). 보육료는 어린이집을 이용하는 영유아의 출석일수에 따라 해당 어린이집으로 보육료를 입금하는 방식으로 지원되고, 영유아가 출국 후 91일째 되는 날에는 보육료 지원이 정지된다(법 제34조 제1항, 법 시행규칙 제35조의3, 보건복지부지침). 양육수당 역시 영유아가 90일 이상 해외에 장기 체류하는 경우에는 그 기간 동안 비용의 지원을 정지하도록 하였다(법 제34조의2 제3항). 이와 같은 법의 목적과 보육이념, 보육료·양육수당 지급에 관한 법 규정을 종합할 때, 보육료·양육수당은 영유아가 국내에 거주하면서 국내에 소재한 어린이집을 이용하거나 가정에서 양육되는 경우에 지원이 되는 것으로 제도가 마련되어 있다.

단순한 단기체류가 아니라 국내에 거주하는 재외국민, 특히 외국의 영주권을 보유하고 있으나 상당한 기간 국내에서 계속 거주하고 있

는 자들은 주민등록법상 재외국민으로 등록·관리될 뿐 '국민인 주민'이라는 점에서는 다른 일반 국민과 실질적으로 동일하므로, 단지 외국의 영주권을 취득한 재외국민이라는 이유로 달리 취급할 아무런 이유가 없어 위와 같은 차별은 청구인들의 평등권을 침해한다.

② X 헌재 2016. 6. 30. 2014헌마192

심판대상조항은 병역의무로 인하여 본인의 의사와 관계없이 징집·소집되어 적정한 보수를 받지 못하고 공무수행으로 복무한 기간을 공무원 초임호봉에 반영함으로써, 상대적으로 열악한 환경에서 병역의무를 이행한 공로를 금전적으로 보상하고자 함에 그 취지가 있다. 그런데 사회복무요원은 공익 수행을 목적으로 한 제도로, 그 직무가 공무수행으로 인정되고, 본인의사에 관계없이 소집되며, 현역병에 준하는 최소한의 보수만 지급됨에 반하여, /산업기능요원은 국가산업 육성을 목적으로 한 제도로, 그 직무가 공무수행으로 인정되지 아니하고, 본인의사에 따라 편입 가능하며, 근로기준법 및 최저임금법의 적용을 받는다. 심판대상조항은 이와 같은 실질적 차이를 고려하여 상대적으로 열악한 환경에서 병역의무를 이행한 것으로 평가되는 현역병 및 사회복무요원의 공로를 보상하도록 한 것으로 산업기능요원과의 차별취급에 합리적 이유가 있으므로, 청구인의 평등권을 침해하지 아니한다.

③ X 헌재 2014. 4. 24. 2010헌마747

구 교육공무원법 제11조의2 [별표2]에서 인정되는 각종 가산점은 제1차 시험성적의 10% 범위에서만 부여할 수 있고, 임용권자로서는 다른 가산점을 고려하여 지역가산점을 부여해야 하므로 지역가산점을 제한된 범위 내에서 부여할 수밖에 없는 점, 이 사건 지역가산점을 받지 못하는 불이익은 그런 점을 알고도 다른

지역 교대에 입학한 것에서 기인하는 점, 노력 여하에 따라서는 가산점의 불이익을 감수하고라도 수도권 지역에 합격할 길이 열려 있는 점 등에 비추어, 이 사건 지역가산점규정이 과잉금지원칙에 위배되어 다른 지역 교대출신 응시자들의 공무담임권, 평등권을 침해한다고 볼 수 없다.

④ O 헌재 2017. 12. 28. 2016헌마649

현행 대입입시제도 중 수시모집은 대학수학능력시험 점수를 기준으로 획일적으로 학생을 선발하는 것을 지양하고, 각 대학별로 다양한 전형방법을 통하여 대학의 독자적 특성이나 목표 등에 맞추어 다양한 경력과 소질 등이 있는 자를 선발하고자 하는 것이다. 수시모집은 과거 정시모집의 예외로서 그 비중이 그리 크지 않았으나 점차 그 비중이 확대되어, 정시모집과 같거나 오히려 더 큰 비중을 차지하는 입시전형의 형태로 자리 잡고 있다. 이러한 상황에서는 수시모집의 경우라 하더라도 응시자들에게 동등한 입학 기회가 주어질 필요가 있다. 그런데 이 사건 수시모집요강은 기초생활수급자·차상위계층, 장애인 등을 대상으로 하는 일부 특별전형에만 검정고시 출신자의 지원을 허용하고 있을 뿐 수시모집에서의 검정고시 출신자의 지원을 일률적으로 제한함으로써 실질적으로 검정고시 출신자의 대학입학 기회의 박탈이라는 결과를 초래하고 있다. 수시모집의 학생선발방법이 정시모집과 동일할 수는 없으나, 이는 수시모집에서 응시자의 수학능력이나 그 정도를 평가하는 방법이 정시모집과 다른 것을 의미할 뿐, 수학능력이 있는 자들에게 동등한 기회를 주고 합리적인 선발 기준에 따라 학생을 선발하여야 한다는 점은 정시모집과 다르지 않다. 따라서 수시모집에서 검정고시 출신자에게 수학능력이 있는지 여부

를 평가받을 기회를 부여하지 아니하고 이를 박탈한다는 것은 수학능력에 따른 합리적인 차별이라고 보기 어렵다. 피청구인들은 정규 고등학교 학교생활기록부가 있는지 여부, 공교육 정상화, 비교내신 문제 등을 차별의 이유로 제시하고 있으나 이러한 사유가 차별취급에 대한 합리적인 이유가 된다고 보기 어렵다. 그렇다면 이 사건 수시모집요강은 검정고시 출신자인 청구인들을 합리적인 이유 없이 차별함으로써 청구인들의 균등하게 교육을 받을 권리를 침해한다.

17 정답 ③

③ X 헌재 2018. 6. 28. 2017헌마130 등
이 사건 법률조항은 아동학대관련범죄전력자를 10년 동안 아동관련기관인 체육시설 및 '초·중등교육법' 제2조 각 호의 학교에 취업을 제한하는 방법으로 아동학대를 예방함으로써, 아동들이 행복하고 안전하게 자라나게 하는 동시에 체육시설 및 학교에 대한 윤리성과 신뢰성을 높여 아동 및 그 보호자가 이들 기관을 믿고 이용할 수 있도록 하는 입법목적을 지니는바 이러한 입법목적은 정당하다. 그러나 이 사건 법률조항은 아동학대관련범죄전력만으로 그가 장래에 동일한 유형의 범죄를 다시 저지를 것을 당연시하고, 형의 집행이 종료된 때부터 10년이 경과하기 전에는 결코 재범의 위험성이 소멸하지 않는다고 보며, 각 행위의 죄질에 따른 상이한 제재의 필요성을 간과함으로써, 아동학대관련범죄전력자 중 재범의 위험성이 없는 자, 아동학대관련범죄전력이 있지만 10년의 기간 안에 재범의 위험성이 해소될 수 있는 자, 범행의 정도가 가볍고 재범의 위험성이 상대적으로 크지 않은 자에게까지 10

년 동안 일률적인 취업제한을 부과하고 있는데, 이는 침해의 최소성 원칙과 법익의 균형성 원칙에 위배된다. 따라서 이 사건 법률조항은 청구인들의 직업선택의 자유를 침해한다.

18 정답 ③

① O 2016헌마1115 등
② O 2008헌가15
③ X 헌재 2017. 7. 27. 2015헌마1052
심판대상조항은 연금재정의 악화를 개선하여 공무원연금제도의 건실한 유지·존속을 도모하기 위한 것으로 입법목적이 정당하고, 지방의회의원에 대한 퇴직연금 지급을 정지하게 되면 그만큼 연금지출이 감소하므로 수단의 적합성도 인정된다. 청구인들은 지방의회의원에 취임함으로써 소득활동을 계속하게 되었으므로 실질이 '퇴직'한 것으로 볼 수 없으며, 지방의회의원이 받는 의정비의 수준을 보면 연금을 통해 보호할 필요성이 있는 '사회적 위험'이 발생한 자라고 볼 수 없다. 또한 퇴직연금수급자가 다시 지방의회의원으로 취임한 경우 국민의 세금으로 보수와 연금이라는 이중수혜를 받게 되므로 연금 지급을 정지함으로써 이를 방지할 필요가 있다. 이와 같이 심판대상조항은 '국가나 지방자치단체의 부담으로 보수와 연금을 동시에 지급받는 것은 그 액수와 관계없이 그 자체가 이중수혜'라는 점이 고려된 것이므로, '공무원이 아닌 다른 근로활동을 통하여 급여를 받게 된 경우'와 달리 반드시 구체적 소득수준이나 기여율을 고려하여 지급정지되는 연금액을 결정해야 한다고 보기 어렵다. 따라서 심판대상조항은 침해 최소성에 반하지 아니한다. 지방의회의원은 퇴직연금을 받지 못하는 대신 보수를 지급받으므로

경제적 불이익이 크다고 보기 어려운 반면, 심판대상조항의 입법배경과 공무원연금개혁에 대한 국민적 요구 등을 고려할 때 심판대상조항이 추구하는 공익은 매우 중대하다. 그러므로 심판대상조항은 과잉금지원칙에 반하여 청구인들의 재산권을 침해한다고 볼 수 없다.

④ O 2008헌바80 등

19 정답 ❷

② X 헌재 2019. 11. 28. 2018헌마1153
학부모는 자녀의 개성과 능력을 고려하여 자녀의 학교교육에 관한 전반적인 계획을 세우고, 자신의 인생관·사회관·교육관에 따라 자녀를 교육시킬 권리가 있고(헌재 2016. 11. 24. 2012헌마854), 학생은 자신의 교육에 관하여 스스로 결정할 권리, 즉 교육을 통한 자유로운 인격발현권이 있다(헌재 2018. 2. 22. 2017헌마691). 또 헌법 제31조 제1항은 교육받을 권리를 규정한다. 이는 국민이 능력에 따라 균등하게 교육받을 것을 공권력에 의하여 부당하게 침해받지 않을 권리를 의미하며, 국민이 능력에 따라 균등하게 교육받을 수 있도록 국가가 적극적으로 배려하여 줄 것을 요구할 수 있는 권리로 구성된다(헌재 2008. 4. 24. 2007헌마1456 참조). 그러나 이러한 권리로부터 곧바로 학부모나 학생, 학부모회나 학생회의 인사 행정 등 학교 운영 참여권이 도출된다고 보기는 어렵다. 미성년자인 학생의 교육문제에 관하여 다양한 견해가 있을 수 있고, 최선의 교육과정을 마련하기 위하여 교육과정에 학부모나 학생이 참여할 필요가 있다고 하더라도, 이는 입법자의 광범한 입법형성 영역인 정책문제에 속한다(헌재 2001. 11. 29. 2000헌마278 참조). 교육받을 권리에 기초하여 교육기회 보장을 위한 국가의 적극적 행위를 요구할 수 있다고 하더라도, 이는 학교교육을 받을 권리로서 그에 필요한 교육시설 및 제도 마련을 요구할 권리이지 특정한 교육제도나 교육과정을 요구할 권리는 아니며(헌재 2005. 11. 24. 2003헌마173 참조), 학교교육이라는 국가의 공교육 급부의 형성과정에 균등하게 참여할 권리로서의 참여권이 내포되어 있다고 할 수 없다.
즉, 입법자가 정책적 판단에 의하여 법률로써 학부모나 학생, 학부모회나 학생회에게 일정한 학교 행정 참여권 등을 부여할 수는 있으나, 그러한 참여권이 학부모의 자녀교육권이나 학생의 자유로운 인격발현권, 교육받을 권리를 근거로 하여 헌법적으로 보장된다고 볼 수 없다.

20 정답 ❷

② X 헌재 2020. 3. 26. 2018헌마77 등
심판대상조항의 입법목적은 공공성을 지닌 전문직인 변호사에 관한 정보를 널리 공개하여 법률서비스 수요자가 필요한 정보를 얻는 데 도움을 주고, 변호사시험 관리 업무의 공정성과 투명성을 간접적으로 담보하는 데 있다. 심판대상조항은 법무부장관이 시험 관리 업무를 위하여 수집한 응시자의 개인정보 중 합격자의 성명을 공개하도록 하는 데 그치므로, 청구인들의 개인정보자기결정권이 제한되는 범위와 정도는 매우 제한적이다. 합격자 명단이 공고되면 누구나, 언제든지 이를 검색할 수 있으므로, 심판대상조항은 공공성을 지닌 전문직인 변호사의 자격 소지에 대한 일반 국민의 신뢰를 형성하는 데 기여하며, 변호사에 대한 정보를 얻는 수단이 확보되어 법률서비스 수요

자의 편의가 증진된다. 합격자 명단을 공고하는 경우, 시험 관리 당국이 더 엄정한 기준과 절차를 통해 합격자를 선정할 것이 기대되므로 시험 관리 업무의 공정성과 투명성이 강화될 수 있다. 따라서 **심판대상조항이 과잉금지원칙에 위배되어 청구인들의 개인정보자기결정권을 침해한다고 볼 수 없다.**

순경공채·경위공채 대비

경찰헌법 모의고사

05

경찰헌법
모의고사
5회

05 경찰헌법 모의고사 5회

01 정답 ❸

ㄱ. (○)정당법 제33조 (정당소속 국회의원의 제명)

ㄴ. (×)정당법 제22조 (발기인 및 당원의 자격) : ②대한민국 국민이 아닌 자는 당원이 될 수 없다.

ㄷ. (○)헌법재판소법 제57조: (가처분) :헌법재판소는 정당해산심판의 청구를 받은 때에는 직권 또는 청구인의 신청에 의하여 종국결정의 선고 시까지 피청구인의 활동을 정지하는 결정을 할 수 있다.

ㄹ. (○)헌재 2006. 3. 30. 2004헌마246

ㅁ. (○)실질적으로 국민의 정치적 의사형성에 참여할 의사나 능력이 없는 정당을 정치적 의사형성과정에서 배제함으로써 정당제 민주주의 발전에 기여하고자 하는 한도에서 정당등록취소조항의 입법목적의 정당성과 수단의 적합성을 인정할 수 있다. 그러나 정당등록의 취소는 정당의 존속 자체를 박탈하여 모든 형태의 정당활동을 불가능하게 하므로, 그에 대한 입법은 필요최소한의 범위에서 엄격한 기준에 따라 이루어져야 한다. 그런데 일정기간 동안 공직선거에 참여할 기회를 수 회 부여하고 그 결과에 따라 등록취소 여부를 결정하는 등 덜 기본권 제한적인 방법을 상정할 수 있고, 정당법에서 법정의 등록요건을 갖추지 못하게 된 정당이나 일정 기간 국회의원선거 등에 참여하지 아니한 정당의 등록을 취소하도록 하는 등 현재의 법체계 아래에서도 입법목적을 실현할 수 있는 다른 장치가 마련되어 있으므로, 정당등록취소조항은 침해의 최소성 요건을 갖추지 못하였다. 나아가, 정당등록취소조항은 어느 정당이 대통령선거나 지방자치선거에서 아무리 좋은 성과를 올리더라도 국회의원선거에서 일정 수준의 지지를 얻는 데 실패하면 등록이 취소될 수밖에 없어 불합리하고, 신생·군소정당으로 하여금 국회의원선거에의 참여 자체를 포기하게 할 우려도 있어 법익의 균형성 요건도 갖추지 못하였다. 따라서 정당등록취소조항은 과잉금지원칙에 위반되어 청구인들의 정당설립의 자유를 침해한다.(헌재 2014. 1. 28. 2012헌마431)

02 정답 ❹

① (○)헌재 2014. 8. 28. 2012헌마623

② (○)이 사건 CCTV 관찰행위는 금지물품의 수수나 교정사고를 방지하거나 이에 적절하게 대처하기 위한 것으로 교도관의 육안에 의한 시선계호를 CCTV 장비에 의한 시선계호로 대체한 것에 불과하므로 그 목적의 정당성과 수단의 적합성이 인정된다. 형집행법 및 형집행법 시행규칙은 수용자가 입게 되는 피해를 최소화하기 위하여 CCTV의 설치·운용에 관한 여러 가지 규정을 두고 있고, 이에 따라 변

호인접견실에 설치된 CCTV는 교도관이 CCTV를 통해 미결수용자와 변호인 간의 접견을 관찰하더라도 접견내용의 비밀이 침해되거나 접견교통에 방해가 되지 않도록 조치를 취하고 있는 점, 금지물품의 수수를 적발하거나 교정사고를 효과적으로 방지하고 교정사고가 발생하였을 때 신속하게 대응하기 위하여는 CCTV를 통해 관찰하는 방법 외에 더 효과적인 다른 방법을 찾기 어려운 점 등에 비추어 보면, 이 사건 CCTV 관찰행위는 그 목적을 달성하기 위하여 필요한 범위 내의 제한으로 <u>침해의 최소성을 갖추었다.</u> CCTV 관찰행위로 침해되는 법익은 변호인접견 내용의 비밀이 폭로될 수 있다는 막연한 추측과 감시받고 있다는 심리적인 불안 내지 위축으로 법익의 침해가 현실적이고 구체화되어 있다고 보기 어려운 반면, 이를 통하여 구치소 내의 수용질서 및 규율을 유지하고 교정사고를 방지하고자 하는 것은 교정시설의 운영에 꼭 필요하고 중요한 공익이므로, <u>법익의 균형성도 갖추었다. 따라서 이 사건 CCTV 관찰행위가 청구인의 변호인의 조력을 받을 권리를 침해한다고 할 수 없다.</u>(헌재 2016. 4. 28. 2015헌마243)

③ (○)형집행법 제112조 제3항 본문 중 제108조 제6호에 관한 부분은 금치의 징벌을 받은 사람에 대해 <u>금치기간 동안 텔레비전 시청 제한이라는 불이익을 가함으로써,</u> 규율의 준수를 강제하여 수용시설 내의 안전과 질서를 유지하기 위한 것으로서 <u>목적의 정당성 및 수단의 적합성이 인정된다.</u> 금치처분은 금치처분을 받은 사람을 징벌거실 속에 구금하여 반성에 전념하게 하려는 목적을 가지고 있으므로 그에 대하여 일반 수용자와 같은 수준으로 텔레비전 시청이 이뤄지도록 하는 것은 교정실무상 어려움이 있고, 금치처분을 받은 사람은

텔레비전을 시청하는 대신 수용시설에 보관된 도서를 열람함으로써 다른 정보원에 접근할 수 있다. 또한, 위와 같은 불이익은 규율 준수를 통하여 수용질서를 유지한다는 공익에 비하여 크다고 할 수 없다. 따라서 위 조항은 청<u>구인의 알 권리를 침해하지 아니한다.</u>(헌재 2016. 5. 26. 2014헌마45)

④ (×)<u>민사재판에서 법관이 당사자의 복장에 따라 불리한 심증을 갖거나 불공정한 재판진행을 하게 되는 것은 아니므로, 심판대상조항이 민사재판의 당사자로 출석하는 수형자에 대하여 사복착용을 불허하는 것으로 공정한 재판을 받을 권리가 침해되는 것은 아니다.</u> 수형자가 민사법정에 출석하기까지 교도관이 반드시 동행하여야 하므로 수용자의 신분이 드러나게 되어 있어 재소자용 의류를 입었다는 이유로 <u>인격권과 행복추구권이 제한되는 정도는 제한적이고, 형사법정 이외의 법정 출입 방식은 미결수용자와 교도관 전용 통로 및 시설이 존재하는 형사재판과 다르며, 계호의 방식과 정도도 확연히 다르다.</u> 따라서 심판대상조항이 민사재판에 출석하는 수형자에 대하여 사복착용을 허용하지 아니한 것은 청구인의 인격권과 행복추구권을 침해하지 아니한다.(헌재 2015. 12. 23. 2013헌마712)

03 정답 ❹

ㄱ. (×)헌법은 전문과 각 개별조항이 서로 밀접한 관련을 맺으면서 하나의 통일된 가치체계를 이루고 있는 것으로서, 헌법의 제규정 가운데는 헌법의 근본가치를 보다 추상적으로 선언한 것도 있고, 이를 보다 구체적으로 표현한 것도 있으므로 <u>이념적·논리적으로는 헌법규범상호간의 우열을 인정할 수 있는 것이</u>

사실이다. 그러나 이때 인정되는 헌법규범상 호간의 우열은 추상적 가치규범의 구체화에 따른 것으로서 헌법의 통일적 해석에 있어서는 유용할 것이지만, 그것이 헌법의 어느 특정규정이 다른 규정의 효력을 전면적으로 부인할 수 있을 정도의 <u>개별적 헌법규정 상호간에 효력상의 차등을 의미하는 것이라고는 볼 수 없다.</u>(헌재 1996. 6. 13. 94헌바20)

ㄴ. (X)헌법의 기본원리는 헌법의 이념적 기초인 동시에 헌법을 지배하는 지도원리로서 입법이나 정책결정의 방향을 제시하며 공무원을 비롯한 모든 국민·국가기관이 헌법을 존중하고 수호하도록 하는 지침이 되며, <u>구체적 기본권을 도출하는 근거로 될 수는 없으나</u> 기본권의 해석 및 기본권제한입법의 합헌성 심사에 있어 해석기준의 하나로서 작용한다. 그러므로 이 사건 심판대상조항의 위헌 여부를 심사함에 있어서도 우리 헌법의 기본원리를 그 기준으로 삼아야 할 것이다.(헌재 1996. 4. 25. 92헌바47)

ㄷ. (O)<u>입법부작위에 관한 헌법재판소의 재판관할권은,</u> 헌법에서 기본권보장을 위해 법령에 <u>명시적인 입법위임</u>을 하였음에도 입법자가 이를 이행하지 않을 때, 그리고 헌법해석상 특정인에게 구체적인 기본권이 생겨 이를 보장하기 위한 국가의 행위의무내지 보호의무가 발생하였음이 명백함에도 불구하고 입법자가 전혀 아무런 입법조치를 취하고 있지 <u>않는 경우에 한하여</u> 제한적으로 인정할 것이다.(헌재 1991. 9. 16. 89헌마163)

ㄹ. (O)<u>헌법의 해석은</u> 헌법이 담고 추구하는 이상과 이념에 따른 역사적, 사회적 요구를 올바르게 수용하여 헌법적 방향을 제시하는 헌법의 창조적 기능을 수행하여 국민적 욕구와 의식에 알맞는 <u>실질적 국민주권의 실현을 보</u>장하는 것이어야 한다. 그러므로 헌법의 해석과 헌법의 적용이 우리 헌법이 지향하고 추구하는 방향에 부합하는 것이 아닐 때에는, 헌법적용의 방향제시와 헌법적 지도로써 정치적 불안과 사회적 혼란을 막는 가치관을 설정하여야 한다.(헌재 1989. 9. 8. 88헌가6)

ㅁ. (O)헌법재판소가 행하는 구체적 규범통제의 심사기준은 원칙적으로 헌법재판을 할 당시에 <u>규범적 효력을 가지는 헌법이다.</u>(2010헌바132)

04 정답 ❸

ㄱ. (×)이 사건 귀속조항은 <u>진정소급입법에 해당하지만,</u> 진정소급입법이라 할지라도 <u>예외적으로 국민이 소급입법을 예상할 수 있었던 경우와 같이 소급입법이 정당화되는 경우에는 허용될 수 있다.</u> 친일재산의 취득 경위에 내포된 민족배반적 성격, 대한민국임시정부의 법통 계승을 선언한 헌법 전문 등에 비추어 친일반민족행위자측으로서는 친일재산의 소급적 박탈을 충분히 예상할 수 있었고, 친일재산 환수 문제는 그 시대적 배경에 비추어 역사적으로 매우 이례적인 공동체적 과업이므로 이러한 소급입법의 합헌성을 인정한다고 하더라도 이를 계기로 진정소급입법이 빈번하게 발생할 것이라는 우려는 충분히 불식될 수 있다. 따라서 이 사건 귀속조항은 진정소급입법에 해당하나 헌법 제13조 제2항에 반하지 않는다.(헌재 2011. 3. 31. 2008헌바141 등)

ㄴ. (×)<u>전자장치 부착명령은 전통적 의미의 형벌이 아닐 뿐 아니라,</u> 성폭력범죄자의 성행교정과 재범방지를 도모하고 국민을 성폭력범죄

로부터 보호한다고 하는 공익을 목적으로 하며, 의무적 노동의 부과나 여가시간의 박탈을 내용으로 하지 않고 전자장치의 부착을 통해서 피부착자의 행동 자체를 통제하는 것도 아니라는 점에서 <u>처벌적인 효과를 나타낸다고 보기 어렵다.</u> 또한 부착명령에 따른 피부착자의 기본권 침해를 최소화하기 위하여 피부착자에 관한 수신자료의 이용을 엄격하게 제한하고, 재범의 위험성이 없다고 인정되는 경우에는 부착명령을 가해제할 수 있도록 하고 있다. <u>그러므로 이 사건 부착명령은 형벌과 구별되는 비형벌적 보안처분으로서 소급효금지원칙이 적용되지 아니한다.</u>(헌재 2012. 12. 27. 2010헌가82)

ㄷ. (×)이 사건 심판대상조항은 <u>법 시행일 이후에 이행기가 도래하는 퇴직연금 수급권의 내용을 변경함에 불과하고, 이미 종료된 과거의 사실관계 또는 법률관계에 새로운 법률이 소급적으로 적용되어 과거를 법적으로 새로이 평가하는 진정소급입법에는 해당하지 아니하므로</u> 소급입법에 의한 재산권 침해는 문제될 여지가 없다.(헌재 2009. 7. 30. 2007헌바113)

ㄹ. (○)보안처분이라 하더라도 형벌적 성격이 강하여 신체의 자유를 박탈하거나 박탈에 준하는 정도로 신체의 자유를 제한하는 경우에는 소급처벌금지원칙을 적용하는 것이 법치주의 및 죄형법정주의에 부합한다(헌재 2012. 12. 27. 2010헌가82)

05 정답 ❷

① (○)헌법이 <u>특정한 표현에 대해 예외적으로 검열을 허용하는 규정을 두지 않은 점</u>, 이러한

상황에서 표현의 특성이나 규제의 필요성에 따라 언론·출판의 자유의 보호를 받는 표현 중에서 <u>사전검열금지원칙의 적용이 배제되는 영역을 따로 설정할 경우 그 기준에 대한 객관성을 담보할 수 없다는 점</u> 등을 고려하면, 헌법상 사전검열은 예외 없이 금지되는 것으로 보아야 하므로 의료광고 역시 사전검열금지원칙의 적용대상이 된다.(헌재 2015. 12. 23. 2015헌바75)

② (×)언론의 자유에 의하여 보호되는 것은 정보의 획득에서부터 뉴스와 의견의 전파에 이르기까지 <u>언론의 기능과 본질적으로 관련되는 모든 활동이다.</u> 이런 측면에서 <u>고용조항과 확인조항은 인터넷신문의 발행을 제한하는 효과를 가지고 있으므로 언론의 자유를 제한한다.</u>(헌재 2016. 10. 27. 2015헌마1206 등)

③ (○)헌재 1998. 2. 27. 96헌바2

④ (○)헌재 2016. 9. 29. 2015헌바325

06 정답 ❸

① (○)이 사건 수사경력자료 정리조항에서 '혐의없음'의 불기소처분에 관한 개인정보를 보존하도록 하는 것은 재수사에 대비한 기초자료를 보존하고 수사의 반복을 피하기 위한 것으로서 그 목적이 정당하고 수단의 적합성이 인정된다. 또한 해당범죄의 공소시효를 고려할 때 이 사건 수사경력자료 정리조항이 규정한 수사경력자료의 보존기간이 필요 이상으로 긴 것으로 보기도 어려우므로 <u>침해의 최소성을 갖추고 있고,</u> 수사경력자료의 보존으로 청구인이 현실적으로 입게 되는 불이익이 그다지 크지 않으므로 <u>법익의 균형성도 갖추고 있다.</u> 따라서 이 사건 수사경력자료 정리조항에서 '혐의없음'의 불기소처분에 관한 개인정보를

보존하도록 하는 것은 청구인의 개인정보 자기결정권을 침해하지 아니한다.(헌재 2012. 7. 26. 2010헌마446)

② (○)이 사건 법률조항은 본인이 스스로 증명서를 발급받기 어려운 경우 형제자매를 통해 증명서를 간편하게 발급받게 하고, 친족·상속 등과 관련된 자료를 수집하려는 형제자매가 본인에 대한 증명서를 편리하게 발급받을 수 있도록 하기 위한 것으로, 목적의 정당성 및 수단의 적합성이 인정된다. 그러나 가족관계등록법상 각종 증명서에 기재된 개인정보가 유출되거나 오남용될 경우 정보의 주체에게 가해지는 타격은 크므로 증명서 교부청구권자의 범위는 가능한 한 축소하여야 하는데, 형제자매는 언제나 이해관계를 같이 하는 것은 아니므로 형제자매가 본인에 대한 개인정보를 오남용 또는 유출할 가능성은 얼마든지 있다. 그런데 이 사건 법률조항은 증명서 발급에 있어 형제자매에게 정보주체인 본인과 거의 같은 지위를 부여하고 있으므로, 이는 증명서 교부청구권자의 범위를 필요한 최소한도로 한정한 것이라고 볼 수 없다. 본인은 인터넷을 이용하거나 위임을 통해 각종 증명서를 발급받을 수 있으며, 가족관계등록법 제14조 제1항 단서 각 호에서 일정한 경우에는 제3자도 각종 증명서의 교부를 청구할 수 있으므로 형제자매는 이를 통해 각종 증명서를 발급받을 수 있다. 따라서 이 사건 법률조항은 침해의 최소성에 위배된다. 또한, 이 사건 법률조항을 통해 달성하려는 공익에 비해 초래되는 기본권 제한의 정도가 중대하므로 법익의 균형성도 인정하기 어려워, 이 사건 법률조항은 청구인의 개인정보자기결정권을 침해한다.(헌재 2016. 6. 30. 2015헌마924)

③ (×)등록조항은 성범죄자의 재범을 억제하고 효율적인 수사를 위한 것으로 정당한 목적을 달성하기 위한 적합한 수단이다. 신상정보 등록제도는 국가기관이 성범죄자의 관리를 목적으로 신상정보를 내부적으로만 보존·관리하는 것으로, 성범죄자의 신상정보를 일반에게 공개하는 신상정보 공개·고지제도와는 달리 법익침해의 정도가 크지 않다. 성적목적공공장소침입죄는 공공화장실 등 일정한 장소를 침입하는 경우에 한하여 성립하므로 등록조항에 따른 등록대상자의 범위는 이에 따라 제한되는바, 등록조항은 침해의 최소성 원칙에 위배되지 않는다. 등록조항으로 인하여 제한되는 사익에 비하여 성범죄의 재범 방지와 사회 방위라는 공익이 크다는 점에서 법익의 균형성도 인정된다. 따라서 등록조항은 청구인의 개인정보자기결정권을 침해하지 않는다.(헌재 2016. 10. 27. 2014헌마709)

④ (○)제출조항은 범죄 수사 및 예방을 위하여 일정한 신상정보를 제출하도록 하는 것으로서, 목적의 정당성 및 수단의 적합성이 인정된다. 제출조항은 복수의 정보를 요구하여 고정적인 거주지가 없거나 이동이 잦은 직업에 종사하는 등록대상자에 대한 수사가 효율적으로 이루어지게 하고, 종교, 질병, 가족관계 등 입법목적과 직접적인 관련성이 인정되지 않는 정보의 제출을 제한하고 있으므로 침해의 최소성이 인정된다. 제출조항으로 인하여 청구인은 일정한 신상정보를 제출해야 하는 불이익을 받게 되나, 이에 비하여 제출조항이 달성하려는 공익이 크다고 보이므로 법익의 균형성도 인정된다. 따라서 제출조항은 청구인의 개인정보자기결정권을 침해하지 않는다.(헌재 2016. 3. 31. 2014헌마457)

07 정답 ❹

① (○)헌재 2016. 9. 29. 2014헌바254

② (○)헌재 2015. 7. 30. 2014헌바371

③ (○)헌재 2016. 6. 30. 2014헌바365

④ (×)지방자치단체장을 위한 별도의 퇴직급여제도를 마련하지 않은 것은 진정입법부작위에 해당하는데, 헌법상 지방자치단체장을 위한 퇴직급여제도에 관한 사항을 법률로 정하도록 위임하고 있는 조항은 존재하지 않는다. 나아가 지방자치단체장은 특정 정당을 정치적 기반으로 하여 선거에 입후보할 수 있고 선거에 의하여 선출되는 공무원이라는 점에서 헌법 제7조 제2항에 따라 신분보장이 필요하고 정치적 중립성이 요구되는 공무원에 해당한다고 보기 어려우므로 헌법 제7조의 해석상 지방자치단체장을 위한 퇴직급여제도를 마련하여야 할 입법적 의무가 도출된다고 볼 수 없고, 그 외에 헌법 제34조나 공무담임권 보장에 관한 헌법 제25조로부터 위와 같은 입법의무가 도출되지 않는다. 따라서 이 사건 입법부작위는 헌법소원의 대상이 될 수 없는 입법부작위를 그 심판대상으로 한 것으로 부적법하다.(헌재 2014. 6. 26. 2012헌마459)

08 정답 ❷

ㄱ. (○)헌재 1995. 9. 28. 92헌가11 등

ㄴ. (×)사법보좌관에게 소송비용액 확정결정절차를 처리하도록 한 이 사건 조항이 그 입법재량권을 현저히 불합리하게 또는 자의적으로 행사하였다고 단정할 수 없으므로 헌법 제27조 제1항에 위반된다고 할 수 없다.(헌재 2009. 2. 26. 2007헌바8)

ㄷ. (×)'민사재판 등 소송 수용자 출정비용 징수에 관한 지침'(이하 '이 사건 지침'이라 한다) 제4조 제3항에 의하면, 수형자가 출정비용을 납부하지 않고 출정을 희망하는 경우에는 소장은 수형자를 출정시키되, 사후적으로 출정비용 상환청구권을 자동채권으로, 영치금 반환채권을 수동채권으로 하여 상계함을 통지함으로써 상계하여야 한다고 규정되어 있으므로, 교도소장은 수형자가 출정비용을 예납하지 않았거나 영치금과의 상계에 동의하지 않았다고 하더라도, 우선 수형자를 출정시키고 사후에 출정비용을 받거나 영치금과의 상계를 통하여 출정비용을 회수하여야 하는 것이지, 이러한 이유로 수형자의 출정을 제한할 수 있는 것은 아니다. 그러므로 피청구인이, 청구인이 출정하기 이전에 여비를 납부하지 않았거나 출정비용과 영치금과의 상계에 미리 동의하지 않았다는 이유로 이 사건 출정제한행위를 한 것은, 피청구인에 대한 업무처리지침 내지 사무처리준칙인 이 사건 지침을 위반하여 청구인이 직접 재판에 출석하여 변론할 권리를 침해함으로써, 형벌의 집행을 위하여 필요한 한도를 벗어나서 청구인의 재판청구권을 과도하게 침해하였다고 할 것이다.(헌재 2012. 3. 29. 2010헌마475)

ㄹ. (○)헌재 2003. 11. 27. 2002헌마193

ㅁ. (○)헌재 2015. 7. 30. 2014헌바447

09 정답 ❷

① (×)이 사건 한자 관련 고시는 한자를 국어과목에서 분리하여 학교 재량에 따라 선택적으로 가르치도록 하고 있으므로, 국어교과의 내용으로 한자를 배우고 일정 시간 이상 필수적으로 한자교육을 받음으로써 교육적 성장과 발전을 통해 자아를 실현하고자 하는 <u>학생들의 자유로운 인격발현권을 제한한다.</u> 또한 학부모는 자녀의 개성과 능력을 고려하여 자녀의 학교교육에 관한 전반적인 계획을 세우고, 자신의 인생관·사회관·교육관에 따라 자녀를 교육시킬 권리가 있는바, 이 사건 한자 관련 고시는 자녀의 올바른 성장과 발전을 위하여 한자교육이 반드시 필요하고 국어과목 시간에 이루어져야 한다고 생각하는 <u>학부모의 자녀교육권도 제한할 수 있다.</u>(헌재 2016. 11. 24. 2012헌마854)

② (○)<u>초등학교의 교육목적과 교육목표를 달성하기 위한 교육과정은</u> 국가 수준의 공통성뿐만 아니라 지역, 학교, 개인 수준의 다양성을 동시에 갖추어야 하는 과정으로서, <u>교육을 둘러싼 여러 여건에 따라 적절히 대처할 필요성이 있기 때문에 이에 관한 모든 사항을 법률에 규정하는 것은 입법기술상 매우 어렵다.</u> 특히, 초등학교 교육과정의 편제와 수업시간은 교육여건의 변화에 따른 시의적절한 대처가 필요하므로 교육현장을 가장 잘 파악하고 교육과정에 대해 적절한 수요 예측을 할 수 있는 해당 부처에서 정하도록 할 필요가 있다. 따라서 <u>초·중등교육법 제23조 제2항이 교육과정의 기준과 내용에 관한 기본적인 사항을 교육부장관이 정하도록 위임한 것 자체가 교육제도 법정주의에 반한다고 보기 어렵다.</u>(헌재 2016. 2. 25. 2013헌마838)

③ (×)학교교육에 있어서 교원의 가르치는 권리를 수업권이라고 한다면, 이것은 교원의 지위에서 생기는 학생에 대한 일차적인 교육상의 직무권한이지만 어디까지나 학생의 학습권 실현을 위하여 인정되는 것이므로, <u>학생의 학습권은 교원의 수업권에 대하여 우월한 지위에 있다.</u> 따라서 학생의 학습권이 왜곡되지 않고 올바로 행사될 수 있도록 하기 위해서라면 교원의 수업권은 일정한 범위 내에서 제약을 받을 수밖에 없고, 학생의 학습권은 개개 교원들의 정상을 벗어난 행동으로부터 보호되어야 한다. 특히, 교원의 수업거부행위는 학생의 학습권과 정면으로 상충하는 것인바, 교육의 계속성 유지의 중요성과 교육의 공공성에 비추어 보거나 학생·학부모 등 다른 교육당사자들의 이익과 교량해 볼 때 <u>교원이 고의로 수업을 거부할 자유는 어떠한 경우에도 인정되지 아니하며,</u> 교원은 계획된 수업을 지속적으로 성실히 이행할 의무가 있다.(대법원 2007. 9. 20. 선고 2005다25298)

④ (×)대학의 자율의 구체적인 내용은 법률이 정하는 바에 의하여 보장되며, 국가는 헌법 제31조 제6항에 따라 모든 학교제도의 조직·계획·운영·감독에 관한 포괄적인 권한, 즉 학교제도에 관한 전반적인 형성권과 규율권을 부여받는다. 다만 그 규율의 정도는 그 시대와 각급 학교의 사정에 따라 다를 수밖에 없으므로 교육의 본질을 침해하지 않는 한 궁극적으로는 입법권자의 형성의 자유에 속한다. 따라서 <u>대학의 자율에 대한 침해 여부를 심사함에 있어서는 입법자가 입법형성의 한계를 넘는 자의적인 입법을 하였는지 여부를 판단하여야 한다.</u>(헌재 2014. 4. 24. 2011헌마612)

10 [정답] ❶

헌재 2014. 10. 30. 2011헌바172 사건

① (○)헌법 제23조는 "① 모든 국민의 재산권은 보장된다. 그 내용과 한계는 법률로 정한다. ② 재산권의 행사는 공공복리에 적합하도록 하여야 한다. ③ 공공필요에 의한 재산권의 수용·사용 또는 제한 및 그에 대한 보상은 법률로써 하되, 정당한 보상을 지급하여야 한다"라고 규정하고 있다. 즉 공용수용은 헌법 제23조 제3항에 명시되어 있는 대로 국민의 재산권을 그 의사에 반하여 강제적으로라도 취득해야 할 공익적 필요성이 있을 것, 법률에 의거할 것, 정당한 보상을 지급할 것의 요건을 모두 갖추어야 한다.

② (×)헌법재판소는 헌법 제23조 제3항에서 규정하고 있는 '공공필요'의 의미를 "국민의 재산권을 그 의사에 반하여 강제적으로라도 취득해야 할 공익적 필요성"으로 해석하여 왔다. 즉 '공공필요'의 개념은 '공익성'과 '필요성'이라는 요소로 구성되어 있다. 오늘날 공익사업의 범위가 확대되는 경향에 대응하여 재산권의 존속보장과의 조화를 위해서는, '공공필요'의 요건에 관하여, 공익성은 추상적인 공익 일반 또는 국가의 이익 이상의 중대한 공익을 요구하므로 기본권 일반의 제한사유인 '공공복리'보다 좁게 보는 것이 타당하며, 공익성의 정도를 판단함에 있어서는 공용수용을 허용하고 있는 개별법의 입법목적, 사업내용, 사업이 입법목적에 이바지하는 정도는 물론, 특히 그 사업이 대중을 상대로 하는 영업인 경우에는 그 사업 시설에 대한 대중의 이용·접근가능성도 아울러 고려하여야 한다.

③ (×)다만 법이 공용수용 할 수 있는 공익사업을 열거하고 있더라도, 이는 공공성 유무를 판단하는 일응의 기준을 제시한 것에 불과하므로, 사업인정의 단계에서 개별적·구체적으로 공공성에 관한 심사를 하여야 한다. 즉 공공성의 확보는 1차적으로 입법자가 입법을 행할 때 일반적으로 당해 사업이 수용이 가능할 만큼 공공성을 갖는가를 판단하고, 2차적으로는 사업인정권자가 개별적·구체적으로 당해 사업에 대한 사업인정을 행할 때 공공성을 판단하는 것이다.

④ (×)관광휴양지 조성사업 중에는 대규모 놀이공원 사업과 같이 위와 같이 개발수준이 다른 지역에 비하여 현저하게 낮은 지역 등의 주민소득 증대에 이바지할 수 있는 등 입법목적에 대한 기여도가 높을 뿐만 아니라 그 사업이 대중을 상대로 하는 영업이면서 대중이 비용부담 등에서 손쉽게 이용할 수 있어 사업 시설에 대한 대중의 이용·접근가능성이 커서 공익성이 높은 사업도 있는 반면, 고급골프장, 고급리조트 등(이하 '고급골프장 등'이라 한다)의 사업과 같이 넓은 부지에 많은 설치비용을 들여 조성됨에도 불구하고 평균고용인원이 적고, 시설 내에서 모든 소비행위가 이루어지는 자족적 영업행태를 가지고 있어 개발이 낙후된 지역의 균형 발전이나 주민소득 증대 등 입법목적에 대한 기여도가 낮을 뿐만 아니라, 그 사업이 대중을 상대로 하는 영업이면서도 사업 시설을 이용할 때 수반되는 과도한 재정적 부담 등으로 소수에게만 접근이 용이하는 등 대중의 이용·접근가능성이 작아 공익성이 낮은 사업도 있다. 나아가 고급골프장 등의 사업을 시행하기 위하여 공용수용을 통하여 달성하려는 공익과 그로 인하여 재산권을 침해당하는 사인의 이익을 형량해 볼 때, 고급골프장 등 사업의 특성상 그 사업 운영 과정에서 발생하는 지방세수 확보와 지역경제 활성화는 부수적인 공익일 뿐이고, 이 정도의 공익의 그 사업으로 인하여 강제수용 당하는 주민들

이 침해받는 기본권에 비하여 그 기본권침해를 정당화할 정도로 우월하다고 볼 수는 없다. 따라서 고급골프장 등의 사업에 있어서는 그 사업시행으로 획득할 수 있는 공익이 현저히 해태되지 않도록 보장하는 제도적 규율이 갖추어졌는지에 관하여는 살펴볼 필요도 없이, 민간개발자로 하여금 위와 같이 공익성이 낮은 고급골프장 등의 사업 시행을 위하여 타인의 재산을 그 의사에 반하여 강제적으로라도 취득할 수 있게 해야 할 필요성은 인정되지 아니한다.

11 정답 ❶

① (×)법원이 피고인의 구속 또는 그 유지 여부의 필요성에 관하여 한 재판의 효력이 검사나 다른 기관의 이견이나 불복이 있다 하여 좌우되거나 제한받는다면 이는 영장주의에 위반된다고 할 것인바, 구속집행정지결정에 대한 검사의 즉시항고를 인정하는 이 사건 법률조항은 검사의 불복을 그 피고인에 대한 구속집행을 정지할 필요가 있다는 법원의 판단보다 우선시킬 뿐만 아니라, 사실상 법원의 구속집행정지결정을 무의미하게 할 수 있는 권한을 검사에게 부여한 것이라는 점에서 헌법 제12조 제3항의 영장주의원칙에 위배된다. 또한 헌법 제12조 제3항의 영장주의는 헌법 제12조 제1항의 적법절차원칙의 특별규정이므로, 헌법상 영장주의원칙에 위배되는 이 사건 법률조항은 헌법 제12조 제1항의 적법절차원칙에도 위배된다.(헌재 2012. 6. 27. 2011헌가36)

② (○)법원의 범죄인인도결정은 신체의 자유에 밀접하게 관련된 문제이므로 범죄인인도심사에 있어서 적법절차가 준수되어야 한다. 그런데 심급제도는 사법에 의한 권리보호에 관하여 한정된 법발견, 자원의 합리적인 분배의 문제인 동시에 재판의 적정과 신속이라는 서로 상반되는 두 가지의 요청을 어떻게 조화시키느냐의 문제이므로 기본적으로 입법자의 형성의 자유에 속하는 사항이다. 한편 법원에 의한 범죄인인도심사는 국가형벌권의 확정을 목적으로 하는 형사절차와 같은 전형적인 사법절차의 대상에 해당되는 것은 아니며, 법률(범죄인인도법)에 의하여 인정된 특별한 절차라 볼 것이다. 그렇다면 심급제도에 대한 입법재량의 범위와 범죄인인도심사의 법적 성격, 그리고 범죄인인도법에서의 심사절차에 관한 규정 등을 종합할 때, 이 사건 법률조항이 범죄인인도심사를 서울고등법원의 단심제로 하고 있다고 해서 적법절차원칙에서 요구되는 합리성과 정당성을 결여한 것이라 볼 수 없다.(헌재 2003. 1. 30. 2001헌바95)

③ (○)행정대집행법 제3조 제1항은 행정청이 의무자에게 대집행영장으로써 대집행할 시기 등을 통지하기 위하여는 그 전제로서 대집행계고처분을 함에 있어서 의무이행을 할 수 있는 상당한 기간을 부여할 것을 요구하고 있으므로, 행정청인 피고가 의무이행기한이 1988.5.24.까지로 된 이 사건 대집행계고서를 5.19. 원고에게 발송하여 원고가 그 이행종기인 5.24. 이를 수령하였다면, 설사 피고가 대집행영장으로써 대집행의 시기를 1988.5.27 15:00로 늦추었더라도 위 대집행계고처분은 상당한 이행기한을 정하여 한 것이 아니어서 대집행의 적법절차에 위배한 것으로 위법한 처분이라고 할 것이다.(대법원 1990. 9. 14. 선고 90누2048)

④ (○)[1] 행정절차법 제21조 제1항, 제4항, 제22조 제1항 내지 제4항에 의하면, 행정청이 당사자에게 의무를 과하거나 권익을 제한하는 처분을 하는 경우에는 미리 처분하고자 하는

원인이 되는 사실과 처분의 내용 및 법적 근거, 이에 대하여 의견을 제출할 수 있다는 뜻과 의견을 제출하지 아니하는 경우의 처리방법 등의 사항을 당사자 등에게 통지하여야 하고, 다른 법령 등에서 필요적으로 청문을 실시하거나 공청회를 개최하도록 규정하고 있지 아니한 경우에도 당사자 등에게 의견제출의 기회를 주어야 하되, "당해 처분의 성질상 의견청취가 현저히 곤란하거나 명백히 불필요하다고 인정될 만한 상당한 이유가 있는 경우" 등에는 처분의 사전통지나 의견청취를 하지 아니할 수 있도록 규정하고 있으므로, 행정청이 침해적 행정처분을 함에 있어서 당사자에게 위와 같은 사전통지를 하거나 의견제출의 기회를 주지 아니하였다면 사전통지를 하지 않거나 의견제출의 기회를 주지 아니하여도 되는 예외적인 경우에 해당하지 아니하는 한 그 처분은 위법하여 취소를 면할 수 없다. [2] 건축법상의 공사중지명령에 대한 사전통지를 하고 의견제출의 기회를 준다면 /많은 액수의 손실보상금을 기대하여 공사를 강행할 우려가 있다는 사정이 /사전통지 및 의견제출절차의 예외사유에 해당하지 아니한다고 한 사례.(대법원 2004. 5. 28. 선고 2004두1254 판결)

12 정답 ②

① O. 우리 헌법은 제헌 헌법 이래 신체의 자유를 보장하는 규정을 두었는데, 원래 "구금"이라는 용어를 사용해 오다가 현행 헌법 개정시에 이를 "구속"이라는 용어로 바꾸었다. 현행 헌법 개정시에 종전의 "구금"을 "구속"으로 바꾼 이유를 정확히 확인할 수 있는 자료를 찾기는 어렵다. 다만 '국민의 신체와 생명에 대한 보호를 강화'하는 것이 현행 헌법의 주요 개정

이유임을 고려하면, 현행 헌법이 종래의 "구금"을 "구속"으로 바꾼 것은 헌법 제12조에 규정된 신체의 자유의 보장 범위를 구금된 사람뿐 아니라 구인된 사람에게까지 넓히기 위한 것으로 해석하는 것이 타당하다.[2018. 5. 31. 2014헌마346]

② X. 이와 같이 헌법 제8조 제1항은 정당설립의 자유, 정당조직의 자유, 정당활동의 자유 등을 포괄하는 정당의 자유를 보장하고 있다. 이러한 정당의 자유는 국민이 개인적으로 갖는 기본권일 뿐만 아니라, 단체로서의 정당이 가지는 기본권이기도 하다. 따라서 개인인 국민으로서 청구인 김웅이 정당의 자유를 가지고 있음은 물론, 청구인 민주노동당도 단체로서 정당의 자유를 가지고 있다.(2004. 12. 16. 2004헌마456 전원재판부)

③ O. 헌법 제12조 제3항과는 달리 헌법 제16조 후문은 "주거에 대한 압수나 수색을 할 때에는 검사의 신청에 의하여 법관이 발부한 영장을 제시하여야 한다."라고 규정하고 있을 뿐 영장주의에 대한 예외를 명문화하고 있지 않다. 그러나 헌법 제12조 제3항과 헌법 제16조의 관계, 주거 공간에 대한 긴급한 압수·수색의 필요성, 주거의 자유와 관련하여 영장주의를 선언하고 있는 헌법 제16조의 취지 등을 종합하면, 헌법 제16조의 영장주의에 대해서도 그 예외를 인정하되, 이는 ① 그 장소에 범죄혐의 등을 입증할 자료나 피의자가 존재할 개연성이 소명되고, ② 사전에 영장을 발부받기 어려운 긴급한 사정이 있는 경우에만 제한적으로 허용될 수 있다고 보는 것이 타당하다. 심판대상조항은 체포영장을 발부받아 피의자를 체포하는 경우에 필요한 때에는 영장 없이 타인의 주거 등 내에서 피의자 수사를 할 수 있다고 규정함으로써, 앞서 본 바와 같이 별도

로 영장을 발부받기 어려운 긴급한 사정이 있는지 여부를 구별하지 아니하고 피의자가 소재할 개연성만 소명되면 영장 없이 타인의 주거 등을 수색할 수 있도록 허용하고 있다. 이는 체포영장이 발부된 피의자가 타인의 주거 등에 소재할 개연성은 소명되나, 수색에 앞서 영장을 발부받기 어려운 긴급한 사정이 인정되지 않는 경우에도 영장 없이 피의자 수색을 할 수 있다는 것이므로, 헌법 제16조의 영장주의 예외 요건을 벗어나는 것으로서 영장주의에 위반된다(헌재 2018. 4. 26. 2015헌바370 등 [헌법불합치]).

④ O. 2004헌마675

13 정답 ③

ㄱ. O 2004헌나1

ㄴ. X. 주권의 제약·영토변경을 위한 개헌에 대한 국민투표제와 국무위원에 대한 개별적 불신임제의 도입, 자유경제체제로의 경제체제 전환 등은 1954년 제2차 개헌의 내용이다.

ㄷ. O. 헌법 제8조 제3항은 "정당은 법률이 정하는 바에 의하여 국가의 보호를 받으며, 국가는 법률이 정하는 바에 의하여 정당운영에 필요한 자금을 보조할 수 있다."고 규정하고 있고, 이에 따라 정치자금법에서 정당 운영자금에 대한 국가보조를 규정하고 있다. 그러나 국가보조는 정당의 공적 기능의 중요성을 감안하여 정당의 정치자금 조달을 보완하는 데에 그 의의가 있으므로, <u>본래 국민의 자발적 정치조직인 정당에 대한 과도한 국가보조는 정당의 국민의존성을 떨어뜨리고 정당과 국민을 멀어지게 할 우려가 있다.</u> 이는 국민과 국가를 잇는 중개자로서의 정당의 기능, 즉 공당으로서의 기능을 약화시킴으로써 정당을 국민과 유리된 정치인들만의 단체, 즉 사당으로 전락시킬 위험이 있다. <u>뿐만 아니라 과도한 국가보조는 국민의 지지를 얻고자 하는 노력이 실패한 정당이 스스로 책임져야 할 위험부담을 국가가 상쇄하는 것으로서 정당 간 자유로운 경쟁을 저해할 수 있다.</u> 정당 스스로 재정충당을 위하여 국민들로부터 모금활동을 하는 것은 단지 '돈을 모으는 것'에 불과한 것이 아니라 궁극적으로 자신의 정강과 정책을 토대로 국민의 동의와 지지를 얻기 위한 활동의 일환이며, 이는 정당의 헌법적 과제 수행에 있어 본질적인 부분의 하나인 것이다.(헌재 2015. 12. 23. 2013헌바168, [헌법불합치])

ㄹ. X. 헌법은 전문과 각 개별조항이 서로 밀접한 관련을 맺으면서 하나의 통일된 가치 체계를 이루고 있는 것으로서, 헌법의 제규정 가운데는 헌법의 근본가치를 보다 추상적으로 선언한 것도 있고, 이를 보다 <u>구체적으로 표현한 것도 있으므로 이념적·논리적으로는 규범상호간의 우열을 인정할 수 있는 것이 사실이다.</u> 그러나, 이때 인정되는 규범상호간의 우열은 추상적 가치규범의 구체화에 따른 것으로 헌법의 통일적 해석에 있어서는 유용할 것이지만, <u>**그것이 헌법의 어느 특정규정이 다른 규정의 효력을 전면적으로 부인할 수 있을 정도의 개별적 헌법규정상호간에 효력상의 차등을 의미하는 것이라고는 볼 수 없다.**</u>(헌재 1995. 12. 28. 95헌바3,[합헌,각하])

ㅁ. O. 2002헌바45

14 정답 ❶

① X. 헌법 제12조 제4항 본문의 문언 및 헌법 제12조의 조문 체계, 변호인 조력권의 속성, 헌법이 신체의 자유를 보장하는 취지를 종합하여 보면 헌법 제12조 제4항 본문에 규정된 "구속"은 사법절차에서 이루어진 구속뿐 아니라, 행정절차에서 이루어진 구속까지 포함하는 개념이다. 따라서 헌법 제12조 제4항 본문에 규정된 변호인의 조력을 받을 권리는 행정절차에서 구속을 당한 사람에게도 즉시 보장된다.

종래 이와 견해를 달리하여 헌법 제12조 제4항 본문에 규정된 변호인의 조력을 받을 권리는 형사절차에서 피의자 또는 피고인의 방어권을 보장하기 위한 것으로서 출입국관리법상 보호 또는 강제퇴거의 절차에도 적용된다고 보기 어렵다고 판시한 우리 재판소 결정(헌재 2012. 8. 23. 2008헌마430)은, 이 결정 취지와 저촉되는 범위 안에서 변경한다.[2018. 5. 31. 2014헌마346]

② O. 피의자 및 피고인이 가지는 변호인의 조력을 받을 권리는 그들과 변호인 사이의 상호관계에서 구체적으로 실현될 수 있다. 피의자 및 피고인이 가지는 변호인의 조력을 받을 권리는 그들을 조력할 변호인의 권리가 보장됨으로써 공고해질 수 있으며, 반면에 변호인의 권리가 보장되지 않으면 유명무실하게 될 수 있다. 피의자 및 피고인을 조력할 변호인의 권리 중 그것이 보장되지 않으면 그들이 변호인의 조력을 받는다는 것이 유명무실하게 되는 핵심적인 부분은 헌법상 기본권인 피의자 및 피고인이 가지는 변호인의 조력을 받을 권리와 표리의 관계에 있다 할 수 있다. 따라서 피의자 및 피고인이 가지는 변호인의 조력을 받을 권리가 실질적으로 확보되기 위해서는, 피의자 및 피고인에 대한 변호인의 조력할 권리의 핵심적인 부분(이하 '변호인의 변호권'이라 한다)은 헌법상 기본권으로서 보호되어야 한다 (헌재 2003. 3. 27. 2000헌마474 참조)

③ O. 변호인이 피의자신문에 자유롭게 참여할 수 있는 권리는 피의자가 가지는 변호인의 조력을 받을 권리를 실현하는 수단이므로 헌법상 기본권인 변호인의 변호권으로서 보호되어야 한다.

피의자신문에 참여한 변호인이 피의자 옆에 앉는다고 하여 피의자 뒤에 앉는 경우보다 수사를 방해할 가능성이 높아진다거나 수사기밀을 유출할 가능성이 높아진다고 볼 수 없으므로, 이 사건 후방착석요구행위의 목적의 정당성과 수단의 적절성을 인정할 수 없다.

이 사건 후방착석요구행위로 인하여 위축된 피의자가 변호인에게 적극적으로 조언과 상담을 요청할 것을 기대하기 어렵고, 변호인이 피의자의 뒤에 앉게 되면 피의자의 상태를 즉각적으로 파악하거나 수사기관이 피의자에게 제시한 서류 등의 내용을 정확하게 파악하기 어려우므로, 이 사건 후방착석요구행위는 변호인인 청구인의 피의자신문참여권을 과도하게 제한한다. 그런데 이 사건에서 변호인의 수사 방해나 수사기밀의 유출에 대한 우려가 없고, 조사실의 장소적 제약 등과 같이 이 사건 후방착석요구행위를 정당화할 그 외의 특별한 사정도 없으므로, 이 사건 후방착석요구행위는 침해의 최소성 요건을 충족하지 못한다.

이 사건 후방착석요구행위로 얻어질 공익보다는 변호인의 피의자신문참여권 제한에 따른 불이익의 정도가 크므로, 법익의 균형성 요건도 충족하지 못한다.

따라서 이 사건 후방착석요구행위는 변호인인 청구인의 변호권을 침해한다.[2017. 11. 30.

2016헌마503]

④ O. 변호인의 조력을 받을 권리에 대한 헌법과 법률의 규정 및 취지에 비추어 보면, '형사사건에서 변호인의 조력을 받을 권리'를 의미한다고 보아야 할 것이므로 형사절차가 종료되어 교정시설에 수용 중인 수형자나 미결수용자가 형사사건의 변호인이 아닌 민사재판, 행정재판, 헌법재판 등에서 변호사와 접견할 경우에는 원칙적으로 헌법상 변호인의 조력을 받을 권리의 주체가 될 수 없다(헌재 1998. 8. 27. 96헌마398, 판례집 10-2, 416, 430; 헌재 2004. 12. 16. 2002헌마478, 판례집 16-2하, 548, 564 참조)

15 정답 ④

① O

② O

③ O

④ X. 1980년 개정헌법(제8차 개헌)제39조 ①대통령은 <u>대통령선거인단에서 무기명투표로 선거한다.</u>
제45조 대통령의 임기는 7년으로 하며, <u>중임할 수 없다.</u>

16 정답 ③

ㄱ(○), ㄴ(×), ㄷ(×), ㄹ(×)

ㄱ. O. 이 사건의 경우 국가가 장기간에 걸쳐 추진된 주정배정제도, 1도1사원칙에 의한 통폐합정책 및 자도소주구입명령제도를 통하여 신뢰의 근거를 제공하고 국가가 의도하는 일정한 방향으로 소주제조업자의 의사결정을 유도하려고 계획하였으므로, 자도소주구입명령제도에 대한 소주제조업자의 강한 신뢰보호이익이 인정된다. 그러나 이러한 신뢰보호도 법률개정을 통한 "능력경쟁의 실현"이라는 보다 우월한 공익에 직면하여 종래의 법적 상태의 존속을 요구할 수는 없다 할 것이고, 다만 개인의 신뢰는 적절한 경과규정을 통하여 고려되기를 요구할 수 있는데 지나지 않는다 할 것이다.
따라서 지방소주제조업자는 신뢰보호를 근거로 하여 결코 자도소주구입명령제도의 합헌성을 주장하는 근거로 삼을 수는 없다 할 것이고, 주어진 경과기간이 장기간 경쟁을 억제하는 국가정책으로 인하여 약화된 지방소주제조업자의 경쟁력을 회복하기에 너무 짧다거나 아니면 지방소주업체에 대한 경쟁력 회복을 위하여 위헌적인 것이 아닌 다른 적절한 조치를 주장할 수 있을 뿐이다.(1996. 12. 26. 96헌가18 전원재판부)

ㄴ. X. 이 사건 시행령조항은, 위와 같은 청소년 학생의 보호라는 공익상의 필요에 의하여 학교환경위생정화구역 안에서의 노래연습장의 시설·영업을 금지하고서 이미 설치된 노래연습장시설을 폐쇄 또는 이전하도록 하면서 경제적 손실을 최소화할 수 있도록 1998. 12. 31.까지 약 5년간의 유예기간을 주는 한편 1994. 8. 31.까지 교육감 등의 인정을 받아 계속 영업을 할 수 있도록 경과조치를 하여, 청구인들의 법적 안정성과 신뢰보호를 위하여 상당한 배려를 하고 있으므로, 법적 안정성과 신뢰보호의 원칙에 어긋난다고 할 수 없다.(1999. 7. 22. 98헌마480·486(병합) 전원재판부)

ㄷ. X. 청구인들이 주장하는 교원으로 우선임용 받을 권리는 헌법상 권리가 아니고 단지 구

교육공무원법 제11조 제1항의 규정에 의하여 비로소 인정되었던 권리일 뿐이며, 헌법재판소가 1990.10.8. 위 법률조항에 대한 위헌결정을 하면서 청구인들과 같이 국·공립사범대학을 졸업하고 아직 교사로 채용되지 아니한 자들에게 교원으로 우선임용받을 권리를 보장할 것을 입법자나 교육부장관에게 명하고 있지도 아니하므로 국회 및 교육부장관에게 청구인들을 중등교사로 우선임용하여야 할 작위의무가 있다고 볼 근거가 없어 국회의 입법불행위 및 교육부장관의 경과조치 불작위에 대한 이 사건 헌법소원심판청구 부분은 부적법하다.(1995. 5. 25. 90헌마196 전원재판부)

ㄹ. X. 수형자가 형법에 규정된 형 집행경과기간 요건을 갖춘 것만으로 가석방을 요구할 권리를 취득하는 것은 아니므로, 10년간 수용되어 있으면 가석방 적격심사 대상자로 선정될 수 있었던 구 형법(1953. 9. 18. 법률 제293호로 제정되고, 2010. 4. 15. 법률 제10259호로 개정되기 전의 것, 이하 '구 형법'이라 한다) 제72조 제1항에 대한 청구인의 신뢰를 헌법상 권리로 보호할 필요성이 있다고 할 수 없다. 가석방 제도의 실제 운용에 있어서도 구 형법 제72조 제1항이 정한 10년보다 장기간의 형 집행 이후에 가석방을 해 왔고, 무기징역형을 선고받은 수형자에 대하여 가석방을 한 예가 많지 않으며, 2002년 이후에는 20년 미만의 집행기간을 경과한 무기징역형 수형자가 가석방된 사례가 없으므로, 청구인의 신뢰가 손상된 정도도 크지 아니하다. 그렇다면 죄질이 더 무거운 무기징역형을 선고받은 수형자를 가석방할 수 있는 형 집행 경과기간이 개정 형법 시행 후에 유기징역형을 선고받은 수형자의 경우와 같거나

오히려 더 짧게 되는 불합리한 결과를 방지하고, 사회를 방위하기 위한 이 사건 부칙조항이 신뢰보호원칙에 위배되어 청구인의 신체의 자유를 침해한다고 볼 수 없다.(2013. 8. 29. 2011헌마408)

17 정답 ❸

① X. 헌법 제25조는 "모든 국민은 법률이 정하는 바에 의하여 공무담임권을 가진다."고 하여 공무담임권을 보장하고 있고, 공무담임권의 보호영역에는 공직취임의 기회의 자의적인 배제 뿐 아니라, 공무원 신분의 부당한 박탈도 포함되는 것이다. (2002. 8. 29. 2001헌마788, 2002헌마173(병합) 전원재판부) → 갑이 교육공무원인 국립대학교 총장후보자 선출의 기회를 보장받는 것도 공무담임권의 보호영역에 속한다.

② X. 전통적으로 대학자치는 학문활동을 수행하는 교수들로 구성된 교수회가 누려오는 것이었고, 현행법상 국립대학의 장 임명권은 대통령에게 있으나, 1990년대 이후 국립대학에서 총장 후보자에 대한 직접선거방식이 도입된 이래 거의 대부분 대학 구성원들이 추천하는 후보자 중에서 대학의 장을 임명하여 옴으로써 대통령이 대학총장을 임명함에 있어 대학 교원들의 의사를 존중하여 온 점을 고려하면, 청구인들에게 대학총장 후보자 선출에 참여할 권리가 있고 이 권리는 대학의 자치의 본질적인 내용에 포함된다고 할 것이므로 결국 헌법상의 기본권으로 인정할 수 있다.(2006. 4. 27. 2005헌마1047·1048(병합) 전원재판부)

③ O. 대학의장임용추천위원회(이하 '위원회'라 한다)에서의 선정은 원칙적인 방식이 아닌 교

원의 합의된 방식과 선택적이거나 혹은 실제로는 보충적인 방식으로 규정되어 있는 점, 대학의 장 후보자 선정과 관련하여 대학에게 반드시 직접선출 방식을 보장하여야 하는 것은 아니며, 다만 대학교원들의 합의된 방식으로 그 선출방식을 정할 수 있는 기회를 제공하면 족하다고 할 것인데, 교육공무원법 제24조 제4항은 대학의 장 후보자 선정을 위원회에서 할 것인지, 아니면 교원의 합의된 방식에 의할 것인지를 대학에서 우선적으로 결정하도록 하여 이를 충분히 보장하고 있는 점, 또한 이 규정은 개정 전 교육공무원임용령(1991. 8. 8. 대통령령 제13448호로 개정되고, 2005. 9. 14. 대통령령 제19043호로 개정되기 전의 것) 제12조의3 제4항과 동일한 내용으로서 청구인들이 속한 각 대학은 개정 전 위 시행령에 근거하여 직선제의 방식으로 대학의 장 후보자를 선출해 온 점을 고려하면, 이전의 시행령의 내용을 그대로 담고 있는 교육공무원법 제24조 제4항이 대학에게 총장 후보자 선출에 있어서 새로운 제한을 추가하거나 가중한 것이라고 볼 수 없으므로 위 규정이 매우 자의적인 것으로서 합리적인 입법한계를 일탈하였거나 대학의 자율의 본질적인 부분을 침해하였다고 볼 수 없다.(2006. 4. 27. 2005헌마1047·1048(병합) 전원재판부)

④ X. 총장후보자 지원자들이 난립하여 선거가 과열될 우려가 있다면 현행 총장후보자 선정규정보다 총장후보자의 자격요건을 강화하는 등 지원자의 적격 여부를 보다 엄정하게 심사하여 지원자들의 무분별한 난립을 막을 수 있다. 총장후보자 선정규정상 부정행위 금지 및 이에 대한 제재조항으로 선거의 과열을 방지할 수도 있다. 이러한 방법은 이 사건 기탁금조항에 대한 적절한 대체수단이 될 수 있다. 이 사건 기탁금조항의 1,000만 원 액수는 교원 등 학내 인사뿐만 아니라 일반 국민들 입장에서도 적은 금액이 아니다. 여기에, 추천위원회의 최초 투표만을 기준으로 기탁금 반환 여부가 결정되는 점, 일정한 경우 기탁자 의사와 관계없이 기탁금을 발전기금으로 귀속시키는 점 등을 종합하면, 이 사건 기탁금조항의 1,000만 원이라는 액수는 자력이 부족한 교원 등 학내 인사와 일반 국민으로 하여금 총장후보자 에 지원하려는 의사를 단념토록 할 수 있을 정도로 과다한 액수라고 할 수 있다.

이러한 사정들을 종합하면 이 사건 기탁금조항은 침해의 최소성에 반한다.

현행 총장후보자 선정규정에 따른 간선제 방식에서는 이 사건 기탁금조항으로 달성하려는 공익은 제한적이다. 반면 이 사건 기탁금조항으로 인하여 기탁금을 납입할 자력이 없는 교원 등 학내 인사 및 일반 국민들은 총장후보자 에 지원하는 것 자체를 단념하게 되므로, 이 사건 기탁금조항으로 제약되는 공무담임권의 정도는 결코 과소평가될 수 없다.

이 사건 기탁금조항으로 달성하려는 공익이 제한되는 공무담임권 정도보다 크다고 단정할 수 없으므로, 이 사건 기탁금조항은 법익의 균형성에도 반한다.

따라서, 이 사건 기탁금조항은 과잉금지원칙에 반하여 청구인의 공무담임권을 침해한다. [2018. 4. 26. 2014헌마274]

18 정답 ❶

① X. 국무총리는 대통령의 권한대행자, 대통령의 보좌기관 및 행정부 제2인자로서의 지위를 가지는바, 이러한 국무총리의 헌법상 지위를 고려하면 이 사건 금지장소 조항은 국무총리의 생활공간이자 직무수행 장소인 공관의 기능과 안녕을 보호하기 위한 것으로서 그 입법목적이 정당하다. 그리고 국무총리 공관 인근에서 행진을 제외한 옥외집회·시위를 금지하는 것은 입법목적 달성을 위한 적합한 수단이다. 이 사건 금지장소 조항은 국무총리 공관의 기능과 안녕을 직접 저해할 가능성이 거의 없는 '소규모 옥외집회·시위의 경우', '국무총리를 대상으로 하는 옥외집회·시위가 아닌 경우'까지도 예외 없이 옥외집회·시위를 금지하고 있는바, 이는 입법목적 달성에 필요한 범위를 넘는 과도한 제한이다. 또한 이 사건 금지장소 조항은 국무총리 공관 인근에서의 '행진'을 허용하고 있으나, 집시법상 '행진'의 개념이 모호하여 기본권 제한을 완화하는 효과는 기대하기 어렵다. 또한 집시법은 이 사건 금지장소 조항 외에도 집회의 성격과 양상에 따른 다양한 규제수단들을 규정하고 있으므로, 국무총리 공관 인근에서의 옥외집회·시위를 예외적으로 허용한다 하더라도 국무총리 공관의 기능과 안녕을 충분히 보장할 수 있다.
이러한 사정들을 종합하여 볼 때, 이 사건 금지장소 조항은 그 입법목적을 달성하는 데 필요한 최소한도의 범위를 넘어, 규제가 불필요하거나 또는 예외적으로 허용하는 것이 가능한 집회까지도 이를 일률적·전면적으로 금지하고 있다고 할 것이므로 침해의 최소성 원칙에 위배된다. 이 사건 금지장소 조항을 통한 국무총리 공관의 기능과 안녕 보장이라는 목적과 집회의 자유에 대한 제약 정도를 비교할 때, 이 사건 금지장소 조항으로 달성하려는 공익이 제한되는 집회의 자유 정도보다 크다고 단정할 수는 없으므로 이 사건 금지장소 조항은 법익의 균형성 원칙에도 위배된다. 따라서 이 사건 금지장소 조항은 과잉금지원칙을 위반하여 집회의 자유를 침해한다.(헌재 2018. 6. 28. 2015헌가28 등, [헌법불합치])

② O. 이 사건 제2호 부분은 법관의 직무상 독립을 보호하여 사법작용의 공정성과 독립성을 확보하기 위한 것으로 입법목적의 정당성은 인정되나, 국가의 사법권한 역시 국민의 의사에 정당성의 기초를 두고 행사되어야 한다는 점과 재판에 대한 정당한 비판은 오히려 사법작용의 공정성 제고에 기여할 수도 있는 점을 고려하면 사법의 독립성을 확보하기 위한 적합한 수단이라 보기 어렵다. 또한 구 집시법의 옥외집회·시위에 관한 일반규정 및 형법에 의한 규제 및 처벌에 의하여 사법의 독립성을 확보할 수 있음에도 불구하고, 이 사건 제2호 부분은 재판에 영향을 미칠 염려가 있거나 미치게 하기 위한 집회·시위를 사전적·전면적으로 금지하고 있을 뿐 아니라, 어떠한 집회·시위가 규제대상에 해당하는지를 판단할 수 있는 아무런 기준도 제시하지 아니함으로써 사실상 재판과 관련된 집단적 의견표명 일체가 불가능하게 되어 집회의 자유를 실질적으로 박탈하는 결과를 초래하므로 최소침해성 원칙에 반한다. 더욱이 이 사건 제2호 부분으로 인하여 달성하고자 하는 공익 실현 효과는 가정적이고 추상적인 반면, 이 사건 제2호 부분으로 인하여 침해되는 집회의 자유에 대한 제한 정도는 중대하므로 법익균형성도 상실하였다. 따라서 이 사건 제2호 부분은 과잉금지원칙에 위배되어 집회의 자유를 침해한다.(헌재 2016. 9. 29. 2014헌가3 등 [위헌])

③ O. 헌법의 민주적 기본질서에 위배되는 집회 또는 시위를 금지하고 이에 위반한 자를 형사처벌하는 구 집시법(1962. 12. 31. 법률 제1245호로 제정되고, 1980. 12. 18. 법률 제3278호로 개정되기 전의 것) 제3조 제1항 제3호 및 구 집시법(1973. 3. 12. 법률 제2592호로 개정되고, 1980. 12. 18. 법률 제3278호로 개정되기 전의 것) 제14조 제1항 본문 중 제3조 제1항 제3호 부분(이하 위 두 조항을 합하여 '이 사건 제3호 부분'이라 한다)은 6. 25. 전쟁 및 4. 19. 혁명 이후 남북한의 군사적 긴장 상태와 사회적 혼란이 계속되던 상황에서 우리 헌법의 지배원리인 민주적 기본질서를 수호하기 위한 방어적 장치로서 도입된 것으로 정당한 목적 달성을 위한 적합한 수단이 된다. 그러나 이 사건 제3호 부분은 규제대상인 집회·시위의 목적이나 내용을 구체적으로 적시하지 않은 채 헌법의 지배원리인 '민주적 기본질서'를 구성요건으로 규정하였을 뿐 기본권 제한의 한계를 설정할 수 있는 구체적 기준을 전혀 제시한 바 없다. 이와 같은 규율의 광범성으로 인하여 헌법이 규정한 민주주의의 세부적 내용과 상이한 주장을 하거나 집회·시위 과정에서 우발적으로 발생한 일이 민주적 기본질서에 조금이라도 위배되는 경우 처벌이 가능할 뿐 아니라 사실상 사회현실이나 정부정책에 비판적인 사람들의 집단적 의견표명 일체를 봉쇄하는 결과를 초래함으로써 침해의 최소성 및 법익의 균형성을 상실하였으므로, 이 사건 제3호 부분은 과잉금지원칙에 위배되어 집회의 자유를 침해한다.(헌재 2016. 9. 29. 2014헌가3 등 [위헌])

④ O. 이 사건 법률조항은 사회의 안녕질서를 유지하고 시민들의 주거 및 사생활의 평온을 보호하기 위한 것으로서 정당한 목적 달성을 위한 적합한 수단이 된다. 그러나 '일출시간 전, 일몰시간 후'라는 광범위하고 가변적인 시간대의 옥외집회 또는 시위를 금지하는 것은 오늘날 직장인이나 학생들의 근무·학업 시간, 도시화·산업화가 진행된 현대사회의 생활형태 등을 고려하지 아니하고 목적 달성을 위해 필요한 정도를 넘는 지나친 제한을 가하는 것이어서 최소침해성 및 법익균형성 원칙에 반한다.(헌재 2014. 4. 24. 2011헌가29, [한정위헌])

19 정답 ❶

ㄱ. O. 2001헌바35

ㄴ. O. 고의나 과실로 타인에게 손해를 가한 경우에만 그 손해에 대한 배상책임을 가해자가 부담한다는 과실책임원칙은 헌법 제119조 제1항의 자유시장 경제질서에서 파생된 것으로(헌재 1998. 5. 28. 96헌가4등 참조) 오늘날 민사책임의 기본원리이다.(2015. 3. 26. 2014헌바202)

ㄷ. X. 심판대상조항에 따라 허가받은 지역 밖에서 이송업을 하는 것이 제한되므로 청구인 회사의 직업수행의 자유가 제한된다. 청구인 회사는 영업의 자유와 일반적 행동의 자유도 침해되고 헌법상 경제질서에도 위배된다고 주장하지만, 심판대상조항과 가장 밀접한 관계에 있는 직업수행의 자유 침해 여부를 판단하는 이상 이 부분 주장에 대해서는 별도로 판단하지 아니한다.(헌재 2018. 2. 22. 2016헌바100, [합헌, 기타])

ㄹ. O. 2010헌가65

20 정답 ④

헌재 2018. 6. 28. 2011헌바379 등[헌법불합치, 합헌] 사건

① O. 양심적 병역거부자에 대한 관용은 결코 병역의무의 면제와 특혜의 부여에 대한 관용이 아니며, 대체복무제는 병역의무의 일환으로 도입되는 것이므로 현역복무와의 형평을 고려하여 최대한 등가성을 가지도록 설계되어야 한다.

② O. 이와 같이 병역종류조항에 대체복무제가 마련되지 아니한 상황에서, 양심상의 결정에 따라 입영을 거부하거나 소집에 불응하는 이 사건 청구인 등이 현재의 대법원 판례에 따라 처벌조항에 의하여 형벌을 부과받음으로써 양심에 반하는 행동을 강요받고 있으므로, 이 사건 법률조항은 '양심에 반하는 행동을 강요당하지 아니할 자유', 즉, '부작위에 의한 양심실현의 자유'를 제한하고 있다(헌재 2011. 8. 30. 2008헌가22등 참조).

③ O. 이 사건 법률조항은 헌법상 기본의무인 국방의 의무를 구체적으로 형성하는 것이면서 또한 동시에 양심적 병역거부자들의 양심의 자유를 제한하는 것이기도 하다. 이 사건 법률조항으로 인해서 국가의 존립과 안전을 위한 불가결한 헌법적 가치를 담고 있는 국방의 의무와 개인의 인격과 존엄의 기초가 되는 양심의 자유가 상충하게 된다. 이처럼 헌법적 가치가 서로 충돌하는 경우, 입법자는 두 가치를 양립시킬 수 있는 조화점을 최대한 모색해야 하고, 그것이 불가능해 부득이 어느 하나의 헌법적 가치를 후퇴시킬 수밖에 없는 경우에도 그 목적에 비례하는 범위 내에 그쳐야 한다. 헌법 제37조 제2항의 비례원칙은, 단순히 기본권제한의 일반원칙에 그치지 않고, 모든 국가작용은 정당한 목적을 달성하기 위하여 필요한 범위 내에서만 행사되어야 한다는 국가작용의 한계를 선언한 것이므로, 비록 이 사건 법률조항이 헌법 제39조에 규정된 국방의 의무를 형성하는 입법이라 할지라도 그에 대한 심사는 헌법상 비례원칙에 의하여야 한다.

④ X. 병역종류조항에 대체복무제가 규정되지 아니한 상황에서 현재의 대법원 판례에 따라 양심적 병역거부자를 처벌한다면, 이는 과잉금지원칙을 위반하여 양심적 병역거부자의 양심의 자유를 침해하는 것이다. 따라서 지금처럼 병역종류조항에 대체복무제가 규정되지 아니한 상황에서는 양심적 병역거부를 처벌하는 것은 헌법에 위반되므로, 양심적 병역거부는 처벌조항의 '정당한 사유'에 해당한다고 보아야 한다. 결국 양심적 병역거부자에 대한 처벌은 대체복무제를 규정하지 아니한 병역종류조항의 입법상 불비와 양심적 병역거부는 처벌조항의 '정당한 사유'에 해당하지 않는다는 법원의 해석이 결합되어 발생한 문제일 뿐, 처벌조항 자체에서 비롯된 문제가 아니다. 이는 병역종류조항에 대한 헌법불합치 결정과 그에 따른 입법부의 개선입법 및 법원의 후속 조치를 통하여 해결될 수 있는 문제이다.

이상을 종합하여 보면, **처벌조항은 정당한 사유 없이 병역의무를 거부하는 병역기피자를 처벌하는 조항으로서, 과잉금지원칙을 위반하여 양심적 병역거부자의 양심의 자유를 침해한다고 볼 수는 없다.**

→ 병역의 종류를 현역, 예비역, 보충역, 병역준비역, 전시근로역의 다섯 가지로 한정하여 규정하고 **양심적 병역거부자에 대한 대체복무제를 규정하지 아니한 병역종류조항이 과잉금지원칙을 위반하여 양심적 병역거부자의 양심의 자유를 침해**하는지 여부(적극)

순경공채 · 경위공채 대비
경찰헌법 모의고사

06

경찰헌법
모의고사
6회

06 경찰헌법 모의고사 6회

01 정답 ④

① O. 그런데 청구인들이 주장하는 것은 위 조항들의 내용이 위헌이라는 것이 아니라, 주민등록번호의 잘못된 이용에 대비한 '주민등록번호 변경'에 대하여 아무런 규정을 두고 있지 않은 것이 헌법에 위반된다는 것이므로, 이는 주민등록번호 부여제도에 대하여 입법을 하였으나 주민등록번호의 변경에 대하여는 아무런 규정을 두지 아니한 부진정 입법부작위가 위헌이라는 것이다. 따라서 청구인들의 이러한 주장과 가장 밀접하게 관련되는 조항인 주민등록법 제7조 전체를 심판대상으로 삼고, 나머지 조항들은 심판대상에서 제외하기로 한다.(헌재 2015. 12. 23. 2013헌바68 등[헌법불합치])

② O. 주민등록번호는 모든 국민에게 일련의 숫자 형태로 부여되는 고유한 번호로서 당해 개인을 식별할 수 있는 정보에 해당하는 개인정보이다. 그런데 심판대상조항은 국가가 주민등록번호를 부여·관리·이용하면서 그 변경에 관한 규정을 두지 않음으로써 주민등록번호 불법 유출 등을 원인으로 자신의 주민등록번호를 변경하고자 하는 청구인들의 개인정보자기결정권을 제한하고 있다.(헌재 2015. 12. 23. 2013헌바68 등[헌법불합치])

③ O. 심판대상조항의 위헌성은 주민등록번호 변경에 관하여 규정하지 아니한 부작위에 있는바, 이를 이유로 심판대상조항에 대하여 단순위헌결정을 할 경우 주민등록번호제도 자체에 관한 근거규정이 사라지게 되어 용인하기 어려운 법적 공백이 생기게 되고, 주민등록번호 변경제도를 형성함에 있어서는 입법자가 광범위한 입법재량을 가지므로, 심판대상조항에 대하여는 헌법불합치결정을 선고하되, 2017. 12. 31.을 시한으로 입법자가 개선입법을 할 때까지 계속 적용하기로 한다.(헌재 2015. 12. 23. 2013헌바68 등[헌법불합치])

④ X. 심판대상조항에서 주민등록번호 변경을 허용하지 않음으로써 얻어지는 행정사무의 신속하고 효율적인 처리를 통한 공익이 중요하다고 하더라도, 앞서 본 바와 같이 주민등록번호의 유출이나 오·남용으로 인하여 발생할 수 있는 피해 등에 대한 아무런 고려 없이 일률적으로 주민등록번호를 변경할 수 없도록 함으로써 침해되는 주민등록번호 소지자의 개인정보자기결정권에 관한 <u>사익</u>은 심판대상조항에 의하여 달성되는 <u>구체적 공익에 비하여 결코 적지않다고 할 것이므로, 심판대상조항은 법익의 균형성도 충족하지 못하였다.</u> 따라서 주민등록번호 변경에 관한 규정을 두고 있지 않은 심판대상조항은 과잉금지원칙을 위반하여 청구인들의 개인정보자기결정권을 침해한다.(헌재 2015. 12. 23. 2013헌바68 등[헌법불합치])

02 <u>정답</u> ❷

① O. 심판대상조항들은 국적에 따라 재외동포체류자격 부여시 단순노무행위 등 취업활동에 종사하지 않을 것임을 소명하는 서류의 제출 여부를 달리 하고 있는바, 단순노무행위 등 취업활동에의 종사 여부 및 국적에 따른 차별로서 <u>헌법이 특별히 평등을 요구하고 있는 경우가 아니고, 외국인에게 입국의 자유가 허용되지 않는 이상 이 사건이 관련 기본권에 중대한 제한을 초래하는 경우라고 볼 수 없다.</u> 우리나라의 특별한 역사적 배경을 감안하여 외국국적동포에게 일반 외국인과는 다른 혜택을 부여하여야 할 정책적, 도의적 필요성이 있다 하더라도, 기본적으로 외국인의 지위에 있는 외국국적동포의 입국과 체류에 관하여 우리나라가 사회, 정치 및 경제, 외교적 상황 등을 고려하여 일정한 제한을 가할 수 없는 것은 아니다. 오히려 출입국관리에 관한 사항 중 외국인의 입국에 관한 사항은 주권국가로서의 기능을 수행하는데 필요한 것으로서 <u>광범위한 정책재량의 영역이므로</u>(헌재 2005. 3. 31. 2003헌마87 참조), 심판대상조항들이 청구인 김○철의 평등권을 침해하는지 여부는 <u>자의금지원칙 위반 여부에 의하여 판단하기로 한다.</u>(헌재 2014. 4. 24. 2011헌마474 등 [기각,각하])

② X. 불법체류자는 임금체불이나 폭행 등 각종 범죄에 노출될 위험이 있고, 그 신분의 취약성으로 인해 강제 근로와 같은 인권침해의 우려가 높으며, 행정관청의 관리 감독의 사각지대에 놓이게 됨으로써 안전사고 등 각종 사회적 문제를 일으킬 가능성이 있다. 또한 단순기능직 외국인근로자의 불법체류를 통한 국내 정주는 일반적으로 사회통합 비용을 증가시키고 국내 고용 상황에 부정적 영향을 미칠 수 있다.

따라서 이 사건 출국만기보험금이 근로자의 퇴직 후 생계 보호를 위한 퇴직금의 성격을 가진다고 하더라도 불법체류가 초래하는 여러 가지 문제를 고려할 때 불법체류 방지를 위해 그 지급시기를 출국과 연계시키는 것은 불가피하므로 심판대상조항이 청구인들의 근로의 권리를 침해한다고 보기 어렵다.(헌재 2016. 3. 31. 2014헌마367, [기각])

③ O. 근로의 권리가 "일할 자리에 관한 권리"만이 아니라 "일할 환경에 관한 권리"도 함께 내포하고 있는바, 후자는 인간의 존엄성에 대한 침해를 방어하기 위한 자유권적 기본권의 성격도 갖고 있어 건강한 작업환경, 일에 대한 정당한 보수, 합리적인 근로조건의 보장 등을 요구할 수 있는 권리 등을 포함한다고 할 것이므로 외국인 근로자라고 하여 이 부분에까지 기본권 주체성을 부인할 수는 없다. 즉 근로의 권리의 구체적인 내용에 따라, 국가에 대하여 고용증진을 위한 사회적·경제적 정책을 요구할 수 있는 권리는 사회권적 기본권으로서 국민에 대하여만 인정해야 하지만, 자본주의 경제질서하에서 근로자가 기본적 생활수단을 확보하고 인간의 존엄성을 보장받기 위하여 최소한의 근로조건을 요구할 수 있는 권리는 자유권적 기본권의 성격도 아울러 가지므로 이러한 경우 외국인 근로자에게도 그 기본권 주체성을 인정함이 타당하다.(2007. 8. 30. 2004헌마670 전원재판부)

④ O. 참정권과 입국의 자유에 대한 외국인의 기본권주체성이 인정되지 않고, 외국인이 대한민국 국적을 취득하면서 자신의 외국 국적을 포기한다 하더라도 이로 인하여 재산권 행사가 직접 제한되지 않으며, <u>외국인이 복수국적을 누릴 자유가 우리 헌법상 행복추구권에 의하여 보호되는 기본권이라고 보기 어려우므로,</u> 외국인의 기본권주체성 내지 기본권침해가능성을 인정할 수 없다.(2014. 6. 26. 2011헌마502)

03 정답 ④

① O. 이 사건 고시 부분은 초등학생의 전인적 성장을 도모하고, 영어 사교육 시장의 과열을 방지하기 위한 것으로, 그 목적의 정당성이 인정되고, 이 사건 고시 부분으로 영어교육의 편제와 시간 배당을 통제하는 것은 위 목적을 달성하기 위한 적절한 수단이다. 초등학교 시기는 인격 형성의 토대를 마련하는 중요한 시기이므로, 한정된 시간에 교육과정을 고르게 구성하여 초등학생의 전인적 성장을 도모하기 위해서는 초등학생의 영어교육이 일정한 범위로 제한되는 것이 불가피하다. 또한, 초등학교 1, 2학년은 공교육 체계 하에서 한글을 처음 접하는 시기로, 이 시기에 영어를 배우게 되면 한국어 발달과 영어 교육에 문제점이 발생하게 될 가능성이 높다는 전문가의 의견이 있고, 이러한 의견을 반영한 해당 부처의 판단이 명백히 잘못되었다고 할 수 없다. 한편, 사립학교에게 그 특수성과 자주성이 인정된다고 하더라도, 자율적인 교육과정의 편성은 국가 수준의 교육과정 내에서 허용될 수 있는 것이지, 이를 넘어 허용한다면 교육의 기회에 불평등을 조장하는 결과를 초래하여, 종국에는 사회적 양극화를 초래하는 주요한 요소가 될 것이다. 따라서 이 사건 고시 부분은 청구인들의 인격의 자유로운 발현권과 자녀교육권을 침해하지 않는다.(2016. 2. 25. 2013헌마838)

② O. 타인이나 단체에 대한 기부행위는 공동체의 결속을 도모하고 사회생활에서 개인의 타인과의 연대를 확대하는 기능을 하므로 자본주의와 시장경제의 흠결을 보완하는 의미에서 국가·사회적으로 장려되어야 할 행위이다. 또한 기부행위자 본인은 자신의 재산을 사회적 약자나 소외 계층을 위하여 출연함으로써 자기가 속한 사회에 공헌하였다는 행복감과 만족감을 실현할 수 있으므로, 이는 헌법상 인격의 자유로운 발현을 위하여 필요한 행동을 할 수 있어야 한다는 의미의 행복추구권과 그로부터 파생되는 일반적 행동자유권의 행사로서 당연히 보호되어야 한다.(2014. 2. 27. 2013헌바106)

③ O. 심판대상조항은 주방용오물분쇄기 사용으로 인한 하수의 수질 악화를 막아 궁극적으로 공공수역의 수질오염을 방지하는 것을 목적으로 한다. 주방용오물분쇄기에 의해 분쇄된 음식물 찌꺼기 등이 하수도로 바로 유입되면 공공하수처리시설의 부담을 증가시켜 하수처리의 효율이 떨어질 수 있고, 음식물 찌꺼기 등이 하수관로 내에 퇴적하여 공공하수처리시설까지 제대로 이송되지 않고 바로 공공수역으로 월류할 수 있다. 따라서 주방용오물분쇄기의 판매·사용을 금지하는 것은 공공수역의 수질보호를 위한 적절한 방법으로서, 목적의 정당성 및 수단의 적절성이 인정된다.
주방용오물분쇄기의 판매·사용을 허용하여도 공공수역의 수질에 악영향을 미치지 않으려면 분류식하수관로 설치지역으로서 공공하수처리시설의 허용 용량을 확보하는 등 일정한 하수도시설기준을 충족하여야 하나, 이러한 조건을 충족하는 지역은 소수의 신도시에 국한된다. 현재로서는 음식물 찌꺼기 등이 하수도로 바로 배출되더라도 이를 적절히 처리할 수 있는 하수도 시설을 갖추는 등 주방용오물분쇄기의 판매·사용을 허용할 수 있는 기반시설이 갖추어져 있다고 보기 어렵다. 다만, 위 환경부고시는 하수도 등의 기반시설이 앞으로 개선될 것 등을 고려해 주방용오물분쇄기 금지 정책의 타당성을 3년마다 재검토하도록 정하고 있다. 이러한 점을 고려하면 주방용오물분쇄기의 판매·사용이 금지돼 있다고 하더라도

필요이상의 과도한 규제라고 보기 어려우므로, 심판대상조항은 침해의 최소성 원칙에 반하지 않는다.

심판대상조항으로 인하여 공공수역의 수질오염을 방지할 있으므로 달성되는 공익은 중대한 반면, 감량분쇄기의 판매·사용은 허용되며, 음식물 찌꺼기 등이 부패하기 전에 종량제봉투 방식 등으로 음식물류 폐기물 거점수거용기에 수시로 배출할 수 있다는 점 등을 고려하면 청구인들에게 발생한 불이익이 감수할 수 없을 정도로 크다고 보기 어렵다. 따라서 심판대상조항은 법익의 균형성 원칙도 충족한다. [2018. 6. 28. 2016헌마1151]

④ X. 일반적으로 기본권침해 관련 영역에서는 급부행정 영역에서보다 위임의 구체성의 요구가 강화된다는 점, 이 사건 응시제한이 검정고시 응시자에게 미치는 영향은 응시자격의 영구적인 박탈인 만큼 중대하다고 할 수 있는 점 등에 비추어 보다 엄격한 기준으로 법률유보원칙의 준수 여부를 심사하여야 할 것인바, 고졸검정고시규칙과 고입검정고시규칙은 이미 응시자격이 제한되는 자를 특정적으로 열거하고 있으면서 달리 일반적인 제한 사유를 두지 않고 또 그 제한에 관하여 명시적으로 위임한 바가 없으며, 단지 '고시의 기일·장소·원서접수 기타 고시시행에 관한 사항' 또는 '고시 일시와 장소, 원서접수기간과 그 접수처 기타 고시시행에 관하여 필요한 사항'과 같이 고시시행에 관한 기술적·절차적인 사항만을 위임하였을 뿐, 특히 '검정고시에 합격한 자'에 대하여만 응시자격 제한을 공고에 위임했다고 볼 근거도 없으므로, 이 사건 응시제한은 위임받은 바 없는 응시자격의 제한을 새로이 설정한 것으로서 기본권 제한의 법률유보원칙에 위배하여 청구인의 교육을 받을 권리 등을 침해한

다.(2012. 5. 31. 2010헌마139·157·408·409·423(병합)) → 자유로운 인격발현권이 아니라 법률유보원칙 위반!!

04 정답 ❷

① ○.

> 1948년 헌법 제18조
> 근로자의 단결, 단체교섭과 단체행동의 자유는 법률의 범위내에서 보장된다.
> 영리를 목적으로 하는 사기업에 있어서는 근로자는 법률의 정하는 바에 의하여 이익의 분배에 균점할 권리가 있다.
> 제19조
> 노령, 질병 기타 근로능력의 상실로 인하여 생활유지의 능력이 없는 자는 법률의 정하는 바에 의하여 국가의 보호를 받는다.
> 제20조
> 혼인은 남녀동권을 기본으로 하며 혼인의 순결과 가족의 건강은 국가의 특별한 보호를 받는다.

② ×. 국정감사제도는 1972년 유신헌법에 의해 폐지되었고 국정감사법도 폐지되었다. 다만, 국정조사는 헌법상 명문규정이 없어도 국회의 보조적 권한으로 인정되어야 한다는 것이 일반적 견해였고, 이러한 견해에 따라 1975년 국회법개정에서 국정조사제도를 명시하였다. 이후 제5공화국 헌법에서 국정조사제도를 최초로 명시하였다. 그러나 국정감사권은 현행 헌법에 와서야 다시 부활되어 국정조사권과 함께 규정되었다.

③ ○.

> 1960년 헌법 제78조
> 대법원장과 대법관은 법관의 자격이 있는 자로써 조직되는 선거인단이 이를 선거하고 대통령이 확인한다.
> 제83조의3
> 헌법재판소는 다음 각호의 사항을 관장한다.
> 1. 법률의 위헌여부 심사
> 2. 헌법에 관한 최종적 해석
> 3. 국가기관간의 권한쟁의
> 4. 정당의 해산
> 5. 탄핵재판
> 6. 대통령, 대법원장과 대법관의 선거에 관한 소송

④ ○. 1962년 헌법 제8조
모든 국민은 인간으로서의 존엄과 가치를 가지며, 이를 위하여 국가는 국민의 기본적 인권을 최대한으로 보장할 의무를 진다.
제102조
①법률이 헌법에 위반되는 여부가 재판의 전제가 된 때에는 대법원은 이를 최종적으로 심사할 권한을 가진다.

05 정답 ❷

① ○. 성인대상 성범죄로 형을 선고받아 확정된 자로 하여금 **그 형의 집행을 종료한 날부터 10년 동안 의료기관을 개설하거나 의료기관에 취업할 수 없도록 한 이 사건 법률조항이 청구인들의 직업선택의 자유를 침해**하는지 여부 (**적극**): 이 사건 법률조항은 의료기관의 운영자나 종사자의 자질을 일정 수준으로 담보하도록 함으로써, 아동·청소년을 잠재적 성범죄로부터 보호하고, 의료기관의 윤리성과 신뢰성을 높여 아동·청소년 및 그 보호자가 이들 기관을 믿고 이용할 수 있도록 하는 입법목적을 지니는바 이러한 입법목적은 정당하다. 그러나 이 사건 법률조항이 성범죄 전력만으로 그가 장래에 동일한 유형의 범죄를 다시 저지를 것을 당연시하고, 형의 집행이 종료된 때부터 10년이 경과하기 전에는 결코 재범의 위험성이 소멸하지 않는다고 보며, 각 행위의 죄질에 따른 상이한 제재의 필요성을 간과함으로써, 성범죄 전력자 중 재범의 위험성이 없는 자, 성범죄 전력이 있지만 10년의 기간 안에 재범의 위험성이 해소될 수 있는 자, 범행의 정도가 가볍고 재범의 위험성이 상대적으로 크지 않은 자에게까지 10년 동안 일률적인 취업제한을 부과하고 있는 것은 **침해의 최소성 원칙과 법익의 균형성 원칙에 위배된다.** 따라서 이 사건 법률조항은 청구인들의 **직업선택의 자유를 침해**한다.
청구인들은 이 사건 법률조항에 의하여 형의 집행을 종료한 때부터 10년간 의료기관에 취업할 수 없게 되었는바, 이는 일정한 직업을 선택함에 있어 기본권 주체의 능력과 자질에 따른 제한이므로 이른바 '주관적 요건에 의한 좁은 의미의 직업선택의 자유'에 대한 제한에 해당한다.(2016. 3. 31. 2013헌마585)

② ×. 시행령이 제정되지 않아 법관, 검사와 같은 보수를 받지 못한다 하더라도, 직업의 자유에 '해당 직업에 합당한 보수를 받을 권리'까지 포함되어 있다고 보기 어려우므로 청구인들의 직업선택이나 직업수행의 자유가 침해되었다고 할 수 없다.(2004. 2. 26. 2001헌마718 전원재판부)

③ ○. 사교육 비용이 점차 고액화함에 따라 학원법을 준수하지 아니하고 학원을 운영함으로써 높은 수익을 올릴 수 있는 데 반하여, 학원법을 위반하여 벌금형으로 처벌받은 후에도 즉시 다른 학원을 다시 설립·운영할 수 있다고

한다면, 학원법의 각종 규율은 형해화될 수밖에 없으며, 학습자를 보호하고 학원의 공적 기능을 유지하고자 하는 목적을 달성할 수 없으므로, 이 사건 등록결격조항은 과잉금지원칙에 위배되어 직업선택의 자유를 침해한다고 보기 어렵다.(2015. 5. 28. 2012헌마653)

④ O. 법 제26조 제2항은 법학전문대학원 입학자 중 법학 외의 분야에서 학사학위를 취득한 자가 차지하는 비율이 입학자의 3분의 1 이상이 되도록 해야 한다고 규정하고, 법 제26조 제3항은 법학전문대학원 입학자 중 당해 법학전문대학원이 설치된 대학 외의 대학에서 학사학위를 취득한 자가 차지하는 비율이 입학자의 3분의 1 이상이 되도록 해야 한다고 규정하고 있다.

헌법 제15조에 의한 직업선택의 자유라 함은 자신이 원하는 직업 내지 직종을 자유롭게 선택하는 직업선택의 자유뿐만 아니라 그가 선택한 직업을 자기가 결정한 방식으로 자유롭게 수행할 수 있는 직업수행의 자유를 포함한다(헌재 1995. 7. 21. 94헌마125, 판례집 7-2, 155, 162 ; 2002. 11. 28. 2001헌마596, 판례집 14-2, 734, 742). 그리고 직업선택의 자유에는 자신이 원하는 직업 내지 직종에 종사하는데 필요한 전문지식을 습득하기 위한 직업교육장을 임의로 선택할 수 있는 '직업교육장 선택의 자유'도 포함된다.

그런데 법 제26조 제2항 및 제3항이 로스쿨에 입학하는 자들에 대하여 학사 전공별로, 그리고 출신 대학별로 로스쿨 입학정원의 비율을 각각 규정한 것은 변호사가 되기 위하여 필요한 전문지식을 습득할 수 있는 로스쿨에 입학하는 것을 제한하는 것이기 때문에 **직업교육장 선택의 자유 내지 직업선택의 자유를 제한한다고 할 것**이다.(헌재 2009. 2. 26. 2007헌마1262, 판례집 21-1상, 248 [기각,각하])

06 정답 ❸

① O. 심판대상조항은 법조일원화의 전면적인 시행으로 초래될 법관의 인력수급에 대한 차질을 방지하여 법조일원화로의 원활한 이행을 확보하고자 하는 것으로서 그 입법목적이 정당하고, 일정한 경과기간 동안 10년 미만의 법조경력자들도 판사로 임용할 수 있도록 하면서 판사임용을 위한 최소 법조경력요건을 단계적으로 높이는 것은 입법목적 달성에 적절한 수단이다. 심판대상조항은 최소 법조경력요건의 이행기를 연장하여 판사임용기회를 기존보다 확대하는 내용의 경과규정인 점, 청구인들이 사법연수원에 입소할 당시 심판대상조항이 이미 시행되고 있었으므로 10년 미만의 법조경력자들은 기간별로 상향되는 최소 법조경력요건에 부합하는 법조경력을 갖추어야만 판사임용자격을 취득하게 되는 사실을 충분히 알 수 있었던 점, 청구인들이 5년의 법조경력을 가진 때에 최초로 판사임용자격을 갖추었다가 6년의 법조경력을 가지는 해에 단 한 차례 판사임용자격을 유지할 수 없게 된다는 사실만으로 청구인들이 주장하는 바와 같은 지나친 법적 불안정이 야기된다고 보기 어려운 점 등에 비추어 보면, **심판대상조항이 침해의 최소성 원칙이나 법익 균형성 원칙에 위배된다고 보기는 어렵다. 따라서 심판대상조항은 청구인들의 공무담임권을 침해하지 아니한다.**(2016. 5. 26. 2014헌마427)

② O. 이 사건 법률조항에 의하면, 신고된 개표참관인의 수가 많지 않을 경우 동시에 계표되는 투표함의 수에 비하여 상대적으로 적은 수의 개표참관인이 참관을 하게 될 수도 있다. 그러나 개표부정에 대하여 가장 큰 이해관계를 가진 정당 및 후보자들은 공직선거법이 허용하는 범위 내에서 스스로 개표참관인을 선

정·신고함으로써 개표절차를 감시할 수 있고, 그 외에도 개표사무원을 중립적인 자들로 위촉하고, 개표관람을 실시하는 등 개표의 공정성을 확보하기 위해 다양한 조치들이 시행되고 있는 점에 비추어, 동시계표 투표함 수에 대한 제한을 두지 아니한 것은 입법자의 합리적 재량의 범위 안에 있는 것으로 인정되고, 일부 개표소에서 동시계표 투표함 수에 비하여 상대적으로 적은 수의 개표참관인이 선정될 수 있다는 사정만으로 입법자의 선택이 현저히 불합리하거나 불공정하여 청구인들의 선거권이 침해되었다고 볼 수 없다.(2013. 8. 29. 2012헌마326)

③ ×. 공립중등학교 교사 임용시험에 있어서 사범대 가산점과 복수·부전공 가산점은 **적용대상에서 제외된 자의 공직에의 진입 자체를 가로막을 수 있는 점에서 그 공무담임권 제한의 성격이 중대**하고, 서로 경쟁관계에 놓여 있는 응시자들 중 일부 특정 집단만 우대하는 결과를 가져오는 점에서 사전에 관련당사자들의 비판과 참여가능성이 보장된 공개적 토론과정을 통해 상충하는 이익간의 공정한 조정을 도모할 필요성이 절실하다. 그러므로 **위 가산점들에 관하여는 법률에서 적어도 그 적용대상이나 배점 등 기본적인 사항을 직접 명시적으로 규정하고 있어야 했다.**

그런데 피청구인(대전광역시 교육감)이 위 가산점 항목을 공고하게 된 법률적 근거라고 주장하는 교육공무원법 제11조 제2항에서는 단지 "…공개전형의 실시에 관하여 필요한 사항은 대통령령으로 정한다."라고만 할 뿐, **이 사건 가산점 항목에 관하여는 아무런 명시적 언급도 하고 있지 않다.**

그러므로 **위 가산점 항목은 결국 아무런 법률적 근거가 없다고 보아야 하고, 따라서 헌법**

제37조 제2항에 반하여 청구인의 공무담임권을 침해한다고 할 것이다.

④ ○. 이 사건 투표시간조항이 투표개시시간을 일과시간 이내인 <u>오전 10시부터로 정한 것</u>은 투표시간을 줄인 만큼 투표관리의 효율성을 도모하고 행정부담을 줄이는 데 있고, 그 밖에 부재자투표의 인계·발송절차의 지연위험 등과는 관련이 없다. 이에 반해 일과시간에 학업이나 직장업무를 하여야 하는 부재자투표자는 이 사건 투표시간조항 중 투표개시시간 부분으로 인하여 일과시간 이전에 투표소에 가서 투표할 수 없게 되어 사실상 선거권을 행사할 수 없게 되는 중대한 제한을 받는다. 따라서 이 사건 투표시간조항 중 투표개시시간부분은 <u>수단의 적정성, 법익균형성을 갖추지 못하므로 과잉금지원칙에 위배하여 청구인의 선거권과 평등권을 침해하는 것</u>이다.

이 사건 투표시간조항이 투표종료시간을 <u>오후 4시까지로 정한 것</u>은 투표당일 부재자투표의 인계·발송 절차를 밟을 수 있도록 함으로써 부재자투표의 인계·발송절차가 지연되는 것을 막고 투표관리의 효율성을 제고하고 투표함의 관리위험을 경감하기 위한 것이고, 이 사건 투표시간조항이 투표종료시간을 오후 4시까지로 정한다고 하더라도 투표개시시간을 일과시간 이전으로 변경한다면, 부재자투표의 인계·발송절차가 지연될 위험 등이 발생하지 않으면서도 일과시간에 학업·직장업무를 하여야 하는 부재자투표자가 현실적으로 선거권을 행사하는 데 큰 어려움이 발생하지 않을 것이다. 따라서 이 사건 투표시간조항 중 투표종료시간 부분은 <u>수단의 적정성, 법익균형성을 갖추고 있으므로 청구인의 선거권이나 평등권을 침해하지 않는다.</u>(헌재 2012. 2. 23. 2010헌마601, 판례집 24-1상, 320 [헌법불합치,기각,각하])

07 정답 ③

① ○. 종교(선교활동)의 자유는 국민에게 그가 선택한 임의의 장소에서 자유롭게 행사할 수 있는 권리까지 보장한다고 할 수 없으며, 그 임의의 장소가 대한민국의 주권이 미치지 아니하는 지역 나아가 국가에 의한 국민의 생명·신체 및 재산의 보호가 강력히 요구되는 해외 위난지역인 경우에는 더욱 그러하다.(헌재 2008. 6. 26. 2007헌마1366)

② ○. 종교의 자유에는 신앙의 자유, 종교적 행위의 자유가 포함되며, 종교적 행위의 자유에는 신앙고백의 자유, 종교적 의식 및 집회·결사의 자유, 종교전파·교육의 자유 등이 있다.(헌재 2001. 9. 27. 2000헌마159 등)

③ ×. 이 사건 법률조항은 정화구역 내의 납골시설 설치·운영을 일반적으로 금지하고 있다. 종교단체의 납골시설은 사자의 죽음을 추모하고 사후의 평안을 기원하는 종교적 행사를 하기 위한 시설이라고 할 수 있다. 종교단체가 설치·운영하고자 하는 납골시설이 금지되는 경우에는 **종교의 자유에 대한 제한 문제**가 발생한다. 그리고 개인이 조상이나 가족을 위하여 설치하는 납골시설 또는 문중·종중이 구성원을 위하여 설치하는 납골시설이 금지되는 경우에는 **행복추구권 제한의 문제**가 발생한다. 납골시설의 설치·운영을 직업으로서 수행하고자 하는 자에게는 이 사건 법률조항이 **직업의 자유를 제한**하게 된다.(헌재 2009. 7. 30. 2008헌가2)

④ ○. 기본권 규정은 그 성질상 사법관계에 직접 적용될 수 있는 예외적인 것을 제외하고는 사법상의 일반원칙을 규정한 민법 제2조, 제103조, 제750조, 제751조 등의 내용을 형성하고 그 해석 기준이 되어 간접적으로 사법관계에 효력을 미치게 된다.(대판 2008다38288)

08 정답 ②

① ○. 직업선택의 자유에는 직업결정의 자유, 직업종사(직업수행)의 자유, 전직의 자유 등이 포함되지만 **직업결정의 자유나 전직의 자유에 비하여** 직업종사(직업수행)의 자유에 대하여서는 상대적으로 더욱 넓은 법률상의 규제가 가능하다고 할 것이고 따라서 다른 기본권의 경우와 마찬가지로 국가안전보장·질서유지 또는 공공복리를 위하여 필요한 경우에는 제한이 가하여질 수 있는 것은 물론이지만 그 제한의 방법은 법률로써만 가능하고 제한의 정도도 필요한 최소한도에 그쳐야 하는 것 또한 의문의 여지가 없이 자명한 것이다(헌법 제37조 제2항).(92헌마80)

② ×. 심판대상조항이 건설업과 관련 없는 죄로 임원이 형을 선고받은 경우까지도 법인이 건설업을 영위할 수 없도록 하는 것은 입법목적 달성을 위한 적합한 수단에 해당하지 아니하고, 이러한 경우까지도 가장 강력한 수단인 필요적 등록말소라는 제재를 가하는 것은 최소침해성 원칙에도 위배된다. 심판대상조항으로 인하여 건설업자인 법인은 등록이 말소되는 중대한 피해를 입게 되는 반면 심판대상조항이 공익 달성에 기여하는 바는 크지 않아 심판대상조항은 법익균형성 원칙에도 위배된다. 따라서 **심판대상조항은 과잉금지원칙에 위배되어 청구인의 직업수행의 자유를 침해**한다.(2014. 4. 24. 2013헌바25)

③ ○. 청구인들은 2014. 1. 1.부터 치과의원에서 전문과목을 표시할 수 있게 되면 모든 전문과목의 진료를 할 수 있을 것이라고 신뢰하였다고 주장하나, 이와 같은 신뢰는 장래의 법적 상황을 청구인들이 미리 일정한 방향으로 예측 내지 기대한 것에 불과하므로 심판대상조

항은 신뢰보호원칙에 위배되어 직업수행의 자유를 침해한다고 볼 수 없다.(2015. 5. 28. 2013헌마799)

④ ○. 청구인들은 이 사건 금연구역조항 및 부칙조항에 따라 현재 칸막이를 설치하여 금연구역과 흡연구역으로 나누어 운영하고 있는 PC방 전체를 2년의 유예기간이 지난 뒤 전면금연구역으로 운영해야 할 의무를 부담하게 되었으나, 이로 인해 PC방의 개설·영업행위 자체가 전면적으로 금지되는 것은 아니다. 하지만 이 사건 금연구역조항 및 부칙조항은 청구인들이 이미 선택한 직업을 영위하는 방식과 조건을 규율하는 것이므로, 청구인들의 직업수행의 자유를 제한하는 규정이다.

다수인이 이용하는 PC방과 같은 공중이용시설 전체를 금연구역으로 지정함으로써 청소년을 비롯한 비흡연자의 간접흡연을 방지하고 혐연권을 보장하여 국민 건강을 증진시키기 위해 개정된 이 사건 금연구역조항의 입법목적은 정당하며, 그 방법도 적절하다. PC방과 같이 다수의 공중이 이용하는 공간에서의 간접흡연 문제를 효과적으로 해결하기 위해서는 내부에 칸막이 등을 설치하여 금연구역과 흡연구역을 분리하는 것만으로는 부족하고 해당 공간 전체를 금연구역으로 지정하는 것이 가장 효과적이고 이 방법 이외에 이와 동일한 효과를 가져올만한 대체수단이 있다거나 직업수행의 자유를 덜 제한하는 다른 수단이 존재한다고 단정하기는 어렵다. 아울러 이 사건 금연구역조항은 PC방 영업 자체를 금지하는 것이 아니고 다만 영업방식을 제한하고 있을 뿐이어서 청구인들의 직업수행의 자유를 크게 제한하는 것이라고 볼 수 없는 반면, 혐연권을 보장하고 국민의 건강을 증진시키는 공익의 효과는 매우 크다고 인정되므로, 이 사건 금연

구역조항은 과잉금지원칙에 위배되지 않는다. (2013. 6. 27. 2011헌마315)

09 정답 ❹

① ×. 변호사시험 성적의 비공개는 기존 대학의 서열화를 고착시키는 등의 부작용을 낳고 있으므로 수단의 적절성이 인정되지 않는다. 또한 법학교육의 정상화나 교육 등을 통한 우수 인재 배출, 대학원 간의 과다경쟁 및 서열화 방지라는 입법목적은 법학전문대학원 내의 충실하고 다양한 교과과정 및 엄정한 학사관리 등과 같이 알 권리를 제한하지 않는 수단을 통해서 달성될 수 있고, 변호사시험 응시자들은 자신의 변호사시험 성적을 알 수 없게 되므로, 심판대상조항은 침해의 최소성 및 법익의 균형성 요건도 갖추지 못하였다. 따라서 심판대상조항은 과잉금지원칙에 위배하여 청구인들의 알 권리를 침해한다.(헌재 2015. 6. 25. 2011헌마769 등)

② ×. 우리나라는 성문헌법을 가진 나라로서 기본적으로 우리 헌법전(憲法典)이 헌법의 법원(法源)이 된다. 그러나 성문헌법이라고 하여도 그 속에 모든 헌법사항을 빠짐없이 완전히 규율하는 것은 불가능하고 또한 헌법은 국가의 기본법으로서 간결성과 함축성을 추구하기 때문에 형식적 헌법전에는 기재되지 아니한 사항이라도 이를 불문헌법(不文憲法) 내지 관습헌법으로 인정할 소지가 있다. 특히 헌법제정 당시 자명(自明)하거나 전제(前提)된 사항 및 보편적 헌법원리와 같은 것은 반드시 명문의 규정을 두지 아니하는 경우도 있다. 그렇다고 해서 헌법사항에 관하여 형성되는 관행 내지 관례가 전부 관습헌법이 되는 것은 아니고 강제력이 있는 헌법규범으로서 인정되려면 엄격

한 요건들이 충족되어야만 하며, 이러한 요건이 충족된 관습만이 관습헌법으로서 성문의 헌법과 동일한 법적 효력을 가지는 것이다. (2004. 10. 21. 2004헌마554·566(병합) 전원재판부) → **성문헌법을 개폐하는 효력까지 인정하진 않았다.(해설자 주)**

③ ×. 헌법의 기본원리는 헌법의 이념적 기초인 동시에 헌법을 지배하는 지도원리로서 입법이나 정책결정의 방향을 제시하며 공무원을 비롯한 모든 국민·국가기관이 헌법을 존중하고 수호하도록 하는 지침이 되며, **구체적 기본권을 도출하는 근거로 될 수는 없으나** 기본권의 해석 및 기본권제한입법의 합헌성 심사에 있어 해석기준의 하나로서 작용한다. (1996.4. 25. 92헌바47 전원재판부)

④ ○. 이 사건 법률조항은 목적의 정당성, 수단의 적절성 및 피해최소성을 갖추지 못하였고 법익의 균형성도 이루지 못하였으므로, 헌법 제37조 제2항의 과잉금지원칙을 위반하여 남성의 성적자기결정권 및 사생활의 비밀과 자유를 과잉제한하는 것으로 헌법에 위반된다. (헌재 2009. 11. 26. 2008헌바58 등)

10 정답 ❷

① ○. 부모가 자녀의 이름을 지어주는 것은 자녀의 양육과 가족생활을 위하여 필수적인 것이고, 가족생활의 핵심적 요소라 할 수 있으므로, '부모가 자녀의 이름을 지을 자유'는 혼인과 가족생활을 보장하는 헌법 제36조 제1항과 행복추구권을 보장하는 헌법 제10조에 의하여 보호받는다.[2016. 7. 28. 2015헌마964]

② ○. 부부의 자산소득을 합산하여 과세하는 취지는 자산소득을 부부간에 분산하여 종합소득세의 누진세 체계를 회피하는 것을 방지하고, 소비단위별 생활실태에 부합하는 공평한 과세를 실현하며, 불로소득인 자산소득에 대하여 중과세하여 소득의 재분배를 기하려는 데에 있으므로, <u>그 입법목적은 정당하다.</u> /그러나, 자산소득의 인위적인 분산에 의한 조세회피행위 방지라는 목적은 상속세및증여세법상의 증여추정규정 또는 부동산실권리자명의등기에관한법률상 조세포탈 목적으로 배우자에게 명의신탁한 경우 부동산에 관한 물권변동을 무효로 하는 규정 등에 의해서 충분히 달성할 수 있다. 그리고, 자산소득이 있는 모든 납세의무자 가운데 혼인한 부부에 대하여만 사실혼관계의 부부나 독신자에 비하여 더 많은 조세부담을 가하여 소득을 재분배하도록 강요하는 것은 위와 같은 <u>입법목적 달성을 위한 적절한 방법이라 볼 수 없다.</u> /오늘날 여성의 사회적 지위가 상승하여 맞벌이 부부의 수가 늘어나고 법률혼 외에 사실혼관계의 남녀가 증가하는 등 전통적인 생활양식에 많은 변화가 일어나고 있음을 고려할 때 혼인한 부부가 사실혼관계의 부부나 독신자에 비하여 조세부담에 관하여 불리한 취급을 받아야 할 이유를 찾아보기 어렵다. 나아가, 부부자산소득합산과세가 추구하는 공익은 입법정책적 법익에 불과한 반면, 이로 인하여 침해되는 것은 헌법이 강도 높게 보호하고자 하는 혼인을 근거로 한 차별금지라는 헌법적 가치이므로, <u>달성하고자 하는 공익과 침해되는 사익 사이에 적정한 균형관계를 인정할 수 없다.</u> 그러므로 부부자산소득합산과세는 혼인한 부부를 비례의 원칙에 반하여 사실혼관계의 부부나 독신자에 비하여 차별하는 것으로서 헌법 제36조 제1항에 위반된다.(헌재 2005. 5. 26. 2004헌가6, 판례집 17-1, 592 [위헌])

③ ○. 호주제는 당사자의 의사나 복리와 무관하게 남계혈통 중심의 가의 유지와 계승이라는 관념에 뿌리박은 특정한 가족관계의 형태를 일방적으로 규정·강요함으로써 개인을 가족 내에서 존엄한 인격체로 존중하는 것이 아니라 가의 유지와 계승을 위한 도구적 존재로 취급하고 있는데, 이는 혼인·가족생활을 어떻게 꾸려나갈 것인지에 관한 개인과 가족의 자율적 결정권을 존중하라는 헌법 제36조 제1항에 부합하지 않는다.(헌재 2005. 2. 3. 2001헌가9 등, 판례집 17-1, 1 [헌법불합치])

④ ×. 법적으로 승인되지 아니한 **사실혼은 헌법 제36조 제1항의 보호범위에 포함되지 아니하므로**, 이 사건 법률조항은 헌법 제36조 제1항에 위반되지 않는다.(2014. 8. 28. 2013헌바119)

11 점탑 ❶

① ○. 청구인은 당해 사건과 같이 권리남용으로 인해 패소한 경우에도 예외를 인정하지 않고 청구인에게 소송비용을 부담하도록 한 것이 헌법에 위반된다고 주장한다.

그러나 사회 구성원으로서의 개인이 권리를 행사함에 있어서는 개인성과 사회성이 조화될 수 있는 사권의 사회성·공공성의 원리가 요청된다고 할 것인데, 권리의 행사가 주관적으로 오직 상대방에게 고통을 주고 손해를 입히려는 데 있고, 객관적으로 사회질서에 위반된다고 인정된 경우에는 이러한 소송제기를 정당한 권리행사로 볼 수 없다. 나아가 민사소송법은 패소한 당사자에게 소송비용을 부담시키는 것에 대한 일정한 예외 규정을 두고 있으며, 이에 따라 구체적인 사정을 고려하여 소송비

용의 부담여부나 그 부담액수가 달라질 가능성도 존재하는 점을 고려하면, **권리남용으로 인한 패소의 경우에 소송비용 부담에 관한 별도의 예외 규정을 두지 않았다는 점을 이유로 민사소송법 제98조가 재판청구권을 침해한다고 볼 수 없다.**(헌재 2013. 5. 30. 2012헌바335, 판례집 25-1, 318 [합헌,각하])

② ×. 이 사건 법률조항에서 말하는 '구속기간'은 '법원이 피고인을 구속한 상태에서 재판할 수 있는 기간'을 의미하는 것이지, '법원이 형사재판을 할 수 있는 기간' 내지 '법원이 구속사건을 심리할 수 있는 기간'을 의미한다고 볼 수 없다. 즉, **이 사건 법률조항은 미결구금의 부당한 장기화로 인하여 피고인의 신체의 자유가 침해되는 것을 방지하기 위한 목적에서 미결구금기간의 한계를 설정하고 있는 것이지**, 신속한 재판의 실현 등을 목적으로 법원의 재판기간 내지 심리기간 자체를 제한하려는 규정이라 할 수는 없다.

그러므로 **구속사건을 심리하는 법원으로서는 만약 심리를 더 계속할 필요가 있다고 판단하는 경우에는 피고인의 구속을 해제한 다음 구속기간의 제한에 구애됨이 없이 재판을 계속할 수 있음이 당연**하고, 따라서 비록 이 사건 법률조항이 법원의 피고인에 대한 구속기간을 엄격히 제한하고 있다 하더라도 이로써 법원의 심리기간이 제한된다거나 나아가 피고인의 공격·방어권 행사를 제한하여 피고인의 공정한 재판을 받을 권리가 침해된다고 볼 수는 없다.(2001. 6. 28. 99헌가14 전원재판부)

③ ×. **형사피해자로 하여금 자신이 피해자인 범죄에 대한 형사재판절차에 접근할 가능성을 제한하는 것은 동시에 그의 재판청구권을 제한하는 것이 될 수 있으며**, 재정신청제도는 검사의 불기소처분이 자의적인 경우 형사피해자

의 재판절차진술권을 보장하기 위해 마련된 별개의 사법절차로서, 이 역시 불기소처분의 당부를 심사하는 법원의 '재판절차'이고 형사 피해자는 재정신청이라는 재판청구를 할 수 있는 것이므로, 재정신청을 비롯하여 그 심리의 공개 및 재정결정에 대한 불복 등에 대한 제한은 재판청구권의 행사에 대한 제한이 될 수 있다(헌재 2009. 6. 25. 2008헌마259, 판례집 21-1하, 900, 907 참조).(2011.11.24. 2008헌마578, 2009헌마41·98(병합))

④ ×. 이 사건 접견조항은 수용자가 그의 재판청구권을 행사하기 위하여 다른 전문직에 비하여 직무의 공공성, 고양된 윤리성 및 사회적 책임성이 강조되는 변호사와 접견하는 경우에도 접촉차단시설이 설치된 접견실에서의 접견만을 일률적으로 강제함으로써 수용자의 재판청구권을 지나치게 제한한다고 할 것이다. 반면에 이 사건 접견조항에 의하여 추구되는 공익은 교도소 내의 수용질서 및 규율 유지이나, 이는 앞서 본 바와 같이 변호사의 지위에 비추어 침해될 가능성이 거의 없거나 특별한 사정이 있는 경우 변호사와의 접견을 제한함으로써 충분히 보장될 수 있다. 따라서 수용자와 변호사와의 접견을 접촉차단시설에서 접견하도록 하는 이 사건 접견조항은 법익의 균형성을 갖추지 못하였다. 결국 이 사건 접견조항은 과잉금지원칙을 위반하여 수용자의 재판청구권을 침해하는 것으로 헌법에 위반된다.(헌재 2013. 8. 29. 2011헌마122, [헌법불합치,각하])

12 정답 ④

① ○. 이 사건 법률조항은 형사보상청구권의 제척기간을 1년으로 규정하고 있으나, 형사보상청구권은 위에서 열거하는 어떠한 사유에도 해당하지 아니하고 달리 그 제척기간을 단기로 규정해야 할 합리적인 이유를 찾기 어렵다. 특히 **형사보상청구권은 국가의 형사사법작용에 의해 신체의 자유라는 중대한 법익을 침해받은 국민을 구제하기 위하여 헌법상 보장된 국민의 기본권이므로** /일반적인 사법상의 권리보다 더 확실하게 보호되어야 할 권리이다. /그럼에도 불구하고 아무런 합리적인 이유 없이 그 청구기간을 1년이라는 단기간으로 제한한 것은 입법 목적 달성에 필요한 정도를 넘어선 것이라고 할 것이다. (헌재 2010. 7. 29. 2008헌가4, 판례집 22-2상, 1 [헌법불합치])

② ○. **형사소송법 제194조의2 (무죄판결과 비용보상)**
①국가는 무죄판결이 확정된 경우에는 당해 사건의 피고인이었던 자에 대하여 그 재판에 소요된 비용을 보상하여야 한다.
②다음 각 호의 어느 하나에 해당하는 경우에는 제1항에 따른 비용의 전부 또는 일부를 보상하지 아니할 수 있다.
1. 피고인이었던 자가 수사 또는 재판을 그르칠 목적으로 거짓 자백을 하거나 다른 유죄의 증거를 만들어 기소된 것으로 인정된 경우

③ ○. **제194조의3 (비용보상의 절차 등)**
①제194조의2제1항에 따른 비용의 보상은 피고인이었던 자의 청구에 따라 무죄판결을 선고한 법원의 합의부에서 결정으로 한다.
②제1항에 따른 청구는 무죄판결이 확정된 사실을 안 날부터 3년, 무죄판결이 확정된 때부터 5년 이내에 하여야 한다. [개정 2014.12.

30]

③제1항의 결정에 대하여는 즉시항고를 할 수 있다.

④ ×. **형사보상 및 명예회복에 관한 법률 제30조(무죄재판서 게재 청구)** 무죄재판을 받아 확정된 사건(이하 "무죄재판사건"이라 한다)의 피고인은 무죄재판이 확정된 때부터 **3년 이내에** 확정된 무죄재판사건의 재판서(이하 "무죄재판서"라 한다)를 법무부 인터넷 홈페이지에 게재하도록 해당 사건을 기소한 검사가 소속된 지방검찰청(지방검찰청 지청을 포함한다)에 청구할 수 있다.

13 정답 ④

① ○. 헌법은 제34조 제1항에서 국민에게 인간다운 생활을 할 권리를 보장하는 한편, 동조 제2항에서는 국가의 사회보장 및 사회복지 증진의무를 천명하고 있으며, 동조 제6항에서는 국가에게 재해 예방 및 그 위험으로부터 국민을 보호하기 위해 노력할 의무가 있음을 선언하고 있다. 그런데 **인간다운 생활을 할 권리의 법적 성질에 비추어 볼 때 그 법규범력이 미치는 범위는 '최소한의 물질적 생존'의 보장에 필요한 급부에의 요구권으로 한정될 뿐, 그것으로부터 그 이상의 급부를 내용으로 하는 구체적 권리가 직접 도출되어 나오는 것은 아니라고 할 수 있고**(헌재 1995. 7. 21. 93헌가14, 판례집 7-2, 1, 20, 30-31; 2000. 6. 1. 98헌마216, 판례집 12-1, 622, 640, 647 참조), 한편 헌법 제34조 제2항, 제6항을 보더라도 이들 규정은 단지 사회보장·사회복지의 증진 등과 같은 국가활동의 목표를 제시하거나 이를 위한 객관적 의무만을 국가에 부과하고 있을 뿐, 개인에게 국가에 대하여 사회보장·사회복지 또는 재해 예방 등과 관련한 적극적 급부의 청구권을 부여하고 있다거나 그것에 관한 입법적 위임을 하고 있다고 보기 어렵다. 결국 최소한의 수준을 넘는 사회복지·사회보장에 따른 급부의 실현은 이에 필요한 사회경제적 여건에 의존하는 것으로서, 국가가 재정능력, 국민 전체의 소득과 생활수준 내지 전체적인 사회보장수준과 국민감정 등의 사정, 사회보장제도의 특성 등 여러 가지 요소를 합리적으로 고려한 입법을 통하여 해결할 사항이라 할 것인데, 주어진 가용자원이 한정되고 상충하는 여러 공익이나 국가과제의 조정이 필요한 상황 하에서는 입법자에게 광범위한 입법재량이 부여되지 않을 수 없다(헌재 1995. 7. 21. 93헌가14, 판례집 7-2, 1, 20; 2000. 6. 1. 98헌마216, 판례집 12-1, 622, 640 참조).(2003. 7. 24. 2002헌바51 전원재판부)

② ○. 인간다운 생활을 할 권리로부터는 인간의 존엄에 상응하는 생활에 필요한 "최소한의 물질적인 생활"의 유지에 필요한 급부를 요구할 수 있는 구체적인 권리가 상황에 따라서는 직접 도출될 수 있다고 할 수는 있어도, 동 기본권이 직접 그 이상의 급부를 내용으로 하는 구체적인 권리를 발생케 한다고는 볼 수 없다고 할 것이다. 이러한 구체적 권리는 국가가 재정형편 등 여러 가지 상황들을 종합적으로 감안하여 법률을 통하여 구체화할 때에 비로소 인정되는 법률적 권리라고 할 것이다.(전원재판부 1995. 7. 21. 93헌가14)

③ ○. 헌법 제34조 제1항의 생존권 내지 인간다운 생활을 할 권리는 인간의 존엄에 상응하는 최소한의 물질적인 생활의 유지에 필요한 급부를 국가에 적극적으로 요구할 수 있는 권리이다. 그런데 사적 자치에 따라 규율되는 사인

사이의 법률관계에서 계약갱신을 요구할 수 있는 권리는 /헌법 **제34조 제1항에 의한 보호대상이 아니므로,** //심판대상조항이 **청구인들의 생존권을 침해한다고 볼 수 없다.**(2014. 8. 28. 2013헌바76)

④ ×. 헌재 2016. 9. 29. 2014헌바254, 판례집 28-2상, 316 [헌법불합치,각하]

헌법재판소는 2013. 9. 26. 2012헌가16 결정 등에서 심판대상조항이 통상의 출퇴근 재해를 산재보험법상 업무상 재해로 인정하지 아니한 것은 입법자의 입법형성 한계를 벗어난 자의적 차별이라고 볼 수 없다는 이유로 평등원칙에 위배되지 않는다고 판단한 바 있다. 이 결정에서는 심판대상조항이 통상의 출퇴근 재해를 당한 근로자를 합리적 이유 없이 차별하는 것이어서 평등원칙에 위배된다는 헌법불합치의견이 다수였으나, 위헌선언에 필요한 정족수 6인에 미달하여 합헌결정을 하였다. 그러나 이 사건에서는 다음과 같이 심판대상조항이 헌법에 합치되지 아니한다는 데 6인의 재판관이 의견을 같이 하여 선례를 변경하기로 한다.

도보나 자기 소유 교통수단 또는 대중교통수단 등을 이용하여 출퇴근하는 산업재해보상보험(이하 '산재보험'이라 한다) 가입 근로자(이하 '비혜택근로자'라 한다)는 사업주가 제공하거나 그에 준하는 교통수단을 이용하여 출퇴근하는 산재보험 가입 근로자(이하 '혜택근로자'라 한다)와 같은 근로자인데도 사업주의 지배관리 아래 있다고 볼 수 없는 통상적 경로와 방법으로 출퇴근하던 중에 발생한 재해(이하 '통상의 출퇴근 재해'라 한다)를 업무상 재해로 인정받지 못한다는 점에서 차별취급이 존재한다.

산재보험제도는 사업주의 무과실배상책임을 전보하는 기능도 있지만, 오늘날 산업재해로

부터 피재근로자와 그 가족의 생활을 보장하는 기능의 중요성이 더 커지고 있다. 그런데 근로자의 출퇴근 행위는 업무의 전 단계로서 업무와 밀접·불가분의 관계에 있고, 사실상 사업주가 정한 출퇴근 시각과 근무지에 기속된다. 대법원은 출장행위 중 발생한 재해를 사업주의 지배관리 아래 발생한 업무상 재해로 인정하는데, 이러한 출장행위도 이동방법이나 경로선택이 근로자에게 맡겨져 있다는 점에서 통상의 출퇴근행위와 다를 바 없다. 따라서 통상의 출퇴근 재해를 업무상 재해로 인정하여 근로자를 보호해 주는 것이 산재보험의 생활보장적 성격에 부합한다.

사업장 규모나 재정여건의 부족 또는 사업주의 일방적 의사나 개인 사정 등으로 출퇴근용 차량을 제공받지 못하거나 그에 준하는 교통수단을 지원받지 못하는 비혜택근로자는 비록 산재보험에 가입되어 있다 하더라도 출퇴근 재해에 대하여 보상을 받을 수 없는데, 이러한 차별을 정당화할 수 있는 합리적 근거를 찾을 수 없다.

통상의 출퇴근 재해를 산재보험법상 업무상 재해로 인정할 경우 산재보험 재정상황이 악화되거나 사업주 부담 보험료가 인상될 수 있다는 문제점은 보상대상을 제한하거나 근로자에게도 해당 보험료의 일정 부분을 부담시키는 방법 등으로 어느 정도 해결할 수 있다. 반면에 통상의 출퇴근 중 재해를 입은 비혜택근로자는 가해자를 상대로 불법행위 책임을 물어도 충분한 구제를 받지 못하는 것이 현실이고, 심판대상조항으로 초래되는 비혜택근로자와 그 가족의 정신적·신체적 혹은 경제적 불이익은 매우 중대하다.

따라서 **심판대상조항은 합리적 이유 없이 비혜택근로자를 자의적으로 차별하는 것이므로, 헌법상 평등원칙에 위배된다.**

14 정답 ❸

① ×. 헌법(憲法) 제31조 제1항에서 말하는 "능력(能力)에 따라 균등(均等)하게 교육(教育)을 받을 권리(權利)"란 법률(法律)이 정하는 일정한 교육을 받을 전제조건(前提條件)으로서의 능력을 갖추었을 경우 차별 없이 균등하게 교육을 받을 기회가 보장된다는 것이지 /일정한 능력, 예컨대 **지능(知能)이나 수학능력(修學能力) 등이 있다고 하여 제한 없이 다른 사람과 차별하여 어떠한 내용과 종류와 기간의 교육을 받을 권리가 보장된다는 것은 아니다.** 따라서 의무취학(義務就學) 시기를 만 6세가 된 다음날 이후의 학년초(學年初)로 규정하고 있는 교육법(教育法) 제96조 제1항은 의무교육제도(義務教育制度) 실시를 위해 불가피한 것이며 이와 같은 아동(兒童)들에 대하여 만 6세가 되기 전에 앞당겨서 입학을 허용하지 않는다고 해서 헌법(憲法) 제31조 제1항의 능력(能力)에 따라 균등(均等)하게 교육(教育)을 받을 권리(權利)를 본질적(本質的)으로 침해(侵害)한 것으로 볼 수 없다.(1994. 2. 24. 93헌마192 헌법재판소 전원재판부)

② ×. 중학교 의무교육을 일시에 전면실시하는 대신 단계적으로 확대실시하도록 한 것은 주로 전면실시에 따르는 국가의 재정적 부담을 고려한 것으로 실질적 평등의 원칙에 부합된다.(1991. 2. 11. 90헌가27)

③ ○. 헌법 제31조 제1항의 교육을 받을 권리는, **국민이 능력에 따라 균등하게 교육받을 것을 공권력에 의하여 부당하게 침해받지 않을 권리**와, /국민이 능력에 따라 균등하게 교육받을 수 있도록 국가가 적극적으로 배려하여 줄 것을 요구할 수 있는 권리로 구성되는바, //**전자는 자유권적 기본권의 성격**이, /후자는 사회권적 기본권의 성격이 강하다고 할 수 있다. 그런데 이 사건 규칙조항과 같이 검정고시응시자격을 제한하는 것은, 국민의 교육받을 권리 중 그 의사와 능력에 따라 균등하게 교육받을 것을 국가로부터 방해받지 않을 권리, 즉 **자유권적 기본권을 제한**하는 것이므로, 그 제한에 대하여는 **헌법 제37조 제2항의 비례원칙에 의한 심사, 즉 과잉금지원칙에 따른 심사를 받아야 할 것**이다.(2008. 4. 24. 2007헌마1456 전원재판부)

④ ×. 헌법 제31조 제3항에 규정된 의무교육 무상의 원칙에 있어서 무상의 범위는 헌법상 교육의 기회균등을 실현하기 위해 필수불가결한 비용, 즉 모든 학생이 의무교육을 받음에 있어서 경제적인 차별 없이 수학하는 데 반드시 필요한 비용에 한한다고 할 것이며, 수업료나 입학금의 면제, 학교와 교사 등 인적·물적 기반 및 그 기반을 유지하기 위한 인건비와 시설유지비, 신규시설투자비 등의 재원마련 및 의무교육의 실질적인 균등보장을 위해 필수불가결한 비용은 무상의 범위에 포함된다. 그런데 학교운영지원비는 그 운영상 교원연구비와 같은 교사의 인건비 일부와 학교회계직원의 인건비 일부 등 의무교육과정의 인적기반을 유지하기 위한 비용을 충당하는데 사용되고 있다는 점, 학교회계의 세입상 현재 의무교육기관에서는 국고지원을 받고 있는 입학금, 수업료와 함께 같은 항에 속하여 분류되고 있음에도 불구하고 학교운영지원비에 대해서만 학생과 학부모의 부담으로 남아있다는 점, **학교운영지원비는 기본적으로 학부모의 자율적 협찬금의 외양을 갖고 있음에도 그 조성이나 징수의 자율성이 완전히 보장되지 않아** /기본적이고 필수적인 학교 교육에 필요한 비용에 가깝게 운영되고 있다는 점 등을 고려해보면 이 사건 세입

조항은 헌법 **제31조 제3항에 규정되어 있는 의무교육의 무상원칙에 위배되어 헌법에 위반**된다.(2012. 8. 23. 2010헌바220)

15 정답 ❶

① ○. 진리탐구와 인격도야의 본산이며 자유로운 인간형성을 본분으로 하는 학교에서야말로 학생들의 다양한 자질과 능력이 자유롭게 발현될 수 있는 교육제도가 마련되어야 한다. 특히 사립학교는 설립자의 의사와 재산으로 독자적인 교육목적을 구현하기 위해 설립되는 것이므로 사립학교설립의 자유와 운영의 독자성을 보장하는 것은 그 무엇과도 바꿀 수 없는 본질적 요체라고 할 수 있다. 따라서 설립자가 사립학교를 자유롭게 운영할 자유는 비록 헌법에 독일기본법 제7조 제4항과 같은 명문규정은 없으나 헌법 제10조에서 보장되는 행복추구권의 한 내용을 이루는 일반적인 행동의 자유권과 모든 국민의 능력에 따라 균등하게 교육을 받을 권리를 규정하고 있는 헌법 제31조 제1항 그리고 교육의 자주성·전문성·정치적 중립성 및 대학의 자율성을 규정하고 있는 헌법 제31조 제3항에 의하여 인정되는 기본권의 하나라 하겠다.(2001. 1. 18. 99헌바63 전원재판부)

② ×. 육아휴직신청권은 헌법 제36조 제1항 등으로부터 개인에게 직접 주어지는 헌법적 차원의 권리라고 볼 수는 없고, 입법자가 입법의 목적, 수혜자의 상황, 국가예산, 전체적인 사회보장수준, 국민정서 등 여러 요소를 고려하여 제정하는 입법에 적용요건, 적용대상, 기간 등 구체적인 사항이 규정될 때 비로소 형성되는 법률상의 권리이다.(2008. 10. 30. 2005헌마1156 전원재판부)

③ ×. 헌법상 부모의 자녀에 대한 교육권은, 비록 명문으로 규정되어 있지는 아니하지만, 이는 모든 인간이 국적과 관계없이 누리는 양도할 수 없는 불가침의 인권으로서, 혼인과 가족생활을 보장하는 헌법 제36조 제1항, 행복추구권을 보장하는 헌법 제10조 및 "국민의 자유와 권리는 헌법에 열거되지 아니한 이유로 경시되지 아니한다"고 규정하는 헌법 제37조 제1항에서 나오는 중요한 기본권이다. /일반적으로 **부모의 그러한 교육권으로부터 바로 학부모의 학교참여권(참가권)이 도출된다고 보기는 어렵겠지만**, 학부모가 미성년자인 학생의 교육과정에 참여할 당위성은 부정할 수 없다. 그러므로 입법자가 학부모의 집단적인 교육참여권을 법률로써 인정하는 것은 헌법상 당연히 허용된다고 할 것이다.(2001. 11. 29. 2000헌마278 전원재판부)

④ ×. 이 사건 조항이 학교, 교육방송 및 다른 사교육에 대하여는 교습시간을 제한하지 않으면서 학원 및 교습소의 교습시간만 제한하였다고 하여도 공교육의 주체인 학교 및 공영방송인 한국교육방송공사가 사교육 주체인 학원과 동일한 지위에 있다고 보기 어렵고, 다른 사교육인 개인과외교습이나 인터넷 통신 강좌에 의한 심야교습이 초래하게 될 사회적 영향력이나 문제점이 학원에 의한 심야교습보다 적으므로 학원 및 교습소의 교습시간만 제한하였다고 하여 이를 두고 합리적 이유 없는 차별이라고 보기는 어려운바, 이 사건 조항이 학원 운영자 등의 평등권을 침해하였다고 보기는 어렵다. (2009. 10. 29. 2008헌마635 전원재판부)

16 정답 ❷

① ○. 친양자로 될 자와 마찬가지로, <u>친생부모 역시 그로부터 출생한 자와의 가족 및 친족관계의 '유지'에 관하여 헌법 제10조에 의하여 인정되는 가정생활과 신분관계에 대한 인격권 및 행복추구권 및 헌법 제36조 제1항에 의하여 인정되는 혼인과 가정생활의 자유로운 형성에 대한 기본권을 가진다</u>는 점에 대해서는 별다른 의문이 없다(헌재 1997. 3. 27. 95헌가14등, 판례집 9-1, 193, 204 참조).(2012. 5. 31. 2010헌바87)

② ×. -> 보기의 지문은 권성 재판관의 반대의견 <u>**헌재 2005. 12. 22. 2003헌가5 등,[헌법불합치]**</u> : 출생 직후의 자(子)에게 성을 부여할 당시 부(父)가 이미 사망하였거나 부모가 이혼하여 모가 단독으로 친권을 행사하고 양육할 것이 예상되는 경우, 혼인외의 자를 부가 인지하였으나 여전히 모가 단독으로 양육하는 경우 등과 같은 사례에 있어서도 <u>일방적으로 부의 성을 사용할 것을 강제하면서 모의 성의 사용을 허용하지 않고 있는 것은 개인의 존엄과 양성의 평등을 침해한다.</u>
입양이나 재혼 등과 같이 가족관계의 변동과 새로운 가족관계의 형성에 있어서 구체적인 사정들에 따라서는 양부 또는 계부 성으로의 변경이 개인의 인격적 이익과 매우 밀접한 관계를 가짐에도 부성의 사용만을 강요하여 성의 변경을 허용하지 않는 것은 개인의 인격권을 침해한다.
이 사건 법률조항의 위헌성은 부성주의의 원칙을 규정한 것 자체에 있는 것이 아니라 /**부성의 사용을 강제하는 것이 부당한 것으로 판단되는 경우에 대해서까지 부성주의의 예외를 규정하지 않고 있는 것에 있으므로 이 사건 법률조항에 대해 헌법불합치결정을 선고**하되 이

사건 법률조항에 대한 개정 법률이 공포되어 2008. 1. 1. 그 시행이 예정되어 있으므로 2007. 12. 31.까지 이 사건 법률조항의 잠정적인 적용을 명함이 상당하다.

③ ○. 특정한 조세 법률조항이 혼인이나 가족생활을 근거로 부부 등 가족이 있는 자를 혼인하지 아니한 자 등에 비하여 차별 취급하는 것이라면 비례의 원칙에 의한 심사에 의하여 정당화되지 않는 한 헌법 제36조 제1항에 위반된다 할 것인데, 이 사건 세대별 합산규정은 생활실태에 부합하는 과세를 실현하고 조세회피를 방지하고자 하는 것으로 그 <u>입법목적의 정당성은 수긍할 수 있으나</u>, 가족 간의 증여를 통하여 재산의 소유 형태를 형성하였다고 하여 모두 조세회피의 의도가 있었다고 단정할 수 없고, 정당한 증여의 의사에 따라 가족 간에 소유권을 이전하는 것도 국민의 권리에 속하는 것이며, 우리 민법은 부부별산제를 채택하고 있고 배우자를 제외한 가족의 재산까지 공유로 추정할 근거규정이 없고, 공유재산이라고 하여 세대별로 합산하여 과세할 당위성도 없으며, 부동산 가격의 앙등은 여러 가지 요인이 복합적으로 작용하여 발생하는 것으로서 오로지 세제의 불비 때문에 발생하는 것만이 아니며, 이미 헌법재판소는 자산소득에 대하여 부부간 합산과세에 대하여 위헌 선언한 바 있으므로 <u>적절한 차별취급이라 할 수 없다.</u> 또한 부동산실명법상의 명의신탁 무효 조항이나 과징금 부과 조항, 상속세 및 증여세법상의 증여 추정규정 등에 의해서도 조세회피의 방지라는 입법목적을 충분히 달성할 수 있어 반드시 필요한 수단이라고 볼 수 없다. 이 사건 세대별 합산규정으로 인한 조세부담의 증가라는 불이익은 이를 통하여 달성하고자 하는 조세회피의 방지 등 공익에 비하여 훨씬 크고,

조세회피의 방지와 경제생활 단위별 과세의 실현 및 부동산 가격의 안정이라는 공익은 입법정책상의 법익인데 반해 혼인과 가족생활의 보호는 헌법적 가치라는 것을 고려할 때 법익균형성도 인정하기 어렵다. 따라서 이 사건 세대별 합산규정은 혼인한 자 또는 가족과 함께 세대를 구성한 자를 비례의 원칙에 반하여 개인별로 과세되는 독신자, 사실혼 관계의 부부, 세대원이 아닌 주택 등의 소유자 등에 비하여 불리하게 차별하여 취급하고 있으므로, 헌법 제36조 제1항에 위반된다.(헌재 2008. 11. 13. 2006헌바112 등 [헌법불합치,합헌])

④ ○. 민법 제847조 제1항은 친생부인의 소의 제척기간과 그 기산점에 관하여 '그 출생을 안 날로부터 1년내'라고 규정하고 있으나, 일반적으로 친자관계의 존부는 특별한 사정이나 어떤 계기가 없으면 이를 의심하지 아니하는 것이 통례임에 비추어 볼 때, 친생부인의 소의 제척기간의 기산점을 단지 그 '출생을 안 날로부터'라고 규정한 것은 부에게 매우 불리한 규정일 뿐만 아니라, '1년'이라는 제척기간 그 자체도 그 동안에 변화된 사회현실여건과 혈통을 중시하는 전통관습 등 여러 사정을 고려하면 현저히 짧은 것이어서, 결과적으로 위 법률조항은 입법재량의 범위를 넘어서 친자관계를 부인하고자 하는 부로부터 이를 부인할 수 있는 기회를 극단적으로 제한함으로써 자유로운 의사에 따라 친자관계를 부인하고자 하는 부의 가정생활과 신분관계에서 누려야 할 인격권, 행복추구권 및 개인의 존엄과 양성의 평등에 기초한 혼인과 가족생활에 관한 기본권을 침해하는 것이다. (1997.3.27. 95헌가14, 96헌가7(병합) 전원재판부)

17 정답 ❸

① ×. 공무원인 근로자 중 법률이 정하는 자 이외의 공무원에게는 그 권리행사의 제한뿐만 아니라 금지까지도 할 수 있는 법률제정의 가능성을 헌법에서 직접 규정하고 있다는 점에서 헌법 제33조 제2항은 특별한 의미가 있다. 따라서 헌법 제33조 제2항이 규정되지 아니하였다면 공무원인 근로자도 헌법 제33조 제1항에 따라 노동3권을 가진다 할 것이고, 이 경우에 공무원인 근로자의 단결권·단체교섭권·단체행동권을 제한하는 법률에 대해서는 헌법 제37조 제2항에 따른 기본권제한의 한계를 준수하였는가 하는 점에 대한 심사를 하는 것이 헌법원리로서 상당할 것이나, 헌법 제33조 제2항이 직접 '법률이 정하는 자'만이 노동3권을 향유할 수 있다고 규정하고 있어서 '법률이 정하는 자' 이외의 공무원은 노동3권의 주체가 되지 못하므로, 노동3권이 인정됨을 전제로 하는 헌법 제37조 제2항의 과잉금지원칙은 적용이 없는 것으로 보아야 할 것이다.(2007. 8. 30. 2003헌바51, 2005헌가5(병합) 전원재판부)

② ×. 근로자의 단결권이 근로자 단결체로서 사용자와의 관계에서 특별한 보호를 받아야 할 경우에는 헌법 제33조가 우선적으로 적용되지만, 그렇지 않은 통상의 결사 일반에 대한 문제일 경우에는 헌법 제21조 제2항이 적용되므로 노동조합에도 헌법 제21조 제2항의 결사에 대한 허가제금지원칙이 적용된다. (2012. 3. 29. 2011헌바53)

③ ○. 출입국관리 법령에서 외국인고용제한규정을 두고 있는 것은 취업활동을 할 수 있는 체류자격(이하 '취업자격'이라고 한다) 없는 외국인의 고용이라는 사실적 행위 자체를 금지

하고자 하는 것뿐이지, 나아가 취업자격 없는 외국인이 사실상 제공한 근로에 따른 권리나 이미 형성된 근로관계에서 근로자로서의 신분에 따른 노동관계법상의 제반 권리 등의 법률효과까지 금지하려는 것으로 보기는 어렵다. 따라서 **타인과의 사용종속관계하에서 근로를 제공하고 그 대가로 임금 등을 받아 생활하는 사람은 노동조합법상 근로자에 해당하고, /노동조합법상의 근로자성이 인정되는 한, 그러한 근로자가 외국인인지 여부나 취업자격의 유무에 따라 노동조합법상 근로자의 범위에 포함되지 아니한다고 볼 수는 없다.**(출처 : <u>대법원 2015. 6. 25. 선고 2007두4995</u> 전원합의체 판결)

④ ×. 이 사건 법률조항이 규정한 범죄 구성요건은 <u>"행정관청이 단체협약 중 위법한 내용에 대하여 노동위원회의 의결을 얻어 그 시정을 명한 경우에 그 명령에 위반한 행위"로서, 범죄의 구성요건과 그에 대한 형벌을 법률에서 스스로 규정하고 있으므로 죄형법정주의의 법률주의에 위반된다고 할 수 없고,</u> 행정관청의 시정명령은 그 성격상 단체협약 중 위법하다고 판단한 부분을 구체적으로 특정하여 시정하도록 요구하는 내용이 될 수밖에 없으므로 단체협약 중 위법한 내용이 있는 경우가 광범위하고 다양할 수 있다고 해서 처벌되는 행위가 **불명확하다거나 그 범위가 지나치게 포괄적이고 광범위하고 할 수 없어 형벌법규의 명확성 원칙에 반한다고 볼 수 없다.**(2012. 8. 23. 2011헌가22)

19 정답 ❸

① ○. 12조 1항(적법절차주의와 죄형법정주의)

② ○. 우리 헌법이 채택하고 있는 적법절차의 원리는 절차적 차원에서 볼 때에 국민의 기본권을 제한하는 경우에는 반드시 당사자인 국민에게 자기의 입장과 의견을 자유로이 개진할 수 있는 기회를 보장하여야 한다는 것을 그 핵심적인 내용으로 하고, 형사처벌이 아닌 행정상의 불이익처분에도 적용된다(헌재 2002.4.25 2001헌마200).

③ ×. 2. 국회의 탄핵소추절차에 적법절차원칙을 직접 적용할 수 있는지 여부(소극)(헌재 2004.5.14. 2004헌나1)

④ ○. 국회입법에 대하여는 원칙적으로 일반 국민의 지위에서 적법절차에서 파생되는 청문권은 인정되지 아니하므로 청구인들의 경우 이 사건 법률에 의하여 그러한 기본권을 침해받을 가능성은 없다(헌재 2005.11.24 2005헌마579).

20 정답 ❷

【유구한 역사와 전통에 빛나는 우리 대한국민은 3·1운동으로 건립된 대한민국임시정부의 법통과 불의에 항거한 4·19민주이념을 계승하고, 조국의 민주개혁과 평화적 통일의 사명에 입각하여 정의·인도와 동포애로써 민족의 단결을 공고히 하고, 모든 사회적 폐습과 불의를 타파하며, 자율과 조화를 바탕으로 자유민주적 기본질서를 더욱 확고히 하여 정치·경제·사회·문화의 모든 영역에 있어서 각인의 기회를 균등히 하고, 능력을 최고도로 발휘하게 하며, 자유와 권리에 따르는 책임과 의무를 완수하게 하여, 안으로는 국민생

활의 균등한 향상을 기하고 밖으로는 항구적인
세계평화와 인류공영에 이바지함으로써 우리들
과 우리들의 자손의 안전과 자유와 행복을 영원
히 확보할 것을 다짐하면서 1948년 7월 12일에
제정되고 8차에 걸쳐 개정된 헌법을 이제 국회의
의결을 거쳐 국민투표에 의하여 개정한다.】

① ○

③ ○

④ ○

② ×.【제119조 ②국가는 균형있는 국민경제의
  성장 및 안정과 적정한 소득의 분배를 유지하
  고, 시장의 지배와 경제력의 남용을 방지하며,
  경제주체간의 조화를 통한 **경제의 민주화**를 위
  하여 경제에 관한 규제와 조정을 할 수 있다.】

순경공채·경위공채 대비
경찰헌법 모의고사

경찰헌법
모의고사
7회

07 경찰헌법 모의고사 7회

01 정답 ④

가. (○)【제2조 ①대한민국의 국민이 되는 요건은 법률로 정한다.】

나. (○) 【개인의 국적선택에 대하여는 나라마다 그들의 국내법에서 많은 제약을 두고 있는 것이 현실이므로, 국적은 아직도 자유롭게 선택할 수 있는 권리에는 이르지 못하였다고 할 것이다. 그러므로 "이중국적자의 국적선택권"이라는 개념은 별론으로 하더라도, 일반적으로 외국인 개인이 특정한 국가의 국적을 선택할 권리가 자연권으로서 또는 우리 헌법상 당연히 인정된다고는 할 수 없다고 할 것이다. (헌재 2006. 3. 30. 2003헌마806)】

다. (○) 【국적법 제2조 (출생에 의한 국적 취득) ① 다음 각 호의 어느 하나에 해당하는 자는 출생과 동시에 대한민국 국적(國籍)을 취득한다.
1. 출생 당시에 부(父)또는 모(母)가 대한민국의 국민인 자

라. (○) 참정권과 입국의 자유에 대한 외국인의 기본권주체성이 인정되지 않고, 외국인이 대한민국 국적을 취득하면서 자신의 외국 국적을 포기한다 하더라도 이로 인하여 재산권행사가 직접 제한되지 않으며, 외국인이 복수국적을 누릴 자유가 우리 헌법상 행복추구권에 의하여 보호되는 기본권이라고 보기 어려우므로, 외국인의 기본권주체성 내지 기본권침해가능성을 인정할 수 없다. (헌재 2014. 6. 26. 2011헌마502)】

02 정답 ③

옳지 않은 것은 가, 나, 라 이다.

가. (X) 사죄광고의 강제는 양심도 아닌 것이 양심인 것처럼 표현할 것의 강제로 인간양심의 왜곡·굴절이고 겉과 속이 다른 이중인격형성의 강요인 것으로서 침묵의 자유의 파생인 양심에 반하는 행위의 강제금지에 저촉되는 것이며 따라서 우리 헌법이 보호하고자 하는 정신적 기본권의 하나인 양심의 자유의 제약(법인의 경우라면 그 대표자에게 양심표명의 강제를 요구하는 결과가 된다.)이라고 보지 않을 수 없다(헌재 1991.4.1, 89헌마160).

나. (X) 헌법 제19조의 양심의 자유는 크게 양심형성의 내부영역과 이를 실현하는 외부영역으로 나누어 볼 수 있으므로, 그 구체적인 보장내용에 있어서도 내심의 자유인 '양심형성의 자유'와 양심적 결정을 외부로 표현하고 실현하는 '양심실현의 자유'로 구분된다(헌재 2011.8.30, 2008헌가22).

다. (○) 자신의 태도나 입장을 외부에 설명하거나 해명하는 행위는 진지한 윤리적 결정에 관계된 행위라기보다는 단순한 생각이나 의견, 사상이나 확신 등의 표현행위라고 볼 수 있어, 그 행위가 선거에 영향을 미치게 하기 위한 것이라는 이유로 이를 하지 못하게 된다 하더라도 내면적으로 구축된 인간의 양심이 왜곡 굴절된다고는 할 수 없다는 점에서 양심의 자유의 보호영역에 포괄되지 않는다(헌재 2001.8.30, 99헌바92).

라. (X) 양심의 자유의 경우 비례의 원칙을 통하여 양심의 자유를 공익과 교량하고 공익을 실현하기 위하여 양심을 상대화하는 것은 양심의 자유의 본질과 부합될 수 없다. 양심상의 결정이 법익교량과정에서 공익에 부합하는 상태로 축소되거나 그 내용에 있어서 왜곡·굴절된다면, 이는 이미 '양심'이 아니다. 종교적 양심상의 이유로 병역의무를 거부하는 자에게 병역의무의 절반을 면제해 주거나 아니면 유사시에만 병역의무를 부과한다는 조건 하에서 병역의무를 면제해 주는 것은 병역거부자의 양심을 존중하는 해결책이 될 수 없다(헌재 2004.8.26, 2002헌가1).

03 정답 ②

① 상업광고에 대한 규제에 의한 표현의 자유 내지 직업수행의 자유의 제한은 헌법 제37조 제2항에서 도출되는 비례의 원칙(과잉금지원칙)을 준수하여야 하지만, 상업광고는 사상이나 지식에 관한 정치적, 시민적 표현행위와는 차이가 있고, 인격발현과 개성신장에 미치는 효과가 중대한 것은 아니므로, 비례의 원칙 심사에 있어서 '피해의 최소성' 원칙은 '입법목적을 달성하기 위하여 필요한 범위 내의 것인지'를 심사하는 정도로 완화되는 것이 상당하다(헌재 2005.10.27., 2003헌가3).

② 표현의 자유는 기본적으로 자유로운 정치적 의사표현 등을 국가가 소극적으로 금지하거나 제한하지 말 것을 요구하는 권리이며, 국가에게 국민들의 표현의 자유를 실현할 방법을 적극적으로 마련해 달라는 것까지 포함하는 것이라 볼 수 없다. 이 사건의 경우에도 표현의 자유의 보호범위에 '국가가 공직후보자들에 대한 유권자의 전부 거부 의사표시를 할 방법을 보장해 줄 것'까지 포함된다고 보기는 어렵다(헌재 2007.8.30, 2005헌마975).

③ 정당제 민주주의 하에서 정당에 대한 재정적 후원이 전면적으로 금지됨으로써 정당이 스스로 재정을 충당하고자 하는 정당활동의 자유와 국민의 정치적 표현의 자유에 대한 제한이 매우 크다고 할 것이므로, 정당 후원회를 금지함으로써 정당에 대한 재정적 후원을 전면적으로 금지하는 것은 정당의 정당활동의 자유와 국민의 정치적 표현의 자유를 침해한다(헌재 2015.12.23, 2013헌바168).

④ 언론·출판의 자유와 명예보호 사이의 한계를 설정함에 있어서는, 당해 표현으로 명예를 훼손당하게 되는 피해자가 공적인 존재인지 사적인 존재인지, 그 표현이 공적인 관심사안에 관한 것인지 순수한 사적인 영역에 속하는 사안에 관한 것인지 등에 따라 그 심사기준에 차이를 두어, 공공적·사회적인 의미를 가진 사안에 관한 표현의 경우에는 언론의 자유에 대한 제한이 완화되어야 하고, 특히 공직자의 도덕성, 청렴성에 대하여는 국민과 정당의 감시 기능이 필요함에 비추어 볼 때, 그 점에 관한 의혹의 제기는 악의적이거나 현저히 상당성을 잃은 공격이 아닌 한 쉽게 책임을 추궁하여서는 안 된다(대판 2003.7.8, 2002다64384).

04 정답 ❶

① 헌법의 기본원리는 헌법의 이념적 기초인 동시에 헌법을 지배하는 지도원리로서 입법이나 정책결정의 방향을 제시하며 공무원을 비롯한 모든 국민·국가기관이 헌법을 존중하고 수호하도록 하는 지침이 되며, 구체적 기본권을 도출하는 근거로 될 수는 없으나 기본권의 해석 및 기본권제한입법의 합헌성 심사에 있어 해석기준의 하나로서 작용한다(헌재 1996.4.25, 92헌바47).

② 자유민주적 기본질서란 모든 폭력적 지배와 자의적 지배, 즉 반국가단체의 일인독재 내지 일당독재를 배제하고 다수의 의사에 의한 국민의 자치, 자유·평등의 기본원칙에 의한 법치주의적 통치질서를 말한다. 구체적으로는 기본적 인권의 존중, 권력분립, 의회제도, 복수정당제도, 선거제도, 사유재산과 시장경제를 골간으로 한 경제질서 및 사법권의 독립 등을 의미한다(헌재 2008.5.29, 2005헌마1173).

③ 자기책임의 원리는 인간의 자유와 유책성, 그리고 인간의 존엄성을 진지하게 반영한 원리로서 그것이 비단 민사법이나 형사법에 국한된 원리라기보다는 근대법의 기본이념으로서 법치주의에 당연히 내재하는 원리로 볼 것이고 헌법 제13조 제3항은 그 한 표현에 해당하는 것으로서 자기책임의 원리에 반하는 제재는 그 자체로서 헌법위반을 구성한다고 할 것이다(헌재 2004.6.24, 2002헌가27).

④ 우리나라 헌법상의 경제질서는 사유재산제를 바탕으로 하고 자유경쟁을 존중하는 자유시장경제질서를 기본으로 하면서도 이에 수반되는 갖가지 모순을 제거하고 사회복지·사회정의를 실현하기 위하여 국가적 규제와 조정을 용인하는 사회적 시장경제질서로서의 성격을 띠고 있다(헌재 1996.4.25, 92헌바47).

05 정답 ❷

① 생명권의 경우, 다른 일반적인 기본권 제한의 구조와는 달리, 생명의 일부 박탈이라는 것은 상정할 수 없기 때문에 생명권에 대한 제한은 필연적으로 생명권의 완전한 박탈을 의미하게 되는바, 이를 이유로 생명권의 제한은 어떠한 상황에서든 곧바로 개인의 생명권의 본질적인 내용을 침해하는 것으로서 기본권 제한의 한계를 넘는 것으로 본다면, 이는 생명권을 제한이 불가능한 절대적 기본권으로 인정하는 것과 동일한 결과를 가져오게 된다(헌재 2010.2.25, 2008헌가23).

② 각급법원 인근에서의 옥외집회나 시위를 절대적으로 금지하는 것은 비례원칙에 반하지 아니한다(헌재 2005.11.24, 2004헌가17).

③ 긴급재정경제명령이 헌법 제76조 소정의 요건과 한계에 부합하는 것이라면 그 자체로 목적의 정당성, 수단의 적정성, 피해의 최소성, 법익의 균형성이라는 기본권제한의 한계로서의 과잉금지원칙을 준수하는 것이 되는 것이다(헌재 1996.2.29, 93헌마186).

④ 법률유보의 원칙은 '법률에 의한' 규율만을 뜻하는 것이 아니라 '법률에 근거한' 규율을 요청하는 것이므로 기본권 제한의 형식이 반드시 법률의 형식일 필요는 없고 법률에 근거를 두면서 헌법 제75조가 요구하는 위임의 구체성과 명확성을 구비하기만 하면 위임입법에 의하여도 기본권 제한을 할 수 있다 할 것이다(헌재 2005.2.24, 2003헌마289).

06 정답 ❷

② 공립중학교 교사와 사립중학교 교사는 정당의 당원이 될 수 없다.

※ 정당의 발기인 및 당원이 될 수 없는 자(정당법 제22조)

⑴ 「국가공무원법」 제2조(공무원의 구분) 또는 「지방공무원법」 제2조(공무원의 구분)에 규정된 공무원.
⑵ 「고등교육법」 제14조제1항·제2항에 따른 교원을 제외한 사립학교의 교원
⑶ 법령의 규정에 의하여 공무원의 신분을 가진 자
⑷ 대한민국 국민이 아닌 자는 당원이 될 수 없다.

07 정답 ❸

① 청원경찰은 사용자인 청원주와의 고용계약에 의한 근로자일 뿐, 국민전체에 대한 봉사자로서 국민에 대하여 책임을 지며 그 신분과 정치적 중립성이 법률에 의해 보장되는 공무원 신분이 아니다. 법률이 정하는 바에 따라 근로3권이 제한적으로만 인정되는 헌법 제33조 제2항의 공무원으로 볼 수는 없는 이상, 일반근로자인 청원경찰에게는 기본적으로 헌법 제33조 제1항에 따라 근로3권이 보장되어야 한다(헌재 2017.9.28, 2015헌마653).
② 심판대상조항으로 말미암아 청원경찰이 경비하는 중요시설의 안전을 도모할 수 있음은 분명하나, 이로 인해 받는 불이익은 모든 청원경찰에 대한 근로3권의 전면적 박탈이라는 점에서, 심판대상조항은 법익의 균형성도 인정되지 아니한다(헌재 2017.9.28, 2015헌마653).
③ 청원경찰의 복무에 관하여 국가공무원법 제66조 제1항을 준용함으로써 노동운동을 금지하는 것은, 청원경찰의 근로3권을 제한함으로써 청원경찰이 관리하는 중요시설의 안전을 도모하려는 것이므로 목적의 정당성이 인정될 수 있고, 근로3권의 제한은 위와 같은 목적달성

에 기여할 수 있으므로 수단의 적합성도 인정될 수 있다. 청원경찰의 복무에 관하여 국가공무원법 제66조 제1항을 준용함으로써 노동운동을 금지하는 것은, 침해의 최소성 원칙에 위배되며 법익의 균형성도 인정되지 아니한다(헌재 2017.9.28, 2015헌마653).
④ 국가기관이나 지방자치단체 이외의 곳에서 근무하는 청원경찰은 근로조건에 관하여 공무원뿐만 아니라 국가기관이나 지방자치단체에 근무하는 청원경찰에 비해서도 낮은 수준의 법적 보장을 받고 있으므로, 이들에 대해서는 근로3권이 허용되어야 할 필요성이 크다(헌재 2017.9.28, 2015헌마653).

08 정답 ❷

ㄱ. (합헌) 형사기소된 국가공무원을 직위해제할 수 있도록 한 것은 직위해제처분을 받은 공무원에 대한 범죄사실 인정이나 유죄판결을 전제로 하여 불이익을 과하는 것이 아니므로 무죄추정의 원칙에 위배된다고 볼 수 없다(헌재 2006.5.25, 2004헌바12).
ㄴ. (헌법불합치) 상소제기 후 상소취하시까지의 미결구금을 형기에 산입하지 아니하는 것은 헌법상 무죄추정의 원칙 및 적법절차의 원칙, 평등원칙 등을 위배하여 합리성과 정당성 없이 신체의 자유를 지나치게 제한하는 것이고, 따라서 '상소제기 후 미결구금일수의 산입'에 관하여 규정하고 있는 이 사건 법률조항들이 상소제기 후 상소취하시까지의 미결구금일수를 본형에 산입하도록 규정하지 아니한 것은 헌법에 위반된다(헌재 2009.12.29, 2008헌가13).
ㄷ. (위헌) 군사법경찰관에게 10일의 범위 내에

서 구속기간 연장을 허용하는 이 사건 법률규정은 무죄추정의 원칙에 위반되고, 또한 방법의 적정성 및 피해의 최소성이 확보되지 않고 있는 점에서 과잉금지의 원칙에도 위반되며, 그 결과 청구인의 신체의 자유 및 신속한 재판을 받을 권리를 침해하는 것이고 또한 군인신분의 피의자라는 이유로 군인이 아닌 일반 민간인 신분의 국민과 다르게, 합리적인 이유 없이, 청구인을 차별하여 그의 평등권을 침해하는 것이다(헌재 2003.11.27, 2002헌마193).

ㄹ. (합헌) 소년보호사건에서 제1심 결정에 의한 소년원수용기간을 항고심결정의 보호기간에 산입하지 않더라도 이는 무죄추정원칙과는 관련이 없으므로 이 사건 법률조항은 무죄추정원칙에 위배되지 않는다(헌재 2015.12.23, 2014헌마768).

ㅁ. (합헌) 형사재판에 계속 중인 사람에 대하여 출국을 금지할 수 있도록 한 것은 형사재판에 계속 중인 사람이 국가의 형벌권을 피하기 위하여 해외로 도피할 우려가 있는 경우 법무부장관으로 하여금 출국을 금지할 수 있도록 하는 것일 뿐으로, 무죄추정의 원칙에서 금지하는 유죄 인정의 효과로서의 불이익 즉, 유죄를 근거로 형사재판에 계속 중인 사람에게 사회적 비난 내지 응보적 의미의 제재를 가하려는 것이라고 보기 어렵다. 따라서 심판대상조항은 무죄추정의 원칙에 위배된다고 볼 수 없다(헌재 2015.9.24, 2012헌바302).

09 정답 ❶

① 적법절차는 영국의 대헌장에서 최초로 규정하였으며, 그 이후 영국의 권리청원, 미국의 연방수정헌법, 1947년 일본헌법에서도 명시하였다.

② 우리나라 헌법에서는 현행 헌법에서 최초로 명시하였다.

③ 탄핵소추절차는 국회와 대통령이라는 헌법기관 사이의 문제이고, 국회의 탄핵소추의결에 따라 사인으로서 대통령 개인의 기본권이 침해되는 것이 아니다. 국가기관이 국민에 대하여 공권력을 행사할 때 준수하여야 하는 법원칙으로 형성된 적법절차의 원칙을 국가기관에 대하여 헌법을 수호하고자 하는 탄핵소추절차에 직접 적용할 수 없다(헌재 2017.3.10, 2016헌나1).

④ 보안처분에도 적법절차의 원칙이 적용되어야 함은 당연한 것이다. 다만 보안처분에는 다양한 형태와 내용이 존재하므로 각 보안처분에 적용되어야 할 적법절차의 범위 내지 한계에도 차이가 있어야 할 것이다(헌재 2005.2.3, 2003헌바1).

10 정답 ❸

① 헌법 제72조의 국민투표권은 대통령이 어떠한 정책을 국민투표에 부의한 경우에 비로소 행사가 가능한 기본권이라 할 수 있다(헌재 2005.11.24, 2005헌마579).

② 영토변경이나 주권제약시 국민투표 실시를 최초로 규정한 것은 제2차 개헌이고, 헌법개정시 의무적 국민투표를 최초로 규정한 것은 1962년 제5차 개헌이다.

③ 대법원은 국민투표무효소송에 있어서 국민투표에 관하여 국민투표법 또는 국민투표법에 의하여 발하는 명령에 위반하는 사실이 있는 경우라도 국민투표의 결과에 영향이 미쳤다고 인정하는 때에 한하여 국민투표의 전부 또는 일부의 무효를 판결한다(국민투표법 제93조).

④ 국민투표의 효력에 관하여 이의가 있는 투표인은 투표인 10만인 이상의 찬성을 얻어 중앙선거관리위원회위원장을 피고로 하여 투표일로부터 20일 이내에 대법원에 제소할 수 있다(국민투표법 제92조).

11 점답 ④

④ 헌법은 국가유공자 인정에 관하여 명문 규정을 두고 있지 않으나 전문(前文)에서 "3.1운동으로 건립된 대한민국임시정부의 법통을 계승"한다고 선언하고 있다. 이는 대한민국이 일제에 항거한 독립운동가의 공헌과 희생을 바탕으로 이룩된 것임을 선언한 것이고, 그렇다면 국가는 일제로부터 조국의 자주독립을 위하여 공헌한 독립유공자와 그 유족에 대하여는 응분의 예우를 하여야 할 헌법적 의무를 지닌다(헌재 2005.6.30, 2004헌마859).

12 점답 ④

① 성명은 개인의 정체성과 개별성을 나타내는 인격의 상징으로서 개인이 사회 속에서 자신의 생활영역을 형성하고 발현하는 기초가 되는 것이라 할 것이므로 자유로운 성의 사용 역시 헌법상 인격권으로부터 보호된다고 할 수 있다(헌재 2005.12.22, 2003헌가5).

② 중혼 취소청구권의 소멸에 관하여 아무런 규정을 두지 않았다 하더라도, 이 사건 법률조항이 현저히 입법재량의 범위를 일탈하여 후혼 배우자의 인격권 및 행복추구권을 침해하지 아니한다(헌재 2014.7.24, 2011헌바275).

③ 민법 제정 이후의 사회적·법률적·의학적 사정변경을 전혀 반영하지 아니한 채, 이미 혼인관계가 해소된 이후에 자가 출생하고 생부가 출생한 자를 인지하려는 경우마저도, 아무런 예외 없이 그 자를 전남편의 친생자로 추정함으로써 친생부인의 소를 거치도록 하는 심판대상조항은 입법형성의 한계를 벗어나 모가 가정생활과 신분관계에서 누려야 할 인격권, 혼인과 가족생활에 관한 기본권을 침해한다(헌재 2015.4.30., 2013헌마623).

④ 민사재판에 출석하는 수형자에 대하여 사복착용을 허용하지 아니한 것은 청구인의 인격권과 행복추구권을 침해하지 아니한다(헌재 2015.12.23, 2013헌마712).

13 점답 ③

가. (헌법불합치) 모든 등록대상자에게 20년 동안 신상정보를 등록하게 하고 위 기간 동안 각종 의무를 부과하는 것은 비교적 경미한 등록대상 성범죄를 저지르고 재범의 위험성도 많지 않은 자들에 대해서는 달성되는 공익과 침해되는 사익 사이의 불균형이 발생할 수 있으므로, 성폭력범죄의 처벌 등에 관한 특례법에 따라 등록된 신상정보를 최초 등록일부터 20년간 보존·관리하여야 한다는 규정은 개인정보자기결정권을 침해한다(헌재 2015.7.30, 2014헌마340).

나. (헌법불합치) 공적 관심의 정도가 약한 4급

이상의 공무원들까지 대상으로 삼아 모든 질병명을 아무런 예외 없이 공개토록 한 것은 입법목적 실현에 치중한 나머지 사생활 보호의 헌법적 요청을 현저히 무시한 것이고, 이로 인하여 청구인들을 비롯한 해당 공무원들의 헌법 제17조가 보장하는 기본권인 사생활의 비밀과 자유를 침해하는 것이다(헌재 2007.5.31, 2005헌마1139).

다. (헌법불합치) 주민등록번호 변경에 관한 규정을 두고 있지 않은 것은 과잉금지원칙에 위배되어 개인정보자기결정권을 침해한다(헌재 2015.12.23, 2013헌바68).

라. 공직선거에 후보자로 등록하고자 하는 자가 제출하여야 하는 금고 이상의 형의 범죄경력에 실효된 형을 포함시키고 있는 것은 사생활의 비밀과 자유를 침해한다고 볼 수 없다(헌재 2008.4.24, 2006헌마402).

14 정답 ❹

① 지방자치법 제22조는 "지방자치단체는 법령의 범위 안에서 그 사무에 관하여 조례를 제정할 수 있다. 다만, 주민의 권리 제한 또는 의무 부과에 관한 사항이나 벌칙을 정할 때에는 법률의 위임이 있어야 한다."라고 규정하고 있다.

② 구 건축법 제54조 제1항에 의한 무허가건축행위에 대한 형사처벌과 동법 제56조2 제1항에 의한 과태료의 부과는 헌법 제13조 제1항이 금지하는 이중처벌에 해당한다고 할 수 없다(헌재 1994.6.30, 92헌바38).

③ 누범이나 상습범을 가중처벌하는 것은 헌법의 일사부재리에 위반하는 것이 아니다.

④ 가정의례의 참뜻에 비추어 합리적인 범위내라는 소극적 범죄구성요건은 죄형법정주의의 명

확성 원칙을 위배하여 일반적 행동자유권을 침해하였다(헌재 1998.10.15, 98헌마168).

15 정답 ❷

① 선거권 연령을 19세 이상으로 정한 것이 입법자의 합리적인 입법재량의 범위를 벗어난 것으로 볼 수 없으므로, 19세 미만인 사람의 선거권 및 평등권을 침해하였다고 볼 수 없다(헌재 2013.7.25., 2012헌마174).

② 집행유예기간 중인 사람의 선거권을 제한하는 것은 그의 선거권을 침해하고, 보통선거원칙에 위반하여 평등원칙에 어긋난다(헌재 2014.1.28, 2012헌마409).

③ 재외선거인 등록신청조항이 재외선거권자로 하여금 선거를 실시할 때마다 재외선거인 등록신청을 하도록 규정한 것이 재외선거인의 선거권을 침해한다고 볼 수 없다(헌재 2014.7.24, 2009헌마256).

④ 지역구국회의원의 선거권은 주민등록이 되어 있는 19세 이상의 국민이 갖는다.
19세 이상으로서 출입국관리법 제10조에 따른 영주의 체류자격 취득일 후 3년이 경과한 외국인으로서 같은 법 제34조에 따라 해당 지방자치단체의 외국인등록대장에 올라 있는 사람은 그 구역에서 선거하는 지방자치단체의 의회의원 및 장의 선거권이 있다(공직선거법 제15조 제2항 제3호).

16 정답 ②

① 제3공화국 헌법은 대통령에게 헌법제안권을 부여하지 않았다. 제3공화국 헌법에서 헌법의 제안은 국회재적의원 1/3이상이나 국회의원 선거권자 50만명 이상이 가능하였다.

② 헌법개정안은 국회가 의결한 후 30일 이내에 국민투표에 붙여 국회의원선거권자 과반수의 투표와 투표자 과반수의 찬성을 얻어야 한다 (헌법 제130조 제2항).

③ 헌법 제130조 제3항

④ 국회법 제112조 제4항

17 정답 ③

① 헌법 제32조 제1항

② 헌법 제32조 제4항

③ 장애인 근로자의 특별한 보호는 헌법에 규정되어 있지 아니하다.

④ 헌법 제32조 제6항

18 정답 ③

① 96헌바28

② 2015헌바370, 헌법불합치

③ 전투경찰순경의 복무기강을 엄정히 하고, 단체적 전투력과 작전수행의 원활함 등을 위해서는 복무규율 위반에 대한 제재가 필요하며, 영창은 경찰조직 내의 지휘권을 확립하고 복무규율 준수를 강제하기 위해 그 위반자에 대하여 일정기간 제한된 장소에 인신을 구금하면서 그 기간을 의무복무기간에 산입하지 아니하는 징계처분으로 다른 징계에 비하여 복무규율 강제 및 위반에 대한 제재 효과가 크므로 목적의 정당성 및 수단의 적절성이 인정된다. 인신구금과 복무기간 불산입이라는 효과를 가지지 않는 다른 징계수단이 엄중한 복무 위반 행위를 예방 및 제재함에 있어 영창과 동등하거나 유사한 효과가 있다고 단정할 수 없다. 전투경찰순경 등 관리규칙에서는 복무규율 위반정도에 따라 현지훈계나 경고, 기율교육대 입교, 징계로 나누어 조치하도록 하고 있으며, 구체적인 징계사유를 제한하고 있어 책임에 상응한 징계가 이루어지도록 하고 있다. 나아가 '경찰공무원 징계령'과 '경찰공무원 징계양정 등에 관한 규칙'을 준용하도록 하여 의무위반 행위의 유형·정도, 과실의 경중, 평소의 행실, 근무성적, 공적, 뉘우치는 정도 또는 그 밖의 정상을 참작하도록 하므로, 복무규율 위반의 정도와 책임에 상응하는 징계처분을 할 수 있는 기준이 마련되어 있어 영창처분의 남용 가능성이 크다고 볼 수도 없으므로, 침해의 최소성 원칙에 위배된다고 볼 수 없다.

대간첩작전 또는 치안유지와 같이 전투경찰대가 수행하는 국가적 기능의 중요성과 일사불란한 지휘권 체제 확립의 필요성 등을 고려했을 때, 전투경찰순경의 복무기강을 엄정히 하고 단체적 전투력과 작전수행의 원활함 및 신속함을 달성하고자 하는 공익은 영창처분으로 인하여 전투경찰순경이 받게 되는 일정기간 동안의 신체의 자유 제한 정도에 비해 결코 작다고 볼 수 없으므로 법익의 균형성 원칙도 충족하였다.

해당지문은 영창조항이 영장주의 및 과잉금지원칙에 위배하여 청구인의 신체의 자유를 침해한다는 <u>헌재 재판관 소수의견을 바탕으로 출제한 것이다.</u>(헌재 2016. 3. 31. 2013헌바190)

④ 2011헌가36

19 정답 ④

① 헌재 2016. 10. 27. 2014헌마709

② 96헌마246

③ 2013헌가6

④ 이 사건 법률조항들은 유치원 주변 및 아직 유아 단계인 청소년을 유해한 환경으로부터 보호하고 이들의 건전한 성장을 돕기 위한 것으로 그 입법목적이 정당하고, 이를 위해서 유치원 주변의 일정구역 안에서 해당 업소를 절대적으로 금지하는 것은 그러한 유해성으로부터 청소년을 격리하기 위하여 필요·적절한 방법이며, 그 범위가 유치원 부근 200미터 이내에서 금지되는 것에 불과하므로, 청구인들의 **직업의 자유를 침해하지 아니한다.** [2011헌바8]

20 정답 ④

① 대법원 2005.2.17. 선고 2003두14765

② 대법원 2007.1.11. 선고 2004두10432

③ 헌재2005.2.24. 2003헌마289

④ 경찰관직무집행법 제5조 제2항의 '소요사태'는 '다중이 집합하여 한 지방의 평화 또는 평온을 해할 정도에 이르는 폭행·협박 또는 손괴행위를 하는 사태'를 의미하고, 같은 법 제6조 제1항의 '급박성'은 '당해행위를 당장 제지하지 아니하면 곧 범죄로 인한 손해가 발생할 상황이라서 그 방법 외에는 결과를 막을 수 없는 절박한 상황일 경우'를 의미하는 것으로 해석되는바, 경찰청장이 청구인들에 대한 이 사건 통행제지행위를 한 2009. 6. 3. 당시 서울광장 주변에 '소요사태'가 존재하였거나 범죄 발생의 '급박성'이 있었다고 인정할 수 없으므로 위 조항들은 이 사건 통행제지행위 발동의 법률적 근거가 된다고 할 수 없다.

경찰의 임무 또는 경찰관의 직무 범위를 규정한 경찰법 제3조, 경찰관직무집행법 제2조는 **그 성격과 내용 및 아래와 같은 이유로 '일반적 수권조항'이라 하여 국민의 기본권을 구체적으로 제한 또는 박탈하는 행위의 근거조항으로 삼을 수는 없으므로 위 조항 역시 이 사건 통행제지행위 발동의 법률적 근거가 된다고 할 수 없**다. 우선 우리 헌법이 국민의 자유와 권리를 제한하는 경우 근거하도록 한 '법률'은 개별적 또는 구체적 사안에 적용할 작용법적 조항을 의미하는 것이지, 조직법적 규정까지 포함하는 것이 아니다. 다음으로 이를 일반적 수권조항이라고 보는 것은 각 경찰작용의 요건과 한계에 관한 개별적 수권조항을 자세히 규정함으로써 엄격한 요건 아래에서만 경찰권의 발동을 허용하려는 입법자의 의도를 법률해석으로 뒤집는 것이다. 또한 국가기관의 임무 또는 직무에 관한 조항을 둔 다른 법률의 경우에는 이를 기본권제한의 수권조항으로 해석하지 아니함에도 경찰조직에만 예외를 인정하는 것은 법치행정의 실질을 허무는 것이다. 마지막으로 만약 위 조항들이 일반적 수권조항에 해당한다고 인정하더라도 명확성의 원칙 위반이라는 또 다른 위헌성을 피할 수 없으므로 결국 합헌적인 법률적 근거로 볼 수 없게 된다.

따라서 **경찰청장의 이 사건 통행제지행위는 법률적 근거를 갖추지 못한 것이므로 법률유보원칙에도 위반하여 청구인들의 일반적 행동자유권을 침해**한 것이다.(2011. 6. 30. 2009헌마406)

순경공채 · 경위공채 대비
경찰헌법 모의고사

08

경찰헌법
모의고사
8회

08 경찰헌법 모의고사 8회

01 정답 ❷

① 심판대상 법률조항은 전자장치 부착명령을 집행할 수 없는 기간 동안 집행을 정지하고 다시 집행이 가능해졌을 때 잔여기간을 집행함으로써 재범방지 및 재사회화라는 전자장치부착의 목적을 달성하기 위한 것으로서 입법목적의 정당성 및 수단의 적절성이 인정되며, 부착명령 집행이 불가능한 기간 동안 집행을 정지하는 것 이외에 덜 침해적인 수단이 있다고 보기도 어렵다. 또한 특정범죄자의 재범방지 및 재사회화라는 공익을 고려하면, 침해되는 사익이 더 크다고 볼 수 없어 법익균형성도 인정되므로, 심판대상 법률조항은 **과잉금지원칙에 위배되지 아니한다.** (헌법재판소 2013. 7. 25. 선고 2011헌마781)

② 헌재 2011헌마659

③ 피청구인은 출력수(작업에 종사하는 수형자)를 대상으로 원칙적으로 월 3~4회의 종교집회를 실시하는 반면, 미결수용자와 미지정 수형자에 대해서는 원칙적으로 매월 1회, 그것도 공간의 협소함과 관리 인력의 부족을 이유로 수용동별로 돌아가며 종교집회를 실시하여 실제 연간 1회 정도의 종교집회 참석 기회를 부여하고 있다. 이는 미결수용자 및 미지정 수형자의 구금기간을 고려하면 사실상 종교집회 참석 기회가 거의 보장되지 않는 결과를 초래할 수도 있다. 나아가 피청구인은 현재의 시설 여건 하에서도 종교집회의 실시 회수를 출력수와 출력수 외의 수용자의 종교의 자유를 보장하는 범위 내에서 적절히 배분하는 방법, 공범이나 동일사건 관련자가 있는 경우에 한하여 이를 분리하여 종교집회 참석을 허용하는 방법, 미지정 수형자의 경우 추가사건의 공범이나 동일사건 관련자가 없는 때에는 출력수와 함께 종교집회를 실시하는 등의 방법으로 청구인의 기본권을 덜 침해하는 수단이 있음에도 불구하고 이를 전혀 고려하지 아니하였다. 따라서 이 사건 종교집회 참석 제한 처우는 부산구치소의 열악한 시설을 감안하더라도 **과잉금지원칙을 위반하여 청구인의 종교의 자유를 침해**한 것이다. (헌재 2012헌마782)

④ 법 제15조의4 제1항 제1호는 보호자 전원이 반대하지 않는 한 어린이집에 의무적으로 CCTV 설치하도록 정하고 있으므로, 어린이집 설치·운영자의 직업수행의 자유, 어린이집 보육교사(원장 포함) 및 영유아의 사생활의 비밀과 자유, 부모의 자녀교육권을 제한한다. 이는 어린이집 안전사고와 보육교사등에 의한 아동학대를 방지하기 위한 것으로, CCTV 설치 그 자체만으로도 안전사고 예방이나 아동학대 방지 효과가 있으므로 입법목적이 정당하고 수단의 적합성이 인정된다. 어린이집 보육대상은 0세부터 6세 미만의 영유아로 어린이집에서의 아동학대 방지 및 적발을 위해서 CCTV 설치를 대체할 만한 수단은 상정하기

어렵다. 법은 CCTV 외에 네트워크 카메라 설치는 원칙적으로 금지하고, 녹음기능 사용금지(법 제15조의5 제2항 제2호 중 "녹음기능을 사용하거나" 부분) 등으로 관련 기본권 침해를 최소화하기 위한 조치를 마련하고 있으며, 보호자 전원이 CCTV 설치에 반대하는 경우에는 CCTV를 설치하지 않을 수 있는 가능성을 열어두고 있으므로 이 조항은 침해의 최소성에 반하지 아니한다. 영유아 보육을 위탁받아 행하는 어린이집에서의 아동학대근절과 보육환경의 안전성 확보는 단순히 보호자의 불안을 해소하는 차원을 넘어 사회적·국가적 차원에서도 보호할 필요가 있는 중대한 공익이다. 이 조항으로 보육교사 등의 기본권에 가해지는 제약이 위와 같은 공익에 비하여 크다고 보기 어려우므로 법익의 균형성도 인정된다. 따라서 법 제15조의4 제1항 제1호 및 제15조의5 제2항 제2호 중 "녹음기능을 사용하거나" 부분은 **과잉금지원칙을 위반하여 청구인들의 기본권을 침해하지 않는다.**(2015헌마994, 기각)

02 [정답] ❸

대법원 2017.4.13. 선고 2014두8469
③ 원심이 인정한 사실관계를 위 법리에 비추어 보면, 이 사건 행위 중 릴레이 1인 시위, 릴레이 언론기고, 릴레이 내부 전산망 게시는 모두 후행자가 선행자에 동조하여 동일한 형태의 행위를 각각 한 것에 불과하고, 여럿이 같은 시간에 한 장소에 모여 집단의 위세를 과시하는 방법으로 의사를 표현하거나 여럿이 단체를 결성하여 그 단체 명의로 의사를 표현하는 경우, 여럿이 가담한 행위임을 표명하는 경우 또는 정부활동의 능률을 저해하기 위한 집단적 태업행위에 해당한다거나 이에 준할 정도

로 행위의 집단성이 있다고 보기 어렵다. 다만 원고 1 등 7명의 피켓 전시는 위 원고들이 1인 시위에 사용하였던 피켓을 모아서 함께 전시하였다는 점에서 행위의 집단성을 인정할 수 있다고 보인다. (출처 : 대법원 2017. 4. 13. 선고 2014두8469 판결)

03 [정답] ❷

① 2004헌바57, 합헌
② 입법자가 도시계획법 제21조를 통하여 국민의 재산권을 비례의 원칙에 부합하게 합헌적으로 제한하기 위해서는, 수인의 한계를 넘어 가혹한 부담이 발생하는 예외적인 경우에는 이를 완화하는 보상규정을 두어야 한다. 이러한 보상규정은 입법자가 헌법 제23조 제1항 및 제2항에 의하여 재산권의 내용을 구체적으로 형성하고 공공의 이익을 위하여 재산권을 제한하는 과정에서 이를 합헌적으로 규율하기 위하여 두어야 하는 규정이다. 재산권의 침해와 공익간의 비례성을 다시 회복하기 위한 방법은 헌법상 반드시 금전보상만을 해야 하는 것은 아니다. 입법자는 지정의 해제 또는 토지매수청구권 제도와 같이 **금전보상에 갈음하거나 기타 손실을 완화할 수 있는 제도를 보완하는 등 여러 가지 다른 방법을 사용할 수 있다.** (89헌마214, 90헌바16, 97헌바78(병합))
③ 헌법재판소 88헌마3 [각하]
④ 헌재 92헌가15 등

04 정답 ③

헌재 2018. 6. 28. 2011헌바379 등 헌법불합치

③ 병역종류조항은, 병역부담의 형평을 기하고 병역자원을 효과적으로 확보하여 효율적으로 배분함으로써 국가안보를 실현하고자 하는 것이므로 <u>정당한 입법목적을 달성하기 위한 적합한 수단이다.</u>

병역종류조항이 규정하고 있는 병역들은 모두 군사훈련을 받는 것을 전제하고 있으므로, 양심적 병역거부자에게 그러한 병역을 부과할 경우 그들의 양심과 충돌을 일으키는데, 이에 대한 대안으로 대체복무제가 논의되어 왔다. 양심적 병역거부자의 수는 병역자원의 감소를 논할 정도가 아니고, 이들을 처벌한다고 하더라도 교도소에 수감할 수 있을 뿐 병역자원으로 활용할 수는 없으므로, <u>대체복무제를 도입하더라도 우리나라의 국방력에 의미 있는 수준의 영향을 미친다고 보기는 어렵다.</u> 국가가 관리하는 객관적이고 공정한 사전심사절차와 엄격한 사후관리절차를 갖추고, 현역복무와 대체복무 사이에 복무의 난이도나 기간과 관련하여 형평성을 확보해 현역복무를 회피할 요인을 제거한다면, 심사의 곤란성과 양심을 빙자한 병역기피자의 증가 문제를 해결할 수 있으므로, 대체복무제를 도입하면서도 병역의무의 형평을 유지하는 것은 충분히 가능하다. **따라서 대체복무제라는 대안이 있음에도 불구하고 군사훈련을 수반하는 병역의무만을 규정한 병역종류조항은, 침해의 최소성 원칙에 어긋난다.**

병역종류조항이 추구하는 '국가안보' 및 '병역의무의 공평한 부담'이라는 공익은 대단히 중요하나, 앞서 보았듯이 병역종류조항에 대체복무제를 도입한다고 하더라도 위와 같은 공익은 충분히 달성할 수 있다고 판단된다. 반면, 병역종류조항이 대체복무제를 규정하지 아니함으로 인하여 양심적 병역거부자들은 최소 1년 6월 이상의 징역형과 그에 따른 막대한 유·무형의 불이익을 감수하여야 한다. 양심적 병역거부자들에게 공익 관련 업무에 종사하도록 한다면, 이들을 처벌하여 교도소에 수용하고 있는 것보다는 넓은 의미의 안보와 공익실현에 더 유익한 효과를 거둘 수 있을 것이다. **따라서 병역종류조항은 법익의 균형성 요건을 충족하지 못하였다.**

그렇다면 **양심적 병역거부자에 대한 대체복무제를 규정하지 아니한 병역종류조항은 과잉금지원칙에 위배하여 양심적 병역거부자의 양심의 자유를 침해**한다.

헌법재판소는 2004년 입법자에 대하여 국가안보라는 공익의 실현을 확보하면서도 병역거부자의 양심을 보호할 수 있는 대안이 있는지 검토할 것을 권고하였는데, 그로부터 14년이 경과하도록 이에 관한 입법적 진전이 이루어지지 못하였다. 그사이 여러 국가기관에서 대체복무제 도입을 검토하거나 그 도입을 권고하였으며, 법원에서도 양심적 병역거부에 대해 무죄판결을 선고하는 사례가 증가하고 있다. 이러한 사정을 감안할 때 국가는 이 문제의 해결을 더 이상 미룰 수 없으며, 대체복무제를 도입함으로써 기본권 침해 상황을 제거할 의무가 있다.

05 정답 ④

① 헌재 1997. 4. 24. 95헌바48

② 대법원 2018.2.28. 선고 2017두64606 판결

③ 헌재 2008. 2. 28. 2005헌마872 등

④ 행정조직의 개폐에 관한 문제에 있어 입법자가 광범위한 입법형성권을 가진다 하더라도

행정조직의 개폐로 인해 행해지는 직권면직은 보다 직접적으로 해당 공무원들의 신분에 중대한 위협을 주게 되므로 직제 폐지 후 실시되는 면직절차에 있어서는 보다 엄격한 요건이 필요한데, 이와 관련하여 지방공무원법 제62조는 직제의 폐지로 인해 직권면직이 이루어지는 경우 임용권자는 인사위원회의 의견을 듣도록 하고 있고, 면직기준으로 임용형태·업무실적·직무수행능력·징계처분사실 등을 고려하도록 하고 있으며, 면직기준을 정하거나 면직대상을 결정함에 있어서 반드시 인사위원회의 의결을 거치도록 하고 있는바, 이는 합리적인 면직기준을 구체적으로 정함과 동시에 그 공정성을 담보할 수 있는 절차를 마련하고 있는 것이라 볼 수 있다. 그렇다면 이 사건 규정이 직제가 폐지된 경우 **직권면직을 할 수 있도록 규정하고 있다고 하더라도 이것이 직업공무원제도를 위반하고 있다고는 볼 수 없다**. [2002헌바8, 2004. 11. 25.]

06 정답 ❷

① 대법원 2007.1.31. 2006모656결정
② 헌법 제12조 제4항 전문은 "누구든지 체포 또는 구속을 당한 때에는 즉시 변호인의 조력을 받을 권리를 가진다"라고 규정하고 있고, 형사소송법 제34조는 "변호인 또는 변호인이 되려는 자는 신체구속을 당한 피고인 또는 피의자와 접견하고 서류 또는 물건을 수수할 수 있으며 의사로 하여금 진료하게 할 수 있다"라고 규정하고 있는바, **변호인의 피고인 또는 피의자에 대한 접견, 교통, 수진권은 위 법규정상으로도 절차상 또는 시기상의 아무런 제약이 없는 점**과 구속된 피고인 또는 피의자의 접견수진권을 보장하고 있는 형사소송법 제98조,

제90조, 제91조의 규정에 비추어 보면 신체구속을 당한 피의자 또는 피고인의 인권보장과 방어준비를 위하여 필수불가결한 권리이어서 법령에 규정이 없는 한 수사기관의 처분으로써 이를 제한할 수 없다고 할 것이다(대법원 1991.3.28. 고지, 91모24 결정).
③, ④ 대법원 2017.3.9. 선고 2013도16162 판결

07 정답 ❹

① 헌법재판소 2016헌마649 결정
② 헌법재판소 2017헌바197, 2017헌마906(병합)
③ 헌재 2015.6.25. 2014헌바269
④ 이 사건 법률조항은 국가에 대하여 최소한의 물질적 생활을 요구할 수 있음을 내용으로 하는 인간다운 생활을 할 권리의 향유와는 관련이 없고, 이 사건 법률조항으로 인하여 거주지를 이전하여야 하는 것은 아니므로 거주이전의 자유와도 관련이 없다. (헌법재판소 2011헌바396)

08 정답 ❶

① 법원은 민사소송법 제184조에서 정하는 기간 내에 판결을 선고하도록 노력해야 하겠지만, 이 기간 내에 반드시 판결을 선고해야 할 법률상의 의무가 발생한다고 볼 수 없으며, 헌법 제27조 제3항 제1문에 의거한 신속한 재판을 받을 권리의 실현을 위해서는 구체적인 입법형성이 필요하고, 신속한 재판을 위한 어떤 직접적이고 구체적인 청구권이 이 헌법규정으로부터 직접 발생하지 아니하므로, 보안관찰처분들의 취소청구에 대해서 법원이 그 처분들의 효력이 만료되기 전까지 신속하게 판결을

선고해야 할 헌법이나 법률상의 작위의무가 존재하지 아니한다. [98헌마75]

② 헌재 2012헌가10

③ 93헌바27

④ 2008헌바12

09 정답 ④

① 헌법재판소 93헌마120

② 헌재 2004.5.27. 2003헌가1 등

③ 헌재 2012. 8. 23. 2009헌가27

④ 기본권 보장규정인 헌법 제2장의 제목이 "국민의 권리와 의무"이고 그제10조 내지제39조에서 "모든 국민은 …… 권리를 가진다"고 규정하고 있으므로 이러한 기본권의 보장에 관한 각 헌법규정의 해석상 국민만이 기본권의 주체라 할 것이고, 공권력의 행사인 국가, 지방자치단체나 그 **기관 또는 국가조직의 일부나 공법인은 기본권의 "수범자"이지 기본권의 주체가 아니고 오히려 국민의 기본권을 보호 내지 실현해야 할 '책임'과 '의무'를 지니고 있을 뿐이다.** (헌법재판소 2006. 2. 23. 선고 2004헌바50)

10 정답 ②

① 직업의 자유 중 직장 선택의 자유는 인간의 존엄과 가치 및 행복추구권과도 밀접한 관련을 가지는 만큼 단순히 국민의 권리가 아닌 인간의 권리로 보아야 할 것이므로 외국인도 제한적으로라도 직장 선택의 자유를 향유할 수 있다고 보아야 한다(헌재 2011.9.29,2007헌마1083).

② 기본권 보장 규정인 헌법 제2장은 그 제목을 '국민의 권리와 의무'로 하고 있고, 제10조 내지 제39조는 "모든 국민은 …… 권리를 가진다."고 규정하고 있으므로 공권력의 행사자인 국가, 지방자치단체나 그 기관 또는 국가조직의 일부나 공법인은 국민의 기본권을 보호 내지 실현해야 할 '책임'과 '의무'를 지는 주체로서 헌법소원을 청구할 수 없다. 다만 공법인이나 이에 준하는 지위를 가진 자라 하더라도 공무를 수행하거나 고권적 행위를 하는 경우가 아닌 사경제 주체로서 활동하는 경우나 조직법상 국가로부터 독립한 고유 업무를 수행하는 경우, 그리고 다른 공권력 주체와의 관계에서 지배복종관계가 성립되어 일반 사인처럼 그 지배하에 있는 경우 등에는 기본권 주체가 될 수 있다. 이러한 경우에는 이들이 기본권을 보호해야 하는 국가적 기능을 담당하고 있다고 볼 수 없기 때문이다(헌재 2013.9.26, 2012헌마271).

③ 헌법 제10조의 인간으로서의 존엄과 가치, 행복을 추구할 권리는 그 성질상 자연인에게 인정되는 기본권이라고 할 것이어서, 법인인 청구인들에게는 적용되지 않는다고 할 것이다(헌재 2006.12.28, 2004헌바67).

④ 아동은 아직 성숙하지 못한 인격체이긴 하지만, 부모와 국가에 의한 교육의 단순한 대상이 아닌 독립적인 인격체이며, 그의 인격권은 성인과 마찬가지로 인간의 존엄성 및 행복추구권을 보장하는 헌법 제10조에 의하여 보호되므로, 아동은 국가의 교육권한과 부모의 자녀교육권의 범주 내에서 자신의 교육에 관하여 스스로 결정할 권리를 가진다(헌재 2016.2.25., 2013헌마838).

11 정답 ❸

① 공익사업법 제67조 제2항은 보상액을 산정함에 있어 당해 공익사업으로 인한 개발이익을 배제하는 조항인데, 공익사업의 시행으로 지가가 상승하여 발생하는 개발이익은 사업 시행자의 투자에 의한 것으로서 피수용자인 토지소유자의 노력이나 자본에 의하여 발생하는 것이 아니므로, 이러한 개발이익은 형평의 관념에 비추어 볼 때 토지소유자에게 당연히 귀속되어야 할 성질의 것이 아니고, 또한 개발이익은 공공사업의 시행에 의하여 비로소 발생하는 것이므로, 그것이 피수용 토지가 수용 당시 갖는 객관적 가치에 포함된다고 볼 수도 없다. 따라서 <u>개발이익은 그 성질상 완전보상의 범위에 포함되는 피수용자의 손실이라고 볼 수 없으므로, 이러한 개발이익을 배제하고 손실보상액을 산정한다 하여 헌법이 규정한 정당한 보상의 원칙에 위반되지 않는다</u>(헌재 2009.12.29, 2009헌바142).

② <u>헌법 제23조 제3항이 규정하는 정당한 보상이란 원칙적으로 피수용재산의 객관적 재산가치를 완전하게 보상하는 것이어야 한다는 완전보상을 의미한다</u>(헌재 1995.4.20, 93헌바20).

③ 생활대책이라 함은 생업의 근거를 상실하게 된 자에 대하여 일정 규모의 상업용지 또는 상가분양권 등을 공급하는 제도를 의미하는 것으로 사용한다. 생활대책은 정당한 보상에 포함되는 것이라기보다는 정당한 보상에 부가하여 이주자들에게 종전의 생활상태를 회복시키기 위한 생활보상의 일환으로서 국가의 정책적인 배려에 의하여 마련된 제도이다. <u>그러므로 생활보상의 한 형태로서 청구인들이 주장하는 바와 같은 생활대책을 실시할 것인지 여부는 입법자의 입법정책적 재량의 영역에 속</u>한다고 볼 것이다. 이 사건 법률조항은 수용대상 재산 자체 및 이에 부수하는 손실에 대한 보상과 폐업·휴업에 따른 영업손실 보상에 더하여 공익사업으로 인하여 생업의 기반을 상실하는 자에게 최소한도 이상의 보상금이 지급되도록 배려하고 있는바, 청구인들이 주장하는 생활대책과 같은 특정한 생활보상적인 내용의 보상을 규정하고 있지 않다는 것만으로는 헌법 제23조 제3항의 정당한 보상의 원칙에 위반하여 청구인들의 재산권을 침해한다고 볼 수 없다(헌재 2013.7.25, 2012헌바71).

④ 헌법 제23조 제3항은 정당한 보상을 전제로 하여 재산권의 수용 등에 관한 가능성을 규정하고 있지만, 재산권 수용의 주체를 한정하지 않고 있다. <u>위 헌법조항의 핵심은 당해 수용이 공공필요에 부합하는가, 정당한 보상이 지급되고 있는가 여부 등에 있는 것이지, 그 수용의 주체가 국가인지 민간기업인지 여부에 달려 있다고 볼 수 없다.</u> 또한 국가 등의 공적 기관이 직접 수용의 주체가 되는 것이든 그러한 공적 기관의 최종적인 허부판단과 승인결정하에 민간기업이 수용의 주체가 되는 것이든, 양자 사이에 공공필요에 대한 판단과 수용의 범위에 있어서 본질적인 차이를 가져올 것으로 보이지 않는다. 따라서 위수용 등의 주체를 국가 등의 공적 기관에 한정하여 해석할 이유가 없다(헌재 2009.9.24., 2007헌바114).

12 정답 ❹

① 헌법재판소는 평등권의 침해 여부를 심사함에 있어, <u>헌법에서 특별히 평등을 요구하고 있는 경우와 차별적 취급으로 인하여 관련 기본권에 중대한 제한을 초래하게 되는 경우에는 차별취급의 목적과 수단 간에 비례관계가 성립

하는지를 검토하는 **엄격한 심사척도를 적용**하고, 그렇지 않은 경우에는 차별을 정당화하는 합리적인 이유가 있는지, 즉 자의적인 차별이 존재하는지를 검토하는 완화된 심사척도를 적용한다(헌재 2012.8.23., 2010헌마197).

② 평등원칙 위반의 특수성은 대상 법률이 정하는 '법률효과' 자체가 위헌이 아니라, 그 법률효과가 수범자의 한 집단에만 귀속하여 '다른 집단과 사이에 차별'이 발생한다는 점에 있기 때문에, 평등원칙의 위반을 인정하기 위해서는 우선 법적용에 관련하여 상호 배타적인 '두 개의 비교집단'을 일정한 기준에 따라서 구분할 수 있어야 한다(헌재 2003.12.18, 2002헌마593).

③ 수혜적 성격의 법률에는 입법자에게 광범위한 입법형성의 자유가 인정되므로 그 내용이 합리적인 근거를 가지지 못하여 현저히 자의적일 경우에만 헌법에 위반된다(헌재 2012.8.23., 2010헌마328).

④ 대한민국 국민인 남자에 한하여 병역의무를 부과한 구 병역법 조항은 헌법이 특별히 양성평등을 요구하는 경우나 관련 기본권에 중대한 제한을 초래하는 경우의 차별취급을 그 내용으로 하고 있다고 보기 어려우며, 징집대상자의 범위 결정에 관하여는 입법자의 광범위한 입법형성권이 인정된다는 점에 비추어 이 사건 법률조항이 평등권을 침해하는지 여부는 완화된 심사기준에 따라 판단하여야 한다(헌재 2011.6.30, 2010헌마460).

13 정답 ②

① 헌법에서 인정하는 직업의 자유는 원칙적으로 대한민국 국민에게 인정되는 기본권이지, 외국인에게 인정되는 기본권은 아니다. 국가 정책에 따라 정부의 허가를 받은 외국인은 정부가 허가한 범위 내에서 소득활동을 할 수 있는 것이므로, 외국인이 국내에서 누리는 직업의 자유는 법률 이전에 헌법에 의해서 부여된 기본권이라고 할 수는 없고, 법률에 따른 정부의 허가에 의해 비로소 발생하는 권리이다(헌재 2014.8.28., 2013헌마359).

② 초기배아는 수정이 된 배아라는 점에서 형성 중인 생명의 첫걸음을 떼었다고 볼 여지가 있기는 하나 아직 모체에 착상되거나 원시선이 나타나지 않은 이상 현재의 자연과학적 인식 수준에서 독립된 인간과 배아 간의 개체적 연속성을 확정하기 어렵다고 봄이 일반적이라는 점, 배아의 경우 현재의 과학기술 수준에서 모태 속에서 수용될 때 비로소 독립적인 인간으로의 성장가능성을 기대할 수 있다는 점, 수정 후 착상 전의 배아가 인간으로 인식된다거나 그와 같이 취급하여야 할 필요성이 있다는 사회적 승인이 존재한다고 보기 어려운 점 등을 종합적으로 고려할 때, **기본권 주체성을 인정하기 어렵다**(헌재 2010.5.27, 2005헌마346).

③ 법인도 법인의 목적과 사회적 기능에 비추어 볼 때 그 성질에 반하지 않는 범위 내에서 인격권의 한 내용인 사회적 신용이나 명예 등의 주체가 될 수 있고 법인이 이러한 사회적 신용이나 명예 유지 내지 법인격의 자유로운 발현을 위하여 의사결정이나 행동을 어떻게 할 것인지를 자율적으로 결정하는 것도 법인의 인격권의 한 내용을 이룬다고 할 것이다(헌재 2012.8.23, 2009헌가27).

④ 불법체류라는 것은 관련 법령에 의하여 체류자격이 인정되지 않는다는 것일 뿐이므로, '인간의 권리'로서 외국인에게도 주체성이 인정되는 일정한 기본권에 관하여 불법체류 여부

에 따라 그 인정 여부가 달라지는 것은 아니
다. 청구인들이 침해받았다고 주장하고 있는
신체의 자유, 주거의 자유, 변호인의 조력을
받을 권리, 재판청구권 등은 성질상 인간의 권
리에 해당한다고 볼 수 있으므로, 위 기본권들
에 관하여는 청구인들의 기본권 주체성이 인
정된다(헌재 2012.8.23, 2008헌마430).

14 정답 ❷

① 건전한 상식과 통상적인 법감정을 가진 사람
으로 하여금 그 적용대상자가 누구이며 구체
적으로 어떠한 행위가 금지되고 있는지 충분
히 알 수 있도록 규정되어 있다면 죄형법정주
의의 명확성의 원칙에 위배되지 않는다고 보
아야 한다(헌재 2005.11.24, 2004헌바83).

② 정부출연연구기관의 조직과 업무에 따라서 그
직원에게 요구되는 청렴성의 요구는 정도를
달리할 수 있으며, 그 정도에 따라 뇌물죄의
적용에 있어 공무원으로 의제할지 여부를 결
정하는 것이 바람직한데, 정부출연연구기관의
업무영역 및 조직상의 특성은 각 기관별로 상
이하고, 유동적이므로 입법자가 국회제정의
형식적 법률에 비하여 더 탄력성이 있는 대통
령령 등 하위법규에 의제 범위를 위임할 입법
기술상의 필요성이 인정된다.
또한 이 사건 법률조항이 '간부직원 중 대통
령령이 정하는 직원'과 같이 한정적으로 명시하
고 있지 않다고 하더라도 그 규정형식상 '임
원'과 같이 주요 업무에 종사하는 직원에 한정
하여 규정될 것임을 충분히 예측할 수 있다.
따라서 형법상 뇌물죄의 적용에 있어 공무원
으로 의제되는 정부출연기관의 '직원'의 범위
를 대통령령에 위임한 이 사건 법률조항이 포
괄위임에 해당되어 죄형법정주의 위반이라 볼

수는 없다(헌재 2006.11.30., 2004헌바86).

③ 개인이 고용한 종업원 등의 무면허의료행위
사실이 인정되면 종업원 등의 범죄행위에 대
한 영업주의 가담 여부나 종업원 등의 행위를
감독할 주의의무의 위반 여부 등을 전혀 묻지
않고 곧바로 영업주인 개인을 종업원 등과 같
이 처벌하도록 규정한 것은, 아무런 비난받을
만한 행위를 한 바 없는 자에 대해서까지 다른
사람의 범죄행위를 이유로 처벌하는 것으로서
**형벌에 관한 책임주의에 반하므로 헌법에 위
반**된다(헌재 2009.10.29., 2009헌가6).

④ '의료행위'는 건전한 일반상식을 가진 자에 의
하여 일의적으로 파악되기 어렵다거나 법관에
의한 적용단계에서 다의적으로 해석될 우려가
있다고 보기 어려우므로, 죄형법정주의의 명
확성원칙에 위배된다고 할 수 없다(헌재 2007.
4.26., 2003헌바71).

15 정답 ❷

① 헌법이 집회의 자유를 보장한 것은 관용과 다
양한 견해가 공존하는 다원적인 '열린 사회'에
대한 헌법적 결단인 것이다(헌재 2003.10.
30., 2000헌바67).

② 헌법 제21조 제2항의 '허가'는 '행정청이 주체
가 되어 집회의 허용 여부를 사전에 결정하는
것'으로서 행정청에 의한 사전허가는 헌법상
금지되지만, **입법자가 법률로써 일반적으로
집회를 제한하는 것은 헌법상 '사전허가금지'
에 해당하지 않는다**(헌재 2014.4.24, 2011헌
가29).

③ 집회의 자유는 집회의 시간, 장소, 방법과 목
적을 스스로 결정할 권리, 즉 집회를 하루 중
언제 개최할지 등 시간 선택에 대한 자유와 어

느 장소에서 개최할지 등 <u>장소 선택에 대한 자유를 내포하고 있다</u>(헌재 2014.3.27, 2010헌가2).

④ 집회의 자유에 의하여 보호되는 것은 단지 '평화적' 또는 '비폭력적' 집회이다(헌재 2003.10.30., 2000헌바67).

16 정답 ②

① 형사처벌의 근거가 되는 것은 법률이지 판례가 아니고, 형법 조항에 관한 판례의 변경은 그 법률조항의 내용을 확인하는 것에 지나지 아니하여 이로써 그 법률조항 자체가 변경된 것으로 볼 수 없으므로, <u>행위 당시의 판례에 의하면 처벌대상이 되지 아니하는 것으로 해석되었던 행위를 판례의 변경에 따라 확인된 내용의 형법 조항에 근거하여 처벌한다고 하여 그것이 형벌불소급원칙에 위반된다고 할 수 없다</u>(헌재 2014.5.29., 2012헌바390).

② <u>처벌법규의 구성요건이 다소 광범위하여 어떤 범위에서는 법관의 보충적인 해석을 필요로 하는 개념을 사용하였다고 하더라도 그 점만으로 헌법이 요구하는 처벌법규의 명확성의 원칙에 반드시 배치되는 것이라고 볼 수 없다</u>(헌재 1998.5.28, 97헌바68).

③ <u>형사처벌을 동반하는 처벌법규의 위임은 중대한 기본권의 침해를 가져오므로 긴급한 필요가 있거나 미리 법률로써 자세히 정할 수 없는 부득이한 사정이 있는 경우에 한정되어야 하며, 이러한 경우일지라도 법률에서 범죄의 구성요건은 처벌대상행위가 어떠한 것일 것이라고 예측할 수 있을 정도로 구체적으로 정하고, 형벌의 종류 및 그 상한과 폭을 명백히 규정하여야</u> 한다(헌재 2002.6.27., 2000헌마642).

④ 처벌을 규정하고 있는 법률조항이 구성요건이 되는 행위를 같은 법률조항에서 직접 규정하지 않고 <u>다른 법률조항에서 이미 규정한 내용을 원용하였다거나 그 내용 중 일부를 괄호 안에 규정하였다는 사실만으로 명확성 원칙에 위반된다고 할 수는 없다</u>(헌재 2010.3.25., 2009헌바121).

17 정답 ④

① 종교의 자유에서 종교에 대한 적극적인 우대조치를 요구할 권리가 직접 도출되거나 우대할 국가의 의무가 발생하지 아니한다. <u>종교시설의 건축행위에만 기반시설부담금을 면제한다면 국가가 종교를 지원하여 종교를 승인하거나 우대하는 것으로 비칠 소지가 있어 헌법 제20조 제2항의 국교금지·정교분리에 위배될 수도 있다고 할 것이므로 종교시설의 건축행위에 대하여 기반시설부담금 부과를 제외하거나 감경하지 아니하더라도, 종교의 자유를 침해하는 것이 아니다</u>(헌재 2010.2.25, 2007헌바131).

② 일반적으로 민주적 다수는 법과 사회의 질서를 그들의 정치적 의사와 도덕적 기준에 따라 형성하기 때문에, 국가의 법질서나 사회의 도덕률과 갈등을 일으키는 양심은 현실적으로 이러한 법질서나 도덕률에서 벗어나려는 소수의 양심이다. 그러므로 양심상 결정이 어떠한 종교관·세계관 또는 그 밖의 가치체계에 기초하고 있는지와 관계없이, 모든 내용의 양심상 결정이 양심의 자유에 의하여 보장되어야 한다(헌재 2011.8.30, 08헌가22).

③ 헌법 제19조에서 보호하는 양심은 옳고 그른 것에 대한 판단을 추구하는 가치적·도덕적 마

음가짐으로, 개인의 소신에 따른 다양성이 보
장되어야 하고 그 형성과 변경에 외부적 개입
과 억압에 의한 강요가 있어서는 아니되는 인
간의 윤리적 내심영역이다. 따라서 단순한 사
실관계의 확인과 같이 가치적·윤리적 판단이
개입될 여지가 없는 경우는 물론, 법률해석에
관하여 여러 견해가 갈리는 경우처럼 다소의
가치관련성을 가진다고 하더라도 개인의 인격
형성과는 관계가 없는 사사로운 사유나 의견
등은 그 보호대상이 아니다(헌재 2002.1.31.,
2001헌바43).

④ 종교전파의 자유에는 누구에게나 자신의 종교
또는 종교적 확신을 알리고 선전하는 자유를
말하며, 포교행위 또는 선교행위가 이에 해당
한다. 그러나 이러한 종교전파의 자유는 국민
에게 그가 선택한 임의의 장소에서 자유롭게
행사할 수 있는 권리까지 보장한다고 할 수 없
으며, 그 임의의 장소가 대한민국의 주권이 미
치지 아니하는 지역 나아가 국가에 의한 국민
의 생명·신체 및 재산의 보호가 강력히 요구
되는 해외 위난지역인 경우에는 더욱 그러하
다(헌재 2008.6.26, 2007헌마1366).

18 정답 ❷

① 직업공무원제도는 헌법이 보장하는 제도적 보
장중의 하나임이 분명하므로 입법자는 직업
공무원제도에 관하여 '최소한 보장'의 원칙의
한계안에서 폭넓은 입법형성의 자유를 가진다
(헌재 1997.4.24., 95헌바48).

② 지방자치단체의 직제가 폐지된 경우에 해당
공무원을 직권면직할 수 있도록 규정하고 있
는 지방공무원법 제62조 제1항 제3호는 직업
공무원제도를 위반하고 있다고는 볼 수 없다

(헌재 2004.11.25, 2002헌바8).

③ 공무원이 금고 이상의 형의 선고유예를 받은
경우에는 공무원직에서 당연히 퇴직하는 것으
로 규정하고 있는 이 사건 법률조항은 금고 이
상의 선고유예의 판결을 받은 모든 범죄를 포
괄하여 규정하고 있을 뿐 아니라, 심지어 오늘
날 누구에게나 위험이 상존하는 교통사고 관
련 범죄 등 과실범의 경우마저 당연퇴직의 사
유에서 제외하지 않고 있으므로 최소침해성의
원칙에 반한다(헌재 2002.8.29, 2001헌마
788).

④ 직업공무원제도에서 말하는 공무원은 국가 또
는 공공단체와 근로관계를 맺고 이른바 공법
상 특별권력관계 내지 특별행정법관계 아래
공무를 담당하는 것을 직업으로 하는 협의의
공무원을 말하며 정치적 공무원이라든가 임시
적 공무원은 포함되지 않는 것이다(헌재 1989.
12.18., 89헌마32).

19 정답 ❷

① 헌법개정은 국회재적의원 과반수 또는 대통령
의 발의로 제안된다(헌법 제128조 제1항).
제안된 헌법개정안은 대통령이 20일이상의 기
간 이를 공고하여야 한다(헌법 제129조).

② 국회는 헌법개정안이 **공고된 날로부터** 60일
이내에 의결하여야 하며, 국회의 의결은 재적
의원 3분의 2이상의 찬성을 얻어야 한다(헌법
제130조 제1항).

③ 대통령의 임기연장 또는 중임변경을 위한 헌
법개정은 그 헌법개정 제안 당시의 대통령에
대하여는 효력이 없다(헌법 제128조 제2항).

④ 헌법개정안은 국회가 의결한 후 30일이내에
국민투표에 붙여 국회의원선거권자 과반수의

투표와 투표자 과반수의 찬성을 얻어야 한다 (헌법 제130조 제2항).

20 정답 ❷

2013. 11. 28. 2007헌마1189·1190(병합)사건

① (O) 개방이사제에 관한 사립학교법 제14조 제3항, 제4항은 사립학교운영의 투명성과 공정성을 제고하고, 학교구성원에게 학교운영에 참여할 기회를 부여하기 위한 것으로서, 개방이사가 이사 정수에서 차지하는 비중, 대학평의원회와 학교운영위원회가 추천하는 개방이사추천위원회 위원의 비율, 학교법인 운영의 투명성 확보를 위한 사전적·예방적 조치의 필요성 등을 고려할 때 학교법인의 사학의 자유를 침해한다고 볼 수 없다.

② (X) 청구인들은 위 조항이 설립자나 종전이사 등으로 하여금 당해 사학을 타인에게 양도하거나 자진 해산하는 등 임시이사 체제를 자신의 의사로 종결시킬 수 있는 절차규정을 마련하고 있지 않은 점의 위헌성도 다투는데, 이는 사립학교 운영권 자체가 독립된 재산권의 대상이 되고, 설립자나 종전이사가 그러한 사립학교 운영권을 처분할 수 있는 지위에 있음을 전제로 그 처분권을 과도하게 제한하여 이들의 재산권을 침해한다는 주장으로 볼 수 있다. 그러나 앞서 적법요건 판단 항목에서 살펴본 것처럼 설립자는 학교법인이 설립됨으로써, 그리고 종전이사 등은 퇴임함으로써 학교운영의 주체인 학교법인과 사이에 더 이상 구체적인 법률관계가 지속되지 않고, 사립학교의 운영은 건학이념의 구현을 목적으로 하는 <u>공익적 비영리활동으로서 사적 유용성을 본질적 요소로 하는 재산권의 보호대상이 된다고 보</u>

<u>기도 어려우므로,</u> 청구인들의 위 주장은 이유 없다.

③ (O) 개방감사제에 관한 사립학교법 제21조 제5항은, 학교법인에 대한 감사의 신뢰성을 확보하고 그 책무성을 강화함으로써 사립학교운영의 투명성과 공공성을 높이기 위한 것으로, 개방감사가 1인으로 제한되고, 감사의 존재목적이 학교법인 및 학교운영의 적정성을 감독하는 데 있는 점 등을 고려하면 학교법인의 사학의 자유를 침해한다고 볼 수 없다.

④ (O) (1) 초·중등학교장의 중임회수를 1회로 제한한 사립학교법 제53조 제3항 단서는, 교장의 노령화·관료화를 방지하고 인사순환을 통하여 교단을 활성화하며, 학교경영과 교육을 분리하고 있는 교육법제에 충실하고자 한 것으로, 최장 8년간 재임이 보장되고 동일한 학교의 장 중임만 제한받을 뿐이므로 학교법인의 사학의 자유나 초·중등학교장의 직업의 자유를 침해한다고 볼 수 없다.

(2) 초·중등학교와 달리 대학은, 대학의 장이 임기에 구애됨이 없이 장기적인 학교발전의 전망을 가지고 이를 실현해 나가도록 보장해 주는 것이 필요하여 대학의 장 임면에 관하여 대학의 자율에 맡겨 둘 필요성이 크므로 이를 달리 취급하는 데는 합리적 이유가 있어 초·중등학교장의 평등권을 침해하지 않는다.

순경공채·경위공채 대비
경찰헌법 모의고사

09

경찰헌법
모의고사
9회

09 경찰헌법 모의고사 9회

01 정답 ❹

ㄱ. (x)[북한이탈주민의 보호 및 정착지원에 관한 법률]은 북한에 주소, 직계가족, 배우자, 직장 등을 두고 있는 자로서 북한을 벗어난 후 외국의 국적을 취득하지 아니한 '북한이탈주민'을 그 적용대상으로 하고 있다.

ㄴ. (o)헌법상의 여러 통일관련 조항들은 국가의 통일의무를 선언한 것이기는 하지만, 그로부터 국민 개개인의 통일에 대한 기본권, 특히 국가기관에 대하여 통일과 관련된 구체적인 행동을 요구하거나 일정한 행동을 할 수 있는 권리가 도출된다고 볼 수 없다.(헌재2000. 7.20, 98헌바63)

ㄷ. (x)통일원칙은 제7차 개정 헌법부터 규정되어 왔다.(1972년 유신헌법)

ㄹ. (o)헌법이 영토조항(제3조)을 두고 있는 이상 「대한민국헌법」은 북한지역을 포함한 한반도 전체에 그 효력이 미치고 따라서 북한지역은 당연히 대한민국의 영토가 되므로, 북한을 법 소정의 "외국"으로, 북한의 주민 또는 법인 등을 "비거주자"로 바로 인정하기는 어렵지만, 개별 법률의 적용 내지 준용에 있어서는 남북한의 특수관계적 성격을 고려하여 북한지역을 외국에 준하는 지역으로, 북한주민 등을 외국인에 준하는 지위에 있는 자로 규정할 수 있다고 할 것이다.(헌재 2005.6.30, 2003헌바114)

ㅁ. (o)이 법이 없다면 남북한간의 교류, 협력행위는 국가보안법에 의하여 처벌될 수 있으나, 이 법에서 남북관계에 관한 기본적 용어 정리, 통신, 왕래, 교역, 협력사업 등에 관한 포괄적 규정(제9조 내지 제23조)과 타법률에 대한 우선적용(제3조) 등을 규정하고 있는 관계로 그 적용범위 내에서 국가보안법의 적용이 배제된다는 점에서, 이 법은 평화적 통일을 지향하기 위한 기본법으로서의 성격을 갖고 있다고 할 수 있다.(헌재2000.7.20, 98헌바63)

02 정답 ❶

① X (2012. 2. 23. 2008헌마500)
이 사건 시정요구는 서비스제공자 등에게 조치결과 통지의무를 부과하고 있고, 서비스제공자 등이 이에 따르지 않는 경우 방송통신위원회의 해당 정보의 취급거부·정지 또는 제한명령이라는 법적 조치가 내려질 수 있으며, 행정기관인 방송통신심의위원회가 표현의 자유를 제한하게 되는 결과의 발생을 의도하거나 또는 적어도 예상하였다 할 것이므로, 이 사건 시정요구는 단순한 행정지도로서의 한계를 넘어 규제적·구속적 성격을 상당히 강하게 갖는 것으로서 <u>항고소송의 대상이 되는 공권력의 행사라고 봄이 상당하다</u>. 따라서, 청구인들은 이 사건 시정요구에 대하여 행정소송

을 제기하였어야 할 것임에도 이를 거치지 아
니하였으므로 이 부분 심판청구는 보충성을
결여하여 부적법하다. (각주: 2018년 원 문제
에서는 "시정요구는 헌법소원의 대상이 된다"
라고만 나와서 대상성은 인정되어 맞는 지문
으로 표현되었지만 헌법소원을 제기할 수는
없다고 판시하였습니다. 헌법소원의 제기는
보충성 요건을 결하였기 때문인바, 이 부분을
추가해서 문제를 변형시켰습니다. 구별하시기
바랍니다.)

② O. 심판대상조항들은 언론이 공직선거에 미치
는 영향력과 언론인이 가져야 할 고도의 공익
성과 사회적 책임성에 근거하여 언론인의 선
거 개입 내지 편향된 영향력 행사를 금지하여,
궁극적으로 선거의 공정성·형평성을 확보하기
위한 것으로 목적의 정당성을 인정할 수 있다.
그리고 일정 범위의 언론인에 대하여 일괄적
으로 선거운동을 금지하는 것은 위와 같은 목
적 달성에 적합한 수단이다. 그러나 언론인의
선거 개입으로 인한 문제는 언론매체를 통한
활동의 측면에서 즉, 언론인으로서의 지위를
이용하거나 그 지위에 기초한 활동으로 인해
발생 가능한 것이므로, 언론매체를 이용하지
아니한 언론인 개인의 선거운동까지 전면적으
로 금지할 필요는 없다. 심판대상조항들의 입
법목적은, 일정 범위의 언론인을 대상으로 언
론매체를 통한 활동의 측면에서 발생 가능한
문제점을 규제하는 것으로 충분히 달성될 수
있다. 그런데 인터넷신문을 포함한 언론매체
가 대폭 증가하고, 시민이 언론에 적극 참여하
는 것이 보편화된 오늘날 심판대상조항들에
해당하는 언론인의 범위는 지나치게 광범위하
다. 또한, 구 공직선거법은 언론기관에 대하여
공정보도의무를 부과하고, 언론매체를 통한
활동의 측면에서 선거의 공정성을 해할 수 있

는 행위에 대하여는 언론매체를 이용한 보도·
논평, 언론 내부 구성원에 대한 행위, 외부의
특정후보자에 대한 행위 등 다양한 관점에서
이미 충분히 규제하고 있다. 따라서 심판대상
조항들은 선거운동의 자유를 침해한다.(2016.
6. 30. 2013헌가1)

③ O. 헌법 제21조 제2항에서 규정한 검열 금지
의 원칙은 모든 형태의 사전적인 규제를 금지
하는 것이 아니고 단지 의사표현의 발표 여부
가 오로지 행정권의 허가에 달려있는 사전심
사만을 금지하는 것을 뜻하므로, 이 사건 법률
조항에 의한 방영금지가처분은 행정권에 의한
사전심사나 금지처분이 아니라 개별 당사자간
의 분쟁에 관하여 사법부가 사법절차에 의하
여 심리, 결정하는 것이어서 헌법에서 금지하
는 사전검열에 해당하지 아니한다.(2001. 8.
30. 2000헌바36)

④ O. 93헌가13

03 정답 ❹

① (x) 헌법의 기본원리는 헌법의 이념적 기초인
동시에 헌법을 지배하는 지도원리로서 입법이
나 정책결정의 방향을 제시하며 공무원을 비
롯한 모든 국민·국가기관이 헌법을 존중하고
수호하도록 하는 지침이 되며, <u>구체적 기본권
을 도출하는 근거로 될 수는 없으나</u> 기본권의
해석 및 기본권제한입법의 합헌성 심사에 있
어 해석기준의 하나로서 작용한다. 그러므로
이 사건 심판대상조항의 위헌 여부를 심사함
에 있어서도 우리 헌법의 기본원리를 그 기준
으로 삼아야 할 것이다. (헌재 1996. 4. 25.
92헌바47)

② (x) 헌법 제119조 제2항은 국가가 경제영역에

서 실현하여야 할 목표의 하나로서 '적정한 소득의 분배'를 들고 있지만, 이로부터 반드시 소득에 대하여 누진세율에 따른 종합과세를 시행하여야 할 구체적인 헌법적 의무가 조세 입법자에게 부과되는 것이라고 할 수 없다.(헌재 1999.11.25, 98헌마55)

③ (x) 헌법 제119조 제2항에 규정된 '경제주체 간의 조화를 통한 경제의 민주화'의 이념도 경제영역에서 정의로운 사회질서를 형성하기 위하여 추구할 수 있는 국가목표로서 개인의 기본권을 제한하는 국가행위를 정당화하는 헌법규범이다.(헌재2003.11.27, 2001헌바35)

④ (o) [농지법]
제6조 (농지 소유 제한)
①농지는 자기의 농업경영에 이용하거나 이용할 자가 아니면 소유하지 못한다.
②다음 각 호의 어느 하나에 해당하는 경우에는 제1항에도 불구하고 자기의 농업경영에 이용하지 아니할지라도 농지를 소유할 수 있다.
4. 상속[상속인에게 한 유증(遺贈)을 포함한다. 이하 같다]으로 농지를 취득하여 소유하는 경우

04 정답 ❷

ㄱ. (o) [개인정보보호법] 제2조 (정의)
이 법에서 사용하는 용어의 뜻은 다음과 같다. [개정 2014.3.24.]
1. "개인정보"란 살아 있는 개인에 관한 정보로서 성명, 주민등록번호 및 영상 등을 통하여 개인을 알아볼 수 있는 정보(해당 정보만으로는 특정 개인을 알아볼 수 없더라도 다른 정보와 쉽게 결합하여 알아볼 수 있는 것을 포함한다)를 말한다.

ㄴ. (o) 본인확인제를 규율하는 이 사건 법령조항들은 과잉금지원칙에 위배하여 인터넷게시판 이용자의 표현의 자유, 개인정보자기결정권 및 인터넷게시판을 운영하는 정보통신서비스제공자의 언론의 자유를 침해한다.(헌재 2012. 8. 23. 2010헌마47 등)

ㄷ. (x) 개인정보자기결정권의 보호대상이 되는 개인정보는 개인의 신체, 신념, 사회적 지위, 신분 등과 같이 개인의 인격주체성을 특징짓는 사항으로서 그 개인의 동일성을 식별할 수 있게 하는 일체의 정보라고 할 수 있고, 반드시 개인의 내밀한 영역이나 사사(私事)의 영역에 속하는 정보에 국한되지 않고 공적 생활에서 형성되었거나 이미 공개된 개인정보까지 포함한다.(헌재 2005. 7. 21. 2003헌마282 등)

ㄹ. (x) 이 사건 법률조항은 범죄혐의로 수사를 받은 피의자가 검사로부터 '혐의없음'의 불기소처분을 받은 경우 혐의범죄의 법정형에 따라 일정기간 피의자의 지문정보와 함께 인적사항·죄명·입건관서·입건일자·처분결과 등(이하 '이 사건 개인정보'라 한다.)을 보존하도록 규정하고 있고, 국가는 이를 범죄수사 등 법 제6조 제1항에서 정한 용도에 이용하고 있는바, 위 수사경력자료에 관한 정보는 개인의 명예와 관련되어 인격주체성을 특징짓는 사항으로서 그 개인의 동일성을 식별할 수 있게 하는 정보라 할 것이므로 이러한 정보의 이용을 전제로 보관 등에 관한 사항을 규정하고 있는 이 사건 법률조항은 해당 피의자의 개인정보자기결정권에 대한 제한에 해당한다.
'혐의없음' 불기소처분에 관한 이 사건 개인정보를 보관하는 것은 ....(생략).. 따라서 이 사건 법률조항이 과잉금지의 원칙에 위반하

여 청구인의 개인정보자기결정권을 <u>침해한다
고 볼 수 없다.</u> (헌재 2009. 10. 29. 2008
헌마257)

ㅁ. (o) 채무불이행자명부나 그 부본을 누구든지
보거나 복사할 것을 신청할 수 있도록 하여
열람·복사 주체에 제한을 두지 않은 「민사집
행법」 조항은 채무자의 개인정보자기결정권
을 침해하지 않는다.(헌재2010.5.27, 헌마
663)

ㅂ. (x) 보장법시행규칙 제35조 제1항 제5호는
급여신청자의 수급자격 및 급여액 결정을 객
관적이고 공정하게 판정하려는 데 그 목적이
있는 것으로 그 정당성이 인정되고, 이를 위
해서 금융거래정보를 파악하는 것은 적절한
수단이며 금융기관과의 금융거래정보로 제한
된 범위에서 수집되고 조사를 통해 얻은 정
보와 자료를 목적 외의 다른 용도로 사용하
거나 다른 기관에 제공하는 것이 금지될 뿐
만 아니라 이를 어긴 경우 형벌을 부과하고
있으므로 정보주체의 자기결정권을 제한하는
데 따른 피해를 최소화하고 있고 위 시행규
칙조항으로 인한 정보주체의 불이익보다 추
구하는 공익이 더 크므로 개인정보자기결정
권을 침해하지 아니한다. (헌재 2005. 11.
24. 2005헌마112)

05 정답 ❷

① (o) 헌재2012.6.27, 2011헌바34
② (x) 교육법 제85조 제1항 및 학원의설립·운영
에관한법률 제6조가 종교교육을 담당하는 기
관들에 대하여 예외적으로 인가 혹은 등록의
무를 면제하여 주지 않았다고 하더라도, 헌법
제31조 제6항이 교육제도에 관한 기본사항을

법률로 입법자가 정하도록 한 취지, 종교교육
기관이 자체 내부의 순수한 성직자 양성기관
이 아니라 학교 혹은 학원의 형태로 운영될 경
우 일반국민들이 받을 수 있는 부실한 교육의
피해의 방지, 현행 법률상 학교 내지 학원의
설립절차가 지나치게 엄격하다고 볼 수 없는
점 등을 고려할 때, 위 조항들이 청구인의 종
<u>교의 자유 등을 침해하였다고 볼 수 없고,</u> 또
한 위 조항들로 인하여 종교교단의 재정적 능
력에 따라 학교 내지 학원의 설립상 차별을 초
래한다고 해도 거기에는 위와 같은 합리적 이
유가 있으므로 평등원칙에 위배된다고 할 수
없다.(헌재 2000. 3. 30. 99헌바14)

③ (o) 교인 개인의 특정한 권리의무에 관계되는
법률관계를 규율하는 것이 아니라면 원칙적으
로 법원으로서는 그 효력의 유무를 판단할 수
없지만, 종교단체의 징계결의의 효력 유무와
관련하여 구체적인 권리 또는 법률관계를 둘
러싼 분쟁이 존재하고, 또한 그 무효확인청구
의 당부를 판단하기에 앞서 위 징계의 당부를
판단할 필요가 있는 경우에는, 그 판단의 내용
이 종교 교리의 해석에 미치지 아니하는 한 법
원으로서는 위 징계의 당부를 판단하여야 한
다.(대판 2005.6.24, 2005다10388)

④ (o) 특히 그 언론·출판의 목적이 다른 종교나
종교집단에 대한 신앙교리 논쟁으로서 같은
종파에 속하는 신자들에게 비판하고자 하는
내용을 알리고 아울러 다른 종파에 속하는 사
람들에게도 자신의 신앙교리 내용과 반대종파
에 대한 비판의 내용을 알리기 위한 것이라면
그와 같은 비판할 권리는 최대한 보장받아야
할 것인바, 그로 인하여 타인의 명예 등 인격
권을 침해하는 경우에 종교의 자유 보장과 개
인의 명예 보호라는 두 법익을 어떻게 조정할
것인지는 그 비판행위로 얻어지는 이익, 가치

와 공표가 이루어진 범위의 광협, 그 표현방법 등 그 비판행위 자체에 관한 제반 사정을 감안함과 동시에 그 비판에 의하여 훼손되거나 훼손될 수 있는 타인의 명예 침해의 정도를 비교 고려하여 결정하여야 한다. (대판 2007.04. 26. 선고 2006다87903)

06 정답 ④

ㄱ. (x) 일반적으로 집회는, 일정한 장소를 전제로 하여 특정 목적을 가진 다수인이 일시적으로 회합하는 것을 말하는 것으로 일컬어지고 있고, 그 공동의 목적은 '내적인 유대 관계'로 족하다. 건전한 상식과 통상적인 법감정을 가진 사람이면 위와 같은 의미에서 구 집시법상 '집회'가 무엇을 의미하는지를 추론할 수 있다고 할 것이므로, 구 집시법상 '집회'의 개념이 불명확하다고 할 수 없다.(헌재 2009. 5. 28. 2007헌바22)

ㄴ. (o) 헌재 2009.12.29, 2006헌바20

ㄷ. (o) 재판관 민형기, 재판관 목영준의 헌법불합치의견
'행정청이 주체가 되어 집회의 허용 여부를 사전에 결정하는 것'으로서 행정청에 의한 사전허가는 헌법상 금지되지만, 입법자가 법률로써 일반적으로 집회를 제한하는 것은 헌법상 '사전허가금지'에 해당하지 않는다. 집시법 제10조 본문은 "해가 뜨기 전이나 해가 진 후에는" 옥외집회를 못하도록 시간적 제한을 규정한 것이고, 단서는 오히려 본문에 의한 제한을 완화시키려는 규정이다. 따라서 본문에 의한 시간적 제한이 집회의 자유를 과도하게 제한하는지 여부는 별론으로 하고, 단서의 "관할경찰관서장의 허용"이 '옥외집

회에 대한 일반적인 사전허가'라고는 볼 수 없는 것이다. 집시법 제10조는 법률에 의하여 옥외집회의 시간적 제한을 규정한 것으로서 그 단서 조항의 존재에 관계없이 헌법 제21조 제2항의 '사전허가금지'에 위반되지 않는다.

ㄹ. (o) 입법자가 '외교기관 인근에서의 집회의 경우에는 일반적으로 고도의 법익충돌위험이 있다'는 예측판단을 전제로 하여 이 장소에서의 집회를 원칙적으로 금지할 수는 있으나, 일반·추상적인 법규정으로부터 발생하는 과도한 기본권제한의 가능성이 완화될 수 있도록 일반적 금지에 대한 예외조항을 두어야 할 것이다. 그럼에도 불구하고 이 사건 법률조항은 전제된 위험상황이 구체적으로 존재하지 않는 경우에도 이를 함께 예외 없이 금지하고 있는데, 이는 입법목적을 달성하기에 필요한 조치의 범위를 넘는 과도한 제한인 것이다. 그러므로 이 사건 법률조항은 최소침해의 원칙에 위반되어 집회의 자유를 과도하게 침해하는 위헌적인 규정이다.(헌재 2003. 10. 30. 2000헌바67 등)

ㅁ. (o) 헌재 2011. 6. 30. 2009헌마406

ㅂ. (o) 집시법 제10조 본문에 의하면, 낮 시간이 짧은 동절기의 평일의 경우, 직장인이나 학생은 사실상 시위를 주최하거나 참가할 수 없게 되는 등 집회의 자유가 실질적으로 박탈되는 결과가 초래될 수 있다. 나아가 도시화·산업화가 진행된 현대 사회에서 전통적 의미의 야간, 즉 '해가 뜨기 전이나 해가 진 후'라는 광범위하고 가변적인 시간대는 위와 같은 '야간'이 특징이나 차별성이 명백하다고 보기 어려움에도 일률적으로 야간 시위를 금지하는 것은 목적달성을 위해 필요한 정도를 넘는 지나친 제한으로서 침해의 최소성 원칙

및 법익균형성 원칙에 반한다. 따라서 심판대상조항들은 과잉금지원칙에 위배하여 집회의 자유를 침해한다. 야간시위를 금지하는 집시법 제10조 본문에는 위헌적인 부분과 합헌적인 부분이 공존하고 있으며, 위 조항 전부의 적용이 중지될 경우 공공의 질서 내지 법적 평화에 대한 침해의 위험이 높아, 일반적인 옥외집회나 시위에 비하여 높은 수준의 규제가 불가피한 경우에도 대응하기 어려운 문제가 발생할 수 있으므로, 현행 집시법의 체계 내에서 시간을 기준으로 한 규율의 측면에서 볼 때 규제가 불가피하다고 보기 어려움에도 시위를 절대적으로 금지하여 위헌성이 명백한 부분에 한하여 위헌 결정을 한다. 심판대상조항들은, 이미 보편화된 야간의 일상적인 생활의 범주에 속하는 '해가 진 후부터 같은 날 24시까지의 시위'에 적용하는 한 헌법에 위반된다. (한정위헌, 헌재 2014.3.27. 2010헌가2 등)

07 정답 ③

ㄱ. (o) 헌재 2009.9.24, 2007헌마872

ㄴ. (o) 헌재 2009.5.28, 2006헌마618

ㄷ. (x) 청구인들이 평화적 생존권이란 이름으로 주장하고 있는 평화란 헌법의 이념 내지 목적으로서 추상적인 개념에 지나지 아니하고, 평화적 생존권은 이를 헌법에 열거되지 아니한 기본권으로서 특별히 새롭게 인정할 필요성이 있다거나 그 권리내용이 비교적 명확하여 구체적 권리로서의 실질에 부합한다고 보기 어려워 헌법상 보장된 기본권이라고 할 수 없다.
종전에 헌법재판소가 이 결정과 견해를 달리

하여 '평화적 생존권을 헌법 제10조와 제37조 제1항에 의하여 인정된 기본권으로서 침략전쟁에 강제되지 않고 평화적 생존을 할 수 있도록 국가에 요청할 수 있는 권리'라고 판시한 2003. 2. 23. 2005헌마268 결정은 이 결정과 저촉되는 범위 내에서 이를 변경한다. (헌재 2009. 5. 28. 2007헌마369)

ㄹ. (x) 일반적 행동자유권은 모든 행위를 할 자유와 행위를 하지 않을 자유로 가치 있는 행동만 그 보호영역으로 하는 것은 아닌 것으로, 그 보호영역에는 개인의 생활방식과 취미에 관한 사항도 포함되며, 여기에는 위험한 스포츠를 즐길 권리와 같은 위험한 생활방식으로 살아갈 권리도 포함된다.(헌재 2003. 10. 30. 2002헌마518)

ㅁ. (o) 헌재 1998.8.27, 96헌가22 등

08 정답 ④

ㄱ. (정당성 인정) 헌재 1999.12.23, 98헌마363

ㄴ. (정당성 부인) 헌법을 개정하거나 다른 내용의 헌법을 모색하는 것은 주권자인 국민이 보유하는 가장 기본적인 권리로서, 가장 강력하게 보호되어야 할 권리 중의 권리에 해당하고, 집권세력의 정책과 도덕성, 혹은 정당성에 대하여 정치적인 반대의사를 표시하는 것은 헌법이 보장하는 정치적 자유의 가장 핵심적인 부분이다. 정부에 대한 비판 일체를 원천적으로 배제하고 이를 처벌하는 긴급조치 제1호, 제2호는 대한민국 헌법의 근본원리인 국민주권주의와 자유민주적 기본질서에 부합하지 아니하므로 기본권 제한에 있어서 준수하여야 할 목적의 정당성과 방법의 적절성이 인정되지 않는다. 긴급조치 제1호, 제2

호는 국민의 유신헌법 반대운동을 통제하고 정치적 표현의 자유를 과도하게 침해하는 내용이어서 국가긴급권이 갖는 내재적 한계를 일탈한 것으로서, 이 점에서도 목적의 정당성이나 방법의 적절성을 갖추지 못하였다.(헌재 2013. 3. 21. 2010헌바132 등)

ㄷ. (정당성 인정) 이 사건 법률조항은 과잉금지원칙을 준수하지 못하고 있다. 그러나 헌재는 "비전문적인 영세경비업체의 난립을 막고 전문경비업체를 양성하며, 경비원의 자질을 높이고 무자격자를 차단하여 불법적인 노사분규 개입을 막고자 하는 입법목적 자체는 정당하다고 보여진다."라고 하여 목적의 정당성은 인정한다.(헌재 2002. 4. 25. 2001헌마614)

ㄹ. (정당성 부인) 이 사건 법률조항의 경우 입법목적에 정당성이 인정되지 않는다. 첫째, 남성이 위력이나 폭력 등 해악적 방법을 수반하지 않고서 여성을 애정행위의 상대방으로 선택하는 문제는 그 행위의 성질상 국가의 개입이 자제되어야 할 사적인 내밀한 영역인데다 또 그 속성상 과장이 수반되게 마련이어서 우리 형법이 혼전 성관계를 처벌대상으로 하지 않고 있으므로 혼전 성관계의 과정에서 이루어지는 통상적 유도행위 또한 처벌해야 할 이유가 없다. 다음 여성이 혼전 성관계를 요구하는 상대방 남자와 성관계를 가질 것인가의 여부를 스스로 결정한 후 자신의 결정이 착오에 의한 것이라고 주장하면서 상대방 남성의 처벌을 요구하는 것은 여성 스스로가 자신의 성적자기결정권을 부인하는 행위이다. 또한 혼인빙자간음죄가 다수의 남성과 성관계를 맺는 여성 일체를 '음행의 상습 있는 부녀'로 낙인찍어 보호의 대상에서 제외시키고 보호대상을 '음행의 상습없는 부녀'로 한정함으로써 여성에 대한 남성우월적 정조관념에 기초한 가부장적·도덕주의적 성이데올로기를 강요하는 셈이 된다. 결국 이 사건 법률조항은 남녀 평등의 사회를 지향하고 실현해야 할 국가의 헌법적 의무(헌법 제36조 제1항)에 반하는 것이자, 여성을 유아시(幼兒視)함으로써 여성을 보호한다는 미명 아래 사실상 국가 스스로가 여성의 성적자기결정권을 부인하는 것이 되므로, 이 사건 법률조항이 보호하고자 하는 여성의 성적자기결정권은 여성의 존엄과 가치에 역행하는 것이다. (헌재 2009. 11. 26. 2008헌바58 등)

ㅁ. (정당성 부인) 선거권의 제한은 불가피하게 요청되는 개별적·구체적 사유가 존재함이 명백할 경우에만 정당화될 수 있고, 막연하고 추상적인 위험이나 국가의 노력에 의해 극복될 수 있는 기술상의 어려움이나 장애 등을 사유로 그 제한이 정당화될 수 없다. 북한주민이나 조총련계 재일동포가 선거에 영향을 미칠 가능성, 선거의 공정성, 선거기술적 이유 등은 재외국민등록제도나 재외국민 거소신고제도, 해외에서의 선거운동방법에 대한 제한이나 투표자 신분확인제도, 정보기술의 활용 등을 통해 극복할 수 있으며, 나아가 납세나 국방의무와 선거권 간의 필연적 견련관계도 인정되지 않는다는 점 등에 비추어 볼 때, 단지 주민등록이 되어 있는지 여부에 따라 선거인명부에 오를 자격을 결정하여 그에 따라 선거권 행사 여부가 결정되도록 함으로써 엄연히 대한민국의 국민임에도 불구하고 주민등록법상 주민등록을 할 수 없는 재외국민의 선거권 행사를 전면적으로 부정하고 있는 법 제37조 제1항은 어떠한 정당한 목적도 찾기 어려우므로 헌법 제37조 제2항에 위반하여 재외국민의 선거권과 평등

135

권을 침해하고 보통선거원칙에도 위반된다. (헌재 2007. 6. 28. 2004헌마644 등)

09 정답 ④

① (o) 이 사건 투표시간조항이 투표개시시간을 일과시간 이내인 오전 10시부터로 정한 것은 투표시간을 줄인 만큼 투표관리의 효율성을 도모하고 행정부담을 줄이는 데 있고, 그 밖에 부재자투표의 인계·발송절차의 지연위험 등과는 관련이 없다. 이에 반해 일과시간에 학업이나 직장업무를 하여야 하는 부재자투표자는 이 사건 투표시간조항 중 투표개시시간 부분으로 인하여 일과시간 이전에 투표소에 가서 투표할 수 없게 되어 사실상 선거권을 행사할 수 없게 되는 중대한 제한을 받는다. 따라서 이 사건 투표시간조항 중 투표개시시간 부분은 수단의 적정성, 법익균형성을 갖추지 못하므로 과잉금지원칙에 위배하여 청구인의 선거권과 평등권을 침해하는 것이다.(헌재 2012. 2. 23. 2010헌마601, 헌법불합치)

② (o) 이 사건 법률조항의 입법목적은 형사소추를 받은 공무원이 계속 직무를 집행함으로써 발생할 수 있는 공직 및 공무집행의 공정성과 그에 대한 국민의 신뢰를 해할 위험을 예방하기 위한 것으로 정당하고, 직위해제는 이러한 입법목적을 달성하기에 적합한 수단이다. 이 사건 법률조항이 임용권자로 하여금 구체적인 경우에 따라 개별성과 특수성을 판단하여 직위해제 여부를 결정하도록 한 것이지 직무와 전혀 관련이 없는 범죄나 지극히 경미한 범죄로 기소된 경우까지 임용권자의 자의적인 판단에 따라 직위해제를 할 수 있도록 허용하는 것은 아니고, 기소된 범죄의 법정형이나 범죄의 성질에 따라 그 요건을 보다 한정적, 제한

적으로 규정하는 방법을 찾기 어렵다는 점에서 이 사건 법률조항이 필요최소한도를 넘어 공무담임권을 제한하였다고 보기 어렵다. 그리고 이 사건 법률조항에 의한 공무담임권의 제한은 잠정적이고 그 경우에도 공무원의 신분은 유지되고 있다는 점에서 공무원에게 가해지는 신분상 불이익과 보호하려는 공익을 비교할 때 공무집행의 공정성과 그에 대한 국민의 신뢰를 유지하고자 하는 공익이 더욱 크다. 따라서 이 사건 법률조항은 공무담임권을 침해하지 않는다.(헌재 2006. 5. 25. 2004헌바12)

③ (o) 이 사건 법률조항의 제재는 공직취임을 배제하거나 공무원 신분을 박탈하는 내용이 아니므로 공무담임권의 보호영역에 속하는 사항을 규정한 것이라고 할 수 없고, 선거범죄를 저지르지 않고 선거를 치르는 대부분의 후보자는 제재대상에 포함되지 아니하여 자력이 충분하지 못한 국민의 입후보를 곤란하게 하는 효과를 갖는다고 할 수 없으므로 이 사건 법률조항은 공무담임권을 제한한다고 할 수 없다.

이 사건 법률조항은 선거범죄를 억제하고 공정한 선거문화를 확립하고자 하는 목적으로 선거범에 대한 제재를 규정한 것인바, 선거범죄를 범하여 형사처벌을 받은 자에게 가할 불이익에 관하여는 기본적으로 입법자가 결정할 것이고, 이 사건 법률조항이 선고형에 따라 제재대상을 정함으로써 사소하고 경미한 선거범과 구체적인 양형사유가 있는 선거범을 제외하고 있는 등의 사정을 종합해 볼 때, 과잉금지원칙을 위반한 재산권침해라고 할 수 없다. 공직선거의 후보자들은 모두 당선을 목적으로 하는 이상, 당선자에게만 제재를 부과하는 규정을 두더라도 후보자들은 모두 이를 자신의

제재로 받아들일 것이라서 굳이 낙선자를 제재대상에 포함하지 않더라도 입법목적의 달성의 효과는 동일할 것이므로 낙선자를 제외하고 당선자만 제재대상으로 규정한 이 사건 법률조항이 자의적인 입법으로서 청구인의 평등권을 침해한다고 볼 수 없다.(헌재 2011. 4. 28. 2010헌바232)

④ (x) 공선법 제15조 제1항이 선거권 연령을 20세 이상으로 제한하고 있는 것은, 입법자가 미성년자의 정신적 신체적 자율성의 불충분 외에도 교육적인 측면에서 예견되는 부작용과 일상생활 여건상 독자적으로 정치적인 판단을 할 수 있는 능력에 대한 의문 등 여러 가지 사정을 고려하여 규정한 것이어서 이를 입법부에게 주어진 합리적인 재량의 범위를 벗어난 것으로 볼 수 없으므로, 위 법 조항은 18~19세 미성년자들에게 보장된 헌법 제11조 제1항의 평등권이나 제41조 제1항의 보통·평등선거의 원칙에 위반하는 것이 아니다. (헌재 2001. 6. 28. 2000헌마111)

즉, 합헌으로 결정됐지만 공선법 규정에서는 19세로 규정되었다.

10 정답 ❹

① (o) 헌재 1998.2.27, 97헌가10

② (o) 헌재 2002.11.28, 2001헌바50

③ (o) "국가유공자·상이군경 및 전몰군경의 유가족은 법률이 정하는 바에 의하여 우선적으로 근로의 기회를 부여받는다."라고 규정한 헌법 제32조 제6항의 문언을 엄격하게 해석하면, 위 조항에 의하여 우선적인 근로의 기회를 부여받는 대상자는 '국가유공자', '상이군경', 그리고 '전몰군경의 유가족'이라고 봄이 상당

하다(헌재 2006. 2. 23. 2004헌마675, 판례집 18-1상, 269, 284 참조). 2011. 3. 29. 법률 제10471호로 개정된 '국가유공자 등 예우 및 지원에 관한 법률'에서는 고엽제후유의증환자도 참전유공자로서 국가유공자에 포함하고 있기는 하나(제4조 제1항 제9의2호 나목), 앞서 본 헌법 제32조 제6항의 해석에 의할 때 전몰군경의 유가족을 제외한 국가유공자의 가족은 위 헌법조항에 의한 보호대상에 포함된다고 할 수 없으므로 이 사건 부칙조항이 국가유공자의 가족인 청구인들을 교육지원과 취업지원의 대상에서 배제한다고 하여 헌법 제32조 제6항의 우선적 근로의 기회제공의무를 위반한 것이라고 할 수는 없다.(헌재 2011. 6. 30. 2008헌마715 등)

④ (x) 이 사건 법률조항들은 비록 중학생의 학부모들에게 급식관련 비용의 일부를 부담하도록 하고 있지만, 학부모에게 급식에 필요한 경비의 일부를 부담시키는 경우에 있어서도 학교 급식 실시의 기본적 인프라가 되는 부분은 배제하고 있으며, 국가나 지방자치단체의 지원으로 학부모의 급식비 부담을 경감하는 조항이 마련되어 있고, 특히 저소득층 학생들을 위한 지원방안이 마련되어 있다는 점 등을 고려해 보면, 이 사건 법률조항들이 입법형성권의 범위를 넘어 헌법상 의무교육의 무상원칙에 반하는 것으로 보기는 어렵다.(헌재 2012. 4. 24. 2010헌바164)

11 정답 ❸

① ②2014헌바269

③ 2012. 3. 29. 2011헌바133
산재보험법상 유족급여는 헌법 제34조의 인간

다운 생활을 할 권리에 근거하여 산재보험법에 구체화된 사회보장적 성격의 보험급여로서 입법자의 광범위한 입법형성권이 인정된다. 근로자의 직계혈족의 배우자는 직접적인 혈연관계가 없고 근로자와 생계를 같이하는 경우에만 가족으로 인정되는 것이어서 가족으로서의 유대관계와 결속력이 완화되어 있고, 민법상 상속인의 범위에서도 제외되어 있으며, 다른 사회보장법에서도 유족의 범위에 포함되지 않고 있다. 따라서 이 사건 법률조항이 직계혈족의 배우자를 유족의 범위에 포함시키지 않고 있다 하더라도 그것이 입법형성의 한계를 일탈하여 청구인의 인간다운 생활을 할 권리를 침해하고 있다고 보기는 어렵다.

④ 2015. 6. 25. 2014헌바269
업무상 재해의 인정요건 중 하나로 '업무와 재해 사이에 상당인과관계'를 요구하고 근로자 측에게 그에 대한 입증을 부담시키는 것은 재해근로자와 그 가족에 대한 보상과 생활보호를 필요한 수준으로 유지하면서도 그와 동시에 보험재정의 건전성을 유지하기 위한 것으로서 그 합리성이 있다. 입증책임분배에 있어 권리의 존재를 주장하는 당사자가 권리근거사실에 대하여 입증책임을 부담한다는 것은 일반적으로 받아들여지고 있고, 통상적으로 업무상 재해를 직접 경험한 당사자가 이를 입증하는 것이 용이하다는 점을 감안하면, 이러한 입증책임의 분배가 입법재량을 일탈한 것이라고는 보기 어렵다.
또한 산업재해보상보험법 시행령 별표 3은 업무상 질병에 대한 구체적인 인정기준을 규정하면서 각 질환별로 업무상 질병에 해당하는 경우를 예시하고 있는바, 적어도 그에 해당하는 질병에 대하여는 근로자 측의 입증부담이 어느 정도 완화되어 있다고 볼 수 있는 점, 대

법원도 업무상 질병으로 인한 업무상 재해에 있어 업무와 재해 사이의 상당인과관계에 대한 입증 정도를 완화하는 판시를 하고 있는 점, 산업재해보상보험법 등은 근로복지공단으로 하여금 사업장 조사 등 업무상 재해 여부를 판단할 수 있는 자료를 실질적으로 조사·수집하게 하도록 하고 있는데 이는 근로자 측의 입증부담을 사실상 완화하는 역할을 할 수 있는 점 등을 고려할 때, 근로자 측이 현실적으로 부담하는 입증책임이 근로자 측의 보호를 위한 산업재해보상보험제도 자체를 형해화시킬 정도로 과도하다고 보기도 어렵다.
따라서 심판대상조항이 사회보장수급권을 침해한다고 볼 수 없다.

12 정답 ④

대법원 2017. 4. 13. 선고 2014두8469
③ O. 이 사건 행위 중 릴레이 1인 시위, 릴레이 언론기고, 릴레이 내부 전산망 게시는 모두 후행자가 선행자에 동조하여 동일한 형태의 행위를 각각 한 것에 불과하고, 여럿이 같은 시간에 한 장소에 모여 집단의 위세를 과시하는 방법으로 의사를 표현하거나 여럿이 단체를 결성하여 그 단체 명의로 의사를 표현하는 경우, 여럿이 가담한 행위임을 표명하는 경우 또는 정부활동의 능률을 저해하기 위한 집단적 태업행위에 해당한다거나 이에 준할 정도로 행위의 집단성이 있다고 보기 어렵다.

④ X. 공무원이 외부에 자신의 상사 등을 비판하는 의견을 발표하는 행위는 그것이 비록 행정조직의 개선과 발전에 도움이 되고, 궁극적으로 행정청의 권한행사의 적정화에 기여하는 면이 있다고 할지라도, 국민들에게는 그 내용

의 진위나 당부와는 상관없이 그 자체로 행정청 내부의 갈등으로 비춰져, 행정에 대한 국민의 신뢰를 실추시키는 요인으로 작용할 수 있고, 특히 발표 내용 중에 진위에 의심이 가는 부분이 있거나 표현이 개인적인 감정에 휩쓸려 지나치게 단정적이고 과장된 부분이 있는 경우에는 그 자체로 국민들로 하여금 공무원 본인은 물론 행정조직 전체의 공정성, 중립성, 신중성 등에 대하여 의문을 갖게 하여 행정에 대한 국민의 신뢰를 실추시킬 위험성이 더욱 크므로, 그러한 발표행위는 공무원으로서의 체면이나 위신을 손상시키는 행위에 해당한다.

13 정답 ❸

① O (2014. 4. 24. 2013헌가28)

1. 개발사업이 진행되는 지역에서 단기간에 형성된 취학 수요에 부응하기 위하여 학교를 신설 및 증축하는 것은 개발지역의 기반시설을 확보하려는 것이므로, 그 재정에 충당하기 위하여 개발사업의 시행자에게 학교용지부담금을 부과하는 것은, 개발사업의 시행자가 위와 같은 학교시설 확보의 필요성을 유발하였기 때문이다. 학교시설 확보의 필요성은 개발사업에 따른 인구 유입으로 인한 취학 수요의 증가로 이어지므로, 주택재개발사업의 시행으로 공동주택을 건설하는 경우에는 신규로 주택이 공급되는 개발사업분만을 기준으로 학교용지부담금의 부과 대상을 정해야 한다. 따라서 심판대상조항이 주택재개발사업의 경우 학교용지부담금 부과 대상에서 '기존 거주자와 토지 및 건축물의 소유자에게 분양하는 경우'에 해당하는 개발사업분만 제외하고, 현금청산의 대상이 되어 제3자에게 분양됨으로써 기존에 비하여 가구 수가 증가하지 아니하는 개

발사업분을 제외하지 아니한 것은, 주택재개발사업의 시행자들 사이에 학교시설 확보의 필요성을 유발하는 정도와 무관한 불합리한 기준으로 학교용지부담금의 납부액을 달리 하는 차별을 초래하므로, 심판대상조항은 평등원칙에 위배된다.

2. 헌법재판소가 위헌결정을 선고하여 심판대상조항의 효력을 당장 상실시킨다면, 주택재개발사업에서 '기존 거주자와 토지 및 건축물의 소유자에게 분양하는 경우'의 개발사업분에 대해 학교용지부담금을 부과하지 않도록 한 근거 규정까지 효력을 잃게 됨으로써 그 입법목적을 달성하기 어려운 법적 공백 상태가 발생하므로, 심판대상조항은 새로운 입법에 의하여 그 위헌성이 제거될 때까지 잠정적으로 적용하기로 한다.

② O. 주택재개발사업에서 조합원분양분과 현금청산분은 모두 신규로 주택이 공급되는 것이 아니어서 학교시설 확보의 필요성을 유발하지 아니한다는 점에서 차이가 없다. 따라서 이 사건 법률조항에 근거하여 주택재개발사업자에 대하여 부담금을 부과할 때에 조합원분양분뿐만 아니라 현금청산분까지 제외한 후 그 나머지에 대한 부담금을 부과하여야 한다. 헌법재판소 역시 같은 취지에서 이 사건 법률조항의 위헌성을 확인한 것이고, 다만 기존에 조합원분양분을 부담금 부과 제외대상으로 정하는 부분에 한하여 잠정 적용을 명한 것이다. (대법원 2017. 12. 28. 선고 2017두30122)

③ X. 수익적 처분의 근거 법령이 특정한 유형의 사람에 대한 지급 등 수익처분의 근거를 마련하고 있지 않다는 점이 위헌이라는 이유로 헌법불합치 결정이 있더라도, 행정청은 그와 관련한 개선입법이 있기 전에는 해당 유형의 사람에게 구체적인 수익적 처분을 할 수는 없을

것이다.

④ O. 그러나 이와 달리, 법률상 정해진 처분 요건에 따라 부담금을 부과·징수하는 침익적 처분을 하는 경우에는, 어떠한 추가적 개선입법이 없더라도 행정청이 사법적 판단에 따라 위헌이라고 판명된 내용과 동일한 취지로 부담금 부과처분을 하여서는 안 된다는 점은 분명하다. 나아가 이러한 결론은 법질서의 통일성과 일관성을 확보하려는 법치주의의 당연한 귀결이므로, 행정청에 위헌적 내용의 법령을 계속 적용할 의무가 있다고 볼 수 없고, 행정청이 위와 같은 부담금 처분을 하지 않는 데에 어떠한 법률상 장애가 있다고 볼 수도 없다. (대법원 2017. 12. 28. 선고 2017두30122)

14 정답 ❷

ㄱ. (o)문화국가를 지향하는 우리 헌법도 국가가 문화를 육성하는 기본을 개개국민의 문화활동을 보장함으로써 국민 각자의 창의성이 발휘되도록 자율과 자유에 맡겨두어야지, 거기서 더 나아가 적극적으로 특정 문화모델을 만들어 유포하거나 수용하기를 강제해서는 안 된다. 따라서 국가가 국민의 문화활동에 개입하는 경우에도 최소한의 범위에 그쳐야지 적극적으로 문화의 발전을 국가의 공권력이 주도하려는 것은 바람직한 것이라고 하기 어렵다.(헌재 2009.5.28, 2006헌마618)

ㄴ. (x)엘리트문화뿐만 아니라 서민문화, 대중문화도 그 가치를 인정하고 정책적인 배려의 대상으로 하여야 한다.(헌재2004.5.27, 2003헌가1)

ㄷ. (o)전통문화도 헌법이념인 개인의 존엄과 양성의 평등에 반하는 것이어서는 안된다는 한계가 도출되므로 전래의 가족제도가 헌법 제

36조 제1항이 요구하는 개인의 존엄과 양성평등에 반한다면 헌법 제9조(전통문화계승발전)를 근거로 그 헌법적 정당성을 주장할 수 없다.(헌재2005.2.3, 2001헌가9)

ㄹ. (x)사업시행자의 재산권을 침해하지 않는다. (헌재2011.7.28, 2009헌바244)

ㅁ. (o)헌재2004.5.27, 2003헌가1

ㅂ. (x)어떤 의식·행사·유형물이 종교적인 의식·행사 또는 상징에서 유래되었다고 하더라도 그것이 이미 우리 사회공동체 구성원들 사이에서 관습화된 문화요소로 인식되고 받아들여질 정도에 이르렀다면, 이는 정교분리원칙이 적용되는 종교의 영역이 아니라 헌법적 보호가치를 지닌 문화의 의미를 갖게 된다. 그러므로 이와 같이 이미 문화적 가치로 성숙한 종교적인 의식, 행사, 유형물에 대한 국가 등의 지원은 일정 범위 내에서 전통문화의 계승, 발전이라는 문화국가원리에 부합하며 정교분리원칙에 위배되지 않는다.(대판 2009.5.28, 2008두16933)

15 정답 ❹

① O 2009헌마351

② O 2011헌마474

③ O. 국적은 국민의 자격을 결정짓는 것이고, 이를 취득한 사람은 국가의 주권자가 되는 동시에 국가의 속인적 통치권의 대상이 되므로, 귀화허가는 외국인에게 대한민국 국적을 부여함으로써 국민으로서의 법적 지위를 포괄적으로 설정하는 행위에 해당한다. 한편 국적법 등 관계 법령 어디에도 외국인에게 대한민국의 국적을 취득할 권리를 부여하였다고 볼 만한 규정이 없다. 이와 같은 귀화허가의 근거 규정

의 형식과 문언, 귀화허가의 내용과 특성 등을 고려하여 보면, 법무부장관은 귀화신청인이 법률이 정하는 귀화요건을 갖추었다고 하더라도 귀화를 허가할 것인지 여부에 관하여 재량권을 가진다.(편집자주: 재량의 일탈 남용을 이유로 제소가능)(출처 : 대법원 2010. 7. 15. 선고 2009두19069)

④ X. 이 사건에서 문제되는 평등권은 원칙적으로 인간의 권리에 해당되지만, 참정권과 같이 관련 기본권의 성질상 외국인에게 인정되지 아니하는 기본권에 관한 평등권 주장은 허용되지 아니하고, 상호주의에 따른 제한이 있을 수 있다.(2014. 4. 24. 2011헌마474·476 (병합))

16 정답 ④

① O. 통신비밀보호법 제6조 제2항

② O. 제7조 제1항

③ O. 제8조(긴급통신제한조치) ②검사, 사법경찰관 또는 정보수사기관의 장은 제1항의 규정에 의한 통신제한조치(이하 "긴급통신제한조치"라 한다)의 집행착수후 지체없이 제6조 및 제7조제3항의 규정에 의하여 법원에 허가청구를 하여야 하며, 그 긴급통신제한조치를 한 때부터 36시간 이내에 법원의 허가를 받지 못한 때에는 즉시 이를 중지하여야 한다.

④ X. 제9조의2(통신제한조치의 집행에 관한 통지) ①검사는 제6조제1항 및 제8조제1항의 규정에 의한 통신제한조치를 집행한 사건에 관하여 공소를 제기하거나, 공소의 제기 또는 입건을 하지 아니하는 처분(기소중지 결정을 제외한다)을 한 때에는 그 처분을 한 날부터 30일 이내에 우편물 검열의 경우에는 그 대상자에게, 감청의 경우에는 그 대상이 된 전기통신의 가입자에게 통신제한조치를 집행한 사실과 집행기관 및 그 기간 등을 서면으로 통지하여야 한다.

17 정답 ④

가. O. 96헌가2

나. X (2015. 4. 30. 2013헌바137·203(병합)) 상속은 상속인의 의사와 상관없이 피상속인의 사망이라는 우발적인 사정에 의하여 피상속인이 생전에 가지고 있던 재산상의 권리·의무가 포괄적으로 승계되는 것인 반면, 증여는 당사자가 증여의 시기나 증여 여부를 선택할 수 있다는 점에서 상속과 증여는 엄연히 구분되는 점, 상속의 경우는 증여와 비교할 때 변칙증여의 수단으로 악용될 가능성이 없는데다가, 비상장주식을 상속받은 자의 물납신청은 비상장주식 이외의 다른 상속재산이 없는 경우 등에 한하여 극히 예외적으로 허용하고 있는 점, 물납제도는 조세의 현금납부원칙에 대한 예외로 특별히 인정된 것으로서 물납의 허용범위를 정하는 것은 입법정책적 재량의 영역에 속하는 것으로 보아야 하는 점 등을 고려하여 보면, 비상장주식을 증여받는 경우와는 달리 이를 상속받은 경우에만 예외적으로 물납을 허용하는 데에는 합리적인 이유가 있다. 따라서 이 사건 법률조항이 평등원칙에 위배된다고 할 수 없다.

다. X [2016. 9. 29. 2014헌바254] 통상의 출퇴근 재해를 산재보험법상 업무상 재해로 인정할 경우 산재보험 재정상황이 악화되거나 사업주 부담 보험료가 인상될 수 있다는 문제점은 보상대상을 제한하거나 근로자에게도 해당 보험료의 일정 부분을 부담시키는 방법 등으로 어느 정도 해결할 수 있다. 반면에 통상의 출퇴근 중 재해를 입은 비혜택근로자는 가해자를 상대로 불법행위 책임을 물어도 충분한 구제를 받지 못하는 것이 현실이고, 심판대상조항으로 초래되는 비혜택근로자와 그 가족의 정신적·신체적 혹은 경제적 불이익은 매우 중대하다.

따라서 <u>심판대상조항은 합리적 이유 없이 비혜택근로자를 자의적으로 차별하는 것이므로, 헌법상 평등원칙에 위배된다.</u>

라. X (2011. 10. 25. 2009헌바234)
입법자는 피해자의 사후적인 구제와 손해의 공평·타당한 부담과 분배를 참작하고, 자신의 자유의사와 위험판단에 따라 법률행위를 한 계약관계의 채권자와는 달리 고의로 가한 불법행위로 인한 손해배상청구권의 채권자는 채무자와 무관한 불특정한 피해자가 될 수 있고, 고의에 의한 불법행위라는 반규범적 행위를 억제할 필요성 등을 고려하여, 개인회생절차에 따른 면책결정이 있는 경우에 '채무불이행으로 인한 손해배상채무'와 달리 '채무자가 고의로 가한 불법행위로 인한 손해배상채무'는 면책되지 아니하는 내용으로 입법한 것으로, 이 사건 법률조항은 그 차별취급에 합리적인 이유가 있으므로 <u>평등원칙에 위배되지 아니한다.</u>

18 정답 ❷

2013. 11. 28. 2007헌마1189·1190(병합)사건
① O. 개방이사제에 관한 사립학교법 제14조 제3항, 제4항은 사립학교운영의 투명성과 공정성을 제고하고, 학교구성원에게 학교운영에 참여할 기회를 부여하기 위한 것으로서, 개방이사가 이사 정수에서 차지하는 비중, 대학평의원회와 학교운영위원회가 추천하는 개방이사추천위원회 위원의 비율, 학교법인 운영의 투명성 확보를 위한 사전적·예방적 조치의 필요성 등을 고려할 때 학교법인의 사학의 자유를 침해한다고 볼 수 없다.

② X. 청구인들은 위 조항이 설립자나 종전이사 등으로 하여금 당해 사학을 타인에게 양도하거나 자진 해산하는 등 임시이사 체제를 자신의 의사로 종결시킬 수 있는 절차규정을 마련하고 있지 않은 점의 위헌성도 다투는데, 이는 사립학교 운영권 자체가 독립된 재산권의 대상이 되고, 설립자나 종전이사가 그러한 사립학교 운영권을 처분할 수 있는 지위에 있음을 전제로 그 처분권을 과도하게 제한하여 이들의 재산권을 침해한다는 주장으로 볼 수 있다. 그러나 앞서 적법요건 판단 항목에서 살펴본 것처럼 설립자는 학교법인이 설립됨으로써, 그리고 종전이사 등은 퇴임함으로써 학교운영의 주체인 학교법인과 사이에 더 이상 구체적인 법률관계가 지속되지 않고, 사립학교의 운영은 건학이념의 구현을 목적으로 하는 <u>공익적 비영리활동으로서 사적 유용성을 본질적 요소로 하는 재산권의 보호대상이 된다고 보기도 어려우므로,</u> 청구인들의 위 주장은 이유 없다.

③ O. 개방감사제에 관한 사립학교법 제21조 제5항은, 학교법인에 대한 감사의 신뢰성을 확보하고 그 책무성을 강화함으로써 사립학교운영의 투명성과 공공성을 높이기 위한 것으로, 개방감사가 1인으로 제한되고, 감사의 존재목적이 학교법인 및 학교운영의 적정성을 감독하는 데 있는 점 등을 고려하면 학교법인의 사학의 자유를 침해한다고 볼 수 없다.

④ O. (1) 초·중등학교장의 중임회수를 1회로 제한한 사립학교법 제53조 제3항 단서는, 교장의 노령화·관료화를 방지하고 인사순환을 통하여 교단을 활성화하며, 학교경영과 교육을 분리하고 있는 교육법제에 충실하고자 한 것으로, 최장 8년간 재임이 보장되고 동일한 학교의 장 중임만 제한받을 뿐이므로 학교법인의 사학의 자유나 초·중등학교장의 직업의 자유를 침해한다고 볼 수 없다.

(2) 초·중등학교와 달리 대학은, 대학의 장이 임기에 구애됨이 없이 장기적인 학교발전의 전망을 가지고 이를 실현해 나가도록 보장해 주는 것이 필요하여 대학의 장 임면에 관하여 대학의 자율에 맡겨 둘 필요성이 크므로 이를 달리 취급하는 데는 합리적 이유가 있어 초·중등학교장의 평등권을 침해하지 않는다.

19 정답 ❸

① O (2016. 6. 30. 2015헌마924)
형제자매에게 가족관계등록부 등의 기록사항에 관한 증명서 교부청구권을 부여하는 '가족관계의 등록 등에 관한 법률'(2007. 5. 17. 법률 제8435호로 제정된 것, 이하 '가족관계등록법'이라 한다) 제14조 제1항 본문 중 '형제자매' 부분(이하, '이 사건 법률조항'이라 한다)이 과잉금지원칙을 위반하여 청구인의 개인정보자기결정권을 침해하는지 여부(적극)

② O. 2005헌마346

③ X (2015. 11. 26. 2012헌마940)
시신 자체의 제공과는 구별되는 장기나 인체조직에 있어서는 본인이 명시적으로 반대하는 경우 이식·채취될 수 없도록 규정하고 있음에도 불구하고, 이 사건 법률조항은 본인이 해부용 시체로 제공되는 것에 대해 반대하는 의사표시를 명시적으로 표시할 수 있는 절차도 마련하지 않고 본인의 의사와는 무관하게 해부용 시체로 제공될 수 있도록 규정하고 있다는 점에서 침해의 최소성 원칙을 충족했다고 보기 어렵고, 실제로 해부용 시체로 제공된 사례가 거의 없는 상황에서 이 사건 법률조항이 추구하는 공익이 사후 자신의 시체가 자신의 의사와는 무관하게 해부용 시체로 제공됨으로써 침해되는 사익보다 크다고 할 수 없으므로 <u>이 사건 법률조항은 청구인의 시체 처분에 대한 자기결정권을 침해한다.</u>

④ O. 2008헌마385

20 정답 ❶

① X. 탄핵심판위원회는 3공 때이다. 제헌헌법은 헌법위원회

② O. 제헌헌법 제53조 제1항, 55조 제1항

③ O. 101조

④ O. 제81조 제3항

순경공채·경위공채 대비
경찰헌법 모의고사

10

경찰헌법
모의고사
10회

10 경찰헌법 모의고사 10회

01 정답 ❹

① O. 2000헌바84

② O. 2014헌마709

③ O. 96헌마246

④ X. (2015. 5. 28. 2013헌가7)

심판대상조항은 공인중개사가 부동산거래시장에서 수행하는 업무의 공정성 및 이에 대한 국민의 신뢰를 확보하고, 공인중개사의 직업윤리의식을 유지하기 위한 것으로 그 입법목적이 정당하고, 벌금형을 선고받은 공인중개사의 개설등록을 취소함으로써 중개업무에 종사하지 못하도록 제한하는 것은 위 목적달성에 적합한 수단이다. 심판대상조항은 중개사무소 개설등록의 취소사유로 벌금액의 하한을 정하고 있지 않으나, 벌금형의 대상이 되는 범죄행위는 공인중개사법 위반행위로 한정되고, 공인중개사법 전체의 체계에 비추어 보았을 때 그와 같은 범죄행위는 결코 가볍지 않은 행위이다. 또 실제 법정에서 초과 수수료 수수로 다투어지는 사건은 상당 부분 그 수수액이 과다하여 비난가능성이 높은 경우이고, 구제의 필요성이 있는 경우 선고유예도 가능하므로, 벌금형의 하한을 정하지 않았다는 점만으로 최소침해성에 반한다고 보기 어렵다. 일반적으로 해당 부동산에 대한 거래의 성립과 더불어 종료되는 중개행위의 특성을 고려할 때, 개설등록이 취소된다 하더라도 부동산 중개의뢰인을 비롯한 제3자가 입게 될 피해는 그리 크다고 할 수 없는 반면, 심판대상조항으로 인한 공익은 매우 중대하므로 심판대상조항은 법익균형성도 갖추었다. **따라서 심판대상조항은 과잉금지원칙에 반하여 직업선택의 자유를 침해하지 않는다.**

02 정답 ❷

① X. 헌재 1999. 7. 22. 97헌바76 등

소급입법은 새로운 입법으로 이미 종료된 사실관계 또는 법률관계에 작용케 하는 진정소급입법과 현재 진행중인 사실관계 또는 법률관계에 작용케 하는 부진정소급입법으로 나눌 수 있는바, 부진정소급입법은 원칙적으로 허용되지만 소급효를 요구하는 공익상의 사유와 신뢰보호의 요청 사이의 교량과정에서 신뢰보호의 관점이 입법자의 형성권에 제한을 가하게 되는데 반하여, 기존의 법에 의하여 형성되어 이미 굳어진 개인의 법적 지위를 사후입법을 통하여 박탈하는 것 등을 내용으로 하는 진정소급입법은 개인의 신뢰보호와 법적 안정성을 내용으로 하는 법치국가원리에 의하여 특단의 사정이 없는 한 헌법적으로 허용되지 아니하는 것이 원칙이고, 다만 일반적으로 국민이 소급입법을 예상할 수 있었거나 법적 상태가 불확실하고 혼란스러워 보호할 만한 신뢰이익이 적은 경우와 소급입법에 의한 당사자의 손실이 없거나 아주 경미한 경우 그리고 신뢰보호의 요청에 우선하는 심히 중대한 공익상의 사유가 소급입법을 정당화하는 경우 등에는 **예외적으로 진정소급입법이 허용**된다.

② O. 헌재 2012. 8. 23. 2011헌바169 [합헌]
1. 신법이 피적용자에게 유리한 경우에는 이른바 시혜적인 소급입법이 가능하지만, 그러한 소급입법을 할 것인지 여부는 그 일차적인 판단이 입법기관에 맡겨져 있으므로 입법자는 입법목적, 사회실정, 법률의 개정이유나 경위 등을 참작하여 결정할 수 있고, 그 판단이 합리적 재량의 범위를 벗어나 현저하게 불합리하고 불공정한 것이 아닌 한 헌법에 위반된다고 할 수는 없다.
2. 소방공무원이 재난·재해현장에서 화재진압이나 인명구조작업 중 입은 위해뿐만 아니라 그 업무수행을 위한 긴급한 출동·복귀 및 부수활동 중 위해에 의하여 사망한 경우까지 그 유족에게 순직공무원보상을 하여 주는 제도를 도입하면서 이 사건 부칙조항이 신법을 소급하는 경과규정을 두지 않았다고 하더라도 소급적용에 따른 국가의 재정부담, 법적 안정성 측면 등을 종합적으로 고려하여 입법정책적으로 정한 것이므로 입법재량의 범위를 벗어나 불합리한 차별이라고 할 수 없다.

③ X. 개발이익환수에관한법률 부칙 제2조 (1993. 6. 11. 법률 제4563호로 개정된 것)는 동법이 시행된 1990. 1. 1. 이전에 이미 개발을 완료한 사업에 대하여 소급하여 개발부담금을 부과하려는 것이 아니라 동법 시행 당시 개발이 진행중인 사업에 대하여 장차 개발이 완료되면 개발부담금을 부과하려는 것이므로, 이는 아직 완성되지 아니하여 진행과정에 있는 사실관계 또는 법률관계를 규율대상으로 하는 이른바 부진정소급입법에 해당하는 것이어서 **원칙적으로 헌법상 허용되는 것이다.**(2001. 2. 22. 98헌바19)

④ X. 헌재 1999. 7. 22. 97헌바76 등
이 사건 심판대상조항은 구 수산업법의 시행일 이전까지 존재하던 관행어업권에 관하여 규율하는바 없이 장래에 대하여 관행어업권의 행사방법에 관하여 규제할 뿐이므로 그 규정의 법적 효과가 시행일 이전의 시점에까지 미친다고 할 수 없다. 그리고 **이 사건 심판대상조항은 종전의 수산업법에 의하여 인정되던 관행어업권을 일방적으로 박탈하는 것이 아니고, 일정한 기간 내에 등록만 하면 관행어업권을 인정하여 주는 것이므로 이를 가리켜 재산권을 소급적으로 박탈하는 규정이라고 할 수 없고, 다만 그 행사방법을 변경 내지 제한하는 규정**이라고 할 것이다.

03 정답 ❶

① X. [2016. 9. 29. 2014헌바400]
이 사건 증액청구조항이 환매목적물인 토지의 가격이 통상적인 지가상승분을 넘어 현저히 상승하고 당사자 간 협의가 이루어지지 아니할 경우에 한하여 환매금액의 증액청구를 허용하고 있는 점, 환매권의 내용에 토지가 취득되지 아니하였다면 원소유자가 누렸을 법적 지위의 회복을 요구할 권리가 포함된다고 볼 수 없는 점, 개발이익은 토지의 취득 당시의 객관적 가치에 포함된다고 볼 수 없는 점, 환매권자가 증액된 환매금액의 지급의무를 부담하게 될 것을 우려하여 환매권을 행사하지 못하더라도 이는 사실상의 제약에 불과한 점 등에 비추어 볼 때, 위 조항이 재산권의 내용에 관한 입법형성권의 한계를 일탈하여 **환매권자의 재산권을 침해한다고 볼 수 없다.**

② O. 이 사건 법률조항은 '건축물의 안전과 기능, 미관을 향상시켜 공공복리의 증진을 도모하기 위한 것'으로 그 입법목적이 정당하고, 이러한 목적 달성을 위하여 시정명령에 불응하고 있는 건축법 위반자에 대하여 이행강제금을 부과함으로써 시정명령에 응할 것을 강제하고 있으므로 적절한 수단이 된다. 또한 개별사건에 있어서 위반내용, 위반자의 시정의지 등을 감안하여 허가권자는 행정대집행과 이행강제금을 선택적으로 활용할 수 있고, 행정대집행과 이행강제금 부과가 동시에 이루어지는 것이 아니라 허가권자의 합리적인 재량에 의해 선택하여 활용하는 이상 이를 중첩적인 제재에 해당한다고 볼 수 없으며, 이행강제금은 위법건축물의 원상회복을 궁극적인 목적으로 하고, 그 궁극적인 목적을 달성하기 위해서는 위법건축물이 존재하는 한 계속하여 부과할 수밖에 없으며, 만약 통산 부과횟수나 통산 부과상한액의 제한을 두면 위반자에게 위법건축물의 현상을 고착할 수 있는 길을 열어주게 됨으로써 이행강제금의 본래의 취지를 달성할 수 없게 되므로 이 사건 법률조항에서 이행강제금의 통산 부과횟수나 통산 부과상한액을 제한하는 규정을 두고 있지 않다고 하여 침해 최소성의 원칙에 반한다고 할 수는 없다. 그리고 이 사건 법률조항에 의하여 위반자는 위법건축물의 사용·수익·처분 등에 관한 권리가 제한되지만, 건축물의 안전과 기능, 미관을 향상시켜 공공복리의 증진을 도모하고자 하는 공익이 훨씬 크다고 할 것이므로, 이 사건 법률조항은 법익 균형성의 원칙에 위배되지 아니한다. **따라서 이 사건 법률조항은 과잉금지의 원칙에 위배되지 아니하므로 위반자의 재산권을 침해하지 아니한다.**(2011. 10. 25. 2009헌바140)

③ O. 회사정리법 제127조 제3항(이하, '이 사건 법률조항'이라 한다)은 이러한 추완신고를 할 수 있는 시간적 범위를 제한하여 정리계획안 심리를 위한 관계인집회 이후에는 추완신고를 할 수 없도록 하고 있는데, 이는 만일 정리계획안의 심리가 종결된 후의 추완신고를 인정하면 이러한 채권은 정리계획안에 반영되지 않았으므로 이를 반영한 정리계획안을 다시 작성하여 관계인집회에서 재차 심리해야 하는 등 시간과 비용면에서 큰 부담을 주어 회사정리절차가 순조롭게 진행되는 것을 막을 우려가 있기 때문이다. 따라서 이 사건 법률조항에 의한 제한은 회사정리제도의 목적을 달성하기 위하여 불가피한 것이고 공공의 복리를 위하여 헌법상 허용된 필요하고도 합리적인 제한이라 할 것이므로, 과잉금지의 원칙에 위반하여 재산권의 본질적 내용을 침해하거나, 평등권 등 여타 기본권을 침해하는 것이라고 볼 수 없다.(2002. 10. 31. 2001헌바59)

④ O. 10년간 소유권을 행사하지 아니한 자보다는 소유의 의사로 평온, 공연하게 선의·무과실로 부동산을 점유하면서 등기한 자의 부동산에 대한 이해관계가 두텁고, 사실상태가 오랜 기간 계속된 경우 이를 신뢰한 자를 보호하고 법률질서의 안정을 기할 필요가 있다. 원소유자는 10년 동안 자유롭게 소유권을 행사할 수 있고, 이 사건 등기부취득시효조항은 점유자의 등기 및 선의·무과실까지 요구하여 원소유자를 충분히 보호하고 있다. 또한 시효의 중단, 시효이익의 포기 등 원소유자와 시효취득자의 이익을 조정하는 제도도 마련되어 있다. 부동산 거래 실정과 성립요건주의를 취하고 있는 점을 고려하면, 10년의 시효기간이 부당하게 짧다고 보기도 어렵다. 따라서 이 사건 등기부취득시효조항은 청구인의 재산권을 침해하지 않는다.(2016. 2. 25. 2015헌바257)

05 정답 ❹

가. (O) 비법인사단은 그 해산 이후에도 청산사무가 완료될 때까지 청산의 목적범위 내에서 권리·의무의 주체가 되나, 이 사건 헌법소원심판 청구는 청구인 ○○패의 청산 목적과 관련되어 있다고 보기 어려우므로, 그 당사자능력을 인정할 수 없어 심판절차가 종료되었다.

나. (X) 이 사건 정보수집 등 행위의 대상인 정치적 견해에 관한 정보는 공개된 정보라 하더라도 개인의 인격주체성을 특징짓는 것으로, 개인정보자기결정권의 보호 범위 내에 속하며, 국가가 개인의 정치적 견해에 관한 정보를 수집·보유·이용하는 등의 행위는 개인정보자기결정권에 대한 중대한 제한이 되므로 이를 위해서는 법령상의 명확한 근거가 필요함에도 그러한 법령상 근거가 존재하지 않으므로 이 사건 정보수집 등 행위는 법률유보원칙을 위반하여 청구인들의 개인정보자기결정권을 침해한다.

다. (X) 이 사건 정보수집 등 행위는 청구인들의 정치적 견해를 확인하여 야당 후보자를 지지한 이력이 있거나 현 정부에 대한 비판적 의사를 표현한 자에 대한 문화예술 지원을 차단하는 위헌적인 지시를 실행하기 위한 것으로, 그 목적의 정당성을 인정할 여지가 없어 청구인들의 개인정보자기결정권을 침해한다.

라. (O) 이 사건 지원배제 지시는 특정한 정치적 견해를 표현한 자에 대하여 문화예술 지원 공모사업에서의 공정한 심사 기회를 박탈하여 사후적으로 제재를 가한 것으로, 개인 및 단체의 정치적 표현의 자유에 대한 제한조치에 해당하는바, 그 법적 근거가 없으므로 법률유보원칙을 위반하여 표현의 자유를 침해한다.

마. (O) 이 사건 지원배제 지시는 정부에 대한 비판적 견해를 가진 청구인들을 제재하기 위한 목적으로 행한 것인데, 이는 헌법의 근본원리인 국민주권주의와 자유민주적 기본질서에 반하므로, 그 목적의 정당성을 인정할 수 없어 청구인들의 표현의 자유를 침해한다.

바. (X) 이 사건 지원배제 지시는 특정한 정치적 견해를 표현한 청구인들을, 그러한 정치적 견해를 표현하지 않은 다른 신청자들과 구분하여 정부 지원사업에서 배제하여 차별적으로 취급한 것인데, 헌법상 문화국가원리에 따라 정부는 문화의 다양성·자율성·창조성이 조화롭게 실현될 수 있도록 중립성을 지키면서 문화를 육성하여야 함에도, **청구인들의 정치적 견해를 기준으로 이들을 문화예술계 지원사업에서 배제되도록 한 것은 자의적인 차별행위로서 청구인들의 평등권을 침해**한다.

06 정답 ❸

① (O) 헌법개정은 국회재적의원 과반수 또는 대통령의 발의로 제안된다.(헌법 제128조 제1항)

② (O) 헌법 제89조
다음 사항은 국무회의의 심의를 거쳐야 한다.
3. 헌법개정안·국민투표안·조약안·법률안 및 대통령령안

③ (X) ④ (O)
제130조 ① 국회는 헌법개정안이 공고된 날로부터 60일 이내에 의결하여야 하며, 국회의 의결은 재적의원 3분의 2 이상의 찬성을 얻어야 한다.
② 헌법개정안은 국회가 의결한 후 30일 이내에 국민투표에 붙여 국회의원선거권자 과반수의 투표와 투표자 과반수의 찬성을 얻어야 한다.

07 정답 ❷

① (O) 2004헌바67

② (X) 헌법재판소법 제68조 제1항 소정의 헌법 소원은 기본권의 주체이어야만 청구할 수 있는데, 단순히 '국민의 권리'가 아니라 <u>'인간의 권리'로 볼 수 있는 기본권에 대해서는 외국인도 기본권의 주체가 될 수 있다. 나아가 청구인들이 불법체류 중인 외국인들이라 하더라도, 불법체류라는 것은 관련 법령에 의하여 체류자격이 인정되지 않는다는 것일 뿐이므로, '인간의 권리'로서 외국인에게도 주체성이 인정되는 일정한 기본권에 관하여 불법체류 여부에 따라 그 인정 여부가 달라지는 것은 아니다.</u>(헌재 2008헌마430)

③ (O) 2002헌바95

④ (O) 기본권 보호의무란 기본권적 법익을 기본권 주체인 사인에 의한 위법한 침해 또는 침해의 위험으로부터 보호하여야 하는 국가의 의무를 말하며, 주로 사인인 제3자에 의한 개인의 생명이나 신체의 훼손에서 문제되는데, 이는 타인에 의하여 개인의 신체나 생명 등 법익이 국가의 보호의무 없이는 무력화될 정도의 상황에서만 적용될 수 있다.(2005헌마764)

08 정답 ❹

① (O) 헌법 제10조의 규정에 의하면, 국가는 개인이 가지는 불가침의 기본적 인권을 확인하고 이를 보장할 의무를 지고 기본권은 공동체의 객관적 가치질서로서의 성격을 가지므로, 적어도 생명·신체의 보호와 같은 중요한 기본권적 법익 침해에 대해서는 그것이 국가가 아닌 제3자로서의 사인에 의해서 유발된 것이라

고 하더라도 국가가 적극적인 보호의 의무를 진다.

그렇다면 국가에게 국민의 기본권을 적극적으로 보장하여야 할 의무가 인정되는 점, 헌법 제35조 제1항이 국가와 국민에게 환경보전을 위하여 노력하여야 할 의무를 부여하고 있는 점, 환경침해는 사인에 의해서 빈번하게 유발되므로 입법자가 그 허용 범위에 관해 정할 필요가 있는 점, 환경피해는 생명·신체의 보호와 같은 중요한 기본권적 법익 침해로 이어질 수 있는 점 등을 고려할 때, 일정한 경우 국가는 사인인 제3자에 의한 국민의 환경권 침해에 대해서도 적극적으로 기본권 보호조치를 취할 의무를 부담한다.

② (O) 환경권의 내용과 행사는 법률에 의해 구체적으로 정해지는 것이기는 하나(헌법 제35조 제2항), 이 헌법조항의 취지는 특별히 명문으로 헌법에서 정한 환경권을 입법자가 그 취지에 부합하도록 법률로써 내용을 구체화하도록 한 것이지 환경권이 완전히 무의미하게 되는데도 그에 관한 입법을 전혀 하지 아니하거나, 어떠한 내용이든 법률로써 정하기만 하면 된다는 것은 아니다. 그러므로 일정한 요건이 충족될 때 환경권 보호를 위한 입법이 없거나 현저히 불충분하여 국민의 환경권을 침해하고 있다면 헌법재판소에 그 구제를 구할 수 있다고 해야 할 것이다.

③ (O)

④ (X) 동물보호법, '장사 등에 관한 법률', '동물장묘업의 시설설치 및 검사기준' 등 관계규정에서 동물장묘시설의 설치제한 지역을 상세하게 규정하고, 매연, 소음, 분진, 악취 등 오염원 배출을 규제하기 위한 상세한 시설 및 검사기준을 두고 있는 등의 사정을 고려할 때, 심판대상조항에서 동물장묘업 등록에 관하여

‘장사 등에 관한 법률’ 제17조 외에 다른 지역적 제한사유를 규정하지 않았다는 사정만으로 청구인들의 환경권을 보호하기 위한 입법자의 의무를 과소하게 이행하였다고 평가할 수는 없다. 따라서 심판대상조항은 **청구인들의 환경권을 침해하지 않는다.**

09 정답 ④

① (X) 심판대상조항은 지방교육자치제도를 보장하기 위하여 교육감 선출에 대한 주민의 직접 참여를 규정하고 있을 뿐이지, 그 자체로써 청구인들에게 어떠한 의무의 부과, 권리 또는 법적 지위의 박탈이라는 불이익을 초래한다고 보기 어렵다. 따라서 심판대상조항으로 인하여 학생의 교육받을 권리, 학부모의 자녀교육권, 교사 및 교원의 직업수행의 자유가 침해될 가능성이 있다거나 기본권침해의 자기관련성이 있다고 보기 어렵다.(헌재 2015. 11. 26. 2014헌마662)

② (X) **청구인이 인간으로서 최소한의 품위를 유지할 수 없을 정도로 과밀한 공간에서 이루어진 이 사건 수용행위는 청구인의 인간으로서의 존엄과 가치를 침해**한다.(헌재 2016. 12. 29. 2013헌마142)

③ (X) **2015. 12. 29. 개정된 국민연금법은** 제64조의2를 신설하여 민법상 재산분할청구제도에 따라 연금의 분할에 관하여 별도로 결정된 경우에는 그에 따르도록 하였다. 그런데, 위 조항이 신설되었다 하더라도 심판대상조항이 유효하다면 노령연금 수급권자로서는 하여금 먼저 재산분할청구권을 행사하여야 자신의 정당한 연금을 확보할 수 있으므로, 위 조항이 신설되었다 하여 심판대상조항의 위헌성이 해소되는 것은 아니다. 따라서 심판대상조항은 재산권을 침해

한다. (헌재 2016. 12. 29. 2015헌바182)

④ (O) 이러한 사정들을 고려하면, 정당에 대한 선거로서의 성격을 가지는 비례대표국회의원선거는 인물에 대한 선거로서의 성격을 가지는 지역구국회의원선거와 근본적으로 그 성격이 다르고, 공직선거법상 허용된 선거운동을 통하여 선거의 혼탁이나 과열을 초래할 여지가 지역구국회의원선거보다 훨씬 적다고 볼 수 있다. 그럼에도 불구하고 비례대표 기탁금조항은 이러한 차이를 전혀 반영하지 않고 지역구국회의원선거에서의 기탁금과 동일한 금액을 기탁금으로 설정하고 있는바, 이는 후보자 추천의 진지성이나 선거관리업무의 효율성 확보 등의 입법목적을 달성하기 위해 필요한 최소한의 액수보다 지나치게 과다한 액수라 하지 않을 수 없다.(헌재 2016. 12. 29. 2015헌마1160 등)

10 정답 ③

① (O) 전자장치 부착명령은 전통적 의미의 형벌이 아닐뿐더러, 피부착자의 행동 자체를 통제하는 것이 아니어서 처벌적인 효과를 가진다고 보기 어렵다. 따라서 이는 형벌과 구별되는 비형벌적 보안처분으로서 소급효금지의 원칙이 적용되지 아니한다. (2010헌가82)

② (O) 부진정소급입법은 현재 진행 중인 사실관계에 적용하는 것으로서 원칙적으로 허용된다. 다만 소급효를 필요로 하는 공익상의 사유와 신뢰보호의 요청 사이의 교량과정에서 신뢰보호의 관점이 입법자의 형성권에 제한을 가할 뿐이다.(2005헌마165)

③ (X) 2015헌바239 등 형법 부칙 제2조 제1항 위헌소원 (소위 ‘황제노역’과 관련하여 노역장유치기간의 하한을 정하면서 개정 전 범죄행위

에 대하여도 소급적용하도록 한 형법 조항 사건)위헌 : 형벌불소급원칙에서 의미하는 '처벌'은 형법에 규정되어 있는 형식적 의미의 형벌 유형에 국한되지 않으며, 범죄행위에 따른 제재의 내용이나 실제적 효과가 형벌적 성격이 강하여 신체의 자유를 박탈하거나 이에 준하는 정도로 신체의 자유를 제한하는 경우에는 형벌불소급원칙이 적용되어야 한다. **노역장유치는 그 실질이 신체의 자유를 박탈하는 것으로서 징역형과 유사한 형벌적 성격을 가지고 있으므로 형벌불소급원칙의 적용대상이 된다.**

④ (O) 장해급여제도는 본질적으로 소득재분배를 위한 제도가 아니고, 손해배상 내지 손실보상적 급부인 점에 그 본질이 있는 것으로, 산업재해보상보험이 갖는 두 가지 성격 중 사회보장적 급부로서의 성격은 상대적으로 약하고 재산권적인 보호의 필요성은 보다 강하다고 볼 수 있어 다른 사회보험수급권에 비하여 보다 엄격한 보호가 필요하다.

장해급여제도에 사회보장 수급권으로서의 성격도 있는 이상 소득재분배의 도모나 새로운 산재보상사업의 확대를 위한 자금마련의 목적으로 최고보상제를 도입하는 것 자체는 입법자의 결단으로서 형성적 재량권의 범위 내에 있다고 보더라도, 그러한 입법자의 결단은 최고보상제 시행 이후에 산재를 입는 근로자들부터 적용될 수 있을 뿐, 제도 시행 이전에 이미 재해를 입고 산재보상수급권이 확정적으로 발생한 청구인들에 대하여 그 수급권의 내용을 일시에 급격히 변경하여 가면서까지 적용할 수 있는 것은 아니라고 보아야 할 것이다. 따라서, 심판대상 조항은 신뢰보호의 원칙에 위배하여 청구인들의 재산권을 침해하는 것으로서 헌법에 위반된다.(2005헌바20)

11 정답 ④

① (O) 혼인과 가족생활의 보장에 관한 헌법 제36조 제1항은 인간의 존엄과 양성의 평등이 가족생활에서도 보장되어야 한다는 요청에서 인간다운 생활을 보장하는 기본권의 성격을 갖는 동시에 그 제도적 보장의 성격도 가진다. (2000헌바53)

② (O) 헌법 제36조 제1항에 의하여 적극적으로는 적절한 조치를 통해서 혼인과 가족을 지원하고 제3자에 의한 침해 앞에서 혼인과 가족을 보호해야 할 과제가 국가에 부여되고, 소극적으로는 불이익을 야기하는 제한조치를 통해서 혼인과 가족을 차별하는 것을 금지해야 할 국가의 의무를 포함한다.(2010헌바87)

③ (O) 대한민국 국민으로 태어난 아동에 대하여 국가가 출생신고를 받아주지 않거나 그 절차가 복잡하고 시간도 오래 걸려 출생신고를 받아주지 않는 것과 마찬가지 결과가 발생한다면 이는 그 아동으로부터 사회적 신분을 취득할 기회를 박탈함으로써 인간으로서의 존엄과 가치, 행복추구권 및 아동의 인격권을 침해하는 것이다. (대법원 2020. 6. 8.자 2020스575 결정)

④ (X) 이 사건 법률조항은 가정폭력 가해자에 대한 별도의 제한 없이 직계혈족이기만 하면 사실상 자유롭게 그 자녀의 가족관계증명서와 기본증명서의 교부를 청구하여 발급받을 수 있도록 함으로써, 그로 인하여 **가정폭력 피해자인 청구인의 개인정보가 가정폭력 가해자인 전 배우자에게 무단으로 유출될 수 있는 가능성을 열어놓고 있다. 따라서 과잉금지원칙에 위배되어 청구인의 개인정보자기결정권을 침해한다.**(2018헌마927)

12 정답 ❷

① (X) 골프장 부가금은 국민체육진흥계정의 재원을 마련하는 데에 그 목적이 있을 뿐, 그 부과 자체로써 골프장 부가금 납부의무자의 행위를 특정한 방향으로 유도하거나 골프장 부가금 납부의무자 이외의 다른 집단과의 형평성 문제를 조정하고자 하는 등의 목적이 있다고 보기 어렵다는 점 등을 고려할 때, 재정조달목적 부담금에 해당한다.

② (O) 심판대상조항으로 말미암아 골프장 부가금 납부의무자는 골프장 부가금 징수 대상 체육시설을 이용하지 않는 그 밖의 국민과 달리 심판대상조항에 따른 골프장 부가금을 부담해야만 하는 차별 취급을 받는다.

③ (X) 심판대상조항이 규정한 골프장 부가금은 국민체육진흥법의 목적 등을 바탕으로 한 국민체육진흥계정의 재원이라는 점 등을 고려할 때, 골프장 부가금을 통해 수행하려는 공적 과제는 국민체육진흥계정의 안정적 재원 마련을 토대로 한 '국민체육의 진흥'이라고 할 수 있다. 그런데 국민체육진흥법상 '체육'의 의미와 그 범위, 국민체육진흥계정의 사용 용도 등에 비추어보면, '국민체육의 진흥'은 국민체육진흥법이 담고 있는 체육정책 전반에 관한 여러 규율사항을 상당히 폭넓게 아우르는 것으로서 이를 특별한 공적 과제로 보기에는 무리가 있다.

④ (X) 골프 이외에도 많은 비용이 필요한 체육활동이 적지 않을뿐더러, 체육시설 이용 비용의 다과(多寡)에 따라 '국민체육의 진흥'이라는 공적 과제에 대한 객관적 근접성의 정도가 달라진다고 단정할 수도 없다.

⑤ (X) 골프장 부가금 납부의무자와 '국민체육의 진흥'이라는 골프장 부가금의 부과 목적 사이에는 특별히 객관적으로 밀접한 관련성이 인

정되지 않는다. 수많은 체육시설 중 유독 골프장 부가금 징수 대상 시설의 이용자만을 국민체육진흥계정 조성에 관한 조세 외적 부담을 져야 할 책임이 있는 집단으로 선정한 것에는 합리성이 결여되어 있다.

13 정답 ❹

가. (O) 94헌바13

나. (O) 헌법 제33조 ②공무원인 근로자는 법률이 정하는 자에 한하여 단결권·단체교섭권 및 단체행동권을 가진다.

다. (X) 헌법 제33조 ③법률이 정하는 주요방위산업체에 종사하는 근로자의 **단체행동권**은 법률이 정하는 바에 의하여 이를 제한하거나 인정하지 아니할 수 있다.

라. (X) 교육공무원이 [**아닌**] 대학 교원에 대해서는 근로기본권의 핵심인 단결권조차 전면적으로 부정한 측면에 대해서는 그 입법목적의 정당성을 인정하기 어렵고, 수단의 적합성 역시 인정할 수 없다.(헌재 2018. 8. 30. 2015헌가38)

마. (X) 교육공무원[**인**] 대학 교원에 대하여 보더라도, 교육공무원의 직무수행의 특성과 헌법 제33조 제1항 및 제2항의 정신을 종합해 볼 때, 교육공무원에게 근로3권을 일체 허용하지 않고 전면적으로 부정하는 것은 합리성을 상실한 과도한 것으로서 입법형성권의 범위를 벗어나 헌법에 위반된다.(헌재 2018. 8. 30. 2015헌가38)

14 정답 ②

① (O) **이 사건 의료기기 광고 사전심의는 행정권이 주체가 된 사전심사로서 헌법이 금지하는 사전검열에 해당하고, 이러한 사전심의제도를 구성하는 심판대상조항은 헌법 제21조 제2항의 사전검열금지원칙에 위반**된다.(2020. 8. 28. 2017헌가35 등)

② (X) <u>심판대상조항에 의한 영창처분은 징계처분임에도 불구하고 신분상 불이익 외에 신체의 자유를 박탈하는 것까지 그 내용으로 삼고 있어 징계의 한계를 초과한 점, 심판대상조항에 의한 영창처분은 그 실질이 구류형의 집행과 유사하게 운영되므로 극히 제한된 범위에서 형사상 절차에 준하는 방식으로 이루어져야 하는데, 영창처분이 가능한 징계사유는 지나치게 포괄적이고 기준이 불명확하여 영창처분의 보충성이 담보되고 있지 아니한 점, 심판대상조항은 징계위원회의 심의·의결과 인권담당 군법무관의 적법성 심사를 거치지만, 모두 징계권자의 부대 또는 기관에 설치되거나 소속된 것으로 형사절차에 견줄만한 중립적이고 객관적인 절차라고 보기 어려운 점, 심판대상조항으로 달성하고자 하는 목적은 인신구금과 같이 징계를 중하게 하는 것으로 달성되는 데 한계가 있고, 병의 비위행위를 개선하고 행동을 교정할 수 있도록 적절한 교육과 훈련을 제공하는 것 등으로 가능한 점, 이와 같은 점은 일본, 독일, 미국 등 외국의 입법례를 살펴보더라도 그러한 점 등에 비추어 **심판대상조항은 침해의 최소성 원칙에 어긋난다.**</u>
군대 내 지휘명령체계를 확립하고 전투력을 제고한다는 공익은 매우 중요한 공익이나, 심판대상조항으로 과도하게 제한되는 병의 신체의 자유가 위 공익에 비하여 결코 가볍다고 볼 수 없어, 심판대상조항은 법익의 균형성 요건도 충족하지 못한다. 이와 같은 점을 종합할 때, <u>심판대상조항은 과잉금지원칙에 위배된다.</u>(2020. 9. 24 **2017헌바157 등**)

③ (O) 헌법재판소는 2018. 1. 25. 2016헌마541 결정에서 지역구국회의원선거 예비후보자가 정당의 공천심사에서 탈락한 후 후보자등록을 하지 않은 경우를 기탁금 반환 사유로 규정하지 않은 구 공직선거법 제57조 제1항 제1호 다목 중 '지역구국회의원선거'와 관련된 부분이 과잉금지원칙에 반하여 예비후보자의 재산권을 침해한다고 보아 헌법불합치결정을 하였다.
지역구국회의원선거와 지방자치단체의 장 선거는 헌법상 선거제도 규정 방식이나 선거대상의 지위와 성격, 기관의 직무 및 기능, 선거구 수 등에 있어 차이가 있을 뿐, 예비후보자의 무분별한 난립을 막고 책임성을 강화하며 그 성실성을 담보하고자 하는 기탁금제도의 취지 측면에서는 동일하므로, 헌법재판소의 2016헌마541 결정에서의 판단은 이 사건에서도 타당하고, 그 견해를 변경할 사정이 있다고 보기 어려우므로, 지방자치단체의 장 선거에 있어 정당의 공천심사에서 탈락한 후 후보자등록을 하지 않은 경우를 기탁금 반환 사유로 규정하지 않은 심판대상조항은 과잉금지원칙에 반하여 헌법에 위반된다.(2020. 9. 24. 2018헌가15 등)

④ (O) 환매권의 발생기간을 제한한 것은 사업시행자의 지위나 이해관계인들의 토지이용에 관한 법률관계 안정, 토지의 사회경제적 이용 효율 제고, 사회일반에 돌아가야 할 개발이익이 원소유자에게 귀속되는 불합리 방지 등을 위한 것인데, 그 입법목적은 정당하고 이와 같은 제한은 입법목적 달성을 위한 유효적절한 방법이라 할 수 있다. 그러나 2000년대 이후 다

양한 공익사업이 출현하면서 공익사업 간 중복·상충 사례가 발생하였고, 산업구조 변화, 비용 대비 편익에 대한 지속적 재검토, 인근 주민들의 반대 등에 직면하여 공익사업이 지연되다가 폐지되는 사례가 다수 발생하고 있다. 이와 같은 상황에서 이 사건 법률조항의 환매권 발생기간 '10년'을 예외 없이 유지하게 되면 토지수용 등의 원인이 된 공익사업의 폐지 등으로 공공필요가 소멸하였음에도 단지 10년이 경과하였다는 사정만으로 환매권이 배제되는 결과가 초래될 수 있다. 다른 나라의 입법례에 비추어 보아도 발생기간을 제한하지 않거나 더 길게 규정하면서 행사기간 제한 또는 토지에 현저한 변경이 있을 때 환매거절권을 부여하는 등 보다 덜 침해적인 방법으로 입법목적을 달성하고 있다. 이 사건 법률조항은 침해의 최소성 원칙에 어긋난다.(2020. 11. 26. **2019헌바131**)

15 정답 ④

① (X) 6·25전몰군경자녀 중 1명에게만 6·25전몰군경자녀수당(이하 '이 사건 수당'이라 한다)을 지급한다면, 소액의 수당조차 전혀 지급받지 못하는 자녀의 생활보호는 미흡하게 된다. 국가의 재정부담 능력 등 때문에 이 사건 수당의 지급 총액이 일정액으로 제한될 수밖에 없다고 하더라도, 그 범위 내에서 생활정도에 따라 이 사건 수당을 적절히 분할해서 지급한다면 이 사건 수당의 지급취지를 살리면서도 1명에게만 지급됨으로 인해 발생하는 불합리를 해소할 수 있다. 따라서 이 사건 법률조항이 6·25전몰군경자녀 중 1명에 한정하여 이 사건 수당을 지급하도록 하고 수급권자의 수를 확대할 수 있는 어떠한 예외도 두지 않은

것에는 합리적 이유가 있다고 보기 어렵다. 산업화에 따른 핵가족화의 영향으로 형제간에도 결혼 후에는 경제적으로 의존하는 경우가 많지 않아 연장자인 자녀가 다른 자녀를 부양할 것을 기대하기 어렵고, 제사문화 역시 변화하고 있어 연장자가 반드시 제사주재자가 된다고 볼 수도 없다. 직업이나 보유재산 등에 따라서 연장자의 경제적 사정이 가장 좋은 경우도 있을 수 있다. 따라서 이 사건 법률조항이 6·25전몰군경자녀 중 나이가 많은 자를 이 사건 수당의 선순위 수급권자로 정하는 것은 이 사건 수당이 가지는 사회보장적 성격에 부합하지 아니하고, 나이가 많다는 우연한 사정을 기준으로 이 사건 수당의 지급순위를 정하는 것으로 합리적인 이유가 없다. 따라서 이 사건 법률조항은 나이가 적은 6·25전몰군경자녀의 평등권을 침해한다.(2018헌가6)

② (X) 당내경선의 형평성과 공정성을 확보하기 위한 심판대상조항의 목적의 정당성 및 수단의 적합성이 인정된다.
그러나 이 사건 공단의 상근직원은 이 사건 공단의 경영에 관여하거나 실질적인 영향력을 미칠 수 있는 권한을 가지고 있지 아니하므로, 경선운동을 한다고 하여 그로 인한 부작용과 폐해가 크다고 보기 어렵다. 또한 공직선거법은 이미 이 사건 공단의 상근직원이 당내경선에 직·간접적으로 영향력을 행사하는 행위들을 금지·처벌하는 규정들을 마련하고 있다. 이 사건 공단의 상근직원이 그 지위를 이용하여 경선운동을 하는 행위를 금지·처벌하는 규정을 두는 것은 별론으로 하고, 이 사건 공단의 상근직원의 경선운동을 일률적으로 금지·처벌하는 것은 정치적 표현의 자유를 과도하게 제한하는 것이다. 정치적 표현의 자유의 중대한 제한에 비하여, 이 사건 공단의 상근직원

이 당내경선에서 공무원에 준하는 영향력이 있다고 볼 수 없는 점 등을 고려하면 심판대상조항이 당내경선의 형평성과 공정성의 확보라는 공익에 기여하는 바가 크다고 보기 어렵다. 따라서 심판대상조항은 과잉금지원칙에 반하여 정치적 표현의 자유를 침해한다. (2019헌가11)

③ (X) 정치자금의 수입과 지출명세서 등에 대한 사본교부 신청이 허용된다고 하더라도, 검증자료에 해당하는 영수증, 예금통장을 직접 열람함으로써 정치자금 수입·지출의 문제점을 발견할 수 있다는 점에서 이에 대한 접근이 보장되어야 한다. 영수증, 예금통장은 현행법령하에서 사본교부가 되지 않아 열람을 통해 확인할 수밖에 없음에도 열람 중 필사가 허용되지 않고 열람기간마저 3월간으로 짧아 그 내용을 파악하고 분석하기 쉽지 않다.

또한 열람기간이 공직선거법상의 단기 공소시효조차 완성되지 아니한, 공고일부터 3개월 후에 만료된다는 점에서도 지나치게 짧게 설정되어 있다. 한편 선거관리위원회는 데이터 생성·저장 기술의 발전을 이용해 자료 보관, 열람 등의 업무부담을 상당 부분 줄여왔고, 앞으로도 그 부담이 과도해지지 않도록 할 수 있을 것으로 보인다. 이를 종합하면 정치자금을 둘러싼 분쟁 등의 장기화 방지 및 행정부담의 경감을 위해 열람기간의 제한 자체는 둘 수 있다고 하더라도, 현행 기간이 지나치게 짧다는 점은 명확하다.

짧은 열람기간으로 인해 청구인 신○○는 회계보고된 자료를 충분히 살펴 분석하거나, 문제를 발견할 실질적 기회를 갖지 못하게 되는 바, 달성되는 공익과 비교할 때 이러한 사익의 제한은 정치자금의 투명한 공개가 민주주의 발전에 가지는 의미에 비추어 중대하다. 그렇

다면 이 사건 열람기간제한 조항은 과잉금지원칙에 위배되어 청구인 신○○의 알권리를 침해한다. (2018헌마1168)

④ (O) 심판대상조항은 정치적 의사표현이 가장 긴요한 **선거운동기간 중에 인터넷언론사 홈페이지 게시판 등 이용자로 하여금 실명확인을 하도록 강제함으로써 익명표현의 자유와 언론의 자유를 제한**하고, 모든 익명표현을 규제함으로써 대다수 국민의 개인정보자기결정권도 광범위하게 제한하고 있다는 점에서 이와 같은 불이익은 선거의 공정성 유지라는 공익보다 결코 과소평가될 수 없다. 그러므로 심판대상조항은 과잉금지원칙에 반하여 인터넷언론사 홈페이지 게시판 등 이용자의 익명표현의 자유와 개인정보자기결정권, 인터넷언론사의 언론의 자유를 침해한다. (2018헌마456 등)

16 정답 ❶

① (X) 입법자는 재외선거제도를 형성하면서, 잦은 재·보궐선거는 재외국민으로 하여금 상시적인 선거체제에 직면하게 하는 점, 재외 재·보궐선거의 투표율이 높지 않을 것으로 예상되는 점, 재·보궐선거 사유가 확정될 때마다 전 세계 해외 공관을 가동하여야 하는 등 많은 비용과 시간이 소요된다는 점을 종합적으로 고려하여 재외선거인에게 국회의원의 재·보궐선거권을 부여하지 않았다고 할 것이고, 이와 같은 선거제도의 형성이 현저히 불합리하거나 불공정하다고 볼 수 없다. 따라서 재외선거인 등록신청조항은 재외선거인의 선거권을 침해하거나 보통선거원칙에 위배된다고 볼 수 없다.(헌재 2014. 7. 24. 2009헌마256 등 [헌법불합치,기각,각하])

② (O) 기능직공무원이 일반직공무원으로 우선 임용될 수 있는 기회의 보장은 공무담임권에서 당연히 파생되는 것으로 볼 수 없다. 특히 공개경쟁시험이나 일반적인 경력경쟁시험보다 유리한 조건으로 청구인들과 같은 조무직렬 기능직공무원들에게 일반직공무원으로 우선 임용될 기회를 주지 않는다고 하여도 청구인들은 기능직공무원으로서 그대로 신분을 유지하게 되므로, 심판대상조항이 청구인들의 공직신분의 유지나 업무수행과 같은 법적 지위에 직접 영향을 미치는 것도 아니다. 따라서 청구인들이 주장하는 일반직공무원으로 우선 임용될 권리 내지 기회보장은 공무담임권의 보호영역에 속하지 아니하고, 심판대상조항으로 인하여 청구인들의 공무담임권 침해 문제가 생길 여지가 없다.(2011헌마565)

③ (O) 총장후보자에 지원하려는 사람에게 접수 시 1,000만 원의 기탁금을 납부하도록 하고, 지원서 접수시 기탁금 납입 영수증을 제출하도록 한 '전북대학교 총장임용후보자 선정에 관한 규정'(2014. 6. 13. 훈령 제1753호로 개정된 것) 제15조 제1항 제9호, '전북대학교 총장임용후보자 선정에 관한 규정'(2014. 8. 22. 훈령 제1768호로 개정된 것) 제15조 제3항(이하 위 두 조항을 합하여 '이 사건 기탁금 조항'이라 한다)이 청구인의 공무담임권을 침해하는지 여부(적극) [2018. 4. 26. 2014헌마274]

④ (O) 공무원 시험에서 응시연령의 제한은 국민들의 공무담임권을 제한하는 것이고, 공무담임권의 행사를 연령에 따라 차별하는 것이 되므로, 이는 헌법적 한계 내에서 이루어져야 한다.(2006. 5. 25. 2005헌마11, 2006헌마314 (병합) 전원재판부)

17 정답 ❸

① (O) 2012헌바298

② (O) 국민의 형사재판 참여에 관한 법률 제9조 제1항 제3호

③ (X) 헌재 2015. 9. 24. 2013헌가21 [위헌] 인신보호법상 피수용자인 구제청구자는 자기 의사에 반하여 수용시설에 수용되어 인신의 자유가 제한된 상태에 있으므로 그 자신이 직접 법원에 가서 즉시항고장을 접수할 수 없고, 외부인의 도움을 받아서 즉시항고장을 접수하는 방법은 외부인의 호의와 협조가 필수적이어서 이를 기대하기 어려운 때에는 그리 효과적이지 않으며, 우편으로 즉시항고장을 접수하는 방법도 즉시항고장을 작성하는 시간과 우편물을 발송하고 도달하는 데 소요되는 시간을 고려하면 3일의 기간이 충분하다고 보기 어렵다. 인신보호법상으로는 국선변호인이 선임될 수 있지만, 변호인의 대리권에 상소권까지 포함되어 있다고 단정하기 어렵고, 그의 대리권에 상소권이 포함되어 있다고 하더라도 법정기간의 연장 등 형사소송법 제345조 등과 같은 특칙이 적용될 여지가 없으므로 <u>3일의 즉시항고기간은 여전히 과도하게 짧은 기간이다.</u> 즉시항고 대신 재청구를 할 수도 있으나, 즉시항고와 재청구는 개념적으로 구분되는 것이므로 재청구가 가능하다는 사실만으로 즉시항고 기간의 과도한 제약을 정당화할 수는 없다. 나아가 즉시항고 제기기간을 3일보다 조금 더 긴 기간으로 정한다고 해도 피수용자의 신병에 관한 법률관계를 조속히 확정하려는 이 사건 법률조항의 입법목적이 달성되는 데 큰 장애가 생긴다고 볼 수 없으므로, <u>이 사건 법률조항은 피수용자의 재판청구권을 침해한다.</u>

④ (O) 헌재 2016. 7. 28. 2014헌바206 [합헌]

공익사업의 안정적인 시행을 위하여서는 수용대상토지의 수용여부 못지 않게 보상금을 둘러싼 분쟁 역시 조속히 확정하여야 할 필요가 있다. 또한 토지소유자는 협의 및 수용재결 단계를 거치면서 오랜 기간 보상금 액수에 대하여 다투어 왔으므로, 수용재결의 보상금 액수에 관하여 보상금증감청구소송을 제기할 것인지 결정하는 데에 많은 시간이 필요하지 않다. 따라서 이 사건 법률조항이 정한 60일의 제소기간은 입법재량의 한계를 벗어났다고 보기 어려우므로, 보상금증감청구소송을 제기하려는 토지소유자의 재판청구권을 침해한다고 볼 수 없다.

18 정답 ❶

① (X) 헌재 2002. 8. 29. 2001헌바82 [위헌] 부부간의 인위적인 자산 명의의 분산과 같은 가장행위 등은 상속세및증여세법상 증여의제 규정 등을 통해서 방지할 수 있고, 부부의 공동생활에서 얻어지는 절약가능성을 담세력과 결부시켜 조세의 차이를 두는 것은 타당하지 않으며, 자산소득이 있는 모든 납세의무자 중에서 혼인한 부부가 혼인하였다는 이유만으로 혼인하지 않은 자산소득자보다 더 많은 조세부담을 하여 소득을 재분배하도록 강요받는 것은 부당하며, 부부 자산소득 합산과세를 통해서 혼인한 부부에게 가하는 조세부담의 증가라는 불이익이 자산소득합산과세를 통하여 달성하는 사회적 공익보다 크다고 할 것이므로, 소득세법 제61조 제1항이 자산소득합산과세의 대상이 되는 혼인한 부부를 혼인하지 않은 부부나 독신자에 비하여 차별취급하는 것은 헌법상 정당화되지 아니하기 때문에 <u>헌법 제36조 제1항에 위반</u>된다.

② (O) 2011헌바275

③ (O) 헌재 2005. 2. 3. 2001헌가9 등[헌법불합치] 헌법은 국가사회의 최고규범이므로 가족제도가 비록 역사적·사회적 산물이라는 특성을 지니고 있다 하더라도 헌법의 우위로부터 벗어날 수 없으며, <u>가족법이 헌법이념의 실현에 장애를 초래하고, 헌법규범과 현실과의 괴리를 고착시키는데 일조하고 있다면 그러한 가족법은 수정되어야 한다.</u>(호주제 헌법불합치 사건)

④ (O) 헌재 1997. 3. 27. 95헌가14 등, [헌법불합치] 친생부인의 소에 관하여 어느 정도의 제척기간을 둘 것인가는 법률적인 친자관계를 진실에 부합시키고자 하는 부의 이익과 친자관계의 신속한 확정을 통하여 법적 안정을 찾고자 하는 자의 이익을 어떻게 그 사회의 실정과 전통적 관념에 맞게 조화시킬 것인가에 관한 문제로서 이해관계인들의 기본권적 지위와 혼인 및 가족생활에 관한 헌법적 결단을 고려하여 결정되어야 할 것이므로 원칙적으로 입법권자의 재량에 맡겨져 있다 할 수 있다. 다만 그 제소기간이 지나치게 단기간이거나 불합리하여 부가 자의 친생자 여부에 대한 확신을 가지기도 전에 그 제척기간이 경과하여 버림으로써 친생을 부인하고자 하는 부로 하여금 제소를 현저히 곤란하게 하거나 사실상 불가능하게 하여 진실한 혈연관계에 반하는 친자관계를 부인할 수 있는 기회를 극단적으로 제한하는 것이라면 이는 입법재량의 한계를 넘어서는 것으로서 위헌이라 아니할 수 없다.

19 정답 ④

① O 헌재 2018. 6. 28. 2012헌마191 등[헌법불합치,기각,각하]

1. 통신비밀보호법(2005. 1. 27. 법률 제7371호로 개정된 것) 제2조 제11호 바목, 사목(이하 '이 사건 정의조항'이라 하고, 위 두 조문에서 규정한 통신사실 확인자료를 '위치정보 추적자료'라 한다)에 대한 심판청구가 기본권 침해의 직접성이 인정되는지 여부(소극)

2. 통신비밀보호법(2005. 5. 26. 법률 제7503호로 개정된 것) 제13조 제1항 중 '검사 또는 사법경찰관은 수사를 위하여 필요한 경우 전기통신사업법에 의한 전기통신사업자에게 제2조 제11호 바목, 사목의 통신사실 확인자료의 열람이나 제출을 요청할 수 있다' 부분(이하 '이 사건 요청조항'이라 한다)이 명확성원칙에 위반되는지 여부(소극)

3. 이 사건 <u>요청조항이 과잉금지원칙에 위반되어 청구인들의 개인정보자기결정권과 통신의 자유를 침해하는지 여부(적극)</u>

4. 통신비밀보호법(2005. 5. 26. 법률 제7503호로 개정된 것) 제13조 제2항 본문 중 제2조 제11호 바목, 사목의 통신사실 확인자료에 관한 부분(이하 '이 사건 허가조항'이라 한다)이 헌법상 영장주의에 위반되어 청구인들의 개인정보자기결정권과 통신의 자유를 침해하는지 여부(소극)

5. 통신비밀보호법(2005. 5. 26. 법률 제7503호로 개정된 것) 제13조의3 제1항 중 제2조 제11호 바목, 사목의 통신사실 확인자료에 관한 부분(이하 '이 사건 통지조항'이라 한다)이 적법절차원칙에 위반되어 청구인들의 개인정보자기결정권을 침해하는지 여부(적극)

② O 헌재 2011. 12. 29. 2010헌마293 [기각,각하]

이 사건 법률조항은 교원의 개인정보 공개를 일률적으로 금지하는 듯이 보이지만, 위 법에 의해 준용되는 '공공기관의 정보공개에 관한 법률'은 개인정보라고 하더라도 그 공개의 여지를 두고 비공개결정에 대해서는 불복의 수단을 마련하고 있으므로, 이 사건 법률조항은 학부모들의 알 권리를 침해하지 않는다.

③ O 2016. 2. 25. 2013헌마830

④ X 헌재 2018. 8. 30. 2014헌마843, [기각,각하] 미신고 옥외집회·시위 또는 신고범위를 넘는 집회·시위에서 단순 참가자들에 대한 경찰의 촬영행위는 비록 그들의 행위가 불법행위로 되지 않는다 하더라도 주최자에 대한 집시법 위반에 대한 증거를 확보하는 과정에서 불가피하게 이루어지는 측면이 있다. 이러한 촬영행위에 의하여 수집된 자료는 주최자의 집시법 위반에 대한 직접·간접의 증거가 될 수 있을 뿐만 아니라 그 집회 및 시위의 규모·태양·방법 등에 대한 것으로서 양형자료가 될 수 있다. 그리고 미신고 옥외집회·시위 또는 신고범위를 넘는 집회·시위의 주최자가 집회·시위 과정에서 바뀔 수 있고 새로이 실질적으로 옥외집회·시위를 주도하는 사람이 나타날 수 있으므로, 경찰은 새로이 집시법을 위반한 사람을 발견·확보하고 증거를 수집·보전하기 위해서는 미신고 옥외집회·시위 또는 신고범위를 넘는 집회·시위의 단순 참가자들에 대해서도 촬영할 필요가 있다. 또한 미신고 옥외집회·시위 또는 신고범위를 벗어난 옥외집회·시위가 적법한 경찰의 해산명령에 불응하는 집회·시위로 이어질 수 있으므로, 이에 대비하여 경찰은 미신고 옥외집회·시위 또는 신고범위를 벗어난 집회·시위를 촬영함으로써, 적법한 경찰의 해산명령에 불응하는 집회·시위의 경위나 전후 사정에 관한 자료를 수집할 수 있다. 한편 근접촬영과 달리 먼 거리

에서 집회·시위 현장을 전체적으로 촬영하는 소위 조망촬영이 기본권을 덜 침해하는 방법이라는 주장도 있으나, 최근 기술의 발달로 조망촬영과 근접촬영 사이에 기본권 침해라는 결과에 있어서 차이가 있다고 보기 어려우므로, **경찰이 이러한 집회·시위에 대해 조망촬영이 아닌 근접촬영을 하였다는 이유만으로 헌법에 위반되는 것은 아니다.**

20 [정답] ❹

① O 헌재 2018. 7. 26. 2018헌바137, [헌법불합치]

심판대상조항은 각급 법원 인근에서의 옥외집회와 시위를 절대적으로 금지하고 이를 위반한 경우에는 형벌을 예정하고 있으므로 집회의 자유를 장소적으로 제한하고 있다. **심판대상조항의 옥외집회·시위 장소의 제한은 입법에 의한 것이므로 헌법 제21조 제2항의 '사전허가제 금지'에 위반되지는 않지만,** 헌법 제37조 제2항이 정하는 기본권 제한의 한계 안에 있는지 여부가 문제된다.

② O 헌재 2018. 7. 26. 2018헌바137, [헌법불합치]

③ O 헌재 2018. 7. 26. 2018헌바137, [헌법불합치]

④ X 헌재 2016. 11. 24. 2015헌바218, [합헌]

옥외집회 및 시위의 경우 관할경찰관서장으로 하여금 '최소한의 범위'에서 질서유지선을 설정할 수 있도록 하고, 질서유지선의 효용을 해친 경우 형사처벌하도록 하는 '집회 및 시위에 관한 법률' 제13조 제1항의 "최소한의 범위" 부분 및 제24조 제3호 중 제13조 제1항에 관한 부분이 죄형법정주의의 명확성원칙에 위배되는지 여부 (<u>소극</u>)

순경공채·경위공채 대비

경찰헌법 모의고사

초판 1쇄 인쇄 2022년 4월 19일
초판 1쇄 발행 2022년 4월 19일

저 자   이 주 송
디자인   장 윤 경
발행자   전 민 형
발행처   도서출판 푸블리우스
등 록   2018년 4월 3일 (제25100-2021-000036호)
주 소   [02841] 서울시 노원구 덕릉로127길 25, 상가동 204-92호
전 화   02-927-6392
팩 스   02-929-6392
이메일   ceo@publius.co.kr

ISBN   979-11-89237-16-5 13360

* 책값은 뒤표지에 있습니다.
* 잘못된 책은 바꾸어 드립니다.
* 저자와 협의하여 인지를 생략합니다.

도서출판 푸블리우스는 헌법, 통일법, 시민교육, 신문방송학, 경찰학, 사회과학 일반에 관한
발간제안을 환영합니다.

기획 취지와 개요, 연락처를 ceo@publius.co.kr로 보내주십시오.

도서출판 푸블리우스와 함께 한국의 법치주의 및 사회학의 수준을 높일 연구자들의
많은 투고를 기다립니다.